Bildwörterbuch
Norwegisch
Deutsch

PONS Langenscheidt GmbH
Stuttgart

INHALT

INNHOLD

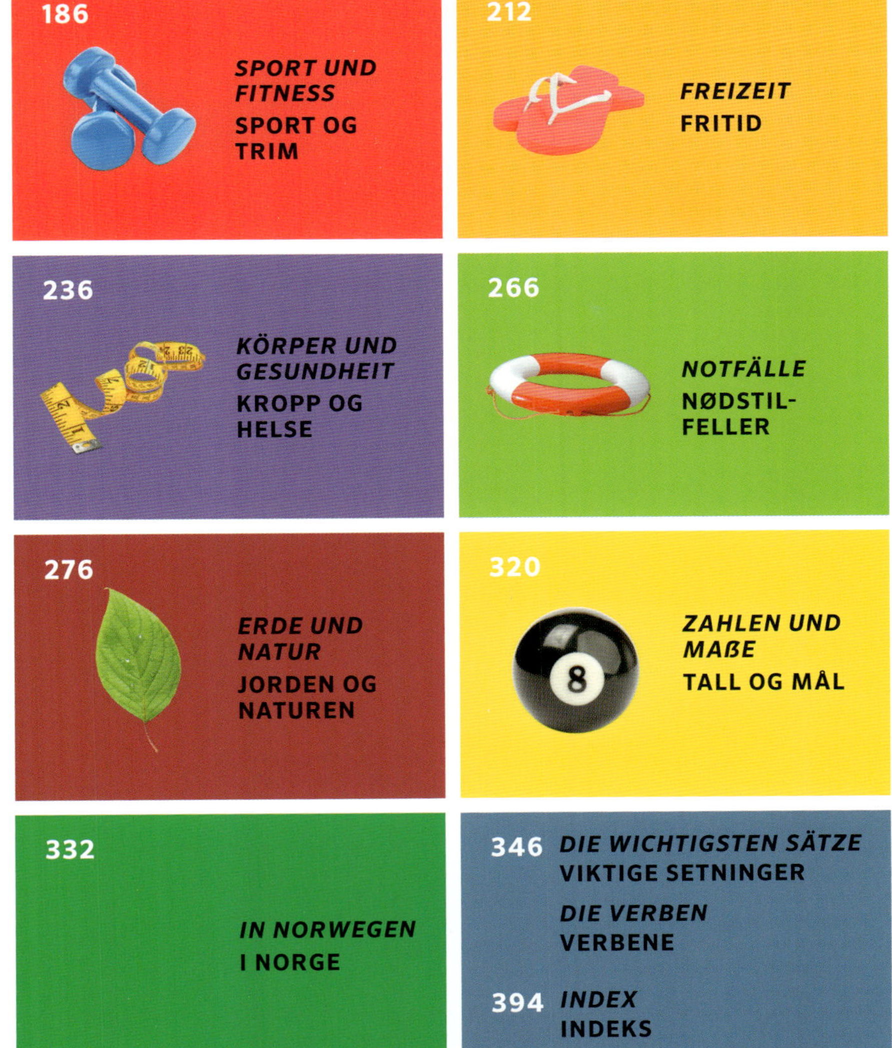

LEICHTER LERNEN MIT BILDERN – WARUM IST DAS SO?

Liebe Leserin, lieber Leser,

wie wichtig die Bedeutung von Bildern ist, wenn es um das Merken von Begriffen geht, wissen wir seit Jahren aus der Lernpsychologie. Kennen Sie das? Wenn Sie ein Bild zu einem Wort sehen, bleibt das Wort viel schneller im Gedächtnis haften, als wenn es nur geschrieben dasteht. Und wenn es darum geht, in einer fremden Sprache Wortschatz nicht nur nachzuschlagen, sondern auch zu verstehen und ihn sich zu merken, unterstützen die Bilder Sie dabei, sich die Wörter schneller und besser einzuprägen. Das hat ganz einfache Gründe:

→ ***Bilder wirken schneller und direkter als reiner Text.** Schon als kleine Kinder denken wir in Bildern und können sie ganz intuitiv entschlüsseln, interpretieren und aufnehmen. Sind Bilder mit Wörtern verknüpft, bilden sie eine Einheit, die unser Gehirn mit hoher Effizienz verarbeitet und abspeichert.*

→ ***Bilder erleichtern und unterstützen das Verständnis.** Sie vermitteln Zusammenhänge und liefern uns deutlich mehr Informationen als nur Text alleine.*

→ ***Bilder sind emotional.** Sie wecken unser Interesse, steigern unsere Motivation und bleiben besser im Gedächtnis haften als einzelne Wörter.*

→ ***Bilder machen Freude.** Wo viel Text abschreckt, sorgen Bilder dafür, dass uns das Lernen Spaß macht, und wir bleiben länger bei der Sache.*

Gesehen, verstanden und schon gemerkt – so leicht kann das visuelle Lernen sein. Überzeugen Sie sich selbst!

Ihre

PONS-Redaktion

HVORFOR ER DET LETTERE Å LÆRE MED BILDER?

Kjære leser

Vi har lenge visst at bilder er viktige når vi skal huske ord og begreper. Det har læringspsykologien vist oss, og kanskje du har opplevd det selv også. Når du ser et bilde sammen med et ord, husker du ordet mye raskere enn hvis du bare hadde sett det skrevet. Og når det dreier seg om å slå opp et ord på et fremmed språk, og om å forstå og huske dette ordet, er bilder til stor hjelp. Årsakene til dette er enkle:

→ **Bilder virker raskere og mer direkte enn ren tekst.** Allerede som barn tenker vi i bilder. Vi forstår dem, tolker og tar dem inn helt intuitivt. Når bilder kobles sammen med ord, danner de en enhet som hjernen vår kan behandle og lagre svært effektivt.

→ **Bilder gjør det lettere å forstå.** De formidler sammenhenger og gir oss betydelig mer informasjon enn ren tekst.

→ **Bilder er emosjonelle.** De vekker interesse, øker motivasjonen og fester seg bedre i hukommelsen enn ren tekst.

→ **Det er moro med bilder.** For mye tekst kan virke avskrekkende. Bilder sørger for at det er moro å lære. Da gir vi heller ikke så lett opp.

Se, forstå og husk – så lett kan det være å lære visuelt. Prøv selv!

Hilsen

PONS-redaksjonen

SO ARBEITEN SIE EFFIZIENT MIT DEM BILDWÖRTERBUCH

Ganz gleich, ob Sie erst anfangen, eine Fremdsprache zu erlernen, oder ob Sie bereits über gute Sprachkenntnisse verfügen: Dieses Wörterbuch ist Ihr idealer Begleiter. Für jede Sprache decken rund 8.000 Begriffe alle Bereiche des Alltags ab und die Kombination von Wort und Bild ermöglicht Ihnen, Wörter schnell nachzuschlagen, zu übersetzen und sich mühelos einzuprägen. Hier die wichtigsten Tipps, wie Sie den größten Nutzen aus diesem Wörterbuch ziehen:

Har du akkurat begynt å lære norsk? Eller kan du språket ganske godt allerede? Uansett er denne ordboken en perfekt følgesvenn. Ordboken inneholder ca. 8 000 begreper fra alle områder i hverdagen. Kombinasjonen av ord og bilde gjør at det er lett å slå opp ord, oversette og huske dem. Vi har også noen tips om hvordan du kan ha mest mulig nytte av ordboken:

1. Wörter im Zusammenhang lernen

Wörter werden schneller gemerkt, wenn man sie im Kontext lernt. Aus diesem Grund ist dieses Wörterbuch nach Themenfeldern aus dem Alltagsleben gegliedert. Ganz gleich, in welches Thema Sie eintauchen – ob Einkaufen, Kleidung, Lebensmittel oder Familie – betrachten Sie beim Lernen das Thema als Ganzes und versuchen Sie, möglichst viele Wörter aus dem Themenbereich aufzunehmen. Sie werden erstaunt sein, wie viel Wortschatz Sie sich in kürzester Zeit merken können.

1. Sett ord i en sammenheng for å lære raskere

Man husker ord raskere hvis man lærer dem i en kontekst. Derfor er ordboken delt inn etter temaer fra hverdagslivet. Når du fordyper deg i et tema, bør du se på det som en helhet. Prøv å lære så mange ord som mulig fra det enkelte området, for eksempel om temaer som handleturer, klær, matvarer eller familie. Du vil bli overrasket over hvor stort ordforråd du har etter relativt kort tid.

SLIK ARBEIDER DU EFFEKTIVT MED BILDEORDBOKEN

Herzlichen Glückwunsch!	**Gratulerer!** [gratʉlé:rə]
Alles Gute zum Geburtstag!	**Til lykke med dagen!** [tilykə me ˌda:gən]
Wie viel Uhr ist es?	**Hva er klokka?** [ʋa æ:r kloka]
Es ist zwei Uhr.	**Klokka er to.** [kloka æ:r ˈtu]
Guten Appetit!	**God appetitt!** [gu apetít]
Zum Wohl! ①	**Skål!** [sko:l] ②

2. Die wichtigsten Schlüsselsätze auf einen Blick

Ob in der Fremdsprache nach der Uhrzeit fragen, oder zum Geburtstag gratulieren: In den 13 thematisch sortierten Kapiteln finden Sie neben der reinen Wort-Bild-Zuordnung die wichtigsten Sätze für die häufigsten Situationen ①. Prägen Sie sich diese Schlüsselsätze gut ein und schon haben Sie den Grundstein für eine erfolgreiche Kommunikation gelegt.

2. En oversikt over viktige setninger

Vil du spørre om hvor mye klokken er eller gratulere noen med bursdagen på det fremmede språket? I de 13 kapitlene, som er sortert etter tema, finner du ikke bare ord og bilder, men også viktige setninger for situasjoner som ofte oppstår i dagliglivet ①. Hvis du lærer deg disse nøkkelsetningene, har du et godt grunnlag for å kunne kommunisere med andre.

3. Richtig aussprechen

Damit Sie jedes Wort richtig aussprechen, haben wir allen Wörtern und Sätzen eine Lautschrift beigefügt ②. Eine Übersicht über die verwendeten phonetischen Zeichen finden Sie bequem auf der letzten Seite des Buches.

3. Riktig uttale

For at du skal uttale alle ordene riktig, har vi utstyrt alle ord og setninger med lydskrift ②. På siste side i boken finner du en oversikt over de fonetiske tegnene vi har brukt.

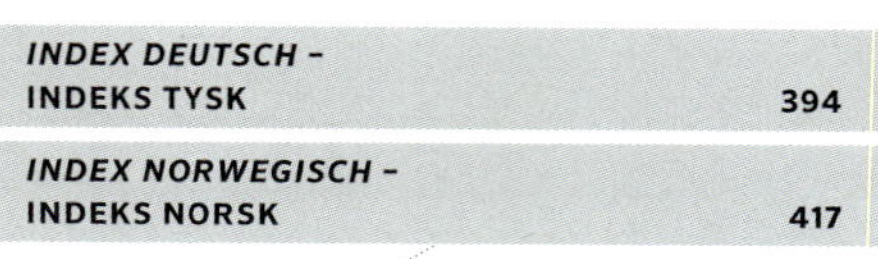

laktosefrei
laktosefri
[laktu:səfri]

④

4. Schnell übersetzen

Wenn es einfach schnell gehen muss, schlagen Sie im Anhang im Stichwortverzeichnis die richtige Übersetzung nach ③. Dort ist jedes Stichwort in Deutsch und Norwegisch in alphabetischer Reihenfolge aufgeführt und im Nu gefunden.

4. Oversett fort

Når det haster med å oversette et ord, kan du slå det opp i stikkordregisteret bak i boken ③. Der er alle ord oppført på tysk og norsk i alfabetisk rekkefølge, slik at du finner dem fort.

5. Für den Notfall

Bilder sind eine universelle Sprache, die von allen Kulturen verstanden wird. Sollten Ihnen doch mal die Worte fehlen, zeigen Sie einfach auf das entsprechende Bild ④. Ob im Hotel, Restaurant oder auf der Straße – so können Sie sich überall auf der Welt ganz ohne Sprache verständigen.

5. Mer enn tusen ord

Bilder er et universelt språk som alle kulturer forstår. Når du ikke finner ordene, kan du rett og slett peke på et bilde ④. Slik kan du forklare hva du mener på hoteller, restauranter eller på gaten i alle verdens land.

6. Noch mehr Sprache

Für die ersten Schritte in der fremden Sprache liefern Ihnen die Extras im Anhang des Bildwörterbuchs praktische Unterstützung: Mit den wichtigsten Sätzen auf Deutsch und auf Norwegisch sind Sie für den gelungenen Einstieg in die Fremdsprache gewappnet. Und wenn es darum geht, eigene Sätze zu bilden, hilft Ihnen unsere ausführliche Verbliste, wo Sie auch abstrakte Verben, die sich nicht abbilden lassen, nachschlagen und übersetzen können.

6. Enda mer språk

Bak i boken finner du også praktisk støtte når du skal prøve deg på det nye språket for første gang. Med de viktigste setningene på tysk og norsk er du godt rustet til å starte å kommunisere. Når du vil danne egne setninger, er den lange listen med verb til stor hjelp. Her finner du også abstrakte verb som det ikke er så lett å illustrere.

die Bankkauffrau
bankmedarbeider -en m
[baŋkmedarbæɪdər]

der Lehrer
lærer -en m
[læːrər]

die Ingenieurin
ingeniør -en m
[inʃənǿːr]

der Kellner
kelner -en m
[kélnər]

7. Land und Leute

Einen visuellen und sprachlichen Eindruck der kulturellen Besonderheiten Norwegens liefern Ihnen 12 Sonderseiten im letzten Kapitel In Norwegen. Hier werden die wichtigsten Begriffe aus dem Alltagsleben des Landes, typische Speisen sowie einige der beliebtesten Sehenswürdigkeiten gesondert abgebildet und beschrieben. So wird Ihnen das Fremde schnell vertraut erscheinen.

7. Land og folk

12 spesialsider i det siste kapittelet I Norge gir deg et visuelt og språklig inntrykk av Norges kulturelle særtrekk. Her vises og beskrives de viktigste begrepene fra hverdagen i landet, typiske retter og noen av de mest populære severdighetene. Slik blir du raskt kjent med det som er fremmed.

Das sollten Sie noch wissen

Die Stichwörter in diesem Wörterbuch stehen immer in der Einzahl, es sei denn sie werden in der Regel nur in der Pluralform verwendet.
Im Norwegischen wird der bestimmte Artikel nicht vor das Substantiv gestellt, sondern als Endung hintenan. Diese Endungen der bestimmten Form stehen rechts neben jedem Substantiv in grauer Schrift.

Dette bør du også vite

Stikkordene i ordboken står alltid i entall, hvis de ikke brukes hovedsakelig i flertall.
På norsk står ikke den bestemte artikkelen foran substantivet, men føyes til slutten av ordet. Disse endelsene i bestemt form står i grå skrift til høyre for hvert enkelt substantiv.

Es war uns wichtig, bei Funktions- und Berufsbezeichnungen Männer und Frauen gleichermaßen und gleichberechtigt zu berücksichtigen. Da wir aber aus Platzgründen nicht immer beide Geschlechter gleichzeitig abbilden können, haben wir uns immer für eines entscheiden müssen. Dabei orientiert sich das Geschlecht des Wortes immer am Geschlecht der abgebildeten Figur.

Det er viktig for oss å ta hensyn til både menn og kvinner når det gjelder funksjoner og yrker. For å spare plass, har vi imidlertid ikke alltid avbildet begge kjønn, men valgt ett av kjønnene. Ordets kjønn orienterer seg da etter personen på bildet.

MENSCHEN
MENNESKER

DIE FAMILIE – FAMILIE

Der Stammbaum – Stamtreet

der Schwiegervater
svigerfar -en m
[svi:gərfa:r]

die Schwiegermutter
svigermor -a f
[svi:gərmu:r]

die Schwägerin
svigerinne -inna f
[svi:gərìnnə]

der Schwager
svoger -en m
[svó:gər]

der Ehemann
ektemann -en m
[ektəman]

die Ehefrau
kone -a f
[konə]

der Schwiegersohn
svigersønn -en m
[svi:gərsøn]

die Tochter
datter -a f
[datər]

der Sohn
sønn -en m
[søn]

der Enkel
barnebarn -et n
[ba:ɳəba:ɳ]

die Enkelin
barnebarn -et n
[ba:ɳəba:ɳ]

DIE FAMILIE – FAMILIE

Der Stammbaum – Stamtreet

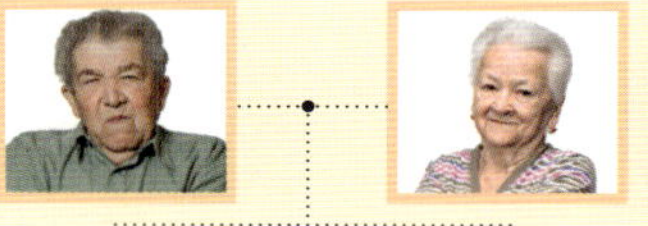

der Großvater
bestefar -en m
[bestəfa:r]

die Großmutter
bestemor -a f
[bestəmu:r]

die Mutter
mor -a f
[mu:r]

der Vater
far -en m
[fa:r]

die Tante
tante tanta f
[tantə]

der Onkel
onkel -en m
[uŋkəl]

die Schwester
søster søstra f
[søstər]

der Bruder
bror -en m
[bru:r]

die Cousine
kusine kusina f
[kʉ:sì:nə]

die Nichte
niese niesa f
[ni:è:sə]

der Neffe
nevø -en m
[nevǿ]

der/die Verwandte	**slektning** -en m [ʃlɛktniŋ]
die Großeltern	**besteforeldre** -ne pl [bestəfɔréldrə]
die Eltern	**foreldre** -ne pl [fɔréldrə]
das Ehepaar	**ektepar** -et n [ektəpa:r]
der Vorfahre	**ane** -n m [a:nə]
ledig	**enslig** [enʃli]
verheiratet	**gift** [jift]
geschieden	**skilt** [ʃilt]
verlobt	**forlovet** [fɔrlóvət]
verwitwet	**enke/enkemann** -(e)n f/m [eŋkə/eŋkəman]
verwandt	**i slekt** [i ʃlɛkt]

BEZIEHUNGEN – RELASJONER

Familie und Lebensphasen – Familie og livsløp

das Baby
baby -en m
[bé:bi]

das Kind
barn -et n
[ba:ɳ]

Herr ...
herr ...
[hær]

der Mann
mann -en m
[man]

die Jugendliche
ungdom -en m
[uŋdom]

die Zwillinge
tvillinger tvillingene pl
[tʋiliŋər]

die Frau
kvinne kvinna f
[kʋinə]

Frau ...
fru ...
[frʉ]

der/die Bekannte
bekjent -e f/m
[bəçént]

der Junge
gutt -en m
[gʉt]

das Mädchen
jente jenta f
[jentə]

die Freunde
venner vennene p
[ʋenər]

das Paar
par -et n
[pa:r]

die Freundin
venninne vennina f
[ʋenìnə]

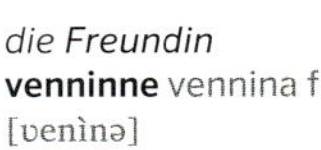

der Freund
venn -en m
[ʋen]

der Erwachsene	den **voksne** m [ʋoksnə]
die Geschwister	**søsken** -e pl [søskən]
der Patenonkel	**fadder** -en m [fadər]
die Patentante	**fadder** -en m [fadər]
der Stiefvater	**stefar** -en m [ste:fa:r]
die Stiefmutter	**stemor** -a f [ste:mu:r]
der Stiefbruder	**stebror** -en m [ste:bru:r]
die Stiefschwester	**stesøster** -søstra f [ste:søstər]
der Nachbar	**nabo** -en m [na:bu]
die Nachbarin	**nabo** -en m [na:bu]

BEZIEHUNGEN – RELASJONER

Begrüßen und verabschieden – Hei og hade

jemanden vorstellen
å **presentere noen**
[presenté:rə nuən]

jemanden begrüßen
å **hilse på noen**
[hilsə ˈpo nuən]

sich die Hand geben
å **håndhilse**
[honhilsə]

sich verbeugen
å **bukke**
[bukə]

sich umarmen
å **ta rundt hverandre**
[ta ˈrʉnt ʋərandrə]

lachen
å **le**
[le]

weinen
å **gråte**
[gro:tə]

sich verabschieden
å **si hade**
[si há:de]

einen Knicks machen
å **neie**
[næɪə]

winken
å **vinke**
[ʋiŋkə]

jemandem einen Kuss geben
å **gi noen et kyss**
[ji nuən et ˈçys]

jemanden anrufen
å **ringe (til) noen**
[riŋə (til) nuən]

Hallo!	**Hei!** [hæɪ]
Guten Tag!	**God dag!** [guda:g]
Guten Morgen!	**God morgen!** [gumòrgən]
Guten Abend!	**God kveld!** [gokʋél]
Wie heißt du?	**Hva heter du?** [ʋa ˈhetər dʉ]
Wie heißen Sie?	**Hva heter du?** [ʋa ˈhetər dʉ]
Ich heiße ...	**Jeg heter ...** [jæɪ hetər]
Herzlich willkommen!	**Hjertelig velkommen!** [jæʈəli ʋelkɔ́mən]
Tschüss!	**Hade!** [hádə]
Auf Wiedersehen!	**På gjensyn!** [po jensy:n]

das kleine Geschenk
den **lille gaven** m
[li:lə ga:ʋən]

BEZIEHUNGEN – RELASJONER

Feste – Fester

die Hochzeit
bryllup -et n
[brylʉp]

der Geburtstag
fødselsdag -en m
[fødselsdá:g]

das Weihnachten
jul -a f
[jʉ:l]

der Valentinstag
valentinsdag -en m
[ʋaləntí:nsda:g]

das Thanksgiving
thanksgiving -en m
[θæŋksgíviŋ]

das Halloween
halloween -en m
[hæləʊwí:n]

der/das Silvester
nyttårsaften -en m
[nytorsaftən]

das Ostern
påske -n m
[poskə]

die Hanukkah
hanukka -en m
[hanʉ́ka]

das Wesakfest
vesak -en m
[ʋe:sak]

das Ramadanfest
ramadanfest -en m
[ramadá:nfest]

das chinesische Neujahr
det **kinesiske nyttåret** n
[çinésiskə nyto:rə]

der Karneval
karneval -et n
[ka:ɳəʋal]

das Diwalifest	**divali-fest** -en m [diʋálifest]
das Passah	**pesach** -en m [pesák]
die Feier	**fest** -en m [fest]
der Hochzeitstag	**bryllupsdag** -en m [brylʉpsda:g]
der Feiertag	**helligdag** -en m [hɛlida:g]
der Muttertag	**morsdag** -en m [mu:ʃda:g]
der Vatertag	**farsdag** -en m [fa:ʃda:g]
die Taufe	**dåp** -en m [do:p]
Herzlichen Glückwunsch!	**Gratulerer!** [gratʉlé:rə]
Alles Gute zum Geburtstag!	**Til lykke med dagen!** [tilykə me ˈda:gən]

EREIGNISSE IM LEBEN – VIKTIGE HENDELSER

Wendepunkte – Korsveier

die Geburt
fødsel -en m
[fødsəl]

der Kindergarten
barnehage -n m
[ba:ɳəha:gə]

die Einschulung
skolestart -en m
[sku:ləsta:ʈ]

der Schulabschlussball
skoleball -et n
[sku:lebal]

der Studienabschluss
universitetseksamen -en m
[ʉnivɛʃité:tseksa:mən]

der Berufseinstieg
den **første jobben** m
[føʃtə jobən]

sich verlieben
å **forelske seg**
[fɔrélskə sæɪ]

sich verloben
å **forlove seg**
[fɔrló:ʋə sæɪ]

heiraten
å **gifte seg**
[jiftə sæɪ]

die Schwangerschaft
svangerskap -et n
[sʋaŋəʃka:p]

umziehen
å **flytte**
[flytə]

in Rente gehen
å **gå av med pensjon**
[go a:ʋ me paŋʃún]

die Beerdigung
begravelse -n m
[bəgrá:ʋəlsə]

volljährig werden	å **bli myndig** [bli ˈmyndi]
jemandem einen Heiratsantrag machen	å **fri til noen** [fri til nuən]
das Brautkleid	**brudekjole** -n m [brʉ:dəçu:lə]
die Braut	**brud** -en m [brʉ:d]
der Bräutigam	**brudgom** -en m [brʉ:dgom]
eine Familie gründen	å **stifte familie** [stiftə famí:liə]
die Scheidung	**skilsmisse** -n m [ʃilsmisə]
sich scheiden lassen	å **skille seg** [ʃilə sæɪ]
sterben	å **dø** [dø]

MENSCHEN BESCHREIBEN – BESKRIVE MENNESKER

Das Gesicht – Ansiktet

das Haar
hår -et n
[ho:r]

die Stirn
panne -en m
[panə]

die Schläfe
tinning -en m
[tiniŋ]

das Ohr
øre -t n
[ø:rə]

die Wange
kinn -et n
[çin]

der Unterkiefer
underkjeve -n m
[ʉnərçe:ʋə]

das Kinn
hake -n m
[ha:kə]

der Mund
munn -en m
[mʉn]

die Lippe
leppe -n m
[lepə]

die Augenbraue
øyenbryn -et n
[œyənbry:n]

die Wimper
øyenvippe -n m
[œyənʋipə]

das Auge
øye -t n
[œyə]

die Nase
nese -n m
[ne:sə]

das Nasenloch
nesebor -et n
[ne:səbu:r]

der Zahn
tann -en m
[tan]

eine Grimasse schneiden
å skjære en grimase
[ʃæ:rə e:n grimá:sə]

die Haut	**hud** -en m [hʉ:d]
die Falte	**rynke** -n m [ryŋkə]
das Muttermal	**føflekk** -en m [fø:flek]
das Grübchen	**smilehull** -et n [smi:ləhʉl]
die Sommersprossen	**fregner** pl [freŋnər]
die Pore	**pore** -a f [pu:rə]
der Pickel	**kvise** -a f [kʋi:sə]

MENSCHEN BESCHREIBEN – BESKRIVE MENNESKER

Das Haar – Håret

rothaarig
rødhåret
[røhó:rət]

gewellt
å **ha fall i håret**
[ha ˈfal i ho:rə]

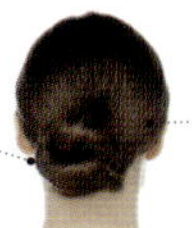

der Dutt
knute -n m
[knʉ:tə]

brünett
brunette -n m
[brʉnetə]

grau meliert
med innslag av grått
[me ˈinʃla:g a:ʋ ˈgrɔt]

der Kurzhaarschnitt
å **ha kort hår**
[ha kɔʈ ho:r]

die Perücke
parykk -en m
[parýk]

der Stufenschnitt
gradering -en m
[gradé:riŋ]

der Pony
pannelugg -en m
[panəlʉg]

die Strähnchen
stripe -n m
[stri:pə]

die Bobfrisur
bob-frisyre -n m
[bobfrisy:rə]

glatt
glatt
[glat]

blond
blondt
[blont]

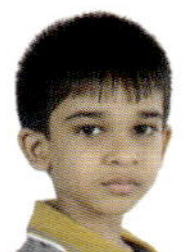

dunkel
mørkt
[mørkt]

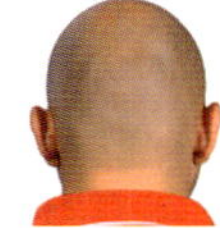

die Glatze
skallet
[skalət]

der Pferdeschwanz
hestehale -n m
[hestəha:lə]

lockig
krøllete
[krølətə]

der Zopf
flette fletta f
[fletə]

MENSCHEN BESCHREIBEN – BESKRIVE MENNESKER

Die äußere Erscheinung – Utseendet

der Bart
skjegg -et n
[ʃeg]

der Schnurrbart
bart -en m
[baʈ]

jung
ung
[uŋ]

alt
gammel
[gaməl]

muskulös
muskuløs
[mʉskʉlǿ:s]

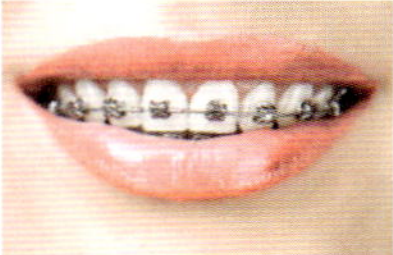

die Zahnspange
tannregulering -en m
[tanregʉlé:riŋ]

blass
blek
[ble:k]

sonnengebräunt
brun
[brʉ:n]

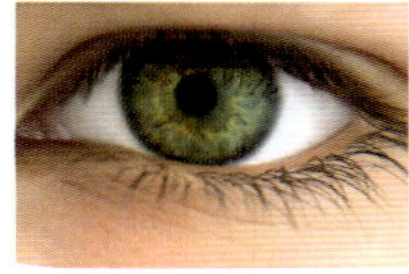

die grünen Augen
de **grønne øynene** pl
[grønə œynənə]

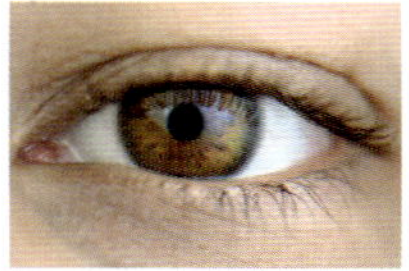

die braunen Augen
de **brune øynene** pl
[brʉ:nə œynənə]

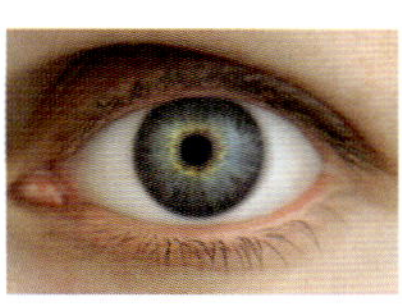

die grauen Augen
de **grå øynene** pl
[gro œynənə]

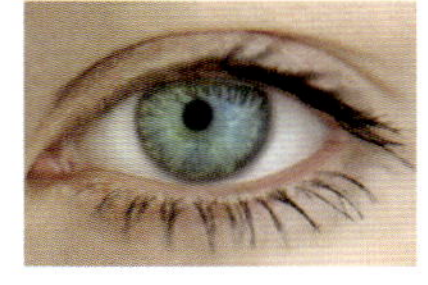

die blauen Augen
de **blå øynene** pl
[blo œynənə]

attraktiv	**attraktiv** [atrakti:ʋ]
hübsch	**pen** [pe:n]
hässlich	**stygg** [styg]
schön	**vakker** [ʋakər]
jemanden nach dem Äußeren beurteilen	**å bedømme noen etter utseende** [bədǿmə nuən etər ˈʉ:tseenə]
schlank	**slank** [ʃlaŋk]
dick	**tjukk** [çʉk]
groß	**stor** [stu:r]
klein	**liten** [li:tən]
die Narbe	**arr** -et n [ar]

MENSCHEN BESCHREIBEN – BESKRIVE MENNESKER

Gefühle und Persönlichkeit – Følelser og personlighet

glücklich
lykkelig
[lykəli]

stolz
stolt
[stolt]

überrascht
overrasket
[o:vəraskət]

aufgeregt
opprømt
[uprømt]

verlegen
forlegen
[fɔrlé:gən]

verwirrt
forvirret
[fɔrvírət]

schüchtern
sjenert
[ʃené:rt]

nachdenklich
ettertenksom
[etərtéŋksom]

neugierig
nysgjerrig
[nyʃéri]

niedlich
søt
[sø:t]

verliebt
forelsket
[fɔrélskət]

selbstbewusst
selvbevisst
[sɛlbəvist]

offen	**åpen** [o:pən]
tolerant	**tolerant** [toləráŋ]
geduldig	**tålmodig** [tolmú:di]
freundlich	**vennlig** [venli]
sympathisch	**sympatisk** [sympá:tisk]
nett	**hyggelig** [hygəli]
lächeln	**å smile** [smi:lə]
Ich bin verärgert/froh/traurig.	**Jeg er irritert/glad/trist.** [jæɪ æ:r irité:ʈ/gla/trist]

MENSCHEN BESCHREIBEN – BESKRIVE MENNESKER

Gefühle und Persönlichkeit – Følelser og personlighet

traurig
trist
[trist]

gestresst
stresset
[stresət]

verärgert
irritert
[irité:ʈ]

wütend
rasende
[ra:sənə]

eifersüchtig
sjalu
[ʃa:lʉ́]

verängstigt
engstelig
[eŋstəli]

nervös
nervøs
[nɛrʋǿ:s]

müde
trett
[tret]

angeekelt
full av vemmelse
[fʉl a:ʋ ʋéməlsə]

dickköpfig
sta
[sta]

gelangweilt
å **kjede seg**
[çe:də sæɪ]

sauer
sint
[sint]

die Stirn runzeln	å **rynke pannen** [ryŋkə panən]
bestürzt	**sjokkert** [ʃoké:rt]
unsympathisch	**usympatisk** [ʉsympa:tisk]
verzweifelt	**fortvilet** [fɔʈʋí:lət]
neidisch	**misunnelig** [misʉ́nəli]
ungeduldig	**utålmodig** [ʉtolmú:di]
arrogant	**arrogant** [arugánt]
intolerant	**intolerant** [intolərɑŋ]
sensibel	**sensibel** [sensí:bəl]

DIE KLEIDUNG – KLÆR

Babysachen – Babyutstyr

die Stoffwindel
tøybleie -bleia f
[tœyblæɪə]

die Wegwerfwindel
engangsbleie -bleia f
[engaŋsblæɪə]

der Body
body -en m
[bodi]

der Schneeanzug
vinterdress -en m
[ʋintərdres]

der Babyschlafsack
sovepose -n m
[so:ʋəpu:sə]

die Rassel
rangle -n m
[raŋlə]

der Strampler
sparkebukse -n m
[sparkəbuksə]

der Babyfäustling
vott -en m
[ʋɔt]

die Mütze
lue -n m
[lʉə]

das Babyschühchen
babysokk -en m
[be:biˈsɔk]

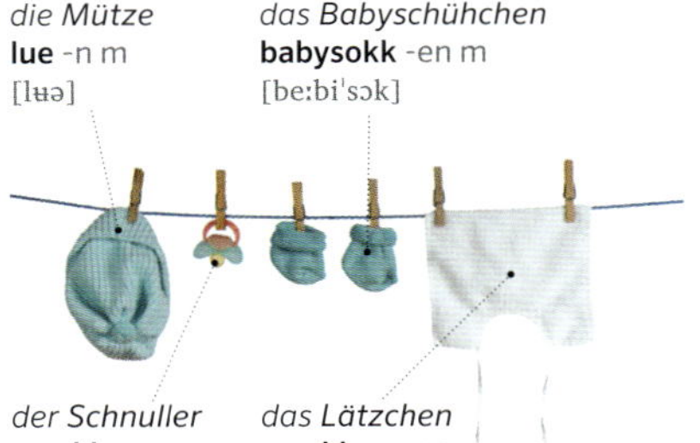

der Schnuller
smokk -en m
[smuk]

das Lätzchen
smekke -n m
[smekə]

der Sonnenhut
solhatt -en m
[su:lhat]

das Söckchen
sokk -en m
[sɔk]

das Latzhöschen
snekkerbukse -n m
[snekərbuksə]

die Babydecke
babyteppe -t n
[be:bitepə]

das Babyfläschchen	**tåteflaske** -a f [to:təflaskə]
die Biobaumwolle	den **økologiske bomullen** m [økuló:giskə bumʉlən]
aus Kunstfaser	**av mikrofiber** [a:ʋ mikrufi:bər]

DIE KLEIDUNG – KLÆR

Unisex-Kleidung – Unisex

der Trainingsanzug
treningsdress -en m
[tre:niŋsdres]

der Kapuzenpullover
hettegenser -en m
[hetəgensər]

der Turnschuh
joggesko -en m
[jugəsku]

der Schlafanzug
nattdrakt -en m
[natdrakt]

der Hausschuh
tøffel -en m
[tøfəl]

der Bademantel
badekåpe -n m
[ba:dəko:pə]

der Wintermantel
vinterjakke -jakka f
[ʋintərjakə]

die Regenjacke
regnjakke -jakka f
[reŋjakə]

die Schneehose
boblebukse -buksa f
[bobləbuksə]

Könnte ich das mal anprobieren?	**Kan jeg prøve den/det?** [kan jæɪ prø:ʋə ˈden/de]
Haben Sie das auch eine Nummer größer/kleiner?	**Har dere den/det et nummer større/mindre?** [ha:r de:rə den/de et numər ˈstørə/mindrə]
eng/weit	**trang/vid** [traŋ/ʋi]
kurz/lang	**kort/lang** [kɔʈ/laŋ]
klein/groß	**liten/stor** [li:tən/stu:r]
Das passt gut, ich nehme es.	**Den/det passer, jeg tar den/det.** [den/de pasər jæɪ ˈta:r den/de]
mit kurzen/langen Ärmeln	**med korte/lange ermer** [me ˈkɔʈə/laŋə ɛrmər]
der Knopf	**knapp** -en m [knap]
der Druckknopf	**trykknapp** -en m [tryknap]
das Knopfloch	**knapphull** -et n [knaphʉl]

DIE KLEIDUNG – KLÆR

Herrenkleidung – Herreklær

das T-Shirt
t-skjorte -n m
[te:ʃuʈə]

das Polohemd
poloskjorte -n m
[pu:lu:ˈʃuʈə]

der Rollkragenpullover
den **høyhalsede genseren** m
[hœyhalsədə génsərən]

die Weste
vest -en m
[ʋest]

der Pullunder
vest -en m
[ʋest]

die Fliege
sløyfe -n m
[ʃlœyfə]

der Anzug
dress -en m
[dres]

der Kragen
krage -n m
[kra:gə]

die Krawatte
slips -et n
[ʃlips]

das Hemd
skjorte -n m
[ʃuʈə]

der/das Sakko
dressjakke -n m
[dresjakə]

die Hose
bukse -n m
[buksə]

die kurze Hose
shorts -en m
[ʃo:ʈs]

die Boxershorts
boksershorts -en m
[boksərʃo:ʈs]

die Unterhose
underbukse -n m
[ʉnərbuksə]

die Badehose
badebukse -n m
[ba:dəbuksə]

DIE KLEIDUNG – KLÆR

Damenkleidung – Dameklær

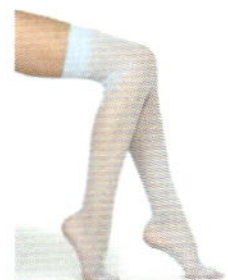

der Strumpf
strømpe strømpa f
[strørːpə]

die Strumpfhose
strømpebukse -buksa f
[strømpəbuksə]

die Leggings
leggings -en m
[legiŋs]

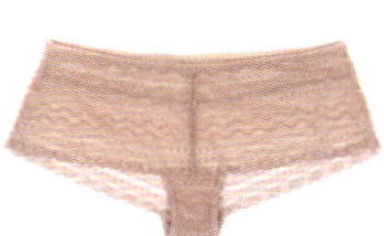

der Slip
truse -a f
[trʉːsə]

der Bikini
bikini -en m
[biːkíːni]

der Badeanzug
badedrakt -en m
[baːdədrakt]

der Sport-BH
sports-BH -en m
[spuʈsˈbeːho]

der Büstenhalter/der BH
brystholder/BH -en m
[brysthɔlər/beːho]

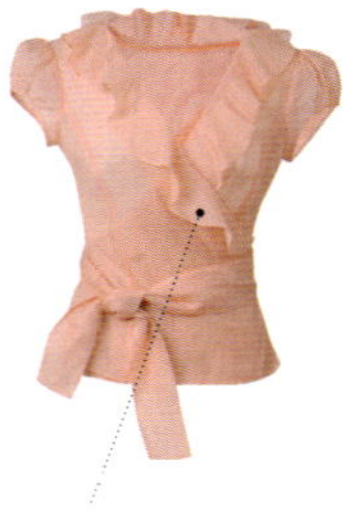

die Rüsche
rysj -en m
[ryʃ]

die Umstandsmode	**mammaklær** pl [mamaklæːr]
die Naht	**søm** -men m [søm]
der Ärmel	**erme** -t n [ɛrmə]
der Saum	**fald** -en m [fal]
die Seide	**silke** -n m [silkə]
die Spitze	**blonde** -n m [blondə]
die Größe	**størrelse** -n m [størəlsə]
der Ausschnitt	**utringning** -en m [ʉːtriŋniŋ]
trägerlos	**stroppløs** [strɔpløːs]
tailliert	**innsvingt** [insviŋt]
leger	**uformell** [ʉfɔrmel]
schick	**stilig** [stiːli]
bequem	**behagelig** [bəháːgəli]
mit Stretchanteil	**med stretch** [me stretʃ]
modisch	**moteriktig** [muːtərikti]

DIE KLEIDUNG – KLÆR

Damenkleidung – Dameklær

die Schleife
sløyfe sløyfa f
[ʃlœyfə]

das Kleid
kjole -n m
[çu:le]

das Trägertop
singlet -en m
[siŋlét]

die Bluse
bluse -n m
[blʉ:sə]

die Strickjacke
strikkejakke -n m
[strikəjakə]

der Rock
skjørt -et n
[ʃøʈ]

das Schulterpolster
skulderpute -n m
[skʉldərpʉ:tə]

der Blazer
blazer -en m
[blésər]

das Oberteil
overdel -en m
[o:ʋərde:l]

die Jeans
jeans -en m
[dzi:ns]

die Stiefelette
støvlett -en m
[støʋlét]

die Shorts
shorts -en m
[ʃo:ʈs]

die Röhrenhose
den **trange buksa** f
[traŋə buksa]

die Schlaghose
slengbukse -buksa f
[ʃleŋbuksə]

die leicht ausgestellte Hose
bukse med litt sleng -a f
[buksə me lit ˈʃleŋ]

DIE KLEIDUNG – KLÆR

Accessoires – Tilbehør

der Sonnenhut
solhatt -en m
[su:lhat]

der Hut
hatt -en m
[hat]

die Brille
briller brillene pl
[brilər]

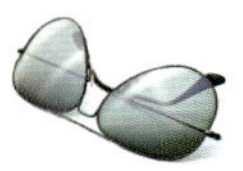

die Sonnenbrille
solbriller
solbrillene pl
[su:lbrilər]

der Rucksack
ryggsekk -en m
[rygsek]

die Krawattennadel
slipsnål -a f
[ʃlipsno:l]

der Regenschirm
paraply -en m
[paraplý]

die Uhr
klokke klokka f
[klokə]

die Hosenträger
buksesele -n m
[buksəse:lə]

der Ring
ring -en m
[riŋ]

der Handschuh
hanske -n m
[hanskə]

die Mütze
lue lua f
[lʉə]

der Schal
skjerf -et n
[ʃɛrf]

der Ohrring
øredobb -en m
[ø:rədob]

die Halskette
halskjede -t n
[halsçe:də]

der Manschettenknopf
mansjettknapp -en m
[manʃétknap]

der Reißverschluss	**glidelås** -en m [gli:delo:s]
der Klettverschluss	**borrelås** -en m [borelo:s]
die Handytasche	**mobiletui** -et n [mu:bí:letʉi]
die Reisetasche	**bag** -en m [bæg]
der Koffer	**koffert** -en m [kúfəʈ]

DIE KLEIDUNG – KLÆR

Schuhe und Lederwaren – Sko og lærvarer

der Pumps
pumps -en m
[pømps]

die Sandale
sandal -en m
[sandá:l]

der Ballerina
ballerina -en m
[balerí:na]

der Gummistiefel
gummistøvel -en m
[gʉmistøvəl]

der Flip-Flop®
flip-flop -en m
[flípflop]

der hohe Stiefel
den **høye støvletten** m
[hœyə støvlétən]

die Handtasche
håndveske -veska f
[honveskə]

das Portemonnaie
pengepung -en m
[peŋəpuŋ]

die Brieftasche
lommebok -a f
[lumməbu:k]

die Aktentasche
stresskoffert -en m
[streskufəʈ]

der Gürtel
belte -t n
[beltə]

die Lederjacke
lærjakke -jakka f
[læ:rjakə]

der Schnürschuh
snøresko -en m
[snø:rəsku]

der Wanderstiefel
fjellsko -en m
[fjelsku]

die Socke
sokk -en m
[sɔk]

der Schnürsenkel	**skolisse** -n m [skulisə]
die Gürtelschlaufe	**beltestropp** -en m [beltəstrɔp]
der Keilabsatz	**kilehæl** -en m [çi:lehæ:ɽ]
der Absatz	**hæl** -en m [hæ:ɽ]
die Sohle	**såle** -n m [so:lə]
der Riemen	**reim** -a f [ræɪm]
die Schnalle	**spenne** spenna f [spenə]

die Trekkingsandale
tursandal -en m
[tʉ:rsandá:l]

der Turnschuh
turnsko -en m
[tʉ:ɳsku]

DIE KÖRPERPFLEGE – KROPPSPLEIEN

die Zahnpasta
tannkrem -en m
[tankre:m]

das Parfüm
parfyme -n m
[parfýmə]

das Deo
deodorant -en m
[deuduránt]

die Gesichtscreme
ansiktskrem -en m
[ansiktskre:m]

der Kamm
kam -men m
[kam]

das Duschgel
dusjsåpe -såpa f
[dʉʃso:pə]

das Shampoo
sjampo -en m
[ʃampu]

die Spülung
balsam -en m
[balsam]

die Seife
såpe såpa f
[so:pə]

die Haarbürste
hårbørste -n m
[ho:rbøʃtə]

die Sonnencreme
solkrem -en m
[su:lkre:m]

der Kulturbeutel
toalettmappe -mappa f
[tualétmapə]

die Pinzette
pinsett -en m
[pinsét]

die Nagelschere
neglesaks -a f
[negləsaks]

die Nagelfeile
neglefil -en m
[negləfi:l]

die Haarspange
hårspenne -spenna f
[ho:rspenə]

die Feuchtigkeitscreme	**fuktighetskrem** -en m [fʉktihe:tskre:m]
sich die Augenbrauen zupfen	å **nappe øyenbrynene** [napə œyənbry:nenə]
die Enthaarung	**hårfjerning** -en m [ho:rfjɛ:rniŋ]
der Nagellackentferner	**neglelakkfjerner** -en m [neglelakfjɛ:rnər]
das Haarprodukt	**hårprodukt** -et n [ho:rprudʉkt]
sich die Haare föhnen	å **føne håret** [fø:nə hó:rə]
sich die Haare glätten	å **rette håret** [retə hó:rə]
der/das Haargummi	**hårstrikk** -en m [ho:rstrik]

SCHMINKSACHEN – SMINKE

der Pinsel	**pensel** -en m [pensəl]
der Kajalstift	**kajal** -en m [kajá:l]
der/das Lipgloss	**lipgloss** -en m [lipglos]
die Wimpernzange	**vippetang** -en m [ʋipetaŋ]

ZU HAUSE

HJEMME

DIE WOHNUNG – BOLIGEN

der Hausschlüssel
husnøkkel -en m
[hʉ:snøkəl]

die Sprechanlage
hustelefon -en m
[hʉ:stelefú:n]

die Hausnummer
husnummer -et n
[hʉ:snumər]

die Türklingel
ringeklokke -klokka f
[riŋəklokə]

das Türschloss
dørlås -en m
[dø:rlo:s]

der Fußabtreter
dørmatte -matta f
[dø:rmatə]

der Briefkasten
postkasse -n m
[postkasə]

das Einfamilienhaus
enebolig -en m
[e:ne:bu:li]

das Doppelhaus
tomannsbolig -en m
[tumansbu:li]

das Reihenhaus
rekkehus -et n
[rekəhʉ:s]

das Mehrfamilienhaus
hus med flere leiligheter -et n
[hʉ:s me fle:rə ˈlæɪlihe:tər]

der Bungalow
bungalow -en m
[buŋalɒʊ]

der Schirmständer
paraplystativ -et n
[paraplýstatí:ʋ]

die Eigentumswohnung	**selveierleilighet** -en m [selæɪərlæɪlihe:t]
die Mietwohnung	den **leide leiligheten** m [læɪdə læɪlihe:tən]
der Hof	**bakgård** -en m [ba:kgo:r]
das Eigentum	**eiendom** -men m [æɪəndom]
das Grundstück	**tomt** -a f [tomt]
der Umbau	**ombygging** -en m [umbygiŋ]
der Anbau	**tilbygg** -et n [tilbyg]
zu verkaufen	**til salgs** [til salgs]

DIE WOHNUNG – BOLIGEN

der Dachboden
loft -et n
[loft]

der Keller
kjeller -en m
[çelər]

der Flur
gang -en m
[gaŋ]

der Aufzug
heis -en m
[hæɪs]

der Grundriss
grunnriss -et n
[grʉnris]

die Garage
garasje -n m
[garaʃə]

der Carport
carport -en m
[ka:rpo:ʈ]

der Altbau
den **eldre bygningen** m
[eldrə bygniŋən]

der Hausmeister
vaktmester -en m
[ʋaktmestər]

die Wendeltreppe
vindeltrapp -a f
[ʋindəltrap]

der Rauchmelder
røykvarsler -en m
[rœykʋaʃlər]

das Treppenhaus
trappeoppgang -en m
[trapəupgaŋ]

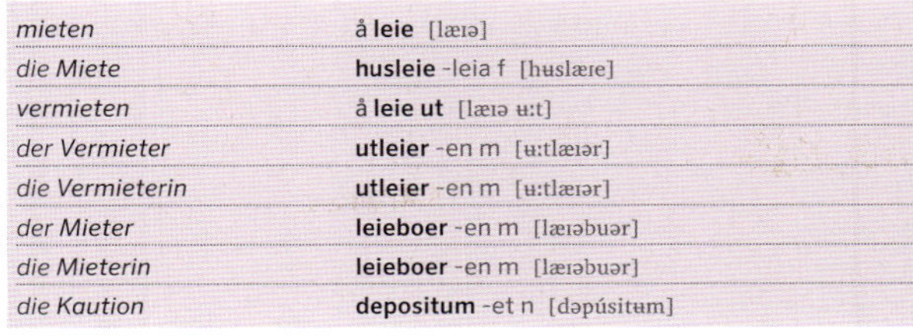

mieten	å **leie** [læɪə]
die Miete	**husleie** -leia f [hʉslæɪe]
vermieten	å **leie ut** [læɪə ʉ:t]
der Vermieter	**utleier** -en m [ʉ:tlæɪər]
die Vermieterin	**utleier** -en m [ʉ:tlæɪər]
der Mieter	**leieboer** -en m [læɪəbuər]
die Mieterin	**leieboer** -en m [læɪəbuər]
die Kaution	**depositum** -et n [dəpúsitʉm]

der Mietvertrag
leiekontrakt -en m
[læɪekuntrakt]

DAS HAUS – HUSET

das Einzelhaus	den **frittstående eneboligen** m [fritstoendə e:nəbu:ligən]
der Neubau	**nybygg** -et n [ny:byg]
die Dreizimmerwohnung	**treroms** -en m [tre:rums]
möbliert	**møblert** [møblét]
das Stockwerk	**etasje** -n m [etá:ʃə]
der Eigentümer	**eier** -en m [æɪər]
die Eigentümerin	**eier** -en m [æɪər]
eine Hypothek aufnehmen	å **ta opp lån** [ta up ˈlo:n]

DAS HAUS – HUSET

Der Eingang – Gangen

die Diele
entré -en m
[entré]

der Spiegel
speil -et n
[spæil]

der Sessel
lenestol -en m
[le:nestu:l]

der Ablagetisch
entrébord -et n
[entrébu:r]

die Wohnungstür
inngangsdør -a f
[ingaŋsdø:r]

der Garderoben-ständer
stumtjener -en m
[stʉmtje:nər]

der Schirmständer
paraplystativ -et n
[paraplýstatí:ʋ]

das Treppengeländer
trappegelender -et n
[trapəgəlendər]

die Treppe
trapp -a f
[trap]

der Treppenabsatz
trappeavsats -en m
[trapəa:ʋsats]

die Treppenstufe
trappetrinn -et n
[trapətrin]

das Schlüsselbrett
nøkkelbrett -et n
[nøkəlbret]

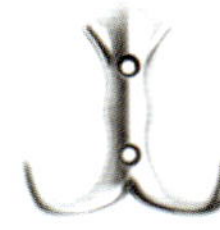

der Kleiderhaken
knagg -en m
[knag]

der Kleiderbügel
kleshenger -en m
[kle:sheŋər]

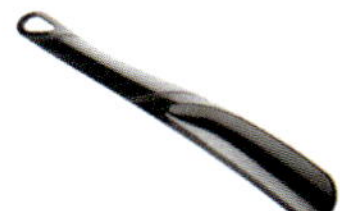

der Schuhlöffel
skohorn -et n
[sku:hu:ɳ]

DAS HAUS – HUSET

Das Wohnzimmer – Stua

der Spiegel
speil -et n [spæɪl]

der Ventilator
ventilator -en m [ʋentilá:tur]

der Bilderrahmen
bilderamme -ramma f [bildəramə]

der Vorhang
gardin -a f [gaɖí:n]

die Decke
tak -et n [ta:k]

das Gemälde
maleri -et n [ma:lerí]

das Sofa
sofa -en m
[sufa]

die Lampe
lampe lampa f
[lampə]

das Sofakissen
sofapute -a f
[sufapʉ:tə]

der Beistellschrank
avlastningsbord -et n
[a:ʋlastniŋsbu:r]

der Kaminsims
kaminhylle -hylla f
[ka:mínhylə]

der gepolsterte Hocker
pall -en m
[pal]

der Teppichboden
teppegulv -et n
[tepəgoɽʋ]

der Kamin
kamin -en m
[ka:mín]

der Sessel
lenestol -en m
[le:nestu:l]

der Couchtisch
salongbord -et n
[salóŋbu:r]

die Schlafcouch
sovesofa -en m
[so:ʋəsufa]

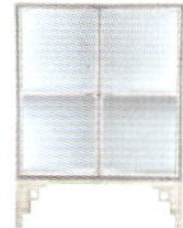

die Vitrine
vitrineskap -et n
[ʋitrí:neska:p]

die Fernsehbank
TV-benk -en m
[te:ʋe:beŋk]

das Bücherregal
bokhylle -hylla f
[bu:khylə]

DAS HAUS – HUSET

Das Esszimmer – Spisestua

das Rollo
rullegardin -a f
[rʉləgaɖíːn]

der Kronleuchter
lysekrone -krona f
[lyːsəkruːnə]

die Vitrine
vitrineskap -et n
[ʋitríːneskaːp]

die Zimmerpflanze
plante planta f
[plantə]

das Fensterbrett
vinduskarm -en m
[ʋindʉskarm]

der Tischläufer
bordløper -en m
[buːrløːpər]

die Kerze
stearinlys -et n
[stearíːnlyːs]

der Stuhl
stol -en m
[stuːl]

der Esstisch
spisebord -et n
[spiːsebuːr]

die Tischdekoration
borddekorasjon -en m
[buːrdekuraʃún]

der Holzboden
tregulv -et n
[treːgoɽʋ]

die Blumenvase
blomstervase -n m
[blomstərʋaːsə]

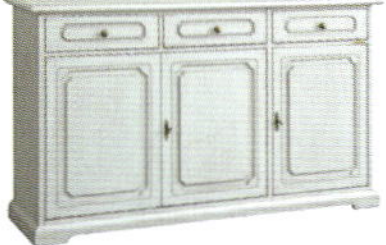

die Anrichte
buffé -en m
[bʉfé]

die Wanduhr
veggur -et n
[ʋegʉːr]

der Hochstuhl
barnestol -en m
[baɳestuːl]

DAS HAUS – HUSET

Die Küche – Kjøkkenet

die Einbauküche
kjøkkeninnredning -en m
[çøkəninre:dniŋ]

die Einbauleuchte
den **integrerte belysningen** m
[intəgré:rtə bəlý:sniŋən]

die Dunstabzugshaube
avtrekkshette -hetta f
[a:ʋtrekshetə]

die Arbeitsplatte
kjøkkenbenk -en m
[çøkənbeŋk]

der Hängeschrank
overskap -et n
[o:ʋərska:p]

der Backofenschalter
stekeovnsbryter -en m
[ste:kəoʋnsbry:tər]

der Herd
komfyr -en m
[kumfy:r]

der Backofen
stekeovn -en m
[ste:kəoʋn]

das Spülbecken
oppvaskkum -en m
[upʋaskum]

die Frühstückstheke
barbord -et n
[ba:rbu:r]

der Küchenhocker
barstol -en m
[ba:rstu:l]

die Spülmaschine
oppvaskmaskin -en m
[upʋaskmaʃí:n]

die Schublade
skuff -en m
[skuf]

der Gefrierschrank
fryseskap -et n
[fry:səska:p]

der Kühlschrank
kjøleskap -et n
[çø:ləska:p]

das Geschirrtuch
kjøkkenhåndkle -et n
[çøkənhoŋklə]

der Mülleimer	**søppelbøtte** -bøtta f [søpəlbøtə]
die Mülltrennung	**kildesortering** -en m [çildəsuʈe:riŋ]
die Verpackung	**emballasje** -n m [embalá:ʃə]
das Altglas	**glassavfall** -et n [glasa:ʋfal]
den Ofen vorheizen	å **forvarme ovnen** [fɔrʋarmə óʋnən]
die Spülmaschine laufen lassen	å **sette på oppvaskmaskina** [setə po ˈupʋaskmaʃí:na]
das Essen auftauen	å **tine opp mat** [ti:nə up ˈma:t]
das Geschirr abtropfen lassen	å **la oppvasken dryppe av** [la upʋaskən ˈdrypə a:ʋ]

DAS HAUS – HUSET

Küchengeräte – Kjøkkenapparater

der Pürierstab
stavmikser -en m
[sta:ʊmiksər]

der Mixer
mikser -en m
[miksər]

die Küchenmaschine
kjøkkenmaskin -a f
[çøkənmaʃí:n]

die Mikrowelle
mikrobølgeovn -en m
[mikrubølgəoʊn]

das Handrührgerät
håndmikser -en m
[honmiksər]

der Wasserkocher
vannkoker -en m
[ʊanku:kər]

das Waffeleisen
vaffeljern -et n
[ʊafəljɛɳ]

der Elektrogrill
den **elektriske grillen** m
[eléktriskə grilən]

der Toaster
brødrister -en m
[brø:ristər]

die Küchenwaage
kjøkkenvekt -a f
[çøkənʊɛkt]

der Schnellkochtopf
trykkoker -en m
[tryku:kər]

der Sandwichgrill
toastjern -et n
[təʊstjæ:ɳ]

die Kaffeemaschine
kaffetrakter -en m
[kafətraktər]

der Dampfgarer
dampkoker -en m
[dampku:kər]

der Raclettegrill
raclettejern -et n
[raklétjæ:ɳ]

der Reiskocher
riskoker -en m
[ri:sku:kər]

DAS HAUS – HUSET

Koch- und Backutensilien – Utstyr for matlaging og baking

der Küchenwecker
kjøkkenur -et n
[çøkənʉ:r]

das Ausstechförmchen
pepperkakeform -a f
[pepərka:kəfɔrm]

das Küchenpapier
kjøkkenrull -en m
[çøkənrʉl]

die Schürze
forkle -et n
[fɔrkle]

das Muffinförmchen
muffinsform -a f
[mʉfinsfɔrm]

die Törtchenform
muffinsform -a f
[mʉfinsfɔrm]

die Springform
springform -a f
[spriŋfɔrm]

das Backblech
stekeplate -n m
[ste:kəpla:tə]

der Messerschärfer
knivspisser -en m
[kni:ʋspisər]

das Teigrad
baketrinse -trinsa f
[ba:kətrinsə]

der Topfhandschuh
grytevott -en m
[gry:təʋɔt]

das Tablett
brett -et n
[bret]

die Sanduhr
timeglass -et n
[ti:məglas]

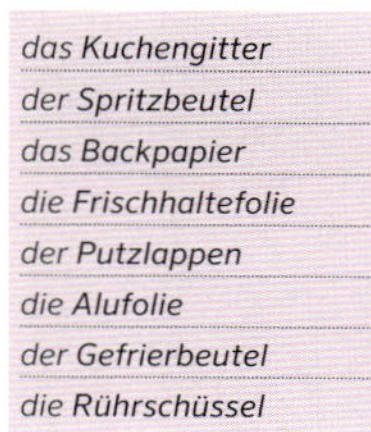

das Kuchengitter	**stekerist** -a f [ste:kərist]
der Spritzbeutel	**sprøytepose** -n m [sprœytəpu:sə]
das Backpapier	**bakepapir** -et n [ba:kəpapí:r]
die Frischhaltefolie	**plastikkfolie** -en m [plastikfu:liə]
der Putzlappen	**fille** -n m [filə]
die Alufolie	**aluminiumsfolie** -n m [alʉmí:niʉmsfu:liə]
der Gefrierbeutel	**frysepose** -n m [fry:səpu:sə]
die Rührschüssel	**bolle** -n m [bolə]

DAS HAUS – HUSET

Koch- und Backutensilien – Utstyr for matlaging og baking

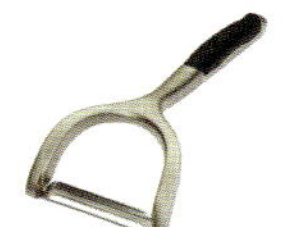

der Schäler
skreller -en m
[skrelər]

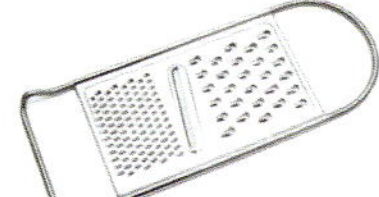

die Reibe
rivjern -et n
[ri:ʋjæ:ɳ]

das Hackmesser
hakkekniv -en m
[hakəkni:ʋ]

das Küchenmesser
kjøkkenkniv -en m
[çøkənkni:ʋ]

das Küchensieb
sil -en m
[si:l]

das Abtropfsieb
dørslag -et n
[dø:ʃla:g]

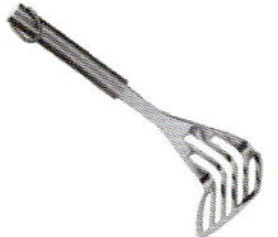

der Kartoffelstampfer
potetstamper -en m
[puté:tstampər]

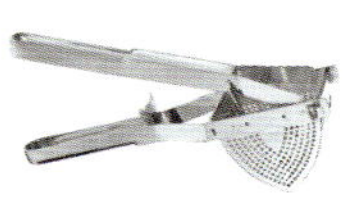

die Knoblauchpresse
hvitløkspresse -pressa f
[ʋi:tløkspresə]

die Schöpfkelle
øse øsa f
[ø:sə]

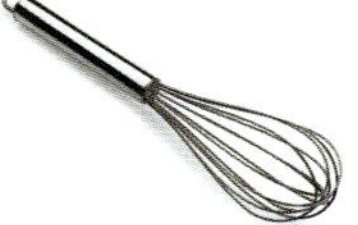

der Schneebesen
visp -en m
[ʋisp]

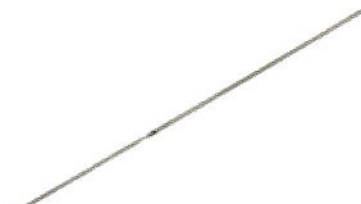

der Spieß
spyd -et n
[spy:d]

der Dosenöffner
bokseåpner -en m
[boksəopnər]

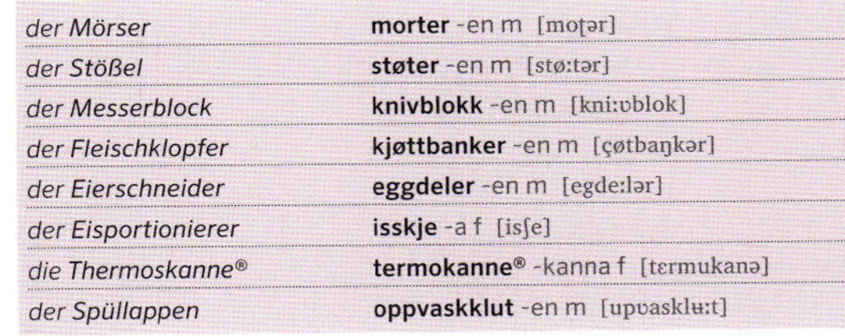

der Mörser	**morter** -en m [moʈər]
der Stößel	**støter** -en m [stø:tər]
der Messerblock	**knivblokk** -en m [kni:ʋblok]
der Fleischklopfer	**kjøttbanker** -en m [çøtbaŋkər]
der Eierschneider	**eggdeler** -en m [egde:lər]
der Eisportionierer	**isskje** -a f [isʃe]
die Thermoskanne®	**termokanne®** -kanna f [tɛrmukanə]
der Spüllappen	**oppvaskklut** -en m [upʋasklʉ:t]

das Schneidebrett
fjøl -a f
[fjø:ɽ]

DAS HAUS – HUSET

Koch- und Backutensilien – Utstyr for matlaging og baking

der Korkenzieher
korketrekker -en m
[korkətrekər]

der Backpinsel
bakepensel -en m
[ba:kəpensəl]

das Nudelholz
kjevle -t n
[çeʋlə]

der Pfannenwender
stekespade -n m
[ste:kəspa:də]

die Küchenzange
grilltang -en m
[griltaŋ]

der Teigschaber
slikkepott -en m
[ʃlikəpot]

der Servierlöffel
serveringsskje -a f
[sɛrʋé:riŋsʃe]

der Kochlöffel
sleiv -a f
[ʃlæɪʋ]

die Bratpfanne
stekepanne -panna f
[ste:kəpanə]

der Wok
wok -en m
[ʋok]

der Kochtopf
kjele -n m
[çe:lə]

der Schmortopf
gryte gryta f
[gry:tə]

das Auflaufförmchen
porsjonsform -a f
[puʃúnsfɔrm]

die Bratengabel	**stekegaffel** -en m [ste:kegafəl]
der Untersetzer	**brikke** -n m [brikə]
die Grillpfanne	**grillpanne** -panna f [grilpanə]
der Messbecher	**litermål** -et n [li:tərmo:l]
der Trichter	**trakt** -en m [trakt]
der Messlöffel	**måleskje** -a f [mo:leʃe]
der Abtropfständer	**oppvaskstativ** -et n [upʋaskstatí:ʋ]
der Flaschenöffner	**flaskeåpner** -en m [flaskəo:pnər]

DAS HAUS – HUSET

Das Schlafzimmer – Soverommet

der Bettbezug
dynetrekk -et n
[dy:netrek]

die Bettdecke
teppe -t n
[tepə]

das Kopfteil
hodegjerde -n m
[hu:dəjæ:rə]

das Doppelbett
dobbeltseng -a f
[dobəltseŋ]

das Kopfkissen
hodepute -puta f
[hu:dəpʉ:tə]

der Kissenbezug
putevar -et n
[pʉ:təʋa:r]

die Nachttischlampe
nattbordslampe -lampa f
[natbu:rslampə]

die Kommode
kommode -n m
[kumú:də]

das Bettgestell
seng -a f
[seŋ]

das Laken
laken -et n
[lá:kən]

der Teppich
gulvteppe -t n
[goɽʋtepə]

der Hocker
puff -en m
[pʉf]

die Matratze
madrass -en m
[madrás]

der Nachttisch
nattbord -et n
[natbu:r]

der Kleiderschrank	**klesskap** -et n [kle:ska:p]
der Wecker	**vekkerklokke** -klocka f [ʋekəklokə]
den Wecker stellen	**å stille vekkerklokka** [stilə ʋekəklokə]
die Wärmflasche	**varmeflaske** -flaska f [ʋarməflaskə]
die Heizdecke	**varmeteppe** -t n [ʋarmətepə]
die Tagesdecke	**sengeteppe** -t n [seŋətepə]
die Schlafbrille	**sovemaske** -maska f [so:ʋəmaskə]
das Zimmer mit Bad	**rom med bad** -et n [rum me 'ba:d]

DAS HAUS – HUSET

Das Kinderzimmer – Barnerommet

der Ball
ball -en m
[bal]

die Puppe
dukke dukka f
[dokə]

die Wickeltasche
stelleveske -veska f
[steləveskə]

der Kinderwagen
barnevogn -a f
[ba:ɳəvoŋ]

das Babyfon®
babycall -en m
[be:biko:l]

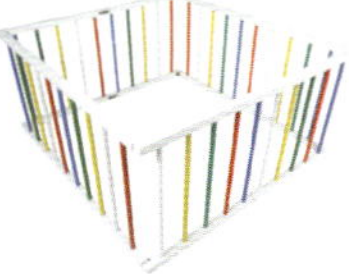

der Laufstall
lekegrind -a f
[le:kəgrin]

das Gitterbettchen
sprinkelseng -a f
[sprínkəlseŋ]

die Flauschdecke
koseteppe -t n
[ku:sətepə]

das Mobile
uro -en m
[ʉ:ru]

der Gitterstab
sprinkel -en m
[sprínkəl]

der Teddy
bamse -n m
[bamsə]

der Wickeltisch
stellebord -et n
[steləbu:r]

das Kuscheltier
kosedyr -et n
[ku:sədy:r]

das Spielzeug
leketøy -et n
[le:kətœy]

die Wickelauflage
stelleunderlag -et n
[steləʉnərla:g]

das Töpfchen
potte potta f
[potə]

die Babytragetasche
babybag -en m
[be:bibag]

der Schulranzen
skoleransel -en m
[sku:ləransəl]

das Bauklötzchen
byggekloss -en m
[bygəklos]

DAS HAUS – HUSET

Das Jugendzimmer – Ungdomsrommet

das Einzelbett
enkeltseng -a f
[énkəltseŋ]

die Hängelampe
hengelampe -lampa f
[heŋəlampə]

der Schreibtisch
skrivebord -et n
[skri:ʋəbu:r]

das Bücherregal
bokhylle -hylla f
[bu:khylə]

die Schreibtischlampe
skrivebordslampe -lampa f
[skri:ʋəbu:rslampə]

die Schublade
skuff -a f
[skuf]

der Teppichboden
teppegulv -et n
[tepəgoɽʋ]

die Fensterbank
vinduskarm -en m
[ʋindʉskarm]

der Stuhl
stol -en m
[stu:l]

das Etagenbett	**køyeseng** -a f [kœyəseŋ]
schlafen	å **sove** [so:ʋə]
schnarchen	å **snorke** [snorkə]
aufwachen	å **våkne** [ʋo:knə]
aufstehen	å **stå opp** [sto up]
der Albtraum	**mareritt** -et n [ma:rerit]
träumen	å **drømme** [drømə]

einschlafen	å **sovne** [soʋnə]
tief schlafen	å **sove dypt** [so:ʋə dy:pt]
ausschlafen	å **sove ut** [so:ʋə ʉ:t]
wach sein	å **være våken** [ʋæ:rə ʋo:kən]
das Bett machen	å **re opp senga** [re up ˈseŋa]
ins Bett gehen	å **gå til sengs** [go til ˈseŋs]
das Zimmer aufräumen	å **rydde rommet** [rydə rúmə]

DAS HAUS – HUSET

Das Arbeitszimmer – Arbeidsrommet

der Bilderrahmen
bilderamme -n m
[bildəramə]

das Foto
bilde -t n
[bildə]

die Verandatür
verandadør -a f
[vərándadø:r]

das Tageslicht
dagslys -et n
[dákslyːs]

der Bücherschrank
bokskap -et n
[bu:kska:p]

der/das Laptop
laptop -en m
[læ̂ptop]

die Zimmerpflanze
plante planta f
[plantə]

die Rückenlehne
rygglene -t n
[rygle:nə]

der Sessel
lenestol -en m
[le:nestu:l]

der Schreibtisch
skrivebord -et n
[skri:vəbu:r]

der Rollcontainer
rulleskap -et n
[rʉləska:p]

der Drehstuhl
svingstol -en m
[svíŋstu:l]

die Armlehne
armlene -t n
[armle:nə]

die Unterlage	**underlag** -et n [ʉnərla:g]
die Steuererklärung	**selvangivelse** -n m [selanjí:velsə]
arbeiten	å **arbeide** [arbæɪdə]
sich konzentrieren	å **konsentrere seg** [kunsentré:rə sæɪ]
die Überstunde	**overtid** -en m [o:vərti]
von zu Hause arbeiten	å **jobbe hjemmefra** [jobə ˈjeməfra]
eine Pause machen	å **ta en pause** [ta e:n ˈpæʉsə]
selbstständig sein	å **være selvstendig (næringsdrivende)** [væ:rə selsténdi (ˈnæ:riŋsdri:vənə)]

DAS HAUS – HUSET

Das Badezimmer – Badet

der Spiegel
speil -et n
[spæɪl]

das Waschbecken
servant -en m
[sɛrʋánt]

der Seifenspender
såpedispenser -en m
[so:pədispénsər]

der Waschbecken-unterschrank
servantskap -et n
[sɛrʋántska:p]

die Duschkabine
dusjkabinett -et n
[dʉʃkabinét]

die Dusche
dusj -en m [dʉʃ]

der Handtuchhalter
håndkleholder -en m
[honkləhɔlər]

das Handtuch
håndkle -et n [honklə]

der Wasserhahn
vannkran -a f
[ʋankra:n]

die Badewanne
badekar -et n
[ba:dəka:r]

die Toilette
toalett -et n
[tualét]

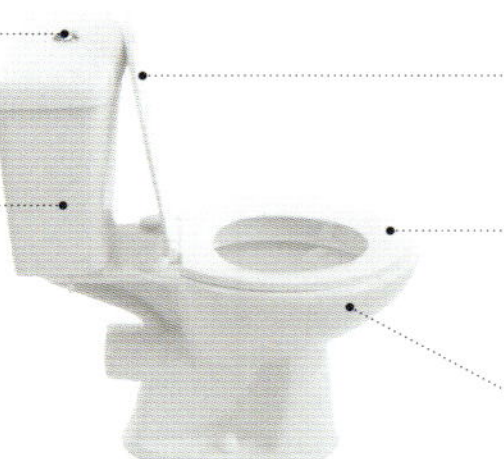

die Toilettenspülung
spyling -en m
[spy:liŋ]

der Spülkasten
klosettcisterne -n m
[klosétsistǽ:ɳə]

auf die Toilette gehen
å **gå på toalettet**
[go po tualétə]

der Toilettendeckel
toalettlokk -et n
[tualétlok]

die Toilettenbrille
toalettsete -t n
[tualétse:tə]

die Kloschüssel
toalettskål -a f
[tualétsko:l]

die Klobürste
toalettbørste -n m
[tualétbøʃtə]

das Toilettenpapier
toalettpapir -et n
[tualétpapí:r]

der Raumduft
romduft -en m
[rumdʉft]

der Klostein
dorens -en m
[du:rens]

DAS HAUS – HUSET

Sanitäre Anlagen – Sanitæranlegg

der Elektroboiler
den **elektriske varmtvannsberederen** m
[eléktriskə ˈʋarmtʋansbəré:dərən]

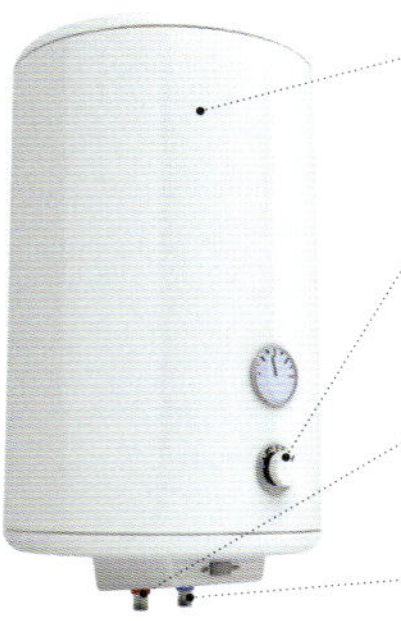

der Behälter
beholder -en m
[bəhɔ́lər]

das Thermostat
termostat -en m
[tɛrmustá:t]

der Warmwasser-ablauf
varmtvannsutløp -et n
[ʋarmtʋansʉ:tlø:p]

der Kaltwasserzulauf
kaldtvannsinntak -et n
[kaltʋansintá:k]

das Gas-Wandheizgerät
gassvarmtvannsbereder -en m
[gasʋarmtʋansbəré:dər]

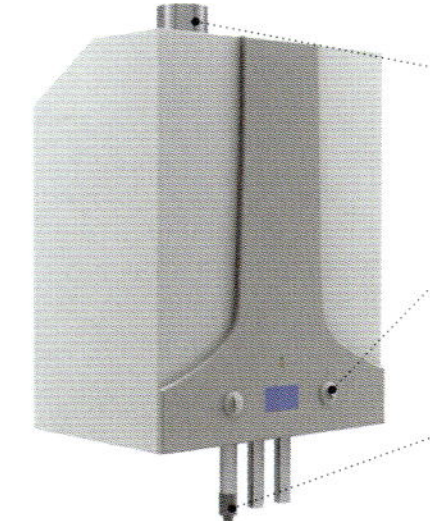

das Sicherheitsventil
sikkerhetsventil -en m
[sikərhe:tsʋentí:l]

der Regler
regulator -en m
[regʉ:lá:tur]

der Überlauf
overløp -et n
[o:ʋərlø:p]

das Waschbecken
servant -en m
[sɛrʋánt]

die Zuleitung
tilførsel -en m
[tilføʃəl]

der Absperrhahn
stengekran -a f
[steŋəkra:n]

der Abfluss
avløp -et n
[a:ʋlø:p]

der Siphon
vannlås -en m
[ʋanlo:s]

der Spülkasten
cisterne -n m
[sistǽ:ɳə]

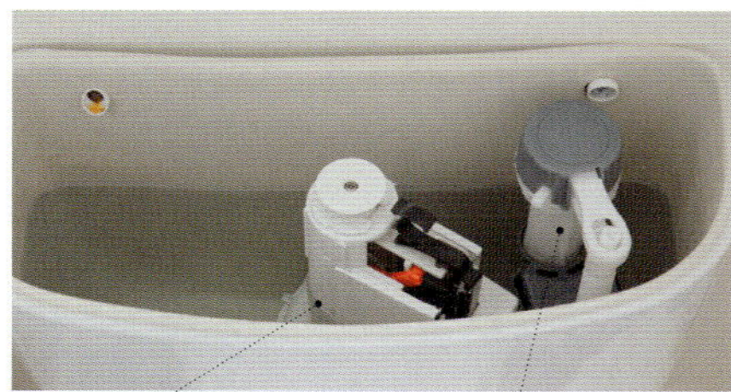

die Heberglocke
ventil -en m
[ʋentí:l]

der Überlauf
overløp -et n
[o:ʋərlø:p]

DAS HAUS – HUSET

Im Badezimmer – På badet

das Wattepad
bomullspad -en m
[bumʉlspæd]

der Duschschwamm
svamp -en m
[svamp]

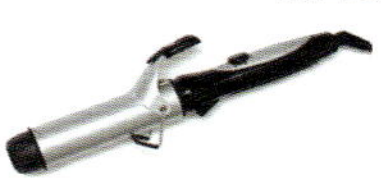

der Lockenstab
krølltang -a f
[krøltaŋ]

das Glätteisen
rettetang -a f
[retətaŋ]

der Rasierapparat
barberapparat -et n
[barbé:rapará:t]

das Schwammtuch
den **absorberende kluten** m
[apsorbé:rənə klʉ:tən]

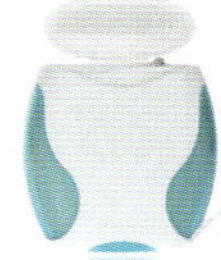

die Zahnseide
tanntråd -en m
[tantro:]

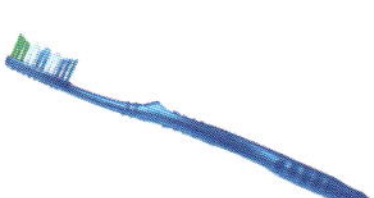

die Zahnbürste
tannbørste -n m
[tanbøʃtə]

das Taschentuch
lommetørkle -t n
[lumətørklə]

das Wattestäbchen
bomullspinne -n m
[bumʉlspinə]

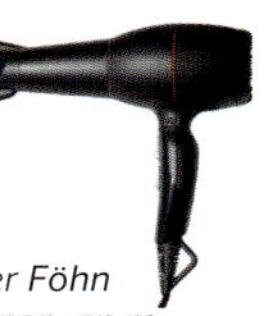

der Föhn
føner -en m
[fø:nər]

der Rasierschaum
barberskum -et n
[barbé:rskum]

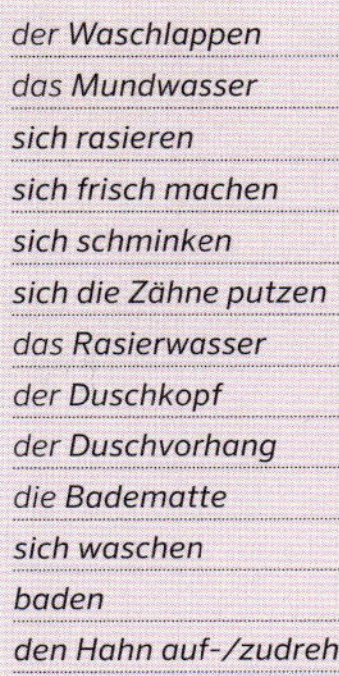

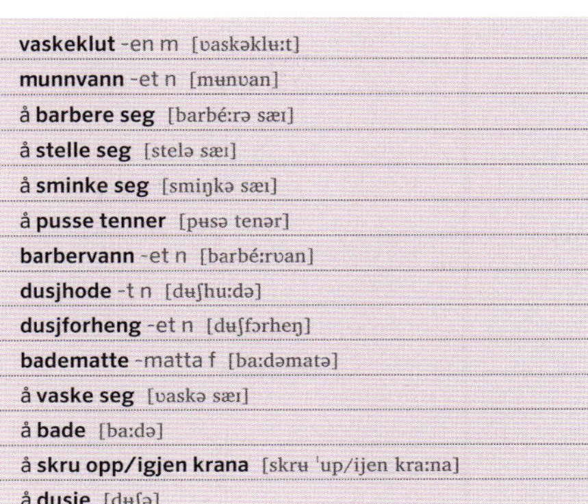

der Waschlappen	**vaskeklut** -en m [vaskəklʉ:t]
das Mundwasser	**munnvann** -et n [mʉnvan]
sich rasieren	å **barbere seg** [barbé:rə sæɪ]
sich frisch machen	å **stelle seg** [stelə sæɪ]
sich schminken	å **sminke seg** [smiŋkə sæɪ]
sich die Zähne putzen	å **pusse tenner** [pʉsə tenər]
das Rasierwasser	**barbervann** -et n [barbé:rvan]
der Duschkopf	**dusjhode** -t n [dʉʃhu:də]
der Duschvorhang	**dusjforheng** -et n [dʉʃfɔrheŋ]
die Bademattе	**badematte** -matta f [ba:dəmatə]
sich waschen	å **vaske seg** [vaskə sæɪ]
baden	å **bade** [ba:də]
den Hahn auf-/zudrehen	å **skru opp/igjen krana** [skrʉ ˈup/ijen kra:na]
duschen	å **dusje** [dʉʃə]

der Rasierer
barberhøvel -en m
[barbé:rhøvəl]

DAS HAUS – HUSET

Die Waschküche – Vaskerommet

die Waschmaschine
vaskemaskin -a f
[ʋaskəmaʃí:n]

der Wäschekorb
skittentøyskurv -en m
[ʃitəntœyskʉrʋ]

die zusammengelegte Wäsche
de **sammenlagte klærne** pl
[samənlagtə klæ:rnə]

die Waschmittelkammer
vaskepulverskuff -en m
[ʋaskəpʉlʋərskuf]

der Frontlader
den **frontmatede vaskemaskina** f
[frɔntma:tədə ʋaskəmaʃí:na]

der Fleckenentferner
flekkfjerner -en m
[flekfjɛɳər]

der Weichspüler
tøymykner -en m
[tœymy:knər]

die Wäscheleine
klessnor -a f
[kle:snu:r]

die Wäscheklammer
klesklype -klypa f
[kle:skly:pə]

das Bleichmittel
blekemiddel -et n
[ble:kəmidəl]

das Waschpulver
vaskepulver -et n
[ʋaskəpʉlʋər]

das Bügeleisen
strykejern -et n
[stry:kəjæ:ɳ]

das Bügelbrett
strykebrett -et n
[stry:kəbret]

die Waschmaschine füllen	å **fylle vaskemaskina** [fylə ˈʋaskəmaʃí:na]
die Wäsche waschen	å **vaske klær** [ʋaskə klæ:r]
die Wäsche schleudern	å **sentrifugere klesvasken** [sentrifʉ:gé:rə klé:sʋaskən]
der Wäscheständer	**tørkestativ** -et n [tørkəstatí:ʋ]
der Wäschetrockner	**tørketrommel** -en m [tørkətruməl]
der Schmutzwäschekorb	**skittentøyskurv** -en m [ʃitəntœyskʉrʋ]
die Wäsche zum Trocknen aufhängen	å **henge opp klær til tørk** [heŋə up ˈklæ:r til ˈtørk]
bügeln	å **stryke** [stry:kə]

DAS HAUS – HUSET

Reinigungsartikel – Rengjøringsmidler

das Reinigungsmittel
rengjøringsmiddel -et n
[re:njø:riŋsmidəl]

das Spülmittel
oppvaskmiddel -et n
[upʋaskmidəl]

die Bürste
toalettbørste -n m
[tualétbøʃtə]

die Sprühflasche
spruteflaske -flaska f
[sprʉ:təflaskə]

der Gummiwischer
nal -en m
[na:l]

die Kehrschaufel
feiebrett -et n
[fæɪəbret]

der Handfeger
feiekost -en m
[fæɪəkust]

der Wischmopp
mopp -en m
[mop]

der Schwamm
svamp -en m
[sʋamp]

der Gummihandschuh
gummihanske -n m
[gʉmihanskə]

der Eimer
bøtte bøtta f
[bøtə]

der WC-Reiniger
toalettrens -en m
[tualétrens]

schrubben	å **skrubbe** [skrʉbə]
fegen	å **feie** [fæɪə]
polieren	å **polere** [pulé:rə]
putzen	å **vaske** [ʋaskə]
abwischen	å **tørke av** [tørkə ˈa:ʋ]
der Staubsauger	**støvsuger** -en m [stø:ʋsʉ:gər]
Staub saugen	å **støvsuge** [stø:ʋsʉ:gə]
der Staubwedel	**støvkost** -en m [stø:ʋkust]

die Wurzelbürste
børste -n m
[bøʃtə]

DAS HAUS – HUSET

Die Heimwerkstatt – Hobbyrommet

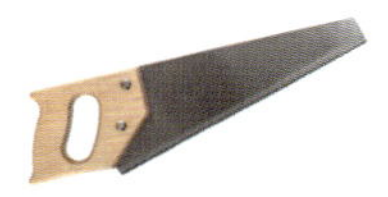

die Handsäge
håndsag -a f
[honsa:g]

die Schere
saks -a f
[saks]

die Schraube
skrue -n m
[skrʉə]

die Mutter
mutter -en m
[mʉtər]

der Schrauben-schlüssel
skiftenøkkel -en m
[ʃiftənøkəl]

der Holzhammer
trehammer -en m
[tre:hamər]

die Rohrzange
rørtang -a f
[rø:rtaŋ]

das Maßband
målebånd -et n
[mo:ləbon]

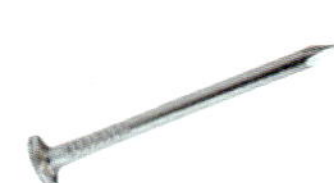

der Nagel
spiker -en m
[spi:kər]

der Hammer
hammer -en m
[hamər]

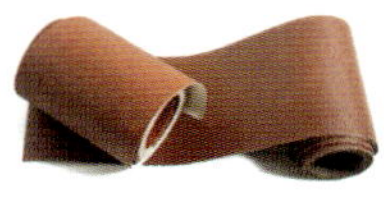

das Schleifpapier
sandpapir -et n
[sanpapí:r]

die Wasserwaage
vaterpass -et n
[ʋa:tərpas]

die Kombizange
kombitang -a f
[kumbitaŋ]

der Schraubenzieher
skrutrekker -en m
[skrʉ:trekər]

die Bügelsäge
buesag -a f
[bʉesa:g]

das Teppichmesser
teppekniv -en m
[tepəkni:ʋ]

DAS HAUS – HUSET

Die Heimwerkstatt – Hobbyrommet

der Akkubohrer
den **batteridrevne boremaskina** f
[bateridreʋnə ˈbu:rəmaʃí:na]

der Akku
batteri -et n
[baterí]

der Bohrer
boremaskin -a f
[bu:rəmaʃí:n]

der Elektrobohrer
den **elektriske boremaskina** f
[eléktriskə bu:rəmaʃí:na]

das Stemmeisen	**stemjern** -et n [stemjæ:ɳ]
die Nietenzange	**hulltang** -a f [hultaŋ]
der Seitenschneider	**avbitertang** -a f [a:ʋbi:tərtaŋ]
das Sägeblatt	**sagblad** -et n [sa:gbla]
schrauben	å **skru** [skrʉ]
löten	å **lodde** [lodə]
messen	å **måle** [mo:lə]
abschmirgeln	å **slipe (ned)** [ʃli:pə (ne)]
sägen	å **sage** [sa:gə]
schneiden	å **skjære** [ʃæ:rə]
bohren	å **bore** [bu:rə]
hämmern	å **hamre** [hamrə]
feilen	å **file** [fi:lə]
ausstemmen	å **stemme ut** [steme ˈʉ:t]
nieten	å **nagle** [nagle]
streichen	å **male** [ma:lə]
hobeln	å **høvle** [høʋlə]

die Klebepistole
limpistol -en m
[li:mpistú:l]

die Stichsäge
stikksag -a f
[stiksa:g]

der Bandschleifer
båndsliper -en m
[bonʃli:pər]

die Kreissäge
sirkelsag -a f
[sirkəlsa:g]

DAS HAUS – HUSET

Die Heimwerkstatt – Hobbyrommet

der Müllbeutel
søppelpose -n m
[søpəlpu:sə]

das Mikrofasertuch
mikrofiberklut -en m
[mi:kru:fi:bərklʉ:t]

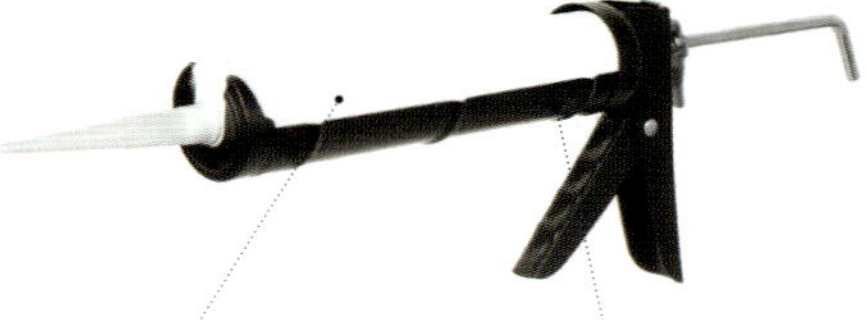
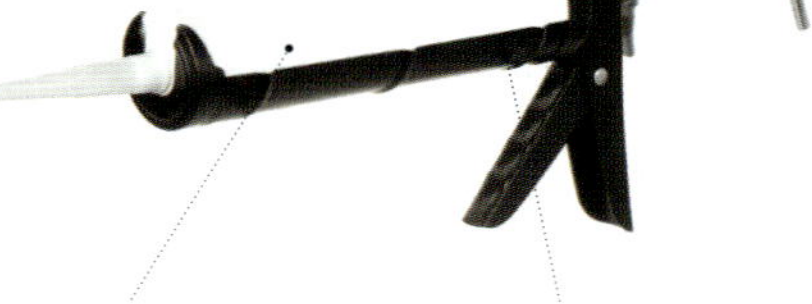
der Dichtstoff
ankermasse -n m
[aŋkərmasə]

die Kartuschenpistole
patronpistol -en m
[patrú:npistú:l]

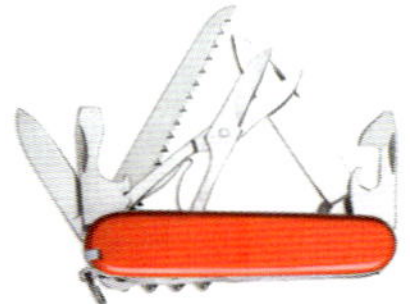
das Taschenmesser
lommekniv -en m
[luməkni:ʋ]

der Werkzeugkasten
verktøykasse -kassa f
[ʋɛrktœykasə]

die Werkbank
arbeidsbenk -en m
[arbæɪdsbeŋk]

der Inbusschlüssel
sekskantnøkkel -en m
[sekskantnøkəl]

der Besen
kost -en m
[kust]

die Schutzbrille
vernebriller pl
[ʋæ:ɳəbrilər]

der Lötkolben
loddebolt -en m
[lodəbolt]

das Lötzinn
loddetinn -et n
[lodətin]

das Sperrholz	**kryssfinér** -en m [krysfi:nér]
die Spanplatte	**sponplate** -plata f [spu:npla:tə]
der Lack	**lakk** -en m [lak]
das Metall	**metall** -et n [metál]
der rostfreie Stahl	det **rustfrie stålet** n [rʉstfriə sto:lə]
der Kunststoff	**kunststoff** -et n [kʉnststof]
der Draht	**tråd** -en m [tro:]
das Holzbrett	**treplanke** -n m [tre:plaŋkə]

DAS HAUS – HUSET

Renovieren – Pusse opp

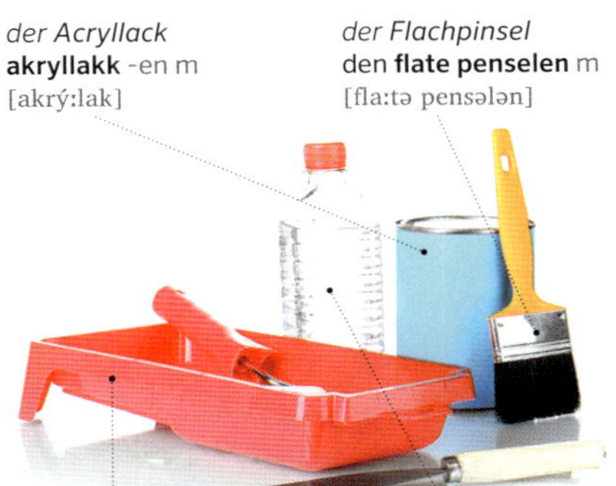

der Acryllack
akryllakk -en m
[akrý:lak]

der Flachpinsel
den **flate penselen** m
[fla:tə pensələn]

die Farbwanne
rullekar -et n
[rʉləka:r]

das Verdünnungsmittel
tynner -en m
[tynər]

der/die Spachtel
sparkel -en m
[sparkəl]

der Farbroller
malerull -en m
[ma:lərʉl]

der Handwerker
håndverker -en m
[honʋɛrkər]

die Leiter
stige -n m
[sti:gə]

die Latzhose
snekkerbukse -buksa f
[snekərbuksə]

die Farbdose
malingsspann -et n
[ma:liŋspan]

tapezieren
å **tapetsere**
[tapetsé:rə]

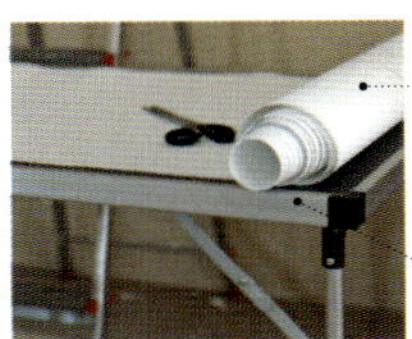

die Tapetenrolle
tapetrull -en m
[tapé:trʉl]

der Tapeziertisch
tapetbord -et n
[tapé:tbu:r]

die Farbe
maling -en m
[ma:liŋ]

das Abdeckband
maskeringstape -n m
[maské:riŋstæɪp]

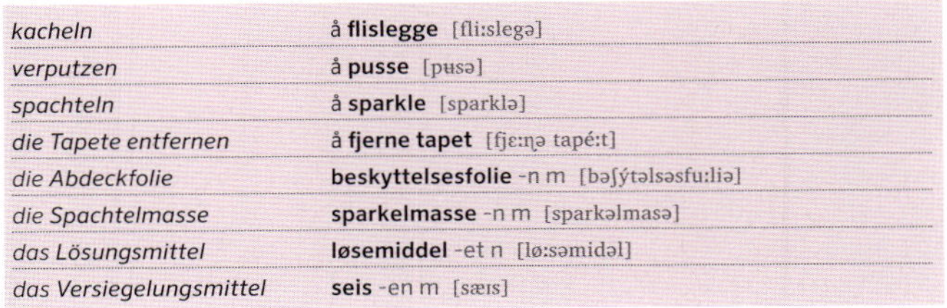

kacheln	å **flislegge** [fli:slegə]
verputzen	å **pusse** [pusə]
spachteln	å **sparkle** [sparklə]
die Tapete entfernen	å **fjerne tapet** [fjɛ:ŋə tapé:t]
die Abdeckfolie	**beskyttelsesfolie** -n m [bəʃýtəlsəsfu:liə]
die Spachtelmasse	**sparkelmasse** -n m [sparkəlmasə]
das Lösungsmittel	**løsemiddel** -et n [lø:səmidəl]
das Versiegelungsmittel	**seis** -en m [sæɪs]

das Farbmuster
fargemønster -et n
[fargəmønstər]

DAS HAUS – HUSET

Strom und Heizung – Strøm og oppvarming

der Stromzähler
strømmåler -en m
[strømo:lər]

die Sicherung
sikring -en m
[sikriŋ]

der Heizkörper
radiator -en m
[radiátur]

der Kaminofen
vedovn -en m
[ʋeoʋn]

der Stecker
støpsel -et n
[støpsəl]

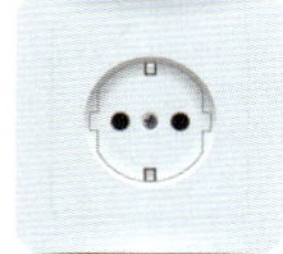

die Steckdose
stikkontakt -en m
[stikuntakt]

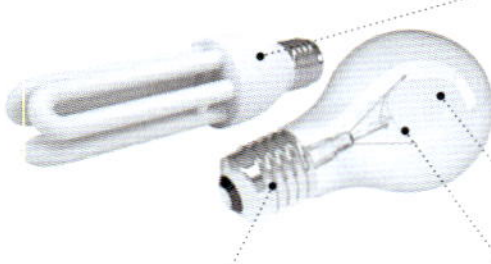

die Energiesparlampe
energisparepære -pæra f
[enərgíspa:repæ:rə]

die Glühbirne
lyspære -pæra f
[ly:spæ:rə]

der Lampensockel
pæresokkel -en m
[pæ:rəsɔkəl]

der Glühfaden
glødetråd -en m
[glø:dətro]

das Verlängerungskabel
forlenger -en m
[fɔrléŋər]

der Schalter
bryter -en m
[bry:tər]

die Mehrfachsteckdose
grenuttak -et n
[gre:nʉ:ta:k]

der Luftkanal	**luftekanal** -en m [lʉftəkaná:l]
die Heizung anschalten/ausschalten	å **slå på/av varmen** [slo ˈpo/a:ʋ ˈʋarmən]
die erneuerbare Energie	den **fornybare energien** m [fɔŋýba:rə enərgín]
das Stromnetz	**strømnett** -et n [strømnet]
die Stromstärke	**strømstyrke** -n m [strømstyrkə]
die Spannung	**spenning** -en m [speniŋ]
die Solarheizung	**solcelleoppvarming** -en m [su:lseləupʋarmiŋ]
die Zentralheizung	**sentralvarme** -n m [sentrá:lʋarmə]
die Fußbodenheizung	**gulvvarme** -n m [goɽʋarmə]
der Sicherungskasten	**sikringsskap** -en m [sikriŋska:p]
die Leitung	**ledning** -en m [le:dniŋ]
das Ampere	**ampere** -n m [ampæ:r]
das Watt	**watt** -en m [ʋat]
das Volt	**volt** -en m [ʋolt]
der Adapter	**adapter** -en m [adáptər]
die Erdung	**jording** -en m [ju:riŋ]

DER GARTEN – HAGEN

die Terrasse
terrasse -n m
[tɛrásə]

der Gartenteich
hagedam -men m
[ha:gədam]

der Gartenweg
hagegang -en m
[ha:gəgaŋ]

der Gemüsegarten
grønnsakshage -n m
[grønsa:ksha:gə]

die Küchenkräuter
krydderurter -urterne pl
[krydərʉʈər]

das Gewächshaus
veksthus -et n
[ʋéksthʉ:s]

das Gartenhaus
hagehus -et n
[ha:gəhʉ:s]

das Blumenbeet
blomsterbed -et n
[blomstərbed]

die Gartenbank
hagebenk -en m
[hagəbeŋk]

die Gartenmöbel
hagemøbler -møblene pl
[ha:gəmøblər]

die Gartenmauer
hagemur -en m
[ha:gəmʉr]

der Dachgarten
takhage -n m
[ta:kha:gə]

der Komposter
kompostbinge -n m
[kumpóstbiŋə]

der Steingarten
steinhage -n m
[stæɪnha:gə]

der Gartenzaun
hagegjerde -t n
[ha:gəjæ:rə]

die Hecke
hekk -en m
[hek]

DER GARTEN – HAGEN

Gartengeräte – Hageredskap

die Rosenschere
rosesaks -a f
[ru:səsaks]

der Gartenschlauch
hageslange -n m
[ha:gəʃlaŋə]

die Topfpflanze
potteplante -planta f
[potəplantə]

die Blumenkelle
plantespade -n m
[plantəspa:də]

der Handrechen
lukeklo -en m
[lʉ:kəklu]

der Laubrechen
løvrive -riva f
[lø:ʋri:ʋə]

der Spaten
spade -n m
[spa:də]

die Gießkanne
vannkanne -kanna f
[ʋankanə]

der Gartenhandschuh
hagehanske -n m
[ha:gəhanskə]

der Rasenmäher
gressklipper -en m
[gresklipər]

der Rasentrimmer
kantklipper -en m
[kantklipər]

der Rechen
rive riva f
[ri:ʋə]

die Mistgabel
høygaffel -en m
[hœygafəl]

die Schubkarre
trillevogn -a f
[triləʋoŋn]

die Heckenschere
hekksaks -a f
[heksaks]

die Hacke
hakke hakka f
[hakə]

der Rasensprenger
spreder -en m
[spre:dər]

DER GARTEN – HAGEN

Die Gartenarbeit – Hagearbeidet

Rollrasen verlegen
å **legge rulleplen**
[legə 'rʉləple:n]

den Rasen sprengen
å **vanne plena**
[ʋanə ple:na]

das Laub rechen
å **rake løv**
[ra:kə lø:ʋ]

pflanzen
å **plante**
[plantə]

stutzen
å **stusse**
[stʉsə]

den Rasen mähen
å **klippe plena**
[klipə ple:na]

Unkraut jäten
å **luke ugress**
[lʉ:kə ʉgres]

umgraben
å **grave om**
[gra:ʋə 'um]

zurückschneiden
å **beskjære**
[bəʃæ:rə]

pflücken
å **plukke**
[plukə]

säen
å **så**
[so]

spritzen
å **sprøyte**
[sprœytə]

düngen	å **gjødsle** [jødslə]
ernten	å **høste** [høstə]
züchten	å **dyrke** [dyrkə]
vermehren	å **formere** [fɔrmé:rə]
gießen	å **vanne** [ʋanə]
der Sämling	den **lille planten** m [li:lə plantən]
der Dünger	**gjødsel** -en m [jødsəl]
der Unkrautvernichter	**ugressmiddel** -et n [ʉgresmidəl]

eintopfen
å **potte om**
[potə 'um]

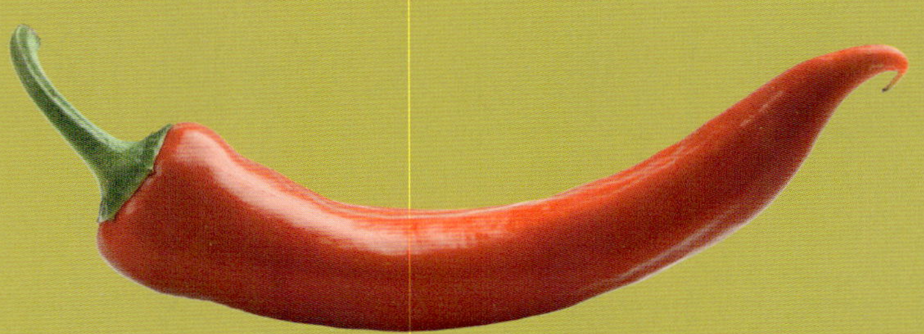

ESSEN UND TRINKEN

MAT OG DRIKKE

TIERISCHE PRODUKTE – ANIMALSKE PRODUKTER

Fleisch – Kjøtt

das Lammfleisch
lammekjøtt -et n
[laməçøt]

das Rindfleisch
storfekjøtt -et n
[stu:rfeçøt]

das Steak
biff -en m
[bif]

das Schweinefleisch
svinekjøtt -et n
[sʋi:nəçøt]

das Filet
filet -en m
[filé]

das Kalbfleisch
kalvekjøtt -et n
[kalʋəçøt]

die Keule
skinke -n m
[ʃinkə]

das Kotelett
kotelett -en m
[kɔt[ə]lét]

die Leber
lever -en m
[leʋər]

die Niere
nyre nyra f
[ny:rə]

das Kaninchen
kanin -en m
[kaní:n]

der Schinken
skinke skinka f
[ʃinkə]

das Hackfleisch
kjøttdeig -en m
[çøtdæɪ]

die Wurst
pølse pølsa f
[pølsə]

der Aufschnitt
kjøttpålegg -et n
[çøtpo:leg]

die Salami
salami -en m
[salámi]

TIERISCHE PRODUKTE – ANIMALSKE PRODUKTER

Geflügel – Fjærkre

das Hähnchen
kylling -en m
[çyliŋ]

der Schenkel
lår -et n
[lo:r]

die Brust
bryst -et n
[bryst]

der Flügel
vinge -n m
[ʋiŋə]

die Hähnchenkeule
kyllinglår -et n
[çyliŋlo:r]

die Ente
and -a f
[an]

das Entenfleisch
andekjøtt -et n
[anəçøt]

die Gans
gås -a f
[go:s]

das Gänsefleisch
gåsekjøtt -et n
[go:səçøt]

die Wachtel
vaktel -en m
[ʋaktəl]

das Wachtelfleisch
vaktelkjøtt -et n
[ʋaktəlçøt]

die Pute
kalkun -en m
[kalkʉ́:n]

das Putenfleisch
kalkunkjøtt -et n
[kalkʉ́:nçøt]

das Bioprodukt	det **økologiske produktet** n [økuló:giskə prudʉktə]
die Innereien	**innmat** -en m [inma:t]
mariniert	**marinert** [mariné:ʈ]
geräuchert	**røkt** [røkt]
gepökelt	**spekt** [spekt]
braten	å **steke** [ste:kə]
schmoren	å **brassere** [brasé:rə]
grillen	å **grille** [grilə]

aus Freilandhaltung
på friland
[po frí:lan]

TIERISCHE PRODUKTE – ANIMALSKE PRODUKTER

Fisch – Fisk

die Forelle
ørret -en m
[øret]

der Karpfen
karpe -n m
[karpə]

der Zander
gjørs -en m
[jøʃ]

der Seeteufel
breiflabb -en m
[bræɪflab]

die Makrele
makrell -en m
[makrél]

die Seezunge
sjøtunge -tunga f
[ʃøtuŋə]

die Sardine
sardin -en m
[sardí:n]

die Scholle
rødspette -spetta f
[røspetə]

der Aal
ål -en m
[o:l]

der Thunfisch
tunfisk -en m
[tʉ:nfisk]

der Kabeljau
torsk -en m
[toʃk]

der Seebarsch
havabbor -en m
[ha:ʋabor]

der Lachs
laks -en m
[laks]

der Heilbutt
kveite kveita f
[kʋæɪtə]

der Fischrogen
fiskerogn -a f
[fiskəroŋn]

das Fischsteak
fiskeskive -skiva f
[fiskəʃi:ʋə]

TIERISCHE PRODUKTE – ANIMALSKE PRODUKTER

Meeresfrüchte – Havets frukter

die Garnele
reke reka f
[re:kə]

der Hummer
hummer -en m
[humər]

der Krebs
kreps -en m
[kreps]

der Flusskrebs
ferskvannskreps -en m
[fɛʃkʋanskreps]

die Miesmuschel
blåskjell -et n
[blo:ʃel]

die Kammmuschel
kamskjell -et n
[kamʃel]

die Venusmuschel
venusskjell -et n
[ʋe:nʉsʃel]

die Herzmuschel
hjerteskjell -et n
[jæʈəʃel]

die Auster
østers -en m
[østeʃ]

der Tintenfisch
blekksprut -en m
[bleksprʉ:t]

der Krake
den **åttearmede blekkspruten** m
[otəarmədə bleksprʉ:tən]

der Räucherfisch
den **røkte fisken** m
[røktə fiskən]

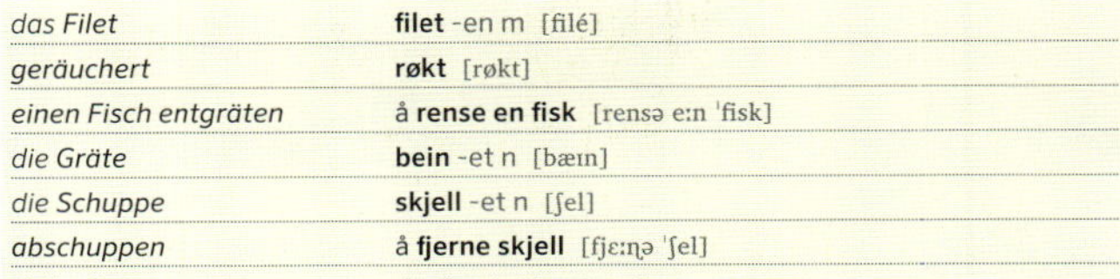

das Filet	**filet** -en m [filé]
geräuchert	**røkt** [røkt]
einen Fisch entgräten	å **rense en fisk** [rensə e:n ˈfisk]
die Gräte	**bein** -et n [bæɪn]
die Schuppe	**skjell** -et n [ʃel]
abschuppen	å **fjerne skjell** [fjɛ:ɳə ˈʃel]
tiefgefroren	**dypfryst** [dy:pfry:st]
frisch	**fersk** [fɛʃk]

der Dosenfisch
fisk i boks -en m
[fisk i boks]

TIERISCHE PRODUKTE – ANIMALSKE PRODUKTER

Milchprodukte und Eier – Melkeprodukter og egg

die Sahne
fløte -n m
[flø:tə]

die Milch
melk -en m
[melk]

der Hüttenkäse
hytteost -en m
[hytəust]

der Ziegenkäse
geitost -en m
[jæɪtust]

der Quark
Kesam® -en m
[ké:sam]

der Joghurt
yoghurt -en m
[jogʉṭ]

der Brie
brie -en m
[bri]

der Gorgonzola
gorgonzola -en m
[gorgonsó:la]

der Feta
feta -en m
[fé:ta]

das Hühnerei
hønseegg -et n
[hønsəeg]

die Eierschale
eggeskall -et n
[egəskal]

das Eiweiß
eggehvite -n m
[egəʋi:tə]

das Eigelb
eggeplomme -n m
[egəplumə]

das Wachtelei
vaktelegg -et n
[ʋaktəleg]

das Gänseei
gåseegg -et n
[go:səeg]

TIERISCHE PRODUKTE – ANIMALSKE PRODUKTER

Milchprodukte und Eier – Melkeprodukter og egg

der Eierkarton
eggekartong -en m
[egəkaʈóŋ]

die Butter
smør -et n
[smør]

der Parmesan
parmesan -en m
[parməsá:n]

der Emmentaler
emmentaler -en m
[eməntaːlər]

der Cheddar
cheddar -en m
[ʃedar]

der Raclettekäse
racletteost -en m
[raklétust]

der Camembert
camembert -en m
[kamambǽ:r]

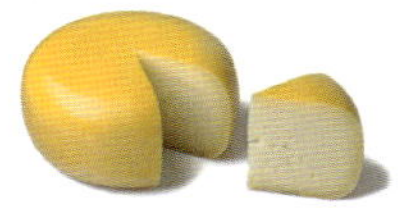

der Gouda
gouda -en m
[gæʉda]

der Mozzarella
mozzarella -en m
[musaréla]

der geriebene Käse
den **revne osten** m
[reʋnə ustən]

die Buttermilch
kjernemelk -en m
[çɛ:ɳəmelk]

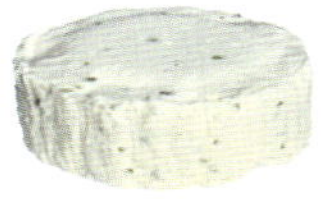

der Frischkäse
ferskost -en m
[fɛ́ʃkust]

die Kuhmilch	**kumelk** -en m [kʉ́:melk]
die Ziegenmilch	**geitemelk** -en m [jæɪtəmelk]
die laktosefreie Milch	den **laktosefrie melken** m [laktú:səfriə melkən]
die Sojamilch	**soyamelk** -en m [sɔyamelk]
homogenisiert	**homogenisert** [humugenisé:ʈ]
pasteurisiert	**pasteurisert** [pastæʉriséʈ]
fettarm	**mager** [má:gər]
die Vollmilch	**helmelk** -en m [hé:lmelk]

die Kondensmilch
kondensmelk -en m
[kundénsmelk]

GEMÜSE – GRØNNSAKER

die/der Trüffel
trøffel -en m
[trøfəl]

der Champignon
sjampinjong -en m
[ʃampinjóŋ]

der Steinpilz
steinsopp -en m
[stæɪnsop]

der Pfifferling
kantarell -en m
[kantarél]

der Spargel
asparges -en m
[aspárgəs]

der Kohlrabi
knutekål -en m
[knʉ:təko:l]

der Rhabarber
rabarbra -en m
[rabárbra]

der Mangold
mangold -en m
[máŋgolt]

der Fenchel
fennikel -en m
[feníkəl]

der/die Stangensellerie
stangselleri -en m
[staŋselerí]

die Artischocke
artisjokk -en m
[artiʃók]

die Kresse
karse -n m
[ka:ʃə]

die Brunnenkresse
brønnkarse -n m
[brønka:ʃə]

das Blatt	**blad** -et n [bla]
der Strunk	**stengel** -en m [stéŋəl]
das Röschen	**bukett/hode** -en/-t m/n [bʉkét/hu:də]
das Herz	**hjerte** -t n [jæʈə]
die Spitze	**topp** -en m [top]
das gedämpfte Gemüse	de **dampede grønnsakerne** pl [dampədə grønsa:kərnə]
aus biologischem Anbau	**fra økologisk landbruk** [fra økuló:gisk lanbrʉ:k]
aus heimischer Produktion	**fra lokal produksjon** [fra luká:l prudʉkʃú:n]

GEMÜSE – GRØNNSAKER

Wurzelgemüse – Rotfrukter

die Süßkartoffel
søtpotet -en m
[sø:tputé:t]

die Karotte
gulrot -a f
[gʉlru:t]

die Kartoffel
potet -en m
[puté:t]

die Schalotte
sjalottløk -en m
[ʃalótlø:k]

die rote Zwiebel
den **røde løken** m
[rødə lø:kən]

die Pastinake
pastinakk -en m
[pastinák]

der Knoblauch
hvitløk -en m
[ʋí:tlø:k]

die Rübe
knoll -en m
[knol]

die Zwiebel
løk -en m
[lø:k]

das Radieschen
reddik -en m
[rédik]

die Frühlingszwiebel
vårløk -en m
[ʋo:rlø:k]

die Rote Bete
rødbet -en m
[rø:be:t]

die Knoblauchzehe	**hvitløkfedd** -et n [ʋi:tlø:kfed]
die Knoblauchknolle	**hvitløk** -en m [ʋí:tlø:k]
die Wurzel	**rot** -a f [ru:t]
bitter	**bitter** [bitər]
roh	**rå** [ro]
scharf	**sterk** [stɛrk]
mehligkochend	**melen** [melən]
festkochend	**kokefast** [ku:kəfast]

der Lauch
purreløk -en m
[pʉrəlø:k]

GEMÜSE – GRØNNSAKER

Blattgemüse – Bladgrønnsaker

der Brokkoli
brokkoli -en m
[brokuli]

der Rotkohl
rødkål -en m
[røko:l]

der Wirsing
savoykål -en m
[savɔ́yko:l]

der Rosenkohl
rosenkål -en m
[ru:sənko:l]

der Blumenkohl
blomkål -en m
[blúmko:l]

der Weißkohl
hodekål -en m
[hu:dəko:l]

der Kopfsalat
hodesalat -en m
[hu:dəsalá:t]

der Eisbergsalat
isbergsalat -en m
[i:sbærgsalá:t]

der Römersalat
romanosalat -en m
[rumá:nusalá:t]

der/die Chicorée
sikori -en m
[sikurí]

der Feldsalat
vårsalat -en m
[ʋo:rsalá:t]

der Spinat
spinat -en m
[spiná:t]

der Rucola
ruccola -en m
[rʉkula]

der Endiviensalat
endivie -en m
[endí:ʋie]

GEMÜSE – GRØNNSAKER

Fruchtgemüse – Fruktgrønnsaker

der/die Paprika
paprika -en m
[pa:pri:ka]

die Zucchini
squash -en m
[skʊɔʃ]

die Aubergine
aubergine -n m
[obɛrʃí:n]

die Tomate
tomat -en m
[tumá:t]

die Kirschtomate
cherrytomat -en m
[ʃɜritumá:t]

die Olive
oliven -en m
[ulí:vən]

die Okraschote
okra -en m
[ukra]

die Chilischote
chili -en m
[ʃili]

die Avocado
avocado -en m
[avuká:du]

die Gurke
agurk -en m
[agʉ́rk]

der Kürbis
gresskar -et n
[greska:r]

der Butternusskürbis
flaskegresskar -et n
[flaskəgreska:r]

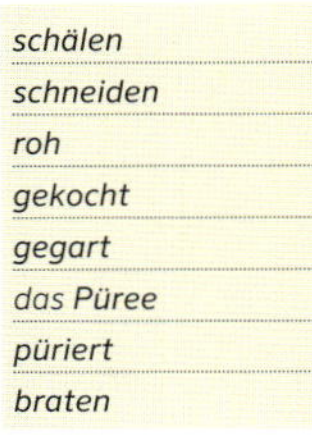

schälen	å **skrelle** [skrelə]
schneiden	å **skjære** [ʃæ:rə]
roh	**rå** [ro]
gekocht	**kokt** [kukt]
gegart	**kokt** [kukt]
das Püree	**mos** -en m [mu:s]
püriert	**most** [mu:st]
braten	å **steke** [ste:kə]

der Mais
mais -en m
[máis]

GEMÜSE – GRØNNSAKER

Hülsenfrüchte – Belgfrukter

die grüne Linse
den **grønne linsa** f
[grønə linsa]

die Ackerbohne
bondebønne -bønna f
[bunəbønə]

die schwarze Bohne
den **svarte bønna** f
[svaṭə bøna]

die Gartenerbse
ert -a f
[æṭ]

die Kichererbse
kikert -a f
[çi:kæṭ]

die rote Linse
den **røde linsa** f
[rødə linsa]

die grüne Bohne
den **grønne bønna** f
[grønə bøna]

die Zuckererbse
sukkerert -a f
[sukəræṭ]

die Kidneybohne
kidneybønne -bønna f
[kidnibønə]

die Limabohne
limabønne -bønna f
[li:mabønə]

die Tellerlinse
den **brune linsa** f
[brʉ:nə linsa]

die Hülse	**belg** -en m [belg]
der Kern	**kjerne** -n m [çɛ:ɳə]
die Schote	**fruktkapsel** -en m [frʉktkapsəl]
der Samen	**frø** -et n [frø]
die Sojasprossen	**bønnespirer** pl [bønəspi:rər]
die Sojabohne	**soyabønne** -bønna f [sɔyabønə]
die Mungobohne	**mungbønne** -bønna f [muŋbønə]
die Schwarzaugenbohne	**svartøyebønne** -bønna f [svaṭœyəbønə]

OBST – FRUKT

Beeren und Steinobst – Bær og steinfrukt

die Erdbeere
jordbær -et n
[jú:rbæ:r]

die Himbeere
bringebær -et n
[briŋebæ:r]

die Brombeere
bjørnebær -et n
[bjø:ɳebæ:r]

die Heidelbeere
blåbær -et n
[bló:bæ:r]

die roten Johannisbeeren
rips -et n
[rips]

die schwarzen Johannisbeeren
solbær -et n
[sú:lbæ:r]

die Weintraube
vindrue -drua f
[ʋi:ndrʉə]

die Stachelbeere
stikkelsbær -et n
[stikəlsbæ:r]

die Preiselbeere
tyttebær -et n
[tytəbæ:r]

die Kirsche
kirsebær -et n
[çiʃəbæ:r]

die Holunderbeere
hyllebær -et n
[hyləbæ:r]

der Pfirsich
fersken -en m
[féʃkən]

die Nektarine
nektarin -en m
[nektarí:n]

die Zwetschge
plomme -n m
[plumə]

die Aprikose
aprikos -en m
[aprikú:s]

der Apfel
eple -t n
[eplə]

die Birne
pære pæra f
[pæ:rə]

die Quitte
kvede -n m
[kʋe:də]

OBST – FRUKT

Exotische Früchte – Eksotisk frukt

die Feige
fiken -en m
[fí:kən]

die Birnenmelone
pepino -en m
[pepí:nu]

die Physalis
physalis -en m
[fy:sá:lis]

die Litschi
litchi -en m
[litʃi]

die Sternfrucht
stjernefrukt -en m
[stjæ:ɳəfrʉkt]

die Ananasguave
ananasguava -en m
[ananasgʋa:ʋa]

die Papaya
papaya -en m
[papάia]

die Cherimoya
cherimoya -en m
[tʃerimɔ́ya]

die Passionsfrucht
pasjonsfrukt -en m
[paʃú:nsfrʉkt]

die Mangostanfrucht
mangostan -en m
[maŋgustá:n]

der Granatapfel
granateple -t n
[graná:teplə]

die Kiwano
kiwano -en m
[kiʋá:nu]

die Rambutan
rambutan -en m
[rambʉtá:n]

die Drachenfrucht
pitahaya -en m
[pitahάia]

die Ananas
ananas -en m
[ananas]

die Guave
guava -en m
[gʋá:ʋa]

die Banane
banan -en m
[baná:n]

die Kiwi
kiwi -en m
[kí:ʋi]

die Mango
mango -en m
[máŋgu]

die Kokosnuss
kokosnøtt -a f
[kukusnøt]

OBST – FRUKT

Zitrusfrüchte und Melonen – Sitrusfrukt og melon

die Orange
appelsin -en m
[apəlsí:n]

die Limette
lime -n m
[lɑɪm]

geschält
skrellet m
[skrelət]

die Clementine
klementin -en m
[klementí:n]

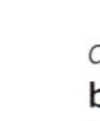

die Grapefruit
grapefrukt -en m
[græɪpfrʉkt]

die Zitrone
sitron -en m
[sitrú:n]

der Schnitz
båt -en m
[bo:t]

die Schale
skall -et n
[skal]

die Zuckermelone
sukkermelon -en m
[sukərmelú:n]

die Honigmelone
honningmelon -en m
[honiŋmelú:n]

die Wassermelone
vannmelon -en m
[ʋanmelú:n]

die Blutorange
blodappelsin -en m
[blu:apəlsí:n]

kernlos	**steinfri** [stæɪnfri]
saftig	**saftig** [safti]
knackig	**sprø** [sprø]
das Kerngehäuse	**kjernehus** -et n [çɛ:ŋəhʉ:s]
sauer	**sur** [sʉ:r]
reif	**moden** [mu:dən]
frisch	**fersk** [fɛʃk]
faulig	**råtten** [rɔtən]

die Kumquat
kumquat -en m
[kumkʋat]

OBST – FRUKT

Nüsse und Trockenobst – Nøtter og tørket frukt

der Cashewkern
cashewnøtt -a f
[kæʃjʉnøt]

die Mandel
mandel -en m
[mandəl]

die Kastanie
kastanje -n m
[kastáŋjə]

die Walnuss
valnøtt -a f
[ʋa:lnøt]

die Haselnuss
hasselnøtt -a f
[hasəlnøt]

die Erdnuss
peanøtt -a f
[pianøt]

die Pekannuss
pekannøtt -a f
[peká:nøt]

die Macadamianuss
macadamianøtt -a f
[makadámianøt]

der Pinienkern
pinjekjerne -n m
[pinjəçɛ:ɳə]

die Rosine
rosin -en m
[ru:sí:n]

die Sultanine
sultanarosin -en m
[sʉltá:nrusí:n]

die Backpflaume
sviske sviska f
[sʋiskə]

die Dattel
daddel -en m
[dadəl]

die Paranuss	**paranøtt** -a f [paranøt]
die Pistazie	**pistasj** -n m [pistá:ʃ]
geröstet	**ristet** [ristət]
gesalzen	**saltet** [saltət]
das Studentenfutter	**nøtteblanding** -en m [nøtəblaniŋ]
der Nussknacker	**nøtteknekker** -en m [nøtəknekər]
die Nussschale	**nøtteskall** -et n [nøtəskal]
eine Nuss knacken	å **knekke ei nøtt** [knekə æɪ ˈnøt]

KRÄUTER UND GEWÜRZE – URTER OG KRYDDER

Kräuter – Urter

der Lavendel
lavendel -en m
[lavéndəl]

der Estragon
estragon -en m
[estragon]

der Oregano
oregano -en m
[oregá:nu]

das/der Liebstöckel
løpstikke -n m
[lø:pstikə]

der Salbei
salvie -n m
[salvíe]

die Minze
mynte -n m
[myntə]

der Majoran
merian -en m
[merian]

der Rosmarin
rosmarin -en m
[ru:smarí:n]

das Basilikum
basilikum -en m
[basí:likum]

die Petersilie
persille -n m
[pəʃílə]

der Thymian
timian -en m
[timian]

der Koriander
koriander -en m
[kuriándər]

der Schnittlauch
gressløk -en m
[gresløːk]

der Fenchel
fennikel -en m
[feníkəl]

der Dill
dill -en m
[dil]

die Zitronenmelisse
sitronmelisse -n m
[sitrú:nmelisə]

KRÄUTER UND GEWÜRZE – URTER OG KRYDDER

Gewürze – Krydder

der Sternanis
stjerneanis -en m
[stjæ:ɳəaní:s]

das Lorbeerblatt
laurbærblad -et n
[læʉrbæ:rbla]

der Koriander
koriander -en m
[kuriándər]

die Zimtrinde
kanelbark -en m
[kané:lbark]

die Kurkuma
gurkemeie -n m
[gʉrkəmæɪə]

das Currypulver
karripulver -et n
[karipʉlʋər]

der Paprika
paprika -en m
[pa:pri:ka]

der Pfeffer
pepper -en m
[pepər]

die Muskatnuss
muskatnøtt -a f
[mʉskatnøt]

der/das Kardamom
kardemomme -n m
[kaɖəmúmə]

die Nelken
nellik -en m
[nélik]

der Ingwer
ingefær -en m
[iŋəfǽr]

die Chiliflocken
chiliflak -et n
[ʃilifla:k]

die Chilischote
chili -en m
[ʃili]

der Fenchel
fennikel -en m
[feníkəl]

das Garam masala
garam masala -en m
[ga:ram másala]

KRÄUTER UND GEWÜRZE – URTER OG KRYDDER

Würzmittel und Soßen – Krydder og sauser

der Essig
eddik -en m
[edik]

das Olivenöl
olivenolje -en m
[ulí:vənoljə]

der Pfeffer
pepper -en m
[pepər]

die Pfeffermühle
pepperkvern -a f
[pepərkvæ:ɳ]

das Salz
salt -et n
[salt]

die Salsa
salsa -en m
[sálsa]

der/das Ketchup
ketchup -en m
[kétʃʉp]

der Senf
sennep -en m
[senep]

die Mayonnaise
majones -en m
[majuné:s]

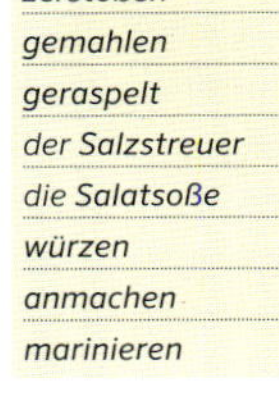

zerstoßen	**støtt** [støt]
gemahlen	**malt** [malt]
geraspelt	**revet** [reʋət]
der Salzstreuer	**saltbøsse** -bøssa f [saltbøsə]
die Salatsoße	**salatdressing** -en m [salá:tdresiŋ]
würzen	å **krydre** [krydrə]
anmachen	å **ha på dressing** [ha po drésiŋ]
marinieren	å **marinere** [mariné:rə]

die Sojasoße
soyasaus -en m
[sɔyasæʉs]

GETREIDE UND MEHL – KORN OG MEL

der Dinkel
spelt -en m
[spelt]

die Kürbiskerne
gresskarfrø -et n
[greska:rfrø]

die Sonnenblumen-kerne
solsikkefrø -et n
[su:lsikəfrø]

die Quinoa
quinoa -en m
[kinóa]

der Wildreis
den **ville risen** m
[ʋilə ri:sən]

der Hafer
havre -n m
[haʋrə]

die Gerste
bygg -en m
[byg]

der Naturreis
naturris -en m
[natʉ́ris]

der Mais
mais -en m
[máis]

die Hirse
hirse -n m
[hiʃə]

der Weizen
hvete -n m
[ʋe:tə]

der/das Couscous
couscous -en m
[kuskus]

der Buchweizen
bokhvete -n m
[bu:kʋe:tə]

der Basmatireis
basmatiris -en m
[basmá:tiri:s]

der Bulgur
bulgur -en m
[bʉlgʉr]

der Reis
ris -en m
[ri:s]

GETREIDE UND MEHL – KORN OG MEL

die Penne
penne -n m
[penə]

die Tagliatelle
tagliatelle -n m
[taljatéle]

die Spaghetti
spagetti -en m
[spagéti]

die Ravioli
ravioli -en m
[raʊiú:li]

die Fusilli
fusilli -en m
[fʉsili]

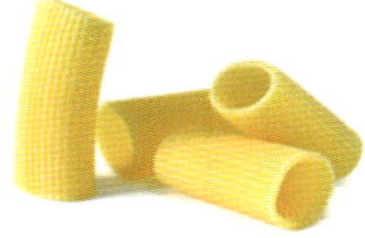

die Rigatoni
rigatoni -en m
[rigatú:ni]

die Tortellini
tortellini -en m
[tortelú:ni]

das Weizenmehl
hvetemel -et n
[ʊe:təme:l]

das Maismehl
maismel -et n
[máisme:l]

die Hefe
gjær -en m
[jæ:r]

der Teig
deig -en m
[dæɪ]

das Backpulver	**bakepulver** -et n [ba:kəpʉlʊər]
das glutenfreie Mehl	det **glutenfrie melet** n [glʉ:tənfriə me:lə]
das Roggenmehl	**rugmel** -et n [rʉ:gme:l]
das Vollkornmehl	det **sammalte melet** n [samaltə me:lə]
sieben	å **sikte** [siktə]
kneten	å **kna** [kna]
verrühren	å **røre sammen** [rø:rə samən]
backen	å **bake** [ba:kə]

die Reisnudeln
risnudler -nudlene pl
[ri:snʉ:dlər]

GETREIDE UND MEHL – KORN OG MEL

Brot – Brød

die Brezel
saltkringle -n m
[saltkriŋlə]

das Croissant
croissant -en m
[kruasáŋ]

das/die Baguette
bagett -n m
[bagét]

das Schwarzbrot
det **grove rugbrødet** n
[gru:və rʉ:gbrødə]

das Weißbrot
loff -en m
[luf]

das Vollkornbrot
det **ekstra grove brødet** n
[ekstra gru:və brødə]

das Mehrkornbrot
flerkornbrød -et n
[fle:rku:ɳbrø]

das Graubrot
det **grove brødet** n
[gru:və brødə]

das Fladenbrot
naanbrød -et n
[nanbrø]

die Tortilla
tortilla -en m
[tortílja]

das Toastbrot
toastbrød -et n
[təʊstbrø]

das Sauerteigbrot
surdeigsbrød -et n
[sʉ:rdæɪsbrø]

das Brötchen
rundstykke -t n
[runstykə]

der Bagel
bagel -en m
[bæɪgəl]

das belegte Brötchen
det **påsmurte rundstykket** n
[po:smʉʈə runstykə]

das Knäckebrot
knekkebrød -et n
[knekəbrø]

GETREIDE UND MEHL – KORN OG MEL

Brotaufstriche – Pålegg

das Glas
glass -et n
[glas]

der Honig
honning -en m
[honiŋ]

der Waldhonig
skogshonning -en m
[skugshoniŋ]

der flüssige Honig
den **flytende honningen** m
[fly:tənə honiŋən]

der Zitronenaufstrich
lemon curd -en m
[lemən ˈkɜ:d]

die Konfitüre
syltetøy -et n
[syltətœy]

die Marmelade
marmelade -n m
[marmelá:də]

der Ahornsirup
lønnesirup -en m
[lønəsí:rʉp]

die Erdnussbutter
peanøttsmør -et n
[pianøtsmør]

der Schokoladen-aufstrich
sjokoladepålegg -et n
[ʃukulá:dəpoleg]

die Margarine
margarin -en m
[margarí:n]

der Laib
brød -et n
[brø]

die Scheibe
skive skiva f
[ʃi:ʋə]

das Paniermehl
strøkavring -en m
[strø:kaʋriŋ]

das Sandwich
sandwich -en m
[sændʋitʃ]

GETRÄNKE – DRIKKE

Erfrischungsgetränke – Leskedrikker

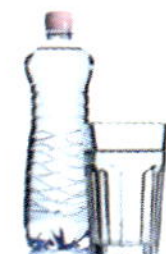

das Wasser
vann -et n
[ʋan]

das Tonicwater
tonic -en m
[tonik]

der Orangensaft
appelsinjuice -n m
[apəlsíːnjʉːs]

der Tomatensaft
tomatjuice -n m
[tumáːtjʉːs]

das alkoholfreie Bier
det **alkoholfrie ølet** n
[alkuhúːlfriə ølə]

der Karottensaft
gulrotjuice -n m
[gʉːlruːtjʉːs]

die/das Cola
cola -en m
[kuːla]

die Limonade
brus -en m
[brʉːs]

der Eiskaffee
iskaffe -n m
[iːskafə]

die Eisschokolade
iskakao -en m
[iːskakáu]

der Eistee
iste -en m
[iːste]

die Apfelschorle
eplejuice med mineralvann -n m
[epləjʉːs me mineralʋan]

der Milchshake
milkshake -n m
[milkʃæɪk]

die Saftpresse	**juicepresse** -n m [jʉːspresə]
der frisch gepresste Grapefruitsaft	den **ferskpressede grapefruktjuicen** m [fɛʃkpresədə græɪpfrʉktjʉːsən]
das Tafelwasser	**vann med kullsyre** -et n [ʋan me 'kʉlsyːrə]
das Leitungswasser	**vann fra springen** -et n [ʋan fra 'spriŋən]
das Mineralwasser mit Kohlensäure	**kildevann med kullsyre** -et n [çildəʋan me 'kʉlsyːrə]
das stille Mineralwasser	**kildevann uten kullsyre** -et n [çildəʋan ʉːtən kʉlsyːrə]
der Apfelsaft	**eplejuice** -n m [epləjʉːs]

GETRÄNKE – DRIKKE

Heißgetränke – Varme drikker

der Espresso
espresso -en m
[esprésu]

die Kaffeebohnen
kaffebønner -bønnene pl
[káfəbøner]

der Amaretto
amarettokjeks -en m
[amarétuçeks]

der Kaffee zum Mitnehmen
kaffe til å ta med -n m
[káfə til o ˈta me]

der Deckel
lokk -et n
[lok]

der Becher
beger -et n
[bégər]

der Milchschaum
melkeskum -met n
[melkəskum]

der Teebeutel
tepose -n m
[te:pu:se]

die Teeblätter
teblader pl
[te:bladər]

die Teekanne
tekanne -kanna f
[tékanə]

der Schwarztee
den **svarte teen** m
[sʋaʈə te:n]

der/die Latte macchiato
latte macchiato -en m
[latə makiátu]

der Kaffee
kaffe -n m
[káfə]

der Cappuccino
cappuccino -en m
[kapʉtʃí:nu]

der Milchkaffee
kaffe latte -n m
[káfə latə]

der Minztee
peppermyntete -en m
[pepərmýntəté]

der Kamillentee
kamillete -en m
[kamíləté]

der Kräutertee
urtete -en m
[ʉʈəté]

der Glühwein
vingløgg -en m
[ʋi:ngløg]

GETRÄNKE – DRIKKE

Alkoholische Getränke – Alkoholholdige drikker

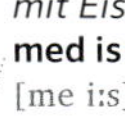

mit Eis
med is
[me i:s]

der Cocktail
cocktail -en m
[kóktæɪl]

die Sangria
sangria -en m
[saŋría]

der Whisky
whisky -en m
[ʋíski]

der Gin Tonic
gin tonic -en m
[dʒin ˈtonik]

der Rum
rom -en m
[rum]

das Bier
øl -et n
[øl]

das Pils
pils -en m
[pils]

das dunkle Bier
det **mørke ølet** n
[mørkə ølə]

der Wodka
vodka -en m
[ʋódka]

der Roséwein
rosévin -en m
[rusé:ʋi:n]

der Weißwein
hvitvin -en m
[ʋí:tʋi:n]

der Rotwein
rødvin -en m
[rǿ:ʋi:n]

der Sekt
den **musserende vinen** m
[mʉsé:rənə ʋi:nən]

der Tequila
tequila -en m
[tekí:la]

der Weinbrand	**druebrennevin** -et n [drʉ́əbrenəʋi:n]
der Schnaps	**snaps** -en m [snaps]
der Sherry	**sherry** -en m [ʃéri]
der Likör	**likør** -en m [likǿ:r]
der Cidre	**sider** -en m [sí:dər]
die Weinschorle	**vin med mineralvann** -en m [ʋi:n me mineralʋan]
das Hefeweizen	**hveteøl** -et n [ʋe:təøl]
der Champagner	**champagne** -n m [ʃampánjə]

KOCHEN – LAGE MAT

Zubereitung – Tilberedning

schälen
å **skrelle**
[skrelə]

schneiden
å **skjære**
[ʃæ:rə]

schlagen
å **piske**
[piskə]

reiben
å **rive**
[ri:ʋə]

zerstoßen
å **støte**
[stø:tə]

glasieren
å **pensle**
[penslə]

sieben
å **sikte**
[siktə]

stampfen
å **mose**
[mu:sə]

klopfen
å **banke**
[baŋkə]

ausrollen
å **kjevle ut**
[çeʋlə ʉ:t]

salzen
å **salte**
[saltə]

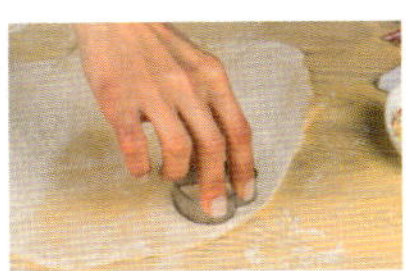

ausstechen
å **stikke ut**
[stikə ʉ:t]

rösten	å **riste** [ristə]
kochen	å **koke** [ku:kə]
köcheln lassen	å **la småkoke** [la smó:ku:kə]
grillen	å **grille** [grilə]
anbraten	å **steke** [ste:kə]
braten	å **steke** [ste:kə]
frittieren	å **fritere** [frité:rə]
pochieren	å **posjere** [puʃé:rə]

streuen
å **strø**
[strø]

GERICHTE UND MAHLZEITEN – RETTER OG MÅLTIDER

Das Frühstück – Frokosten

das Brot
brød -et n
[brø]

der Orangensaft
appelsinjuice -n m
[apəlsíːnjʉːs]

das Brötchen
rundstykke -t n
[runstykə]

die Milch
melk -en m
[melk]

der Käse
ost -en m
[ust]

die Marmelade
marmelade -n m
[marmeláːdə]

der Cappuccino
cappuccino -en m
[kapʉtʃíːnu]

das gekochte Ei
det **kokte egget** n
[kuktə egə]

das Müsli
mysli -en m
[mýːsli]

die Melone
melon -en m
[melúːn]

der Schinken
skinke -n m
[ʃinkə]

die Butter
smør -et n
[smør]

die Frühstücksflocken
frokostblanding -en m
[frúːkustblaniŋ]

das Croissant
croissant -en m
[kruasáŋ]

die Cornflakes
cornflakes pl
[kɔŋflæɪks]

der Früchtejoghurt
fruktyoghurt -en m
[frʉktjoguʈ]

das frische Obst
den **ferske frukten** m
[fɛʃkə frʉktən]

der Müsliriegel
myslibar -en m
[mýːslibaːr]

die Weizenkeime
hvetekim -et n
[ʋeːtəçiːm]

GERICHTE UND MAHLZEITEN – RETTER OG MÅLTIDER

Das Frühstück – Frokost

das Toastbrot
toastbrød -et n
[tәʊstbrø]

die gegrillte Tomate
den **grillede tomaten** m
[grilәdә tumá:tәn]

die gebackenen Bohnen
bakte bønner bønnene pl
[baktә bønәr]

die Rösti
rösti -en m
[røsti]

die Blutwurst
blodpølse -a f
[blu:pølsә]

der Speck
flesk -et n
[flesk]

die Pilze
sopp -en m
[sop]

die Wurst
pølse pølsa f
[pølsә]

das Spiegelei
speilegg -et n
[spæıleg]

das Rührei
eggerøre -røra f
[egәrø:rә]

das Omelett
omelett -en m
[omәlét]

armer Ritter
den **arme ridderen** m
[armә ˈridәrәn]

die Waffel
vaffel -en m
[ʋáfәl]

der Pfannkuchen
pannekake -kaka f
[panәka:kә]

der Haferbrei
havregrøt -en m
[haʋrәgrø:t]

der Fruchtshake
fruktshake -n m
[frʉktʃæık]

die heiße Schokolade
den **varme sjokoladen** m
[ʋarmә ʃukulá:dәn]

GERICHTE UND MAHLZEITEN – RETTER OG MÅLTIDER

Snacks und Knabbereien – Snacks og snadder

die Chips
potetgull -et n
[puté:tgʉl]

die Salzbrezel
saltkringle -kringla f
[saltkriŋlə]

das Popcorn
popcorn -et n
[pópku:ɳ]

der/das Bonbon
sukkertøy -et n
[sukərtœy]

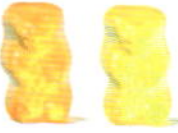

das Gummibärchen
vingummi -en m
[ʋi:ngʉmi]

die Lakritze
lakris -en m
[lakrí:s]

der/das Kaugummi
tyggegummi -en m
[tygəgʉmi]

der Lutscher
kjærlighet på pinne -en m
[çæ:ɽihe:t po ˈpinə]

die weiße Schokolade
den **hvite sjokoladen** m
[ʋi:tə ʃukulá:dən]

der Schokoriegel
sjokolade -n m
[ʃukulá:də]

die Zartbitterschokolade
den **mørke sjokoladen** m
[mørkə ʃukulá:dən]

die Milchschokolade
melkesjokolade -n m
[melkəʃukulá:də]

der Eislutscher
ispinne -n m
[i:spinə]

der Frozen Yogurt
frozen yogurt m
[frəʊzən jəʊgət]

der Keks
kjeks -en m
[çeks]

die Praline
konfekt -en m
[kunfékt]

GERICHTE UND MAHLZEITEN – RETTER OG MÅLTIDER

Das Fastfood – Fast-food

das Stück Pizza
pizzabit -en m
[pítsabi:t]

die Pizza
pizza -en m
[pítsa]

der Hamburger
hamburger -en m
[hambʉrgər]

die Pommes frites
pommes frites -en m
[pomfrít]

die Tortilla-Chips
tortillachips pl
[tortíljaʃips]

der Taco
taco -en m
[taku]

die gebratenen Nudeln
stekte nudler
nudlene pl
[stektə nʉ:dlər]

das Sushi
sushi -en m
[sʉ́ʃi]

der/das Hot Dog
pølse i brød -n m
[pølsə i ˈbrø]

der Döner
kebab -en m
[kebab]

der Wrap
wrap -en m
[ræp]

der Fisch mit Pommes
fisk med pommes frites -en m
[fisk me pomfrít]

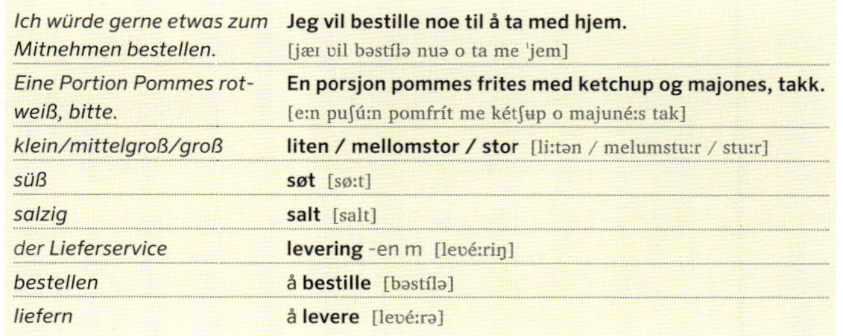

Ich würde gerne etwas zum Mitnehmen bestellen.	**Jeg vil bestille noe til å ta med hjem.** [jæɪ ʋil bəstílə nʉə o ta me ˈjem]
Eine Portion Pommes rot-weiß, bitte.	**En porsjon pommes frites med ketchup og majones, takk.** [e:n puʃú:n pomfrít me kétʃʉp o majuné:s tak]
klein/mittelgroß/groß	**liten / mellomstor / stor** [li:tən / melumstu:r / stu:r]
süß	**søt** [sø:t]
salzig	**salt** [salt]
der Lieferservice	**levering** -en m [leʋé:riŋ]
bestellen	å **bestille** [bəstílə]
liefern	å **levere** [leʋé:rə]

das Nugget
nugget -en m
[nʉgət]

GERICHTE UND MAHLZEITEN – RETTER OG MÅLTIDER

Hauptmahlzeit – Hovedmåltid

die Suppe
suppe suppa f
[sʉpə]

die Frikadelle
karbonade -n m
[karbuná:də]

das Steak
biff -en m
[bif]

der Beilagensalat
tilbehørssalat m
[tilbəhø:rsalá:t]

die Kartoffelspalten
potetbåter pl
[puté:tbo:tər]

die Lasagne
lasagne -n m
[lasánjə]

die Spaghetti Bolognese
den **spaghetti bolognesen** m
[spagéti bolonjésən]

das Brathähnchen
den **grillede kyllingen** m
[grilədə çyliŋən]

das panierte Schnitzel
den **panerte snitselen** m
[panéʈə snitsələn]

die Bratkartoffeln
stekte poteter pl
[stektə puté:tər]

der Eintopf
gryte gryta f
[gry:tə]

der Auflauf
grateng -en m
[gratéŋ]

die Pastete
paté -en m
[paté]

die Quiche
quiche -n m
[kiʃ]

das Curry
karrirett -en m
[kariret]

GERICHTE UND MAHLZEITEN – RETTER OG MÅLTIDER

Im Restaurant – På restaurant

① *der Gast*
gjest -en m
[jest]

② *der Kellner*
kelner -en m
[kélnər]

③ *der Tisch für zwei Personen*
bord til to personer -et n
[bu:r til tu pɛʃú:nər]

④ *das Rotweinglas*
rødvinsglass -et n
[rø:ʋi:nsglas]

⑤ *die Speisekarte*
meny -en m
[mený]

⑥ *die Bestellung*
bestilling -en m
[bəstíliŋ]

die Vorspeise
forrett -en m
[fɔret]

der Nachtisch
dessert -en m
[desǽ:r]

die Beilage
tilbehør -et n
[tilbəhø:r]

das Hauptgericht
hovedrett -en m
[hu:ʋədret]

die Suppe
suppe
suppa f
[sʉpə]

der Aperitif
aperitiff -en m
[apəritíf]

der/das Sorbet
sorbé -en m
[sorbé]

der Salat
salat -en m
[salá:t]

der Käseteller
ostefat -et n
[ustəfa:t]

der Kaffee
kaffe -n m
[káfə]

der Likör
likør -en m
[likǿ:r]

das Käsemesser
ostekniv/ostehøvel
-en m
[ustəkni:ʋ/ustəhøʋəl]

das Stäbchen
pinne -n m
[pinə]

GERICHTE UND MAHLZEITEN – RETTER OG MÅLTIDER

Geschirr und Besteck – Servise og bestikk

die Serviette
serviett -en m
[sɛrʋiét]

der Brotteller
kuvertasjett -en m
[kʉʋæraʃét]

die Gabel
gaffel -en m
[gáfəl]

die Tischdecke
duk -en m
[dʉ:k]

der Essteller
tallerken -en m
[talérkən]

das Wasserglas
vannglass -et n
[ʋanglas]

das Weinglas
vinglass -et n
[ʋi:nglas]

der Dessertlöffel
dessertskje -a f
[desǽ:rʃe]

der Suppenlöffel
suppeskje -a f
[sʉpəʃe]

das Messer
kniv -en m
[kni:ʋ]

die Schüssel
bolle -n m
[bolə]

die Karaffe
mugge mugga f
[mʉgə]

das Steakmesser
biffkniv -en m
[bifkni:ʋ]

der Zahnstocher
tannstikker -en m
[tanstikər]

Könnten Sie uns bitte die Weinkarte bringen?	**Kan vi få vinkartet, takk?** [kan ʋi fo ˈʋi:nkaʈə tak]
Guten Appetit!	**God appetitt!** [gu apetít]
Zum Wohl!	**Skål!** [sko:l]
Als Vorspeise/Hauptgericht/Nachtisch nehme ich …	**Til forrett/hovedrett/dessert tar jeg …** [til fɔret/hu:ʋədret/desǽ:r ta:r jæɪ]
die Spezialitäten	**spesialiteter** spesialitetene pl [spesialité:tər]
Ich hätte gerne die Rechnung, bitte.	**Jeg vil gjerne ha regningen, takk.** [jæɪ ʋil jæ:ŋə ha ˈreŋniŋən tak]
die Bezahlung	**betaling** -en m [bətá:liŋ]
das Trinkgeld	**drikkepenger** -pengene pl [drikəpeŋər]

DIE ERNÄHRUNG – KOSTHOLDET

das Fett
fett -et n
[fet]

der Zucker
sukker -et n
[súkər]

das Kohlenhydrat
karbohydrat -et n
[karbuhydra:t]

das Eiweiß
protein -et n
[pruteí:n]

ohne Eier
uten egg
[ʉ:tən ˈeg]

zuckerfrei
sukkerfri
[sukərfri]

glutenfrei
glutenfri
[glʉ:tənfri]

laktosefrei
laktosefri
[laktu:səfri]

die Ballaststoffe
fiber -et n
[fí:bər]

das Cholesterin
kolesterol -et n
[kulesterú:l]

vegetarisch
vegetarisk
[ʋegetá:risk]

vegan
vegan
[ʋegá:n]

die Lebensmittelintoleranz	**matvareintoleranse** -n m [ma:tʋa:rəintoləransə]
die Fruktose	**fruktose** -n m [frʉktú:sə]
die Glukose	**glukose** -n m [glʉkú:sə]
das Natrium	**natrium** -et n [na:triʉm]
die Kalorien	**kalori** -en m [kalurí]
der Geschmacksverstärker	**smaksforsterker** -en m [sma:ksfɔʃtɛrkər]
die gesunde Ernährung	det **sunne kostholdet** n [sʉnə kɔ́sthɔlə]
fasten	å **faste** [fastə]

die Diät
slankekur -en m
[slaŋkəkʉ:r]

UNTERWEGS
PÅ FARTEN

STRAẞEN UND VERKEHR – GATER OG TRAFIKK

① *die Straßenlaterne*
gatelys -et n
[ga:təly:s]

② *die Einbahnstraße*
den **enveiskjørte veien** m
[e:nʋæɪsçø:ʈə ʋæɪən]

③ *die Fußgängerampel*
fotgjengerlys -et n
[fu:tjeŋərly:s]

④ *der Bürgersteig*
fortau -et n
[fɔʈæʉ]

⑤ *der Bordstein*
fortauskant -en m
[fɔʈæʉskant]

⑥ *die Ampel*
trafikklys -et n
[trafíkly:s]

⑦ *das geparkte Auto*
den **parkerte bilen** m
[parké:ʈə bi:lən]

⑧ *die Fahrspur*
kjørefelt -et n
[çø:rəfelt]

⑨ *die Straßen-markierung*
veioppmerking -en m
[ʋæɪupmɛrkiŋ]

⑩ *der Rinnstein*
rennestein -en m
[renəstæɪn]

der Tunnel
tunnel -en m
[tʉnél]

der Parkschein-automat
parkeringsautomat -en m
[parké:riŋsæʉtumá:t]

der Fahrradweg
sykkelvei -en m
[sykəlʋæɪ]

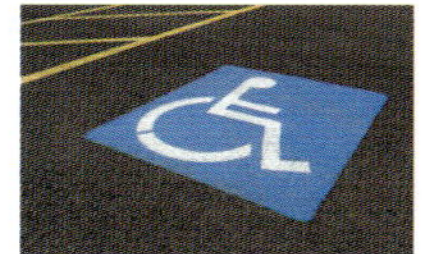

der Behinderten-parkplatz
parkeringsplass for funksjonshemmede -en m [parké:riŋsplas fɔr fʉŋkʃú:nshɛmədə]

die Brücke
bru -a f
[brʉ]

der Kreisverkehr
rundkjøring -en m
[rʉnçø:riŋ]

der Zebrastreifen
fotgjengerovergang -en m
[fu:tjeŋəro:ʋərgaŋ]

die Notrufsäule
nødtelefon -en m
[nø:dteləfu:n]

STRAßEN UND VERKEHR – GATER OG TRAFIKK

das Autobahnkreuz
motorveikryss -et n
[mu:turʋæɪkrys]

die Autobahn
motorvei -en m
[mu:turʋæɪ]

der Berufsverkehr
rushtrafikk -en m
[røʃtrafík]

① *der Mittelstreifen*
midtstripe -stripa f
[mitstri:pə]

② *die Überholspur*
forbikjøringsfelt -et n
[fɔrbíçø:riŋsfelt]

③ *die Überführung*
bru -a f
[brʉ]

④ *die Kurve*
sving -en m
[sʋiŋ]

⑤ *die Unterführung*
tunnel -en m
[tʉnél]

⑥ *die Einfahrt*
påkjøring -en m
[póçø:riŋ]

⑦ *die Ausfahrt*
utkjøring -en m
[ʉ:tçø:riŋ]

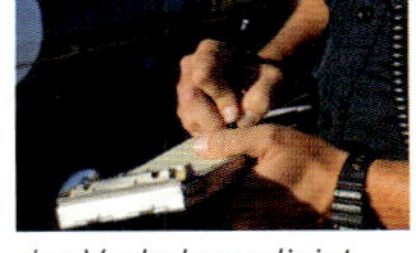

der Verkehrspolizist
trafikkpoliti -et n
[trafíkpulití]

der Strafzettel
bot -en m
[bu:t]

die Mautstelle
bomstasjon -en m
[bumstaʃú:n]

abschleppen
å **taue vekk**
[tæʉə ʋek]

die Kreuzung	**kryss** -et n [krys]
die Vorfahrt	**forkjørsrett** -en m [fɔrçøʃret]
die Geschwindigkeitsüberschreitung	**fartsoverskridelse** -n m [faʈso:vərskri:dəlsə]
anhalten	å **stoppe** [stɔpə]
der Standstreifen	**veiskulder** -en m [ʋæɪskʉldər]
die Raststätte	**rasteplass** -en m [rastəplas]
die Entfernungstafel	**avstandsskilt** -et n [a:ʋstansʃilt]
rückwärtsfahren	å **rygge** [rygə]

der Stau
kø -a f
[kø]

STRAẞEN UND VERKEHR – GATER OG TRAFIKK

Verkehrsschilder – Trafikkskilt

Einfahrt verboten
innkjøring forbudt
[ínçø:riŋ fɔrbʉ́t]

das Halteverbot
stans forbudt
[stans fɔrbʉ́t]

die Baustelle
vegarbeid -et n
[ʋæɪarbæɪd]

der Tunnel
tunnel -en m
[tʉnél]

das Parkverbot
parkering forbudt
[parké:riŋ fɔrbʉ́t]

der Stau
kø -a f
[kø]

das Gefälle
den **bratte bakken** m
[bratə bakən]

der Kreisverkehr
rundkjøring -a f
[rʉnçø:riŋ]

die Geschwindigkeitsbegrenzung
fartsgrenseskilt -et n
[faʈsgrensəʃilt]

Vorfahrt gewähren!
vikeplikt -en m
[ʋi:kəplikt]

die Einbahnstraße
den **enveiskjørte veien** m
[e:nʋæɪsçø:ʈə ʋæɪən]

der Gegenverkehr
den **møtende trafikken** m
[mø:tənə trafíkən]

Einbiegen nach rechts verboten
forbud mot å svinge til høyre -et n
[fɔrbʉ:d mut o sʋiŋə til hœ́yrə]

Einbiegen nach links verboten
forbud mot å svinge til venstre -et n
[fɔrbʉ:d mut o sʋiŋə til ʋénstrə]

Wenden verboten
vendingsforbud -et n
[ʋeniŋsfɔrbʉ:d]

die Schnee- oder Eisglätte
den **glatte kjørebanen** m
[glatə çø:rəba:nən]

DAS AUTO – BILEN

Autotypen – Biltyper

die Stretchlimousine
limousin -en m
[limusí:n]

das Cabrio
kabriolet -en m
[kabriulé]

die Fließhecklimousine
kombikupé -en m
[kumbikʉpé]

der Sportwagen
sportsbil -en m
[spúʈsbi:l]

der Kleinstwagen
bybil -en m
[bý:bi:l]

der Kleinwagen
småbil -en m
[smó:bi:l]

der Oldtimer
veteranbil -en m
[ʋetərá:nbi:l]

die Limousine
sedan -en m
[sedá:n]

der Kombiwagen
stasjonsvogn -a f
[staʃú:nʋoŋn]

der Pick-up
pickup -en m
[píkøp]

der Kleintransporter
varebil -en m
[ʋa:rəbi:l]

die Klimaanlage	**klimaanlegg** -et n [kli:maanleg]
die Sitzheizung	**setevarme** -n m [se:təʋarmə]
die Automatikschaltung	**automatgir** -et n [æʉtumá:tgi:r]
die Handschaltung	det **manuelle giret** n [manʉélə gi:rə]
die Zündung	**tenning** -en m [teniŋ]
zweitürig	**to dører** [tu dø:rər]
dreitürig	**tre dører** [tre dø:rər]
viertürig	**fire dører** [firə dø:rər]

der Geländewagen
SUV -en m
[sʉʋ]

DAS AUTO – BILEN

Das Auto – Außenansicht – Bilen – utvendig

die Beifahrerseite
passasjersete foran -t n
[pasaʃé:rse:tə fɔ́ran]

das Dach
tak -et n
[ta:k]

die Windschutzscheibe
frontrute -n m
[frɔntrʉ:tə]

die Fahrerseite
førerside -n m
[fø:rərsi:də]

die Begrenzungsleuchte
sidemarkeringslys -et n
[si:dəmarké:riŋsly:s]

der Rückspiegel
bakspeil -et n
[ba:kspæɪl]

die Blinkleuchte
blinklys -et n
[blínkly:s]

das Rad
hjul -et n
[jʉ:l]

der Scheibenwischer
vindusvisker -en m
[ʋindʉsʋiskər]

der Kühlergrill
radiatorgrill -en m
[radiá:turgril]

die Stoßstange
støtfanger -en m
[stø:tfaŋər]

das Nummernschild
nummerskilt -et n
[numərʃilt]

das Markenemblem
bilmerke -t n
[bi:lmɛrkə]

der Nebelscheinwerfer
tåkelys -et n
[to:kəly:s]

das Reifenprofil
dekkprofil -en m
[dekprufí:l]

der Ölmessstab	**oljepeilepinne** -n m [oljəpæɪləpinə]
der Luftfilter	**luftfilter** -et n [lʉftfiltər]
der Bremsflüssigkeitsbehälter	**bremsevæskebeholder** -en m [bremsəʋeskəbəhɔ́lər]
die Antenne	**antenne** antenna f [antènə]
die Radaufhängung	**hjuloppheng** -et n [jʉ:lupheŋ]
das Abblendlicht	**nærlys** -et n [næ:rly:s]
das Fernlicht	**fjernlys** -et n [fjɛ:ɳly:s]

DAS AUTO – BILEN

Das Auto – Außenansicht – Bilen – utvendig

① *der Seitenspiegel*
sidespeil -et n
[si:dəspæɪl]

② *die B-Säule*
B-stolpe -n m
[bestolpə]

③ *der Kofferraum*
bagasjerom -met n
[bagá:ʃərum]

④ *die Heckscheibe*
bakrute -ruta f
[ba:krʉ:tə]

⑤ *die Motorhaube*
panser -et n
[pánsər]

⑥ *das Seitenfenster*
sidevindu -et n
[si:dəʋindʉ]

⑦ *die Autotür*
bildør -a f
[bi:ldø:r]

⑧ *die Radkappe*
hjulkapsel -en m
[jʉ:lkapsəl]

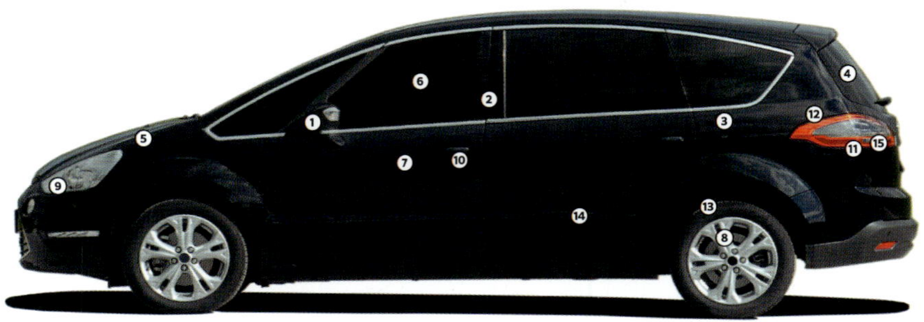

⑨ *der Scheinwerfer*
lykt -a f
[lykt]

⑩ *der Türgriff*
dørhåndtak -et n
[dø:rhonta:k]

⑪ *die Bremsleuchte*
bremselys -et n
[bremsəly:s]

⑫ *die Rückleuchte*
baklys -et n
[ba:kly:s]

⑬ *der Reifen*
dekk -et n
[dek]

⑭ *die Seitenschutzleiste*
kantlist -en m
[kantlist]

⑮ *der Rückfahrscheinwerfer*
ryggelys -et n
[rygəly:s]

der Motor	**motor** -en m [mú:tur]
der Benzintank	**bensintank** -en m [bensí:ntaŋk]
das Getriebe	**girkasse** -kassa f [gi:rkasə]
der Kühler	**radiator** -en m [radiátur]
der Ventilator	**vifte** vifta f [ʋiftə]
die Batterie	**batteri** -et n [baterí]
der Auspufftopf	**eksospotte** -spotta f [eksú:spotə]
das Auspuffrohr	**eksosrør** -et n [eksú:srø:r]

die Felge
felg -en m
[felg]

DAS AUTO - BILEN

Das Auto - Innenausstattung - Bilen - innvendig

① *der Seitenspiegel*
sidespeil -et n
[si:dəspæɪl]

② *das Lenkrad*
ratt -et n
[rat]

③ *das Armaturenbrett*
dashbord -et n
[dæʃbu:r]

④ *der Türöffner*
dørhåndtak -et n
[dø:rhonta:k]

⑤ *der Fahrersitz*
førersete -t n
[fø:rərse:tə]

⑥ *die Mittelkonsole*
midtkonsoll -en m
[mitkunsól]

⑦ *die Handbremse*
håndbrems -en m
[honbrems]

⑧ *der Heizungsregler*
varmeregulering -en m
[ʋarməregulé:riŋ]

⑨ *das Handschuhfach*
hanskerom -met n
[hanskərum]

⑩ *der Schalthebel*
girspak -en m
[gi:rspa:k]

⑪ *der Beifahrersitz*
passasjersete foran -t n
[pasaʃé:rse:tə fɔ́ran]

der Warnblinkschalter
nødblink -en m
[nø:dblink]

die Stereoanlage
stereoanlegg -et n
[stéreuanleg]

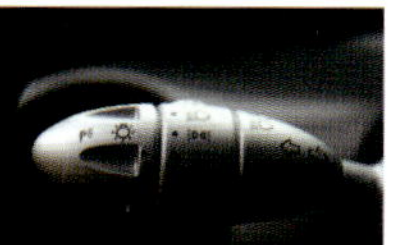

der Blinkerhebel
blinklyshendel -en m
[blinkly:shendəl]

der Zigaretten-anzünder
sigarettenner -en m
[sigarétenər]

das Navigationsgerät
navigeringssystem -et n
[naʋigé:riŋsysté:m]

die Fußstütze	**fotstøtte** -n m [fu:tstøtə]
das Kupplungspedal	**clutchpedal** -en m [kløʃpedá:l]
das Bremspedal	**bremsepedal** -en m [bremsəpedá:l]
das Gaspedal	**gasspedal** -en m [gaspedá:l]
der Sicherheitsgurt	**sikkerhetsbelte** -t n [sikərhe:tsbeltə]
die Kopfstütze	**hodestøtte** -n m [hu:dəstøtə]
der Airbag	**airbag** -en m [é:rbæg]
die Hupe	**horn** -et n [hu:ŋ]

DAS AUTO – BILEN

Die Tankstelle – Bensinstasjonen

die Preisanzeige
visning av pris -en m
[vi:sniŋ a:v ˈpri:s]

die Literanzeige
visning av liter -en m
[vi:sniŋ a:v li:tər]

der Feuerlöscher
brannslukker -en m
[bransɽukər]

die Zapfsäule
bensinpumpe -pumpa f
[bensí:npumpə]

das Reifenfüllgerät
luftpåfyller -en m
[luftpo:fylər]

das Rauchverbot
røykeforbud -et n
[rœykəfɔrbu:d]

das Benzin
bensin -en m
[bensí:n]

der Diesel
diesel -en m
[dí:səl]

bleifrei
blyfritt
[bly:frit]

verbleit
med bly
[me bly]

der Zapfschlauch
pumpeslange -n m
[pumpəʃlaŋə]

die Zapfpistole
pumpepistol -en m
[pumpəpistú:l]

der Tankdeckel
tanklokk -et n
[tánklok]

der Wagenheber
jekk -en m
[jek]

(das) Öl wechseln	å **skifte olje** [ʃiftə oljə]
der Reifendruck	**dekktrykk** -et n [dektryk]
der Keilriemen	**kilerem** -en m [çi:ləre:m]
die Lichtmaschine	**dynamo** -en m [dýnamu]
der Sommerreifen	**sommerdekk** -et n [somərdek]
der Winterreifen	**vinterdekk** -et n [vintərdek]
der Allwetterreifen	**helårsdekk** -et n [he:loʃdek]
die Schneekette	**snøkjetting** -en m [snø:çetiŋ]

tanken
å **fylle drivstoff**
[fylə drí:vstof]

DAS AUTO - BILEN

Die Tankstelle - Bensinstasjonen

① *die Tankanzeige*
bensinmåler -en m
[bensí:nmo:lər]

② *die Tankleuchte*
bensinlampe -lampa f
[bensí:nlampə]

③ *der/das Tachometer*
fartsmåler -en m [faʈsmo:lər]

④ *die Geschwindigkeit*
hastighet -en m [hastihé:t]

⑤ *der Kilometerstand*
kilometerstand -en m [çilume:tərstan]

⑥ *der Drehzahlmesser*
turteller -en m
[tʉ:rtelər]

⑦ *die Kühlmitteltemperaturanzeige*
visning av kjølemiddeltemperatur -en m
[ʋi:sniŋ a:ʋ çø:ləmidəltempəratʉ́:r]

den Reifen wechseln
å **skifte dekk**
[ʃiftə dek]

der Radmutternschlüssel
hjulmutternøkkel -en m
[jʉ:lmʉtərnøkəl]

das Reserverad
reservehjul -et n
[resέrʋəjʉ:l]

die Reifenpanne
det **punkterte dekket** n
[puŋteʈə dekə]

der Verkehrsunfall	**trafikkulykke** -n m [trafíkʉ:lykə]
Ich habe eine Panne.	**Jeg har problemer med bilen.** [jæɪ ha:r prublé:mər me bí:lən]
Könnten Sie bitte den Pannendienst anrufen?	**Kan du ringe veihjelp?** [kan dʉ riŋə ˈʋæɪjælp]
Der Motor springt nicht an.	**Motoren starter ikke.** [mú:turən sta:ʈər ikə]
das Starthilfekabel	**startkabel** -en m [sta:ʈka:bəl]
Könnten Sie mir Starthilfe geben?	**Kan du hjelpe meg å starte bilen?** [kan dʉ ˈjelpə mæɪ o ˈsta:ʈə ˈbí:lən]
der Ersatzreifen	**reservedekk** -et n [rəsέrʋədek]
Könnten Sie mir beim Reifenwechseln helfen?	**Kan du hjelpe meg å skifte dekk?** [kan dʉ ˈjelpə mæɪ o ʃiftə ˈdek]

DER BUS – BUSSEN

der Doppeldecker
dobbeltdekkerbuss -en m
[dobəltdekərbʉs]

die Liniennummer
linjenummer -et n
[linjənumər]

das Fahrziel
endeholdeplass -en m
[endəhɔləplas]

der Reisebus
reisebuss -en m
[ræɪsəbʉs]

die Automatiktür
den **automatiske døra** f
[æʉtumá:tiskə dø:ra]

der Gepäckraum
bagasjerom -met n
[bagá:ʃərum]

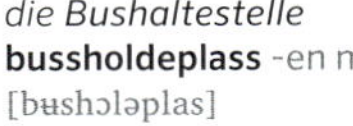

die Bushaltestelle
bussholdeplass -en m
[bʉshɔləplas]

der Fahrplan
rutetabell -en m
[rʉ:tətabél]

das Wartehäuschen
leskur -et n
[léskʉ:r]

der Schulbus
skolebuss -en m
[sku:ləbʉs]

der Halteknopf
stoppknapp -en m
[stɔ́pknap]

der Niederflurbus	**lavgulvsbuss** -en m [la:ʊgʉlʊsbʉs]
der Busbahnhof	**busstasjon** -en m [bʉstaʃú:n]
der Linienbus	**rutebuss** -en m [rʉ:təbʉs]
Kleinbus	den **lille bussen** m [li:lə bʉsən]
die Monatskarte	**månedskort** -et n [mo:nədskɔʈ]
der Fahrpreis	**billettpris** -en m [bilétpri:s]
die Fahrkarte	**billett** -en m [bilét]
der Fahrkartenautomat	**billettautomat** -en m [bilétæʉtumá:t]

die Halteschlaufe
stropp -en m
[strɔp]

DAS MOTORRAD – MOTORSYKKELEN

die Rennmaschine
motorsykkel -en m
[mú:tursykəl]

das Cockpit
cockpit -en m
[kókpit]

der Kupplungshebel
clutchhendel -en m
[kløʃhendəl]

der Lenkergriff
styrehåndtak -et n
[sty:rəhonta:k]

der Fahrersitz
førersete -t f
[fø:rərse:tə]

der Rückspiegel
bakspeil -et n
[ba:kspæɪl]

der Soziussitz
baksete -t f
[ba:kse:tə]

das Schutzblech
skvettskjerm -en m
[skʊétʃɛrm]

der Seitenständer
støtte -n m
[støtə]

die Fußraste
fothviler -en m
[fo:tʊi:lər]

die Rückleuchte
baklys -et n
[ba:kly:s]

das Getriebe
girkasse -kassa f
[gi:rkasə]

der Fußschalthebel
girpedal -en m
[gi:rpedá:l]

die Radaufhängung
hjuloppheng -et n
[jʉ:lupheŋ]

der Motorroller
scooter -en m
[skʉ́:tər]

das Quad
ATV -en m
[ateʊé]

das Geländemotorrad
terrengmotorsykkel -en m
[tɛréŋmú:tursykəl]

der Chopper
chopper -en m
[tʃópər]

DAS MOTORRAD – MOTORSYKKELEN

der Motorradhelm
motorsykkelhjelm -en m
[mú:tursykəljelm]

die Lederjacke
lærjakke -jakka f
[læ:rjakə]

die Motorradkombi
motorsykkeldress -en m
[mú:tursykəldres]

der Lederhandschuh
lærhanske -n m
[læ:rhanskə]

das Visier
visir -et n
[ʋi:sí:r]

der Lufteinlass
luftåpning -en m
[lʉfto:pniŋ]

der Reflektorstreifen
refleksstripe -stripa f
[refléksstri:pə]

der/das Tachometer
fartsmåler -en m
[faʈsmo:lər]

der Lenker
styre -t n
[sty:rə]

der Tankdeckel
tanklokk -et n
[tánklok]

der Benzintank
bensintank -en m
[bensí:ntank]

der Blinker
blinklys -et n
[blínkly:s]

der Bremshebel für die Vorderradbremse
bremsehendel for forhjulsbrems -en m
[bremsəhendəl fɔr fɔ́rjʉ:lsbrems]

der Gasdrehgriff
gasshåndtak -et n
[gashonta:k]

das Motorradgespann
motorsykkel med sidevogn -en m
[mú:tursykəl me si:dəʋoŋn]

der Tourer
tourer -en m
[to:rər]

der Beiwagen
sidevogn -a f
[si:dəʋoŋn]

DAS FAHRRAD – SYKKELEN

die Felgenbremse
felgbrems -en m
[felgbrems]

der Sattel
sadel -en m
[sá:dəl]

die Sattelstütze
sadelpinne -n m
[sá:dəlpinə]

der Lenker
styre -t n
[sty:rə]

der Fahrradkorb
sykkelkurv -en m
[sykəlkʉrʊ]

der Gepäckträger
bagasjebrett -et n
[bagá:ʃəbret]

die Gabel
gaffel -en m
[gáfəl]

das Hinterrad
bakhjul -et n
[ba:kjʉ:l]

der Reifen
dekk -et n
[dek]

die Felge
felg -en m
[felg]

das Vorderrad
forhjul -et n
[fɔrjʉ:l]

der Reflektor
refleks -en m
[refléks]

die Speiche
eike -n m
[æɪkə]

der Kettenschutz
kjedeskjerm -en m
[çe:dəʃɛrm]

die Kette
kjede -t n
[çe:də]

das Pedal
pedal -en m
[pedá:l]

das Zahnrad
tannhjul -et n
[tanjʉ:l]

das Schutzblech
skvettskjerm -en m
[skʊetʃɛrm]

der Schalthebel	**girspak** -en m [gi:rspa:k]
der Bremshebel	**bremsehendel** -en m [bremsəhendəl]
die Luftpumpe	**luftpumpe** -pumpa f [lʉftpumpə]
der Fahrradhelm	**sykkelhjelm** -en m [sykəljelm]
der Dynamo	**dynamo** -en m [dýnamu]
in die Pedale treten	å **tråkke i vei** [trɔkə i væɪ]
bremsen	å **bremse** [bremsə]
in einen höheren/niedrigeren Gang schalten	å **gire opp/ned** [gi:rə up/ne]
Radfahren lernen	å **lære å sykle** [læ:rə o syklə]
einen Fahrradschlauch flicken	å **lappe en sykkelslange** [lapə e:n sykəlʃlaŋə]

DAS FAHRRAD – SYKKELEN

der Kindersitz
barnesete -t n
[ba:ɳəse:tə]

das Einrad
enhjuling -en m
[e:njʉ:liŋ]

das Tandem
tandem -en m
[tandem]

das BMX-Rad
BMX-sykkel -en m
[beˀeméksssykəl]

das Rennrad
racersykkel -en m
[ræsərsykəl]

das Tourenfahrrad
tursykkel -en m
[tʉ:rsykəl]

das Mountainbike
terrengsykkel -en m
[tɛréŋsykəl]

das Elektrofahrrad
elsykkel -en m
[elsykəl]

das Liegerad
liggesykkel -en m
[ligəsykəl]

das Dreirad
trehjulssykkel -en m
[trejʉ:lsykəl]

das Fahrradschloss
sykkellås -en m
[sykəlo:s]

das Flickzeug
lappesaker -sakene pl
[lapəsa:kər]

das Leihfahrrad
utleiesykkel -en m
[ʉ:tlæɪəsykəl]

der Kinderanhänger
sykkelvogn -a f
[sykəlʋoŋn]

die Satteltasche
sadelveske -veska f
[sadəlʋeskə]

der Fahrradständer
sykkelstativ -et n
[sykəlstatí:ʋ]

DAS LASTKRAFTFAHRZEUG – LASTEBILEN

der Sattelschlepper
trekkvogn -a f
[trékʋoŋn]

die Kühlerhaube
panser -et n
[pánsər]

der Kühlergrill
radiatorgrill -en m
[radiá:turgril]

der Scheinwerfer
lykt -a f
[lykt]

der Stoßfänger
støtfanger -en m
[stø:tfaŋər]

die Windschutzscheibe
frontrute -ruta f
[frɔntrʉ:tə]

die Trittstufe
stigtrinn -et n
[stí:gtrin]

der Kraftstofftank
drivstofftank -en m
[drí:ʋstoftank]

das Auspuffrohr
eksosrør -et n
[eksú:srø:r]

die Schlafkabine
sovealkove -n m
[so:ʋəalkó:ʋə]

das Lufthorn
lufthorn -et n
[lʉ́fthu:ɳ]

der Stauraum
oppbevaringsplass -en m
[upbəʋa:riŋsplas]

der Autotransporter
biltransporter -en m
[bi:ltranspóʈər]

die Schneefräse
snøfreser -en m
[snø:fre:sər]

die Straßen-kehrmaschine
feiemaskin -a f
[fæɪəmaʃí:n]

der Müllwagen
søppelbil -en m
[søpəlbi:l]

der Tankwagen
tankbil -en m
[tánkbi:l]

der Sattelzug
vogntog -et n
[ʋoŋnto:g]

der Auflieger
tilhenger -en m
[tilheŋər]

der Flachbettauflieger
brønnhenger -en m
[brønheŋər]

WEITERE FAHRZEUGE – ANDRE KJØRETØYER

der Bagger
gravemaskin -a f
[gra:ʋəmaʃí:n]

der Radlader
hjullaster -en m
[jʉ:lastər]

der Betonmischer
betongblander -en m
[bətóŋblanər]

der Kipper
tippvogn -a f
[típʋoŋn]

der Wohnwagen
campingvogn -a f
[kæmpiŋʋoŋn]

das Wohnmobil
bobil -en m
[bú:bi:l]

der Gabelstapler
gaffeltruck -en m
[gáfəltrøk]

das Feuerwehr-fahrzeug
brannbil -en m
[bránbi:l]

der Anhänger
tilhenger -en m
[tilheŋər]

der Traktor
traktor -en m
[tráktur]

der Polizeiwagen
politibil -en m
[pulitíbi:l]

das Taxi
taxi -en m
[táksi]

der Abschleppwagen
bergingsbil -en m
[bɛrgiŋsbi:l]

der Fahrzeugkran
mobilkran -a f
[mubí:lkra:n]

der Taxistand
taxiholdeplass -en m
[táksihɔləplas]

ein Taxi herbeiwinken
å vinke på en taxi
[ʋiŋkə po e:n táksi]

DER ZUG – TOGET

der Zug
tog -et n
[to:g]

der Führerstand
førerplass -en m
[fø:rərplas]

das Kleinabteil
kupé -en m
[kʉpé]

die Gepäckablage
bagasjehylle -hylla f
[bagá:ʃəhylə]

die Schiene
skinne skinna f
[ʃinə]

der Waggon
vogn -a f
[ʋoŋn]

die Armlehne
armlene -t n
[armle:nə]

der Sitz
sete -t n
[se:tə]

die Kopflehne
hodestøtte -n m
[hu:døstøtə]

der Güterzug
godstog -et n
[gudsto:g]

die Straßenbahn
trikk -en m
[trik]

die U-Bahn
t-bane -bana f
[teba:ne]

die Einschienenbahn
monorail -en m
[munuræɪl]

die Dampflok
damplokomotiv -et n
[damplukumutí:ʋ]

der Hochgeschwindigkeitszug	**høyhastighetstog** -et n [hœyhastihetsto:g]
das Großraumabteil	**vogn** -a f [ʋoŋn]
die Oberleitung	**kjøreledning** -en m [çø:rəledniŋ]
die erste Klasse	den **første klassa** f [føʃtə klasa]
die zweite Klasse	den **andre klassa** f [andrə klasa]
der Klapptisch	**klappbord** -et n [kláp̄bu:r]
der Triebwagen	**motorvogn** -a f [mú:turʋoŋn]
die Sitzplatzreservierung	**plassreservering** -en m [plasreserʋé:riŋ]

DER ZUG – TOGET

Am Bahnhof – På stasjonen

der Bahnsteig
perrong -en m
[pɛróŋ]

einsteigen
å **gå på**
[go po]

aussteigen
å **gå av**
[go aːʋ]

das Geländer
gelender -et n
[gəléndər]

die Gleisnummer
spornummer -et n
[spuːrnumər]

der Wegweiser
skilt -et n
[ʃilt]

der Reisende
den **reisende** m
[ræɪsənə]

die Rolltreppe
rulletrapp -a f
[rʉlətrap]

die Bahnhofshalle
stasjonshall -en m
[staʃúːnshal]

der Fahrkartenschalter
billettluke -a f
[bilétlʉːkə]

der Fahrkarten-automat
billettautomat -en m
[bilétæʉtumáːt]

die Schaffnerin
konduktør -en m
[kundʉktǿːr]

die Verspätung	**forsinkelse** -n m [fɔʃíŋkəlsə]
pünktlich	**presis** [presíːs]
umsteigen	å **skifte tog** [ʃiftə toːg]
schwarzfahren	å **kjøre uten billett** [çøːrə ʉːtən bilét]
das Schienennetz	**banenett** [baːnənet]
Eine einfache Fahrt nach ..., bitte.	**En billett til ..., takk.** [eːn bilét til ˈ... tak]
hin und zurück	**tur-retur** [tʉːr retʉ́ːr]
Ist dieser Platz noch frei?	**Er det ledig her?** [æːr de ˈleːdi hæːr]

der Kofferkuli
bagasjevogn -a f
[bagáːʃəʋoŋn]

DAS FLUGZEUG – FLYET

das Verkehrsflugzeug
rutefly -et n
[rʉ:təfly]

das Querruder
balanseror -et n
[balánsəru:r]

der Rumpf
skrog -et n
[skro:g]

der Bug
nese nesa f
[ne:sə]

das Seitenleitwerk
halefinne -n m
[ha:ləfınə]

die Tragfläche
bæreflate -n m
[bæ:rəfla:tə]

die Flugzeugtür
flydør -a f
[fly:dø:r]

das Heck
haleparti -et n
[ha:ləpaṭí]

der Frachtraum
lasterom -met n
[lastərum]

das Fahrwerk
landingshjul -et n
[laniŋsjʉ:l]

das Cockpit
cockpit -en m
[kókpit]

das Höhenleitwerk
haleplan -et n
[ha:ləpla:n]

das Fenster
vindu -et n
[ʋindʉ]

das Triebwerk
motor -en m
[mú:tur]

das Bugfahrwerk
nesehjul -et n
[ne:səjʉ:l]

der Windsack
vindpølse -n m
[ʋinpølsə]

Ihr Flug ist jetzt zum Einsteigen bereit.	**Flyet er klart for ombordstigning.** [flyə æ:r kla:ṭ fər umbú:rstigniŋ]
die Fluggesellschaft	**flyselskap** -et n [fly:selska:p]
der Flugsicherungsdienst	**flysikkerhetsbyrå** -et n [fly:sikərhe:tsbyró]
der Pilot	**pilot** -en m [pilú:t]
die Pilotin	**pilot** -en m [pilú:t]
die erste Klasse	den **første klasse** f [føʃtə klasa]
die Businessklasse	**businessklasse** -a f [bisnisklasə]
die Economyklasse	**økonomiklasse** -a f [økunumíklasə]

DAS FLUGZEUG – FLYET

Im Flugzeug – På flyet

die Sicherheitsanweisung
sikkerhetsanvisning -en m
[sikərhe:tsanʋí:sniŋ]

die Flugbegleiterin
flyvertinne -n m
[fly:ʋɛʈínə]

der Sitzplatz
sitteplass -en m
[sitəplas]

das Gepäckfach
bagasjehylle -en m
[bagá:ʃəhylə]

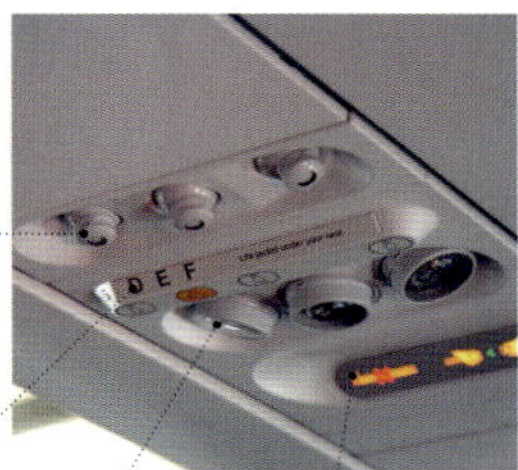

die Luftdüse
luftdyse -n m
[lʉftdy:sə]

die Sitznummer
plassnummer -et n
[plasnumər]

der Nichtraucherflug
den **røykfrie flyvningen** m
[rœykfriə flyʋniŋən]

die Leselampe
leselampe -lampa f
[le:səlampə]

das Handgepäck
håndbagasje -n m
[honbagá:ʃə]

der Gang
gang -en m
[gaŋ]

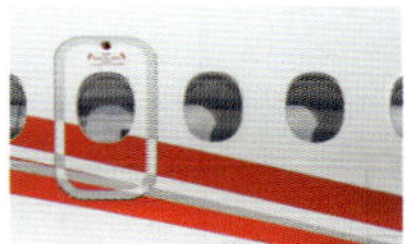

der Notausgang
nødutgang -en m
[nø:dʉ:tgaŋ]

der Sitzabstand
seteavstand -en m
[se:təa:ʋstan]

die Sitzreihe	**seterekke** -n m [se:tərekə]
der Sicherheitsgurt	**sikkerhetsbelte** -t n [sikərhe:tsbeltə]
sich anschnallen	å **feste sikkerhetsbeltet** [festə ˈsikərhe:tsbeltə]
die Start- und Landebahn	**rullebane** -n m [rʉləba:nə]
fliegen	å **fly** [fly]
starten	å **starte** [sta:ʈə]
landen	å **lande** [lanə]
die Turbulenzen	**turbulens** -en m [tʉrbʉléns]
die Notlandung	**nødlanding** -en m [nø:dlaniŋ]
die Sauerstoffmaske	**surstoffmaske** -n m [sʉʃtofmaskə]

der Bildschirm für das Bordprogramm
skjerm for underholdning -en m
[ʃɛrm fɔr ˈunərhɔlniŋ]

DAS FLUGZEUG – FLYET

Am Flughafen – På flyplassen

der Check-in-Automat
innsjekkingsautomat -en m
[inʃekiŋsæʉtumá:t]

der Check-in-Schalter
innsjekking -en m
[inʃekiŋ]

die Bordkarte
boardingkort -et n
[bo:rdiŋkɔʈ]

der Reisepass
pass -et n
[pas]

die Ankunft
ankomst -en m
[ankomst]

der Abflug
avgang -en m
[a:ʋgaŋ]

das Terminal
terminal -en m
[tɛrminá:l]

der Zoll
toll -en m
[tol]

die Sicherheits-kontrolle
sikkerhetskontroll -en m
[sikərhe:tskuntról]

die Ticketkontrolle
billettkontroll -en m
[bilétkuntról]

der Duty-free-Laden
taxfreebutikk -en m
[tæksfri:bʉtík]

die Fluggasttreppe
flytrapp -en m
[flý:trap]

der Flugsteig
gate -n m
[ga:tə]

die Fluggastbrücke
flybru -a f
[flý:brʉ]

der Kontrollturm
kontrolltårn -et n
[kuntrólto:ɳ]

der Fluglotse
flygeleder -en m
[flygəle:dər]

DAS FLUGZEUG – FLYET

Am Flughafen – På flyplassen

① *die Anzeigetafel*
lystavle -n m
[ly:staʋlə]

② *das Reiseziel*
reisemål -et n
[ræɪsəmo:l]

der Langstreckenflug
langdistanseflyvning -en m
[laŋdistansəflyʋniŋ]

der Auslandsflug
utenlandsflyvning -en m
[ʉ:tənlansflyʋniŋ]

der Inlandsflug
innenlandsflyvning -en m
[inənlansflyʋniŋ]

① DEPARTURES

Time	Destination ②	Flight
19:30	BEIJING	R4 4509
19:30	ATLANTA	EB 7134
19:45	LONDON	DN 0045
19:40	NEW YORK	OD 7158
19:50	FRANKFURT	NP 6890
20:05	DUBAI	UC 1207
20:10	CHICAGO	EB 3436
20:20	TOKYO	R4 4581
20:45	PARIS	NP 1976

der Rollkoffer
trillekoffert -en m
[triləkúfeʈ]

das Übergepäck
den **ekstra bagasjen** m
[ekstra bagá:ʃən]

das Gepäckband
bagasjebånd -et n
[bagá:ʃəbon]

der Fahrsteig
rullebånd -et n
[rʉləbon]

die Zwischenlandung	**mellomlanding** -en m [melumlaniŋ]
einen Flug buchen	å **bestille fly** [bəstílə fly]
der/das Online-Check-in	**innsjekking på nettet** -en m [inʃekiŋ po 'netə]
die Buchungsnummer	**bestillingsnummer** -et n [bəstíliŋsnumər]
das Visum	**visum** -et n [ʋí:sʉm]
die Gepäckkontrolle	**bagasjekontroll** -en m [bagá:ʃəkuntról]
der Gepäckabschnitt	**bagasjelapp** -en m [bagá:ʃəlap]
der Währungsumtausch	**valutaveksling** -en m [ʋalʉ́taʋekʃliŋ]

der Rucksack
ryggsekk -en m
[rygsek]

DAS SCHIFF – SKIPET

das Kreuzfahrtschiff
cruiseskip -et n
[krʉ́:sʃi:p]

die Funkantenne
radioantenne -n m
[rá:dioantènə]

das Deck
dekk -et n
[dek]

die Kabine
lugar -en m
[lʉgár]

der Schornstein
skorstein -en m
[skoʃtæɪn]

die Radarantenne
radarantenne -n m
[rá:darantènə]

die Backbordseite
babord
[bá:bu:r]

der Rumpf
skrog -et n
[skro:g]

das Bullauge
kuøye -t n
[kʉ́œyə]

die Steuerbordseite
styrbord
[stý:rbu:r]

der Bug
baug -en m
[bæʉg]

das Rettungsboot
redningsbåt -en m
[redniŋsbo:t]

der Bugwulst
bulb-baug -en m
[bølbbæʉg]

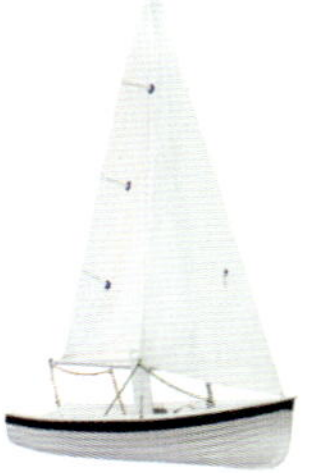

das Segelboot
seilbåt -en m
[sæɪlbo:t]

die Motorjacht
motoryacht -en m
[mú:turjo:t]

das Motorboot
motorbåt -en m
[mú:turbo:t]

der Katamaran
katamaran -en m
[katamará:n]

DAS SCHIFF – SKIPET

Der Hafen – Havnen

der Containerhafen
containerhavn -en m
[kuntǽinərhaʊn]

das Containerlager
containerlager -et n
[kuntǽinərla:gər]

die Fracht
frakt -en m
[frakt]

der Kai
kai -a f
[kɑi]

der Kran
kran -a f
[kra:n]

das Containerschiff
containerskip -et n
[kuntǽinərʃi:p]

der Leuchtturm
fyrtårn -et n
[fy:ʈo:ɳ]

die Vertäuung
fortøyning -en m
[fɔʈœyniŋ]

der Poller
pullert -en m
[pʉ́leʈ]

die Boje
bøye -n m
[bœyə]

den Anker werfen/lichten	å **kaste/lette anker** [kastə/letə aŋkər]
die Küstenwache	**kystvakt** -en m [çystʊakt]
anlegen	å **legge til** [legə til]
auslaufen	å **legge fra** [legə fra]
an Bord gehen	å **gå om bord** [go um bu:r]
von Bord gehen	å **gå i land** [go i lan]
der Landungssteg	**landgang** -en m [langaŋ]
das U-Boot	**ubåt** -en m [ʉ́bo:t]

die Fähre
ferge -n m
[fɛrjə]

IN DER STADT

I BYEN

DIE INNENSTADT – SENTRET

die Vorstadt
forstad -en m
[fɔ́ʃtad]

die Brücke
bru -a f
[brʉ]

der Fluss
elv -a f
[elʋ]

die Straße
gate gata f
[ga:tə]

das Geschäftsviertel
forretningsdistrikt -et n
[fɔrétniŋsdistríkt]

der Fernsehturm
TV-tårn -et n
[te:ʋe:toɳ]

der Wohnblock
blokk -a f
[blok]

der Dom
domkirke -kirka f
[domçirkə]

der Gehweg
gangvei -en m
[gaŋʋæɪ]

die Altstadt
gamleby -en m
[gamləby]

der Turm
tårn -et n
[toɳ]

die Straßenbeleuchtung
gatebelysning -en m
[ga:təbəlý:sniŋ]

die Seitenstraße
sidegate -gata f
[si:dəga:tə]

der Boulevard
bulevard -en m
[bʉleʋa:r]

die Treppe
trapp -a f
[trap]

die Gasse
smug -et n
[smʉ:g]

DIE INNENSTADT – SENTRET

der Park
park -en m
[park]

der Kanal
kanal -en m
[kaná:l]

das Ausgehviertel
fornøyelsesområde -t n
[fɔɳœ́yəlsəsumro:də]

der Platz
plass -en m
[plas]

das Einkaufsviertel
handleområde -t n
[handləumro:də]

das Industriegebiet
industriområde -t n
[industríumro:də]

das Wohngebiet
boligområde -t n
[bo:liumro:də]

das Rathaus
rådhus -et n
[ro:dhʉ:s]

die Universität
universitet -et n
[ʉnivɛʃité:t]

die Schule
skole -n m
[sku:lə]

die Post
post -en m
[post]

die Feuerwache
brannstasjon -en m
[branstaʃú:n]

die Polizeiwache
politistasjon -en m
[pulitístaʃú:n]

das Krankenhaus
sykehus -et n
[sy:kəhʉ:s]

die Bibliothek
bibliotek -et n
[bibliuté:k]

das Gerichtsgebäude
rettsbygning -en m
[retsbygniŋ]

DIE INNENSTADT – SENTRET

Gebäude in der Innenstadt – Bygninger i sentrum

der Wolkenkratzer
skyskraper -en m
[ʃy:skra:pər]

die Burg
borg -en m
[borg]

das Schloss
slott -et n
[slot]

die Kirche
kirke kirka f
[çirkə]

die Moschee
moské -en m
[muské]

die Synagoge
synagoge -n m
[synagú:gə]

der Tempel
tempel -et n
[témpəl]

die Ruine
ruin -en m
[rʉí:n]

das Bürogebäude
kontorbygg -et n
[kuntú:rbyg]

das Theater
teater -et n
[teátər]

das Kino
kino -en m
[çí:nu]

die Fabrik
fabrikk -en m
[fabrík]

die Botschaft
ambassade -n m
[ambasá:də]

das Opernhaus
opera -en m
[ú:pera]

das Museum
museum -seet n
[mʉséʉm]

die Kunsthalle
kunstmuseum -seet n
[kʉnstmʉséʉm]

DIE INNENSTADT – SENTRET

Auf der Straße – På veien

die Straßenlaterne
gatelys -et n
[ga:təly:s]

die Fußgängerampel
fotgjengerlys -et n
[fu:tjeŋərly:s]

die Ampel
trafikklys -et n
[trafíkly:s]

das Denkmal
minnesmerke -t n
[minəsmɛrkə]

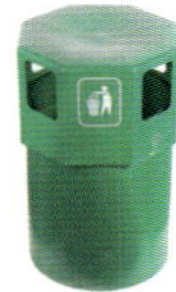

der Abfalleimer
søppelbøtte -bøtta f
[søpəlbøtə]

der Kanaldeckel
kumlokk -et n
[kumlok]

der Hydrant
hydrant -en m
[hydránt]

der Friedhof
kirkegård -en m
[çirkəgo:r]

die Bushaltestelle
bussholdeplass -en m
[bʉshɔləplas]

der Kiosk
kiosk -en m
[çosk]

die Tiefgarage
garasjekjeller -en m
[gará:ʃəçelər]

die Fußgängerzone
gågate -gata f
[go:ga:tə]

Entschuldigen Sie, wie komme ich nach ...?	**Unnskyld, hvordan kommer jeg til ...?** [ʉnʃyl ʋuɖan kɔmər jæɪ til ˈ...]
Könnten Sie mir bitte sagen, wo ... ist?	**Kan du si meg hvor .... er?** [kan dʉ si mæɪ ʋur ˈ... æ:r]
Könnten Sie mir das bitte auf der Karte zeigen?	**Kan du vise meg det på kartet?** [kan dʉ ʋi:sə mæɪ de po ˈkaʈə]
an der Ecke	**på hjørnet** [po jø:ɳə]
rechts/links abbiegen	**å ta av til høyre/venstre** [ta a:ʋ til hœ́yrə/ʋenstrə]
auf der rechten/linken Seite	**på høyre/venstre side** [po hœ́yrə/ʋenstrə si:də]
(schräg) gegenüber	**(skrått) ovenfor** [(skrɔt) ó:ʋənfɔr]
in der Nähe (von)	**i nærheten (av)** [i ˈnæ:rhetən (a:ʋ)]

DIE INNENSTADT – SENTRET

Das Hotel – Hotellet

die Rezeption
resepsjon -en m
[resepʃu:n]

die Empfangsdame
resepsjonist -en m
[resepʃu:níst]

die Schlüsselkarte
nøkkelkort -et n
[nøkəlkɔʈ]

die Klingel
ringeklokke -klokka f
[riŋəklokə]

die Lobby
lobby -en m
[lɔ́by]

die Bar
bar -en m
[ba:r]

das Restaurant
restaurant -en m
[resturáŋ]

die Hotelanlage
hotellanlegg -et n
[hutélanleg]

das Doppelzimmer
dobbeltrom -met n
[dobeltrum]

das Zweibettzimmer
rom med to senger -met n
[rum me tu seŋər]

das Einzelzimmer
enkeltrom -met n
[enkəltrum]

der Fitnessraum
treningsrom -met n
[tre:niŋsrum]

der Pool
basseng -et n
[baséŋ]

Ich habe ein Zimmer unter dem Namen ... gebucht.	**Jeg har bestilt et rom. Navnet er ... .** [jæɪ har bəstílt et ˈrum naʊnə æ:r ˈ... .]
Was kostet das Zimmer, bitte?	**Hva koster rommet?** [ʋa kɔstər rumə]
Ich hätte gerne ein Doppelzimmer für eine Nacht.	**Jeg vil gjerne ha et dobbeltrom for én natt.** [jæɪ ʋil jæ:ɳə ha et ˈdobeltrum fɔr ˈe:n nat]
Haben Sie ein Zimmer frei?	**Har dere et ledig rom?** [ha:r derə et ledi ˈrum?]

DIE INNENSTADT – SENTRET

Das Hotel – Hotellet

der/die Concierge
portier -en m
[puʈié]

der Kofferwagen
bagasjevogn -en m
[bagá:ʃəvoŋn]

der Türanhänger „Bitte nicht stören“
”Ikke forstyrr”-skilt -et n
[ikə fɔʃtýr ʃilt]

die Gepäckablage
bagasjestativ -et n
[bagá:ʃəstatí:ʋ]

der Zimmerservice
romservice -n m
[rumsø:rʋis]

das Zimmermädchen
stuepike -n m
[stʉəpi:kə]

die Suite
suite -n m
[sʋitə]

die Toilettenartikel
toalettartikkel -en m
[tualétaʈikəl]

die Minibar
minibar -en m
[mi:niba:r]

die Zimmernummer
romnummer -et n
[rumnumər]

das Frühstücksbuffet
frokostbuffé -en m
[frú:kustbʉfé]

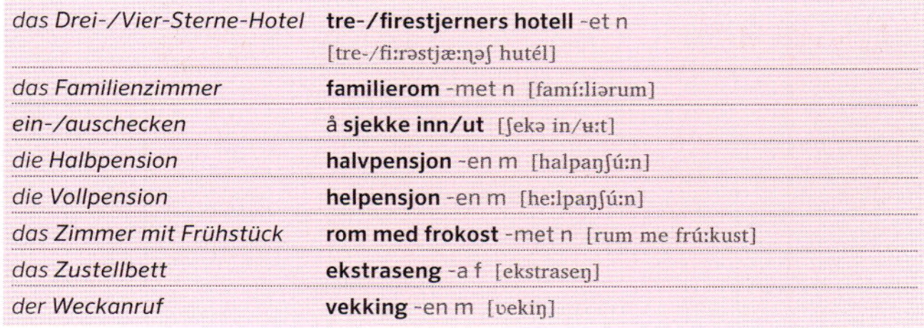

das Drei-/Vier-Sterne-Hotel	**tre-/firestjerners hotell** -et n [tre-/fi:rəstjæ:ɳəʃ hutél]
das Familienzimmer	**familierom** -met n [famí:liərum]
ein-/auschecken	**å sjekke inn/ut** [ʃekə in/ʉ:t]
die Halbpension	**halvpensjon** -en m [halpaŋʃú:n]
die Vollpension	**helpensjon** -en m [he:lpaŋʃú:n]
das Zimmer mit Frühstück	**rom med frokost** -met n [rum me frú:kust]
das Zustellbett	**ekstraseng** -a f [ekstraseŋ]
der Weckanruf	**vekking** -en m [ʋekiŋ]

der Tresor
safe -n m
[sæɪf]

DIE INNENSTADT – SENTRET

Die Bank – Banken

das Chipkartenterminal
betalingsterminal for chipkort -en m
[bətá:liŋsterminá:l fɔr ʃípkɔʈ]

die EC-Karte
bankkort -et n
[baŋkkɔʈ]

das Tastenfeld
knapp -en m
[knap]

der Schalter
luke luka f
[lʉ:kə]

die Kassiererin
kasserer -en m
[kasé:rər]

das Onlinebanking
nettbank -en m
[netbaŋk]

der Geldautomat
minibank -en m
[mi:nibaŋk]

Geld abheben
å **ta ut penger**
[ta ʉ:t ˈpeŋər]

Geld einzahlen
å **betale inn penger**
[bətá:lə in ˈpeŋər]

einen Scheck ausstellen
å **skrive en sjekk**
[skri:ʋə e:n ˈʃek]

die Kontoüberziehung	**kontoovertrekk** -et n [kúntuó:ʋərtrek]
das Girokonto	**girokonto** -en m [ʃi:rukúntu]
das Sparkonto	**sparekonto** -en m [spa:rəkúntu]
die PIN-Nummer	**PIN-kode** -n m [pinku:də]
der Zinssatz	**rentesats** -en m [rentəsats]
das Darlehen	**lån** -et n [lo:n]
die Hypothek	**hypotek** -et n [hyputék]
die Kontonummer	**kontonummer** -et n [kúntunumər]

DIE INNENSTADT – SENTRET

Die Bank – Banken

der Geldschein
pengeseddel -en m
[peŋəsedəl]

die Münze
mynt -en m
[mynt]

die Währung
valuta -en m
[ʋalʉ́ta]

das Wertpapier
verdipapir -et n
[ʋeɖípapí:r]

der Wechselkurs
vekslekurs -en m
[ʋeksləkʉ:ʃ]

das Bankschließfach
bankboks -en m
[báŋkboks]

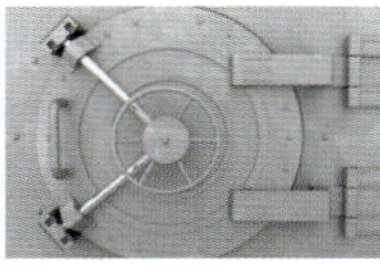

der Tresor
safe -n m
[sæɪf]

die Kreditkarte
kredittkort -et n
[kredítkɔʈ]

die Börse
børs -en m
[bø:ʃ]

der Börsenkurs
børskurs -en m
[bø:ʃkʉ:ʃ]

der Finanzberater
finansrådgiver -en m
[finánsro:dji:ʋər]

die Rechnung
faktura -en m
[faktʉ́:ra]

Könnten Sie mir das bitte wechseln?	**Kan du veksle det for meg?** [kan dʉ ˈʋekʃlə de fɔr mæɪ]
Wie ist der aktuelle Wechselkurs?	**Hvordan er vekslekursen?** [ʋuɖan æ:r ˈʋekʃləkʉ:ʃən]
Ich möchte gerne ein Konto eröffnen.	**Jeg vil gjerne åpne en konto.** [jæɪ ʋil jæ:ŋə o:pnə e:n ˈkuntu]
der Betrag	**beløp** -et n [bəlø̑:p]
der Reisescheck	**reisesjekk** -en m [ræɪsəʃek]
das Eigenkapital	**egenkapital** -en m [e:gənkapitá:l]
die Provision	**provisjon** -en m [pruʋiʃú:n]
die Wechselstube	**vekslebyrå** -et n [ʋekʃləbyró]

der Überweisungs-schein
giroblankett -en m
[ʃi:rublankét]

EINKAUFEN – HANDLING

Läden und Geschäfte – Butikker

der Markt
marked -et n
[marked]

der Marktstand
markedsbod -en m
[markedsbu:d]

das Schaufenster
utstillingsvindu -et n
[ʉ:tstiliŋsʋindʋ]

die Tierhandlung
dyrebutikk -en m
[dy:rəbʉtík]

der Gemüseladen
grønnsaksbutikk -en m
[grønsa:ksbʉtík]

die Metzgerei
slakteri -et n
[ʃlakterí]

die Bäckerei
bakeri -et n
[ba:kerí]

die Konditorei
konditori -et n
[kunditurí]

der Supermarkt
supermarked -et n
[sʉ:pərmarked]

das Fischgeschäft
fiskebutikk -en m
[fiskəbʉtík]

die Weinhandlung
vinhandel -en m
[ʋi:nhandəl]

der Blumenladen
blomsterbutikk -en m
[blomstərbʉtík]

das Lebensmittel-geschäft
matvarebutikk -en m
[ma:tʋa:rəbʉtík]

der Bioladen
den **økologiske butikken** m
[økuló:giskə bʉtíkən]

das Schreibwaren-geschäft
bokhandel -en m
[bu:khandəl]

der Tante-Emma-Laden
den **lille dagligvarebutikken** m
[li:lə ˈda:gliʋa:rəbʉtíkən]

EINKAUFEN – HANDLING

Läden und Geschäfte – Butikker

der Buchladen
bokhandel -en m
[bu:khandəl]

die Drogerie
parfymeri/apotek -et n
[parfyməri/aputé:k]

die Boutique
motebutikk -en m
[mu:təbʉtík]

der Antiquitätenladen
antikvitetshandel -en m
[antikʋité:tshandəl]

der Spielzeugladen
lekebutikk -en m
[le:kəbʉtík]

das Juweliergeschäft
gullsmed -en m
[gʉlsme]

das Möbelgeschäft
møbelbutikk -en m
[mø:bəlbʉtík]

der Elektrofachmarkt
elektromarked -et n
[eléktrumarked]

das Schuhgeschäft
skobutikk -en m
[sku:bʉtík]

der Friseursalon
frisørsalong -en m
[frisǿ:rsaloŋ]

die Schneiderei
skredder -en m
[skredər]

die Parfümerie
parfymeri -et n
[parfyməri]

der Baumarkt
byggevarehandel -en m
[bygəʋa:rəhandəl]

der Geschenkeladen
gavebutikk -en m
[ga:ʋəbʉtík]

die Apotheke
apotek -et n
[aputé:k]

der Optiker
optiker -en m
[uptikər]

EINKAUFEN – HANDLING

Der Supermarkt – Supermarkedet

der Kassierer
kasserer -en m
[kasé:rər]

die Kundin
kunde -n m
[kʉndə]

die Ware
vare -n m
[ʋa:rə]

das Warentransport-band
transportbånd -et n
[transpúʈbon]

das Warenregal
varehylle -n m
[ʋa:rəhylə]

der Einkaufswagen
handlevogn -a f
[handləʋoŋn]

die Kasse
kasse kassa f
[kasə]

der Scanner
strekkodeleser -en m
[stre:ku:dəle:sər]

die Käsetheke
ostedisk -en m
[ustədisk]

die Fleischtheke
kjøttdisk -en m
[çøtdisk]

die Einkaufsliste
handleliste -lista f
[handləlistə]

der Gang
gang -en m
[gaŋ]

der Einkaufskorb
handlekurv -en m
[handləkʉrʋ]

der Strichcode
strekkode -n m
[stre:ku:də]

das Sonderangebot
tilbud -et n
[tilbʉ:d]

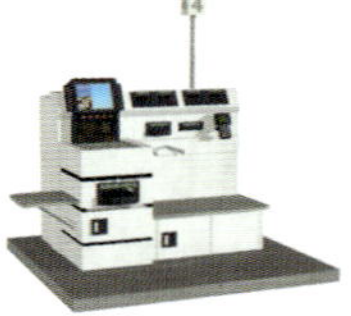

die Selbstbedienungs-kasse
selvbetjeningskasse -kassa f
[selbətje:niŋskasə]

EINKAUFEN – HANDLING

Der Supermarkt – Supermarkedet

das Kühlregal
kjøleskap -et n
[çø:ləska:p]

die Milchprodukte
melkeprodukter -produktene pl
[melkəpruduktər]

die Tiefkühlkost
frysevare -n m
[fry:səva:rər]

das Obst und Gemüse
frukt og grønt
[frukt o grønt]

das Fleisch und Geflügel
kjøtt og fjørfe
[çøt o fjø:rfe]

die Konserven
hermetikk -en m
[hermetík]

die Feinkost
delikatesse -n m
[delikatèsə]

der Kassenzettel
kassalapp -en m
[kásalap]

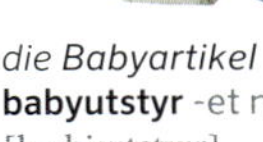

die Babyartikel
babyutstyr -et n
[be:biu:tsty:r]

die Frühstücksflocken
frokostblanding -en m
[frú:kustblaniŋ]

die Backwaren
bakervarer -varene pl
[ba:kəva:rər]

die Fischtheke
fiskedisk -en m
[fiskədisk]

die Getränke	**drikke** -t n [drikə]
die Süßigkeiten	**godteri** -et n [gótəri]
das Tierfutter	**dyrefôr** -et n [dy:rəfu:r]
die Bioprodukte	det **økologiske produktet** n [økuló:giskə pruduktə]
bezahlen	å **betale** [bətá:lə]
das Kleingeld	**småpenger** -pengene pl [smo:peŋər]
der Preis	**pris** -en m [pri:s]
das Preisschild	**prislapp** -en m [prí:slap]

die Reinigungsmittel
rengjøringsmiddel -et m
[re:njø:riŋsmidəl]

EINKAUFEN – HANDLING

Der Kiosk – Kiosken

die Zeitung
avis -en m
[aʋí:s]

die Zeitschrift
tidsskrift -et n
[tídskrift]

das Notizbuch
notisbok -en m
[nutí:sbu:k]

der/das Comic
tegneserie -n m
[teŋnəse:riə]

das Zeitschriftenregal
tidsskrifthylle -hylla f
[tidskrifthylə]

die Grußkarte
kort -et n
[kɔʈ]

der Lottoschein
lottokupong -en m
[lotukʉpoŋ]

das Buch
bok -a f
[bu:k]

der/das Kaugummi
tyggegummi -en m
[tygəgʉmi]

der/das Pfefferminz-bonbon
peppermyntedrops -et n
[pepərmýntədrops]

der Schokoriegel
sjokolade -n m
[ʃukulá:də]

der Tabak
tobakk -en m
[tubák]

die Zigarette
sigarett -en m
[sigarét]

die Pfeife
pipe pipa f
[pi:pə]

das Feuerzeug
lighter -en m
[lɑ́itər]

die Zigarre
sigar -en m
[sigá:r]

CAFÉS UND BARS – KAFEER OG BARER

das Straßencafé
gatecafé -en m
[ga:təkafé]

die Sonnenterrasse
terrasse -n m
[tεrásə]

die Theke
disk -en m
[disk]

die Kaffeemaschine
kaffemaskin -a f
[káfəmaʃí:n]

das Tablett
brett -et n
[bret]

der Zapfhahn
tappekran -a f
[tapəkra:n]

der Barkeeper
barkeeper -en m
[ba:rki:pər]

der Barista
barista -en m
[barísta]

der Barhocker
barkrakk -en m
[bá:rkrak]

der Korkenzieher
korketrekker -en m
[korkətrekər]

der Cocktailshaker
cocktailshaker -en m
[koktæɪlʃæɪkər]

der Weinkühler
vinkjøler -en m
[ʋi:nçø:lər]

etwas auf Rechnung setzen	**å sette noe på regningen** [setə nuə po ˈreŋniŋən]
die Rechnung übernehmen	**å ta regningen** [ta reŋniŋən]
sich auf einen Kaffee treffen	**å ta en kaffe sammen** [ta e:n ˈkáfə samən]
Wo sind bitte die Toiletten?	**Unnskyld, hvor er toalettet?** [ʉnʃyl ʋur æ:r tualétə]
Ich hätte gern ...	**Jeg vil gjerne ha ...** [jæɪ ʋil jæ:ŋə ha]
Bitte ein Glas ...	**Et glass ..., takk** [et glas ˈ... tak]
Bitte eine Tasse ...	**En kopp ..., takk** [e:n kop ˈ... tak]
Das Gleiche noch einmal.	**Det samme til meg, takk.** [de ˈsamə til mæɪ tak]

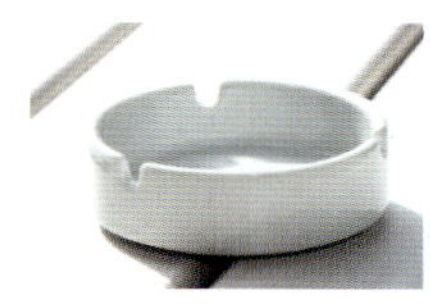
der Aschenbecher
askebeger -et n
[askəbe:gər]

SEHENSWÜRDIGKEITEN – SEVERDIGHETER

der Stadtplan
kart -et n
[kaʈ]

die Touristen-information
turistinformasjon -en m
[tʉrístinfɔrmaʃu:n]

der Reiseführer
reiseguide -n m
[ræɪsəgɑid]

das Souvenir
suvenir -en m
[sʉʊəní:r]

die Stadtbesichtigung
bysightseeing -en m
[by:sɑitsiıŋ]

die Stadtrundfahrt
rundtur i byen -en m
[rʉntʉ:r i býən]

die Flussfahrt
båttur -en m
[bo:ttʉ:r]

das Aquarium
akvarium akvariet n
[akʊá:riʉm]

die Aussichtsplattform
utsiktsplattform -en m
[ʉ:tsiktsplatfɔrm]

die Ausstellung
utstilling -en m
[ʉ:tstiliŋ]

der Straßenmusiker
gatemusikant -en m
[ga:təmʉsikánt]

der Straßenkünstler
gatekunstner -en m
[ga:təkʉnstnər]

die Warteschlange
kø -a f
[kø]

der Fremdenführer	**turistguide** -n m [tʉrístgɑid]
die Fremdenführerin	**turistguide** -n m [tʉrístgɑid]
der Ausflug	**tur** -en m [tʉ:r]
die Öffnungszeiten	**åpningstider** -tidene pl [o:pniŋsti:dər]
geöffnet	**åpent** [o:pənt]
geschlossen	**stengt** [steŋt]
das Eintrittsgeld	**inngangspenger** -pengene pl [ingaŋspeŋər]
die Ermäßigung	**moderasjon** -en m [mudəraʃú:n]

DIE ARCHITEKTUR – ARKITEKTUREN

klassizistisch
klassisistisk
[klasisístisk]

gotisch
gotisk
[gú:tisk]

barock
barokk
[barók]

romanisch
romansk
[rumá:nsk]

die Renaissance
renessanse -en m
[renəsáŋsə]

der/das Art déco
art déco -en m
[aʈ déku]

der Jugendstil
jugendstil -en m
[jugəntsti:l]

das Rokoko
rokokko -en m
[rokóku]

das Bauhaus
Bauhaus
[bauhaus]

die Säule
søyle -n m
[sœylə]

der Bogen
bue -n m
[bʉə]

die Kuppel
kuppel -en m
[kʉ́pəl]

die Fassade	**fasade** -n m [fasá:də]
der Flügel	**fløy** -en m [flœy]
das Gewölbe	**hvelv** -et n [ʋelʋ]
das Grabmal	**gravmæle** -t n [graʋmæ:lə]
der Innenhof	**bakgård** -en m [ba:kgo:r]
die Stadtmauer	**bymur** -en m [bý:mʉ:r]
die Katakomben	**katakombe** -n m [katakúmbə]
die Gedenkstätte	**minnesmerke** -t n [minəsmɛrkə]

das Wahrzeichen
det **mest kjente bygget/...** n
[mest çentə bygə/...]

BILDUNG UND BERUF

UTDANNELSE OG JOBB

DIE SCHULE – SKOLEN

der Kindergarten
barnehage -n m
[ba:ɳəha:gə]

die Vorschule
førskole -n m
[fø:ʃku:lə]

die Grundschule
grunnskole -n m
[grʉnsku:lə]

die weiterführende Schule
den **videregående skolen** m
[ʋi:dərəgo:ənə sku:lən]

das Gymnasium
utdanningsprogram for studiespesialisering -et n [ʉ:tdaniŋsprugram fɔr ˈstʉ:diespesialise:riŋ]

die Klasse
klasse klassa f
[klasə]

die Prüfung
prøve prøva f
[prø:ʋə]

die Aula
aula -en m
[æ̂ʉla]

der Computerraum
PC-rom -met n
[pe:se:rum]

die Schulleiterin
rektor -en m
[réktur]

die Lehrerin
lærer -en m
[læ:rər]

der Sportplatz
idrettsplass -en m
[idretsplas]

die Schuluniform
skoleuniform -en m
[sku:ləʉnifɔrm]

der Aufsatz	**stil** -en m [sti:l]
die Klassenarbeit	**prøve** prøva f [prø:ʋə]
die Note	**karakter** -en m [karakté:r]
seinen/ihren Abschluss machen	**å ta eksamen** [ta eksá:mən]
der mittlere Schulabschluss	**eksamen etter tiende klasse** -en m [eksá:mən etər ˈtiənə ˈklasə]
die Privatschule	**privatskole** -n m [priʋá:tsku:lə]
das Abitur	**eksamen for studiespesialisering** -en m [eksá:mən fɔr ˈstʉ:diespesialise:riŋ]
das Internat	**internat** -et n [intərná:t]

DIE SCHULE – SKOLEN

Das Klassenzimmer – Klasserommet

das Lehrerpult
kateter -et n
[katé:tər]

die Tafel
tavle tavla f
[taʋlə]

der Schüler
elev -en m
[elé:ʋ]

die Schülerin
elev -en m
[elé:ʋ]

der Winkelmesser
vinkellinjal -en m
[ʋinkəlinjá:l]

der Bleistift
blyant -en m
[blý:ant]

das Schulheft
kladdebok -a f
[kladəbu:k]

das Federmäppchen
pennal -et n
[pená:l]

das Zeichendreieck
trekantlinjal -en m
[trekantlinjá:l]

das Lineal
linjal -en m
[linjá:l]

die Schultasche	**skoleveske** -veska f [sku:ləʋeskə]
das Wörterbuch	**ordbok** -a f [u:rbu:k]
die Nachhilfe	**privatundervisning** -en m [privá:tʉnərʋisniŋ]
die Kreide	**kritt** -et n [krit]
das Schulbuch	**skolebok** -a f [sku:ləbu:k]
der Füller	**fyllepenn** -en m [fyləpen]
die Tintenpatrone	**blekkpatron** -en m [blekpatrú:n]
der Marker	**merkepenn** -en m [mɛrkəpen]

der Taschenrechner
kalkulator -en m
[kalkʉlá:tur]

DIE SCHULE – SKOLEN

Die Schulfächer – Skolefag

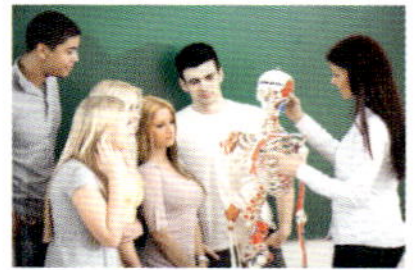

die Biologie
biologi -en m
[biulugí]

die Mathematik
matematikk -en m
[matematík]

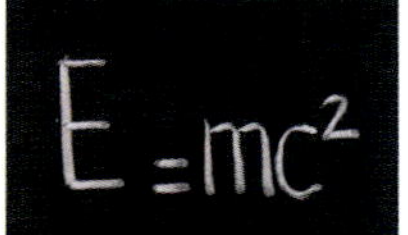

die Physik
fysikk -en m
[fysík]

die Chemie
kjemi -en m
[çemí]

der Religionsunterricht
religionsundervisning -en m
[religiú:nsʉnərʋisniŋ]

der Ethikunterricht
undervisning i etikk -en m
[ʉnərʋisniŋ i etík]

die Kunst
kunst -en m
[kʉnst]

die Erdkunde
geografi -en m
[geugra:fí]

die Fremdsprachen
fremmedspråk -et n
[fremədspro:k]

die Geschichte
historie -n m
[histú:rie]

der Sport
gym -men m
[gym]

die Musik
musikk -en m
[mʉsík]

das Drama
drama
[drá:ma]

die Informatik
informatikk -en m
[infɔrmatík]

der Werkunterricht
sløyd -en m
[ʃlœyd]

die Gemeinschaftskunde
samfunnslære -n m
[samfʉnslæ:rə]

DIE SCHULE – SKOLEN

Die Schulfächer – Skolefag

das Technische Zeichnen
den **tekniske tegningen** m
[tekniskə ˈteŋniŋən]

die Hauswirtschaft
skolekjøkken -et n
[sku:ləçøkən]

schreiben
å **skrive**
[skri:ʋə]

rechnen
å **regne**
[reŋnə]

buchstabieren
å **stave**
[sta:ʋə]

lesen
å **lese**
[le:sə]

sich melden
å **rekke opp hånda**
[rekə up ˈhɔ́na]

die Klassenfahrt
klassetur -en m
[klasətʉ:r]

der Stundenplan
timeplan -en m
[ti:məpla:n]

der Abschlussball
avslutningsball -et n
[a:ʋʃlʉtniŋsbal]

die Hausaufgabe
lekse -n m
[leksə]

das Sportfest
idrettsfest -en m
[idretsfest]

zeichnen	å **tegne** [teŋnə]
zählen	å **telle** [telə]
die Übung	**øvelse** -n m [ø:ʋəlsə]
der Elternabend	**foreldremøte** -t n [fɔréldrəmø:tə]
das Zeugnis	**vitnemål** -et n [ʋitnəmo:l]
der Schüleraustausch	**utveksling** -en m [ʉ:tʋekʃliŋ]
der Lehrplan	**læreplan** -en m [læ:rəpla:n]
das Schulfach	**skolefag** -et n [sku:ləfa:g]

die Ferien
ferie -n m
[feriə]

DIE SCHULE – SKOLEN

Im Labor – I laboratoriet

der Versuch
forsøk -et n
[fɔʃø:k]

die Schutzbrille
vernebriller -brillene pl
[ʋæ:ɳəbrilər]

der Kittel
frakk -en m
[frak]

das Reagenzglas
reagensrør -et n
[reagénsrø:r]

der Chemikalienhandschuh
kjemikaliehanske -n m
[çemikáliəhanskə]

die Laborausrüstung
laboratorieutstyr -et n
[laburatú:rieʉ:tsty:r]

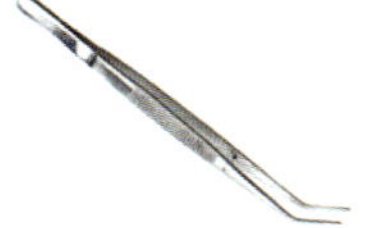

die Pinzette
pinsett -en m
[pinsét]

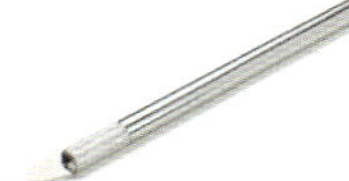

das Skalpell
skalpell -en m
[skalpél]

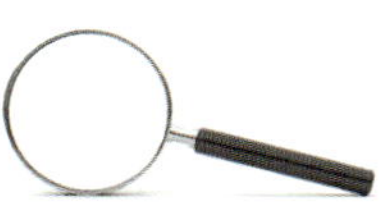

die Lupe
lupe -n m
[lʉ:pə]

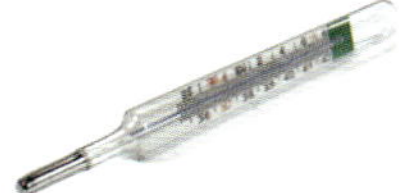

das Thermometer
termometer -et n
[tɛrmumé:tər]

die Laborwaage
laboratorievekt -a f
[laburatú:rieʋekt]

die Stoppuhr
stoppeklokke -klokka f
[stɔpəklokə]

der Magnet
magnet -en m
[maŋné:t]

die Batterie
batteri -et n
[baterí]

DIE SCHULE – SKOLEN

Im Labor – I laboratoriet

das Mikroskop
mikroskop -et n
[mikruskú:p]

das Okular
okular -et n
[okʉlá:r]

das Einstellrad
fokuseringsskrue -n m
[fukʉsé:riŋskrʉə]

der Tubus
tubus -en m
[tʉ́:bʉs]

das Stativ
stativ -et n
[statí:ʋ]

der Objektivrevolver
objektivrevolver -en m
[ubjektí:ʋrəʋolʋər]

die Objektklemme
objektklemme -n m
[ubjéktklemə]

das Objektiv
objektiv -et n
[ubjektí:ʋ]

der Objekttisch
objektbord -et n
[ubjéktbu:r]

der Objektträger
objektglass -et n
[ubjéktglas]

der Fuß
fot -en m
[fu:t]

die Lampe
lampe lampa f
[lampə]

die Pipette
pipette -n m
[pipètə]

das Drahtnetz
trådnett -et n
[tro:net]

der Dreifuß
trefot -en m
[tre:fu:t]

die Petrischale
petriskål -en m
[pe:trisko:l]

der Bunsenbrenner
bunsenbrenner -en m
[bʉnsənbrenər]

DIE SCHULE – SKOLEN

In der Pause – I friminuttet

die Mittagspause
storefri -et n
[stu:rəfri]

das Tablett
brett -et n
[bret]

die Butterbrotdose
matboks -en m
[ma:tboks]

das Pausenbrot
brødskive -skiva f
[brø:ʃi:ʋə]

die Schulglocke
skoleklokke -klokka f
[sku:ləklokə]

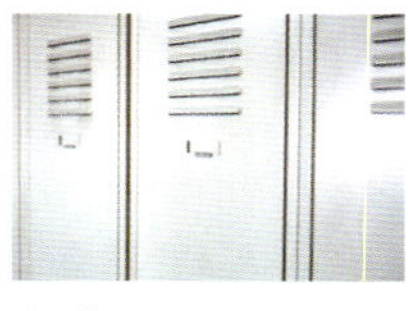

der Spind
garderobeskap -et n
[gaɖərú:bəska:p]

die Pause
friminutt -et n
[fri:minʉt]

der Schulhof
skolegård -en m
[sku:ləgo:r]

Himmel und Hölle spielen
å **hoppe paradis**
[hopə paradí:s]

der Speisesaal
spisesal -en m
[spi:səsa:l]

das Lunchpaket
niste nista f
[nistə]

die Essensausgabe
matservering -en m
[ma:tsɛrʋé:riŋ]

DIE SCHULE – SKOLEN

Die Sporthalle – Gymsalen

der Volleyball
volleyball -en m
[volibal]

der Basketball
basketball -en m
[basketbal]

der Handball
håndball -en m
[honbal]

der Fußball
fotball -en m
[futbal]

der Baseball
baseball -en m
[bæɪsbo:l]

der Federball
fjærball -en m
[fjæ:rbal]

der Tennisball
tennisball -en m
[tenisbal]

der Football
football -en m
[fʉtbo:l]

der Puck
puck -en m
[pøk]

der Basketballkorb
basketballkurv -en m
[basketbalkʉrʋ]

die Sprossenwand
ribbevegg -en m
[ribəʋeg]

das Korbbrett
bakplate -plata f
[ba:kpla:tə]

die Strickleiter
taustige -n m
[tæʉsti:gə]

das Trampolin
trampoline trampolina f
[trampulí:nə]

die Ringe
ringer ringene pl
[riŋər]

das Springseil
hoppetau -et n
[hopətæʉ]

DIE UNIVERSITÄT – UNIVERSITETET

der Campus
universitetsområde -t n
[ʉnivɛʃité:tsumro:də]

der Hörsaal
auditorium auditoriet n
[æʉditú:riʉm]

die Politikwissenschaft
politikkvitenskap -en m
[pulitíkvi:tənska:p]

die Kunstgeschichte
kunsthistorie -en m
[kʉnsthistu:riə]

die Rechtswissenschaft
jus -en m
[jʉs]

die Betriebswirtschaftslehre
bedriftsøkonomi -en m
[bədríftsøkunumí]

die Geisteswissenschaften
humanistiske fag fagene pl
[hʉmanístiskə fa:g]

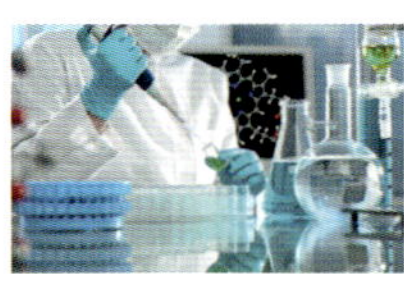

die Naturwissenschaften
naturvitenskap -en m
[natʉ́rvi:tənska:p]

das Ingenieurwesen
ingeniørvesen -et n
[inʃenǿ:rve:sən]

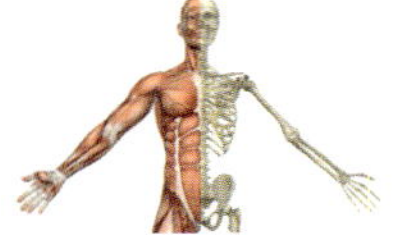

die Medizin
medisin -en m
[medisí:n]

die Pädagogik
pedagogikk -en m
[pədagugík]

der Professor
professor -en m
[prufésur]

die Dozentin
foreleser -en m
[fɔrəle:sər]

das Diplom	**diplom** -et n [diplú:m]
der Bachelor	**bachelor** -en m [bætʃələr]
der Master	**master** -en m [má:stər]
die Dissertation	**doktoravhandling** -en m [dokturavhanliŋ]
die Promotion	**doktorpromosjon** -en m [dokturprumuʃú:n]
die Habilitation	**habilitasjon** -en m [habilitaʃú:n]
die Forschung	**forskning** -en m [fɔʃkniŋ]
das Forschungsinstitut	**forskningsinstitutt** -et n [fɔʃkniŋsinstitʉ́t]

DIE UNIVERSITÄT – UNIVERSITETET

ein Referat halten
å **presentere et tema**
[presenté:rə et té:ma]

das Seminar
seminar -et n
[seminá:r]

die Vorlesung
forelesning -en m
[fɔrəle:sniŋ]

die Klausur
prøve prøva f
[prø:ʋə]

der Lesesaal
lesesal -en m
[le:səsa:l]

die Ausleihe
utlån -et n
[ʉ:tlo:n]

das Bücherregal
bokhylle -hylla f
[bu:khylə]

die mündliche Prüfung
den **muntlige eksamenen** m
[mʉntliə eksá:mənən]

sein Studium abschließen
å **fullføre studiet**
[fʉlfø:rə stʉ́:die]

das Studentenwohnheim
studentbolig -en m
[stʉdéntbu:li]

die Mensa
kantine kantina f
[kantí:nə]

die Bibliothek
bibliotek -et n
[bibliuté:k]

der Student
student -en m
[stʉdént]

der Bibliothekar	**bibliotekar** -en m [bibliutekár]
die Bibliothekarin	**bibliotekar** -en m [bibliutekár]
der Bibliotheksausweis	**lånekort** -et n [lo:nəkɔʈ]
ausleihen	å **låne** [lo:nə]
verlängern	å **forlenge** [fɔrléŋə]
vorbestellen	å **reservere** [resɛrʋé:rə]
das Rückgabedatum	**tilbakeleveringsdato** -en m [tilbá:kəleʋe:riŋsdatu]
das Periodikum	**periodika** pl [periúdika]

DIE UNIVERSITÄT – UNIVERSITETET

die Lerngruppe
kollokviegruppe -gruppa f
[kolókvʊiəgrʉpə]

lernen
å **pugge**
[pʉgə]

das Praxissemester
praksissemester -et n
[práksisemestər]

das Praktikum
praksis -en m
[práksis]

das Volontariat
den **frivillige praksisen** m
[friʊiliə práksisən]

das freie Jahr
friår -et n
[fríːoːr]

jobben
å **jobbe**
[jobə]

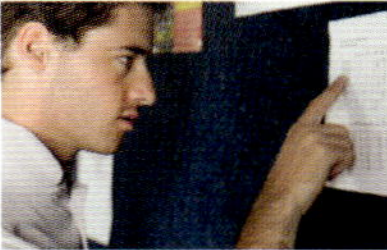
das schwarze Brett
oppslagstavle -tavla f
[upʃlagstaʊlə]

die Ausbildung
utdannelse -n m
[ʉːtdanəlsə]

die Berufsfachschule
yrkesskole -n m
[yrkəskuːlə]

die Kunsthochschule
kunsthøyskole -n m
[kʉnsthœyskuːlə]

die Musikhochschule
musikkhøyskole -n m
[mʉsíkhœyskuːlə]

die Akademie für darstellende Künste
akademi for scenekunst -et n
[akademí fɔr senəkʉnst]

der Studentenausweis	**studentbevis** -et n [stʉdéntbəʊiːs]
der Kurs	**kurs** -et n [kʉːʃ]
das Semester	**semester** -et n [seméstər]
die Semesterferien	**ferie** -n m [feriə]
der Fachbereich	**fagområde** -t n [faːgumroːdə]
die Hausarbeit	**semesteroppgave** -t n [seméstərupgaːʊə]
der Hochschulabschluss	**høyskoleeksamen** -en m [hœyskuːləeksaːmən]
das Stipendium	**stipend** -et n [stipénd]

DIE ARBEITSWELT – YRKESLIVET

Die Bewerbung – Søknaden

das Bewerbungsgespräch
jobbintervju -et n
[jobintervjʉ]

die Personalreferentin
personalmedarbeider -en m
[pɛʃuná:lme:darbæɪdər]

der Lebenslauf
CV -en m
[se:ve]

die Bewerbungsunterlagen
søknadspapirer -papirene pl
[sø:knadspapi:rər]

die Bewerberin
søker -en m
[sø:kər]

die Stellenanzeige
stillingsannonse -n m
[stiliŋsanɔnsə]

die Zeitarbeit
det **midlertidige arbeidet** n
[midlərtidigə ˈarbæɪdə]

die Festanstellung
den **faste ansettelsen** m
[fastə ˈansetəlsən]

die Karriere
karriere -n m
[kariǽ:rə]

sich um eine Stelle bewerben	å **søke på en stilling** [sø:kə po e:n ˈstiliŋ]
die Arbeitsbedingungen	**arbeidsbetingelser** -betingelsene pl [arbæɪdsbətiŋəlsər]
die Schichtarbeit	**skiftarbeid** -et n [ʃiftarbæɪd]
die Teilzeit	**deltid** -en m [dé:lti]
die Vollzeit	**heltid** -en m [hé:lti]
die Qualifikation	**kvalifikasjon** -en m [kʋalifikaʃú:n]
die Berufserfahrung	**yrkeserfaring** -en m [yrkəsɛrfa:riŋ]

jemanden einstellen
å **ansette noen**
[ansetə nuən]

DIE ARBEITSWELT – YRKESLIVET

Berufe – Yrker

der Arzt
lege -n m
[le:gə]

der Chirurg
kirurg -en m
[çi:rúrg]

der Krankenpfleger
sykepleier -en m
[sy:kəplæɪər]

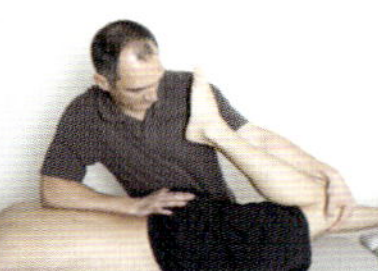

der Physiotherapeut
fysioterapeut -en m
[fysiutɛrapæʉt]

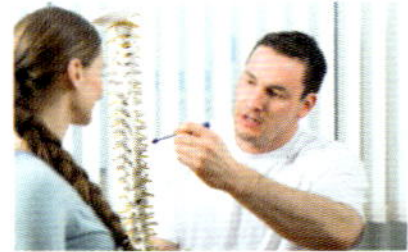

der Orthopäde
ortoped -en m
[uʈupé:d]

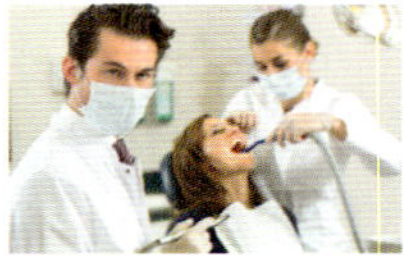

der Zahnarzt
tannlege -n m
[tanle:gə]

die Psychologin
psykolog -en m
[sykuló:g]

die Apothekerin
apoteker -en m
[aputé:kər]

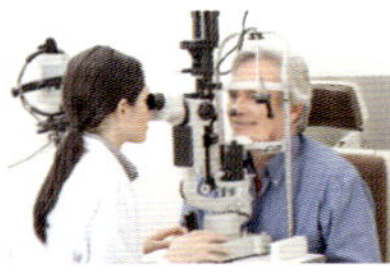

die Optikerin
optiker -en m
[uptikər]

der Tierarzt
dyrlege -n m
[dy:rlegə]

die Empfangsdame
resepsjonist -en m
[resepʃu:níst]

der Rechtsanwalt
advokat -en m
[advuká:t]

die Richterin
dommer -en m
[domər]

der Wirtschaftsprüfer
revisor -en m
[reʋísur]

die Unternehmens-beraterin
bedriftsrådgiver -en m
[bədríftsro:dji:ʋər]

der Informatiker
informatiker -en m
[infɔrmá:tikər]

DIE ARBEITSWELT – YRKESLIVET

Berufe – Yrker

der Architekt
arkitekt -en m
[arkitékt]

die Ingenieurin
ingeniør -en m
[inʃənø:r]

der Schreiner
snekker -en m
[snekər]

der Elektriker
elektriker -en m
[eléktrikər]

der Klempner
rørlegger -en m
[rø:rlegər]

der Dachdecker
taktekker -en m
[ta:ktekər]

der Maler
maler -en m
[ma:lər]

der Müllmann
renovasjonsmed-arbeider -en m [renuvaʃú:nsme:darbæɪdər]

die Kfz-Mechanikerin
bilmekaniker -en m
[bi:lmeka:nikər]

der Landwirt
gårdbruker -en m
[go:rbrʉ:kər]

die Soldatin
soldat -en m
[suldá:t]

die Briefträgerin
postbud -et n
[póstbʉ:d]

der Bauarbeiter
bygningsarbeider -en m
[bygniŋsarbæɪdər]

der Gebäudereiniger
renholder -en m
[re:nhɔlər]

der Landschafts-gärtner
landskapsgartner -en m
[lanska:psgaʈnər]

der Fischer
fisker -en m
[fiskər]

DIE ARBEITSWELT – YRKESLIVET

Berufe – Yrker

der Pilot
pilot -en m
[pilú:t]

die Flugbegleiterin
flyvertinne -vertinna f
[fly:ʋɛʈínə]

der Koch
kokk -en m
[kok]

der Kellner
kelner -en m
[kélnər]

der Bäcker
baker -en m
[ba:kər]

die Metzgerin
slakter -en m
[ʃlaktər]

der Verkäufer
selger -en m
[selgər]

die Friseurin
frisør -en m
[frisø:r]

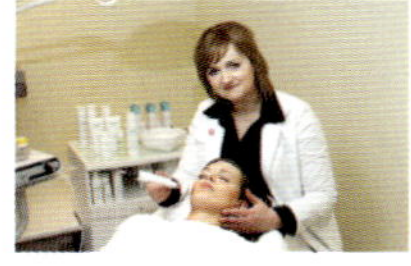

die Kosmetikerin
hudpleier -en m
[hʉ:dplæɪər]

der Gärtner
gartner -en m
[gáʈnər]

die Immobilien-maklerin
eiendomsmegler -en m
[æɪəndomsmeglər]

die Bürokauffrau
kontormedarbeider -en m
[kuntú:rmedarbæɪdər]

der Sanitäter
ambulansearbeider -en m
[ambʉlánsəarbæɪdər]

der Busfahrer
bussjåfør -en m
[bʉsʃofø:r]

der Taxifahrer
taxisjåfør -en m
[taksiʃofø:r]

der Paketzusteller
postbud -et n
[póstbʉ:d]

DIE ARBEITSWELT – YRKESLIVET

Berufe – Yrker

die Journalistin
journalist -en m
[ʃuɳalíst]

der Wissenschaftler
vitenskapsmann -en m
[ʋi:tənska:psman]

die Grafikerin
grafiker -en m
[grá:fikər]

der Profisportler
den **profesjonelle idrettsutøveren** m
[prufəʃunélə ˈidretsʉ:tø:ʋərən]

die Moderatorin
programleder -en m
[prugrámle:dər]

die Schauspielerin
skuespiller -en m
[skʉəspilər]

die Sängerin
sanger -en m
[saŋər]

der Tänzer
danser -en m
[dansər]

die Kunstmalerin
kunstmaler -en m
[kʉnstmalər]

der Fotograf
fotograf -en m
[futugrá:f]

die Musikerin
musiker -en m
[mʉ:sikər]

die Schneiderin
skredder -en m
[skredər]

der Bildhauer
bildehugger -en m
[bildəhʉgər]

die Bankkauffrau
bankmedarbeider -en m
[baŋkmedarbæidər]

der Bibliothekar
bibliotekar -en m
[bibliuteká r]

der Lehrer
lærer -en m
[læ:rər]

DIE ARBEITSWELT – YRKESLIVET

Das Organigramm – Organisasjonskartet

das Sekretariat
sekretariat -et n
[sekrətariá:t]

der kaufmännische Bereich
forretningsavdeling -en m
[fɔrétniŋsaʊde:liŋ]

die kaufmännische Leitung
forretningsledelse -n m
[fɔrétniŋsle:dəlsə]

die IT-Leitung
IT-ledelse -n m
[itele:dəlsə]

die Buchhaltung
regnskap -et n [reŋnska:p]

das Controlling
controlling -en m [kuntroʉliŋ]

das sekundäre Geschäftsfeld
det **sekundære forretningsområdet** n
[sekʉndǽrə fɔrétniŋsumro:də]

die Geschäftsführung
ledelse -n m
[le:dəlsə]

das primäre Geschäftsfeld
det **primære forretningsområdet** n
[primǽrə fɔrétniŋsumro:də]

die Geschäftsführung
ledelse -n m
[le:dəlsə]

das Team
team -et n [ti:m]

die Teamleitung
teamledelse -n m
[ti:mle:dəlsə]

der Angestellte
den **ansatte** m [ánsatə]

die Zweigstelle
filial -en m
[filiá:l]

der Manager
forretningsfører -en m
[fɔrétniŋsfø:rər]

die Aktiengesellschaft (AG)	**aksjeselskap (AS)** -et n [akʃəselska:p]
der Aktionär/die Aktionärin	den **mannlige/kvinnelige aksjonæren** m [manliə/kʊinəliə akʃunǽ:rən]
die Gesellschaft mit beschränkter Haftung (GmbH)	det **selskapet med begrenset ansvar** n [selska:p me bəgrénsət ansʊa:r]
die GmbH & Co. KG	det **selskapet med begrenset ansvar og kompani kommandittselskapet** n [selska:p me bəgrénsət ansʊa:r o kumpaní kumandítselska:p]
die Kommanditgesellschaft (KG)	**kommandittselskap** -et n [kumandítselska:p]
die offene Handelsgesellschaft (OHG)	**interessentskap** -et n [interəséntska:p]
der Konzern	**konsern** -et n [kunsǽŋ]

der Vorstand
styre -t n
[sty:rə]

der Gesellschafter
aksjonær -en m
[akʃunǽ:r]

die Geschäftsführung
ledelse -n m
[le:dəlsə]

die stellvertretende Geschäftsführung
nestleder -en m
[nestle:dər]

der Prokurist
prokurist -en m
[prukʉríst]

die Personalabteilung
personalavdeling -en m
[pɛʃunálaʊde:liŋ]

die Personalleitung
personalledelse -n m
[pɛʃunále:dəlsə]

die Rechtsabteilung
juridisk avdeling -en m
[jʉrí:disk aʊdé:liŋ]

die Marketingabteilung
markedsføringsavdeling -en m
[markədsfø:riŋsaʊde:liŋ]

die Marketingleitung
markedsføringsledelse -n m
[markədsfø:riŋsle:dəlsə]

die PR-Abteilung
PR-avdeling -en m
[pe:ɛraʊde:liŋ]

die Produktion
produksjon -en m
[prudʉkʃú:n]

die Produktionsleitung
produksjonsledelse -n m
[prudʉkʃú:nsle:dəlsə]

der Betriebsrat
samarbeidsutvalg -et n
[samarbæɪdsʉ:tʊalg]

der Vertrieb
distribusjon -en m
[distribʉʃú:n]

die Vertriebsleitung
distribusjonsledelse -n m
[distribʉʃú:nsle:dəlsə]

das Key-Account-Management
key account management -et n
[ki ækaont mænədʃment]

der Außendienst
salg -et n
[salg]

der Innendienst
kontorarbeid -et n
[kuntú:rarbæɪd]

der Kundendienst
kundeservice -n m
[kʉndəsørʊis]

die Kundenakquise
å finne nye kunder
[finə nyə ˈkʉndər]

DAS BÜRO – KONTORET

Büromöbel – Kontormøbler

der Arbeitsplatz
arbeidsplass -en m
[arbæɪdsplas]

die Ablage
arkiv -et n
[arkí:ʋ]

die Schublade
skuff -a f
[skuf]

die Büromöbel
kontormøbler -møblene pl
[kuntú:rmø:blər]

der Schreibtisch
skrivebord -et n
[skri:ʋəbu:r]

die Schreibunterlage
skriveunderlag -et n
[skri:ʋəʉnərla:g]

der Bürostuhl
kontorstol -en m
[kuntú:rstu:l]

der Safe
safe -n m
[sæɪf]

der Aktenschrank
arkivskap -et n
[arkí:ʋska:p]

der Wasserspender
vanndispenser -en m
[ʋandispénsər]

die Schreibtischlampe
skrivebordslampe -lampa f
[skri:ʋəbu:rslampə]

die Pinnwand
oppslagstavle -tavla f
[upʃlagstaʋlə]

der Papierkorb
papirkurv -en m
[papí:rkʉrʋ]

der Terminkalender	**avtalebok** -a f [a:ʋta:ləbu:k]
die Akte	**dokumentmappe** -mappa f [dukʉméntmapə]
der Aktenvernichter	**makuleringsmaskin** -a f [makʉlé:riŋsmaʃí:n]
das Postfach	**postboks** -en m [póstboks]
der Termin	**avtale** -n m [a:ʋta:lə]
die Hauspost	**huspost** -en m [húspost]
die Ablage für Eingänge	**arkiv for innkommende post** -et n [arkí:ʋ fɔr 'inkɔmənə post]
die Teeküche	**tekjøkken** -et n [te:çøkən]

DAS BÜRO – KONTORET

Der Bürobedarf – Kontorrekvisita

die Schere
saks -a f
[saks]

der Textmarker
tekstmarkør -en m
[tekstmarkø:r]

der Stiftehalter
stiftholder -en m
[stífthɔlər]

das Notizbuch
notisbok -a f
[nutí:sbu:k]

die Haftnotiz
merkelapp -en m
[mɛrkəlap]

der Bleistift
blyant -en m
[blý:ant]

der Haftstreifen
limbånd -et n
[li:mbon]

der Bleistiftspitzer
blyantspisser -en m
[blyantspisər]

der Radiergummi
viskelær -et n
[ʋiskelæ:r]

der Kugelschreiber
kulepenn -en m
[kʉ:ləpen]

die Büroklammer
binders -en m
[bindəʃ]

die Reißzwecke
tegnestift -en m
[teŋnəstift]

der Tesafilm®
tape -n m
[tæɪp]

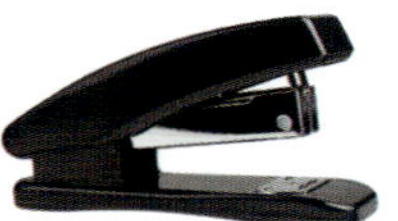

der Tacker
stiftemaskin -a f
[stifəmaʃí:n]

der Locher
hullemaskin -a f
[hʉləmaʃí:n]

das Hängeregister
hengearkiv -et n
[heŋəarkí:ʋ]

der Briefumschlag
konvolutt -en m
[kunʋulʉ́t]

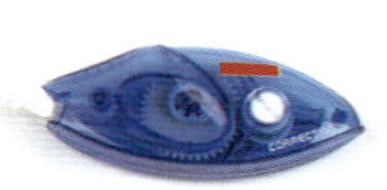

das Tipp-Ex®
korrekturroller -en m
[kurektʉ:rolər]

der Ordner
ringperm -en m
[riŋpærm]

der Brieföffner
brevåpner -en m
[bre:ʋo:pnər]

DAS BÜRO – KONTORET

Der Besprechungsraum – Møterommet

die Sitzung
møte -t n
[mø:tə]

der Teamleiter
teamleder -en m
[ti:mle:dər]

der Teilnehmer
deltaker -en m
[deltá:kər]

die Tagesordnung
dagsorden -en m
[daksordən]

protokollieren
å protokollere
[prutukolérə]

der Besprechungstisch
møtebord -et n
[mø:təbu:r]

die Präsentation
presentasjon -en m
[presaŋtaʃú:n]

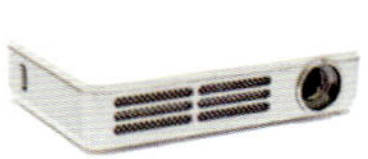

der Beamer
beamer -en m
[bí:mər]

das Balkendiagramm
søylediagram -et n
[sœylədiagram]

das Tortendiagramm
kakediagram -et n
[ka:kədiagram]

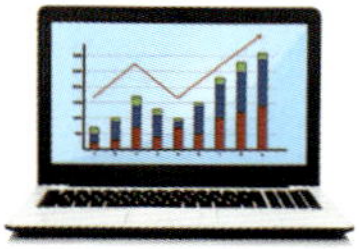

die Folie
folie -n m
[fuliə]

organisieren	**å organisere** [organisé:rə]
die Besprechung	**møte** -t n [mø:tə]
der Bericht	**rapport** -en m [rapúʈ]
das Protokoll	**protokoll** -en m [prutukól]
der Vertrag	**kontrakt** -en m [kuntrákt]
der Geschäftsmann	**forretningsmann** -en m [fɔrétniŋsman]
die Geschäftsfrau	**forretningskvinne** -kvinna f [fɔrétniŋskvinə]
die Geschäftsreise	**forretningsreise** -reisa f [fɔrétniŋsræisə]

DAS BÜRO – KONTORET

Der Büroalltag – Kontorhverdagen

der Arbeitgeber
arbeidsgiver -en m
[arbæɪdsgi:ʋər]

① *die Assistentin*
assistent -en m
[asistént]

② *der Kollege*
kollega -en m
[koléga]

③ *der Arbeitnehmer*
arbeidstaker -en m
[arbæɪdsta:kər]

④ *die Kollegin*
kollega -en m
[koléga]

⑤ *die Managerin*
leder -en m
[le:dər]

⑥ *der Chef*
sjef -en m
[ʃe:f]

die Visitenkarte
visittkort -et n
[ʋisítkɔʈ]

entlassen werden
å **bli oppsagt**
[bli ˈupsakt]

das Personal
personell -et n
[pɛʃunél]

die Elternzeit
foreldrepermisjon -en m
[fɔréldrəpærmiʃú:n]

die Vertretung	**vikariat** -et n [ʋikariá:t]
der Jahresurlaub	den **betalte årlige ferien** m [bətáltə oɭliə fé:riən]
das Gehalt	**lønn** -en m [løn]
die Beförderung	**forfremmelse** -n m [fɔrfréməlsə]
jemandem kündigen	å **si opp noen** [si up nuən]
seine Stelle kündigen	å **si opp stillingen sin** [si up ˈstiliŋən si:n]
verdienen	å **tjene** [tje:nə]
in Rente gehen	å **gå av med pensjon** [go a:ʋ me paŋʃún]

der Mutterschutz
mammaperm -en m
[mamapærm]

KOMMUNI-KATION

KOMMUNI-KASJON

DER COMPUTER – DATAMASKINA

Der Desktop-Computer – PC-en

der Desktop-Computer
PC -en m
[pe:se]

der Ein/Aus-Schalter
på-/av-bryter -en m
[po/a:ʋbry:tər]

die USB-Schnittstelle
USB-grensesnitt -et n
[ʉ:esbé:grensəsnit]

das CD/DVD-Laufwerk
CD/DVD-platedrev -et n
[se:de/de:ʋe:dépla:tedreʋ]

das Computergehäuse
PC-kabinett -et n
[pe:sekabinét]

die Tastatur
tastatur -et n
[tastatʉ́:r]

der Bildschirm
skjerm -en m
[ʃɛrm]

die Maus
mus -a f
[mʉ:s]

das Scrollrad
rullehjul -et n
[rʉləjʉ:l]

die Tastatur
tastatur -et n
[tastatʉ́:r]

die Escapetaste
escapetast -en m
[eskǽiptast]

die Tabulatortaste
tabulatortast -en m
[tabʉlá:turtast]

die Feststelltaste
caps lock -en m
[kæpslok]

die Rücklöschtaste
slettetast -en m
[sletətast]

die Eingabetaste
entertast -en m
[entərtast]

die Umschalttaste
skiftetast -en m
[ʃiftətast]

die Steuerungstaste
controltast -en m
[kuntróltast]

die Leertaste
mellomromstast -en m
[melumrumstast]

DER COMPUTER – DATAMASKINA

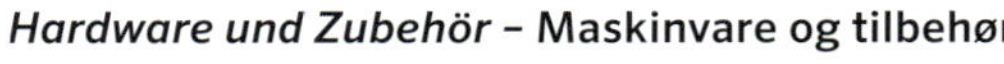

Hardware und Zubehör – Maskinvare og tilbehør

der Lautsprecher
høyttaler -en m
[hœyta:lər]

der/das Laptop
laptop -en m
[lǽptop]

das Stromkabel
strømkabel -en m
[strømka:bəl]

die Laptoptasche
laptopveske -veska f
[lǽptopʋeskə]

der Prozessor
prosessor -en m
[prusésur]

die (externe) Festplatte
(ekstern) harddisk -en m
[(ekstǽ:ɳ) há:ɖisk]

der Arbeitsspeicher
arbeidsminne -t n
[arbæɪdsminə]

die Webcam
webkamera -et n
[ʋebka:məra]

die CD-ROM
CD-rom -en m
[se:derum]

der USB-Stick
USB-minnepinne -n m
[ʉ:esbé:minəpinə]

der Scanner
skanner -en m
[skanər]

der Tintenstrahldrucker
blekkskriver -en m
[blekskri:ʋər]

der Laserdrucker
laserskriver -en m
[la:sərskri:ʋər]

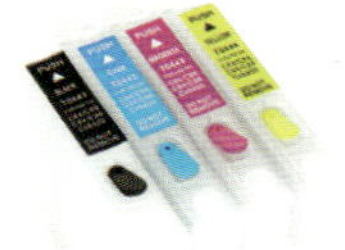

die Tintenpatrone
blekkpatron -en m
[blekpatrú:n]

die Tonerkartusche
fargepulverkassett -en m
[fargəpʉlvərkasét]

das Mauspad
musematte -a f
[mʉ:səmatə]

DER COMPUTER – DATAMASKINA

Am Computer arbeiten – Arbeide ved PC-en

tippen
å **skrive på maskin**
[skri:ʋə po ˈmaʃí:n]

klicken
å **klikke**
[klikə]

scrollen
å **rulle**
[rulə]

ausschneiden
å **klippe ut**
[klipə ˈʉ:t]

kopieren
å **kopiere**
[kupié:rə]

einfügen
å **lime inn**
[li:mə ˈin]

eine Datei ausdrucken
å **skrive ut en fil**
[skri:ʋə ʉ:t e:n ˈfi:l]

speichern
å **lagre**
[la:grə]

eine Datei öffnen
å **åpne en fil**
[o:pnə e:n ˈfi:l]

löschen
å **slette**
[ʃlete]

der Ordner
ringperm -en m
[riŋpærm]

der Papierkorb
papirkurv -en m
[papí:rkʉrʋ]

suchen
å **søke**
[sø:kə]

eingeben	å **taste inn** [tastə ˈin]
eine Datei verschieben	å **flytte en fil** [flytə e:n ˈfi:l]
eine Sicherungskopie erstellen	å **ta en sikkerhetskopi** [ta e:n ˈsikərhe:tskupí]
markieren	å **markere** [marké:rə]
sich einloggen	å **logge seg på** [logə sæɪ ˈpo]
sich ausloggen	å **logge seg av** [logə sæɪ ˈa:ʋ]
der Neustart	**nystart** -en m [ny:staʈ]
(die) Bytes	**bytes** pl [baɪts]

DER COMPUTER – DATAMASKINA

Am Computer arbeiten – Arbeide ved PC-en

rückgängig machen
å **angre**
[aŋrə]

wiederherstellen
å **gjenopprette**
[jenupretə]

die Einstellungen
innstilling -en m
[instiliŋ]

die Schriftart
skrifttype -n m
[skrifty:pə]

die Fehlermeldung
feilmelding -en m
[fæɪlmeliŋ]

der Mauszeiger
musepeker -en m
[mʉ:səpe:kər]

die Sanduhr
timeglass -et n
[ti:məglas]

der Lautstärkeregler
lydstyrkeregulator -en m
[ly:dstyrkəregʉlá:tur]

ein Fenster minimieren
å **minimere et vindu**
[minimé:rə et ˈʋindʉ]

eine CD/DVD auswerfen
å **støte ut en CD/DVD**
[stø:tə ʉ:t e:n se:dé/de:ʋe:dé]

den Rechner hochfahren
å **starte datamaskina**
[sta:ʈə ˈda:tamaʃi:na]

den Rechner herunterfahren
å **slå av datamaskina**
[slo a:ʋ ˈda:tamaʃi:na]

die Datei	**fil** -en m [fi:l]
das Programm	**program** -met n [prugrám]
der Scrollbalken	**rullefelt** -et n [rʉləfelt]
ein Programm installieren	å **installere et program** [instalé:rə et prugrám]
ein Programm deinstallieren	å **deinstallere et program** [deinstale:rə et prugrám]
das Betriebssystem	**operativsystem** -et n [upərati:ʋsyste:m]
die Taskleiste	**oppgavelinje** -n m [upga:ʋəlinjə]
der Fortschrittsbalken	**fremdriftsviser** -en m [fremdriftsʋi:sər]

das Fenster
vindu -et n
[ʋindʉ]

DER COMPUTER – DATAMASKINA

Das Internet – Internettet

das WLAN
Wi-Fi -en m
[vάɪfaɪ]

der Router
ruter -en m
[rʉ́:tər]

das LAN-Kabel
LAN-kabel -en m
[la:nka:bəl]

der Browser
nettleser -en m
[netle:sər]

das Lesezeichen
bokmerke -t n
[bu:mɛrkə]

der Download
nedlasting -en m
[nelastiŋ]

die Nachricht
melding -en m
[meliŋ]

die Social Media
sosiale medier -ne pl
[susiá:lə me:dier]

der Online-Einkauf
onlineshopping -en m
[onlaɪnʃopiŋ]

die Verschlüsselung
kryptering -en m
[krypté:riŋ]

die E-Mail-Adresse
e-postadresse -n m
[e:postadrésə]

der Anhang
vedlegg -et n
[ve:leg]

eine Mail weiterleiten
å **videresende en e-post**
[vi:dərəsenə e:n e:post]

senden	å **sende** [senə]
empfangen	å **motta** [mú:ta]
das Benutzerkonto	**brukerkonto** -en m [brʉ:kərkúntu]
der Posteingang	**postinngang** -en m [postingaŋ]
der Postausgang	**postutgang** -en m [postʉ:tgaŋ]
die Abwesenheitsnotiz	**fraværsnotis** -en m [fra:væ:ʃnutí:s]
die Spammail	**søppelpost** -en m [søpəlpost]
im Internet surfen	å **surfe på Internett** [sørfə po intərnet]

DER COMPUTER – DATAMASKINA

Mobile Endgeräte – Mobile terminaler

der Tablet-Computer
nettbrett -et n
[netbret]

der E-Book-Reader
e-bokleser -en m
[e:bu:kle:sər]

der MP3-Player
MP3-spiller -en m
[empe:tré:spilər]

das Bluetooth®-Headset
Bluetooth®-hodetelefon -en m
[blʉ:tʉθhu:dətelәfún]

die App
app -en m
[æp]

die SIM-Karte
SIM-kort -et n
[simkɔʈ]

die Handytasche
mobiletui -et n
[mu:bí:letʉi]

das Handy
mobiltelefon -en m
[mu:bí:ltelәfú:n]

der Surfstick
USB-modem -et n
[ʉ:esbémo:dem]

wischen
å **sveipe**
[svæɪpə]

die SMS
tekstmelding -en m
[tekstmeliŋ]

das Smartphone
smarttelefon -en m
[sma:ʈelәfún]

der Touchscreen
berøringsskjerm -en m
[bərǿ:riŋsʃɛrm]

der Datenspeicher	**lagringsmedium** -en m [lagriŋsme:dium]
die Software	**programvare** -n m [prográmvɑ:rə]
das Funkloch	**område uten dekning** -t n [umro:də ʉ:tən dekniŋ]
die Flatrate	**takst med fast pris** -en m [takst me fast pri:s]
die Prepaidkarte	**kontantkort** -et n [kuntántkɔʈ]
das Guthaben	**tilgodehavende** -t n [tilgú:dəha:vənə]
der Klingelton	**ringetone** -n m [riŋətu:nə]
der Akku	det **oppladbare batteriet** n [upla:dbarə baterí̩ə]

DAS TELEFON – TELEFONEN

das Display
display -et n
[displéɪ]

das Telefonbuch
telefonkatalog -en m
[telefú:nkataló:g]

der Anrufbeantworter
telefonsvarer -en m
[telefú:nsʋa:rər]

das Tastenfeld
tastatur -et n
[tastatʉ́:r]

der Telefonhörer
telefonrør -et n
[telefú:nrø:r]

das Kabel
kabel -en m
[ká:bəl]

das schnurlose Telefon
den **trådløse telefonen** m
[tro:lø:sə telefú:nən]

der Hörer
hører -en m
[hø:rər]

abheben
å ta av
[ta ˈa:ʋ]

auflegen
å legge på
[legə ˈpo]

die Basisstation
basestasjon -en m
[ba:səstaʃú:n]

der Kopfhörer
hodetelefon -en m
[hu:dətelefú:n]

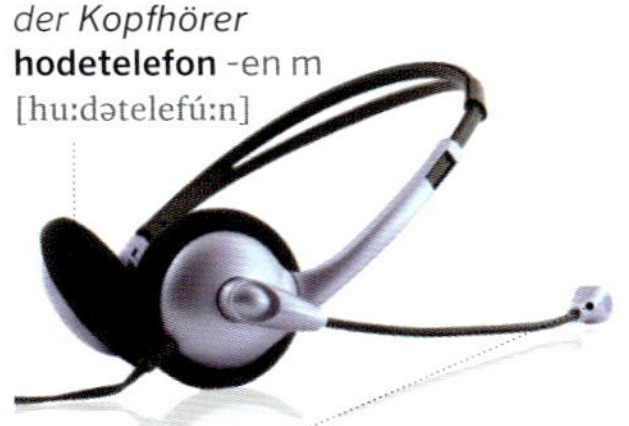

das Mikrofon
mikrofon -en m
[mikrufú:n]

das Faxgerät
telefaks -en m
[té:lefaks]

jemanden anrufen	**å ringe til noen** [riŋə til nuən]
wählen	**å slå** [ʃlo]
klingeln	**å ringe** [riŋə]
Ich möchte bitte ... sprechen.	**Jeg vil gjerne snakke med ....** [jæɪ ʋil jæ:ŋə snakə me]
Entschuldigung, ich habe mich verwählt.	**Unnskyld, jeg har ringt feil nummer.** [ʉnʃyl jæɪ ha:r riŋt ˈfæɪl numər]
Ich stelle Sie durch.	**Jeg kobler deg videre.** [jæɪ ˈkoblər dæɪ ʋi:dərə]
Bitte hinterlassen Sie eine Nachricht nach dem Signalton.	**Vennligst legg igjen en beskjed etter pipetonen.** [ʋenlikst leg ijen e:n bəʃé etər ˈpi:pətu:nən]
Können Sie mich bitte zurückrufen?	**Kan du ringe meg tilbake?** [ka:n dʉ riŋə mæɪ tilbá:kə]

DIE MEDIEN – MEDIA

Das Fernsehen – TV-en

die Fernbedienung
fjernkontroll -en m
[fjɛ:ɳkuntról]

stumm schalten
å **slå av lyden**
[slo a:ʊ ˈly:dən]

die Lautstärke
lydstyrke -n m
[ly:dstyrkə]

zurückspulen
å **spole tilbake**
[spulə tilbá:kə]

abspielen
å **spille av**
[spilə ˈa:ʊ]

umschalten
å **skifte kanal**
[ʃiftə kaná:l]

aufnehmen
å **ta opp**
[ta ˈup]

vorspulen
å **spole fram**
[spu:lə ˈfram]

die Stopptaste
stoppetast -en m
[stɔpətast]

die Pausetaste
pausetast -en m
[pæʉsətast]

das Videospiel
videospill
[ʊidiospil]

der Fernseher
fjernsyn -et n
[fjɛ:ɳsy:n]

der Digitalempfänger
digitalmottaker -en m
[digitá:lmu:takər]

der DVD-Player
DVD-spiller -en m
[de:ʊe:déspilər]

die DVD
DVD -en m
[de:ʊe:dé]

das Kabelfernsehen	**kabelfjernsyn** -et n [ka:bəlfjɛ:ɳsy:n]
das Free-TV	**Free-TV** -en m [friti:ʊi]
das Bezahlfernsehen	**Pay-TV** -en m [peɪti:ʊi]
fernsehen	å **se på TV** [se po ˈte:ʊə]
die Fernsehserie	**TV-serie** -n m [te:ʊəseriə]
zappen	å **zappe** [sapə]
die Folge	**episode** -n m [episú:də]
der Raumklang	**surroundlyd** -en m [seráʊndly:d]

die Satellitenschüssel
parabolantenne -n m
[parabú:lantènə]

DIE MEDIEN – MEDIA

Das Fernsehen – TV-en

das Set
sett -et n
[set]

der Teleprompter®
Teleprompter® -en m
[te:le:promptər]

das Interview
intervju -et n
[intərʊjʉ]

der Interviewpartner
intervjupartner -en m
[intərʊjʉ́paɽnər]

die Nachrichtensprecherin
nyhetsanker -et n
[ny:hetsaŋkər]

die Nachrichten
nyheter nyhetene pl
[ny:hetər]

die Reporterin
reporter -en m
[rəpóɽər]

das Mikrofon
mikrofon -en m
[mikrufú:n]

die Szene
scene -n m
[se:nə]

der Schauspieler
skuespiller -en m
[skʉəspilər]

die Livesendung
livesending -en m
[lɑɪʊseniŋ]

das Publikum
publikum -et n
[pʉblikʉm]

die Klappe
klapper -en m
[klapər]

der Dokumentarfilm	**dokumentarfilm** -en m [dukʉmentá:rfilm]
die Talkshow	**talkshow** -et n [tó:kʃoʊ]
die Reportage	**reportasje** -n m [repuɽá:ʃə]
die Quizshow	**spørrekonkurranse** -n m [spørəkunkʉráŋsə]
der/die Moderator/-in	den **mannlige/kvinnelige programlederen** m [manliə/kʊinəliə prugrámle:dərən]
der Teilnehmer	den **mannlige deltakeren** m [manliə de:ltakərən]
die Teilnehmerin	den **kvinnelige deltakeren** m [kʊinəliə de:ltakərən]

DIE MEDIEN – MEDIA

Das Radio – Radioen

der DJ
DJ -en m
[didʒeɪ]

die Tonaufnahme
lydopptak -et n
[ly:dupta:k]

die Antenne
antenne antenna f
[antènə]

das Radio
radio -en m
[rá:dio]

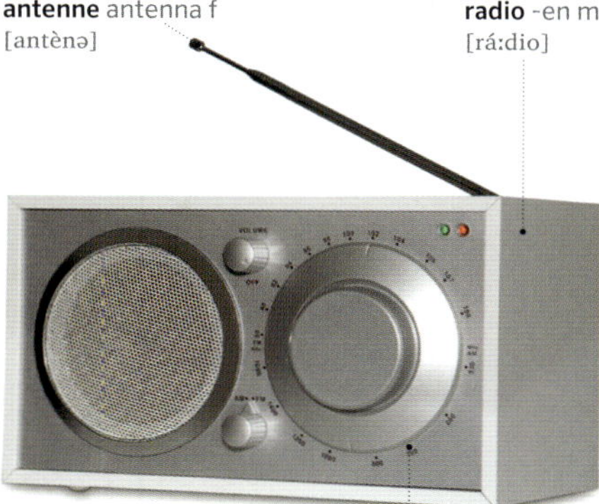

die Frequenz
frekvens -en m
[frekvéns]

der Radiosender
radiostasjon -en m
[rá:diostaʃú:n]

der Wetterbericht
værmelding -en m
[ʋæ:rmeliŋ]

die Verkehrsnachrichten
trafikknyheter -nyhetene pl
[trafíknyhe:tər]

die Hitparade
hitparade -n m
[hitpara:də]

das Hörspiel
hørespill -et n
[hø:rəspil]

die Liveaufzeichnung
liveopptak -et n
[laɪʋupta:k]

die Sendung	**sending** -en m [seniŋ]
der Berichterstatter	den **mannlige reporteren** m [manliə rəpóʈərən]
die Berichterstatterin	den **kvinnelige reporteren** m [kʋinəliə rəpóʈərən]
die Erkennungsmelodie	**kjenningsmelodi** -en m [çeniŋsmeludí]
der Werbespot	**reklameinnslag** -et n [reklá:məinʃla:g]
senden	å **sende** [senə]
die Langwelle	**langbølge** -n m [laŋbølgə]
die Kurzwelle	**kortbølge** -n m [kɔʈbølgə]

DIE MEDIEN – MEDIA

Die Printmedien – Trykte medierne

die Zeitung
avis -en m
[aʊíːs]

das Tabloidformat
tabloidformat -et n
[tabluídfɔrmáːt]

das Bild
bilde -t n
[bildə]

der Artikel
artikkel -en m
[aʈíkəl]

die Titelseite
førsteside -n m
[føʃtəsiːdə]

die Schlagzeile
avisoverskrift -en m
[aʊíːsoʊərskrift]

der Vorspann
ingress -en m
[iŋrés]

die Zeitungsspalte
avisartikkel -en m
[aʊíːsaʈíkəl]

die großformatige Zeitung
avis i fullformat -en m
[aʊíːs i fʉlfɔrmáːt]

der Stellenmarkt
arbeidsmarked -et n
[arbæɪdsmarked]

der Werbeprospekt
reklamebrosjyre -n m
[rekláːməbruʃyːrə]

die Anzeige
annonse -n m
[anɔnsə]

das Abonnement
abonnement -et n
[abunemáŋ]

der Leitartikel	**lederartikkel** -en m [leːdəraʈíkəl]
die Todesanzeige	**dødsannonse** -n m [dødsanɔnsə]
die Qualitätszeitung	**kvalitetsavis** -en m [kʊalitéːtsaʊíːs]
die Boulevardzeitung	**sensasjonsavis** -en m [sensaʃúːnsaʊíːs]
die Wochenzeitung	**ukeavis** -en m [ʉːkəaʊíːs]
die Tageszeitung	**dagsavis** -en m [daksaʊíːs]
die Kolumne	**spalte** -n m [spaltə]
die Beilage	**vedlegg** -et n [ʊeːleg]

DIE MEDIEN – MEDIA

Die Printmedien – Trykte medierne

das gebundene Buch
den **innbundne boka** f
[inbʉndnə bu:ka]

der Einband
bokbind -et n
[bu:kbin]

der Buchdeckel
bokomslag -et n
[bu:kumʃla:g]

der Buchrücken
bokrygg -en m
[bu:kryg]

der Schutzumschlag
omslag -et n
[umʃla:g]

das Taschenbuch
lommebok -a f
[lumәbu:k]

die Seite
side sida f
[si:də]

das Lesebändchen
lesebånd -et n
[le:səbon]

in einem Buch blättern
å **bla i ei bok**
[bla i æɪ bu:k]

das Sachbuch
fagbok -a f
[fa:gbu:k]

der Roman
roman -en m
[rumá:n]

die Seitenzahl	**sidetall** -et n [si:dətal]
der Index	**register** -en m [regístər]
eine Seite überfliegen	å **skumlese ei side** [skʉmle:sə ei si:də]
das Kinderbuch	**barnebok** -a f [ba:ɳəbu:k]
die Erzählliteratur	den **fortellende litteraturen** m [fɔʈéləndə litəratʉ́:rən]
die Sachliteratur	**faglitteratur** -en m [fa:glitəratʉ́:r]
das Inhaltsverzeichnis	**innholdsfortegnelse** -n m [inhɔlsfɔʈeŋnəlsə]
das Kapitel	**kapittel** -et n [kapítəl]

der Bildband
den **illustrerte boka** f
[ilʉstréʈə bu:ka]

DIE POST – POSTEN

der Briefumschlag
konvolutt -en m
[kunʋulʉ́t]

die Briefmarke
frimerke -t f
[frímɛrkə]

der Empfänger
mottaker -en m
[mu:ta:kər]

die Adresse
adresse -n m
[adrésə]

die Postleitzahl
postnummer -et n
[postnumər]

der Poststempel
poststempel -et n
[poststempəl]

das Postfach
postboks -en m
[póstboks]

der Absender
avsender -en m
[a:ʋsenər]

die Postkarte
postkort -et n
[póstkɔʈ]

die Empfangsbestätigung unterschreiben
å **underskrive mottaksbekreftelsen**
[ʉnərskri:ʋə mu:ta:ksbəkreftelsən]

der Briefkasten
postkasse -kassa f
[postkasə]

einen Brief einwerfen
å **poste et brev**
[postə et ˈbre:ʋ]

das Paket
pakke pakka f
[pakə]

der Brief	**brev** -et n [bre:ʋ]
der Eilbrief	**ekspressbrev** -et n [eksprésbre:ʋ]
portofrei	**portofritt** [purtufrit]
einen Brief erhalten	å **motta et brev** [mú:ta et ˈbre:ʋ]
einen Brief beantworten	å **svare på et brev** [sʋa:rə po et ˈbre:ʋ]
jemandem einen Brief schicken	å **sende et brev til noen** [senə et ˈbre:ʋ til nuən]
das Einschreiben	det **rekommanderte brevet** n [rekumandéʈə bre:ʋə]
die Schneckenpost	**sneglepost** -en m [snegləpost]

DIE POST – POSTEN

das Klebeband
limbånd -et n
[li:mbon]

die Styroporflocken
pakkechips -chipsene pl
[pakətʃips]

das Päckchen
småpakke -pakka f
[smo:pakə]

per Luftpost
per luftpost
[pεr lʉ́ftpost]

das Porto
porto -en m
[pú‹u]

zerbrechlich
ømtålig
[ømtó:li]

vor Nässe schützen
må beskyttes mot fukt
[mo bəʃýtəs mu:t ˈfʉkt]

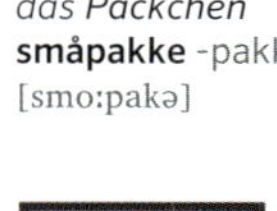

oben
oppe
[upə]

die Zustellung
levering -en m
[levé:riŋ]

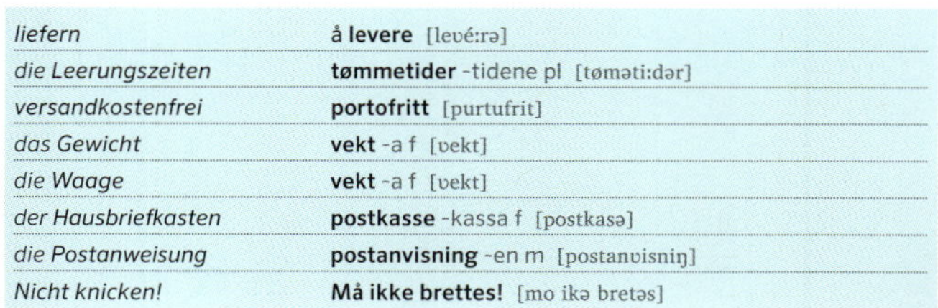

liefern	**å levere** [levé:rə]
die Leerungszeiten	**tømmetider** -tidene pl [tøməti:dər]
versandkostenfrei	**portofritt** [purtufrit]
das Gewicht	**vekt** -a f [vekt]
die Waage	**vekt** -a f [vekt]
der Hausbriefkasten	**postkasse** -kassa f [postkasə]
die Postanweisung	**postanvisning** -en m [postanvisniŋ]
Nicht knicken!	**Må ikke brettes!** [mo ikə bretəs]

der Kurierdienst
kurertjeneste -n m
[kʉrértje:nəstə]

SPORT UND FITNESS

SPORT OG TRIM

BALLSPORTARTEN – BALLSPORT

Der Fußball – Fotballen

das Spielfeld
bane -n m
[ba:nə]

der Mittelkreis
midtsirkel -en m
[mitsirkəl]

der Anstoßpunkt
avsparkpunkt -et n
[a:ʋsparkpuŋkt]

der Strafraum
straffefelt -et n
[strafəfelt]

der Eckbogen
hjørnebue -bua f
[jø:ɳəbʉə]

die Torlinie
mållinje -n m
[mó:linjə]

der Elfmeterpunkt
straffesparkmerke -t n
[strafəsparkmɛrkə]

der Teilkreis am Strafraum
halvsirkel i straffefeltet -en m
[halsirkəl i strafəfeltə]

die Mittellinie
midtlinje -n m
[mitlinjə]

die Seitenlinie
sidelinje -n m
[si:dəlinjə]

der Torraum
målfelt -et n
[mó:lfelt]

das Stadion
stadion -en m
[stádiun]

die Zuschauertribüne
tilskuertribune -n m
[tilskʉərtribʉ:nə]

die Zuschauer
tilskuer -en m
[tilskʉər]

der Platzverweis
utvisning -en m
[ʉ:tʋi:sniŋ]

die rote Karte
det **røde kortet** n
[røə kɔʈə]

der Schiedsrichter
dommer -en m
[domər]

BALLSPORTARTEN – BALLSPORT

Der Fußball – Fotballen

die Mannschaftsaufstellung
lagoppstilling -a m
[la:gupstiliŋ]

der Außenstürmer
angriper -en m
[angri:pər]

der Mittelstürmer
spiss -en m
[spis]

der Libero
libero -en m
[lí:beru]

der Mittelfeldspieler
midtbanespiller -en m
[mitba:nəspilər]

der Innenverteidiger
midtstopper -en m
[mitstɔpər]

der Außenverteidiger
kantspiller -en m
[kantspilər]

der Torwart
målmann -en m
[mo:lman]

angreifen
å **angripe**
[angri:pə]

der Eckstoß
hjørnespark -et n
[jø:ɳəspark]

der Freistoß
frispark -et n
[fríspark]

der Einwurf
innkast -et n
[inkast]

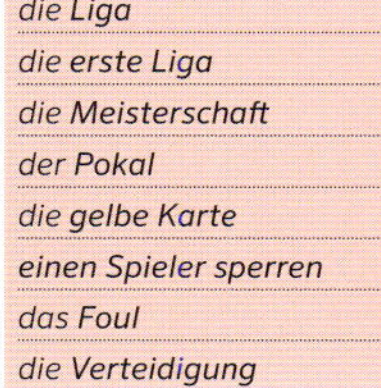

die Liga	**liga** -en m [lí:ga]
die erste Liga	den **øverste divisjonen** m [øvəʃtə diviʃú:nən]
die Meisterschaft	**mesterskap** -et n [mestərska:p]
der Pokal	**pokal** -en m [puká:l]
die gelbe Karte	det **gule kortet** n [gʉlə kɔʈə]
einen Spieler sperren	å **sperre en spiller** [sperə e:n spilər]
das Foul	**takling** -en m [tɛkliŋ]
die Verteidigung	**forsvar** -et n [fɔʃvá:r]

das Tor
mål -et n
[mo:l]

BALLSPORTARTEN – BALLSPORT

Der Fußball – Fotballen

der Fußball
fotball -en m
[futbal]

der Fußballschuh
fotballsko -en m
[futbalsku]

der Stollen
knott -en m
[knot]

das Trikot
drakt -a f
[drakt]

die Hose
bukse buksa f
[buksə]

der Schienbeinschoner
leggbeskytter -en m
[legbəʃytər]

der Stutzen
støttestrømper -strømpene pl
[støtəstrømpər]

den Ball halten
å **holde ballen**
[hɔlə balən]

das Tornetz
målnett -et n
[mo:lnet]

der Torpfosten
målstolpe -n m
[mo:lstolpə]

der Torwarthandschuh
keeperhanske -n m
[kipərhanskə]

schießen
å **skyte**
[ʃy:tə]

die Querlatte	**tverrstang** -a f [tʋɛrstaŋ]
die Halbzeit	**omgang** -en m [umgaŋ]
das Unentschieden	**uavgjort** [ʉa:ʋjuʈ]
die Verlängerung	**ekstraomganger** pl [ekstraumgaŋər]
der Elfmeter	**straffespark** -et n [strafəspark]
das Abseits	**offside** -en m [ofsaɪd]
köpfen	å **heade** [hedə]
kicken	å **sparke** [sparkə]

BALLSPORTARTEN – BALLSPORT

Der Handball – Håndballen

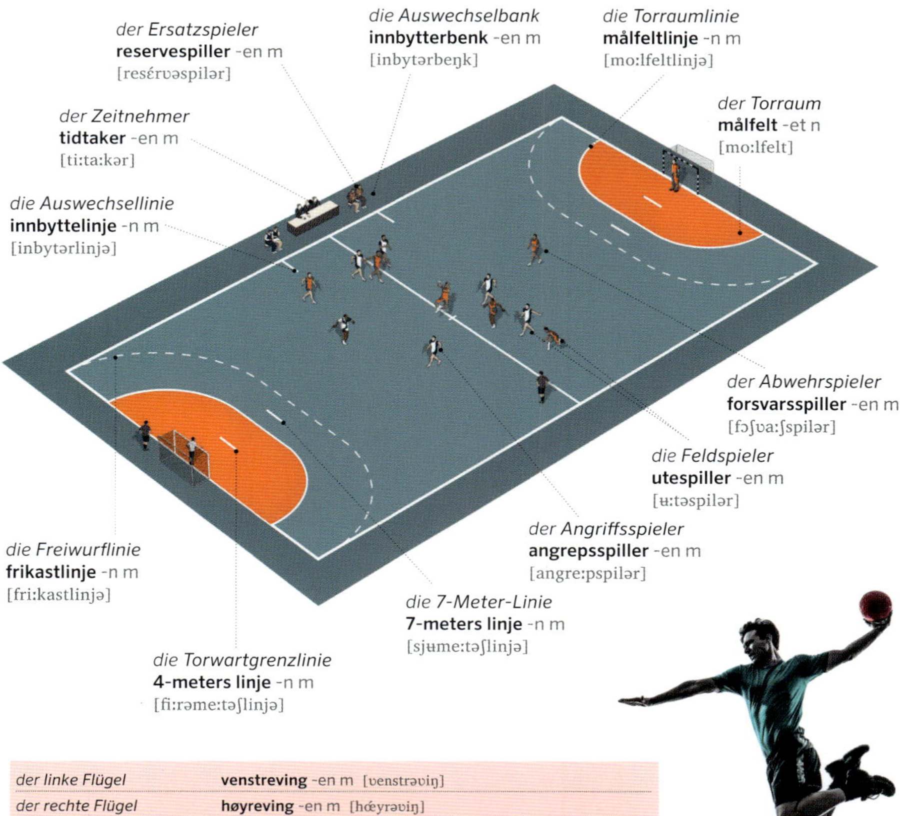

der Sprungwurf
hoppskudd -et m
[hópskʉd]

der linke Flügel	**venstreving** -en m [ʋenstrəʋiŋ]
der rechte Flügel	**høyreving** -en m [hœ́yrəʋiŋ]
der Schlagwurf	**slagkast** -et n [ʃla:gkast]
die Zeitstrafe	**tidsstraff** -en m [tídstraf]
die Disqualifikation	**diskvalifisering** -en m [diskʋalifisé:riŋ]
die Auszeit	**pause** pausa f [pæʉsə]
die Verwarnung	**advarsel** -en m [a:dʋaʃəl]
der Siebenmeter	**straffekast** -et n [strafəkast]

BALLSPORTARTEN – BALLSPORT

Der Volleyball – Volleyballen

die Angriffszone
angrepssone -n m
[angre:psu:nə]

der Außenangreifer
den **ytre angriperen** m
[ytrə angri:pərən]

der Mittelangreifer
midtangriper -en m
[mitangri:pər]

die Verteidigungszone
forsvarssone -n m
[fɔʃʋa:ʃsu:nə]

die Netzkante
nettkant -en m
[netkant]

das Netz
nett -et n
[net]

die Angriffslinie
angrepslinje -n m
[angre:pslinjə]

der Freiraum
frirom -met n
[frí:rum]

der Libero
libero -en m
[lí:beru]

die Grundlinie
baklinje -n m
[ba:klinjə]

der Abwehrspieler
forsvarsspiller -en m
[fɔʃʋa:ʃspilər]

die Seitenlinie
sidelinje -n m
[si:dəlinjə]

der Linienrichter
linjedommer -en m
[linjədomər]

die Reservebank
reservebenk -en m
[resέrʋəbeŋk]

der Beachvolleyball
sandvolleyball -en m
[sanʋolibal]

schmettern
å **smashe**
[smæʃə]

blocken
å **blokke**
[blokə]

der Aufschlag
å **serve**
[sɛrʋə]

baggern
å **gjøre baggerslag**
[jø:rə bagərʃla:g]

pritschen
å **spike**
[spɑɪkə]

die Hechtabwehr
fisking -a f
[fiskiŋ]

BALLSPORTARTEN – BALLSPORT

Der Basketball – Basketballen

die Seitenlinie
sidelinje -n m
[si:dəlinjə]

die Drei-Punkte-Linie
tre-poengs-linje -n m
[tre:poeŋslinjə]

die begrenzte Zone
den **begrensede sonen** m
[bəgrénsədə su:nən]

die Grundlinie
baklinje -n m
[ba:klinjə]

im Aus sein
å **være utenfor grenselinjen**
[ʋæ:rə ʉ:tənfɔr ˈgrensəlinjən]

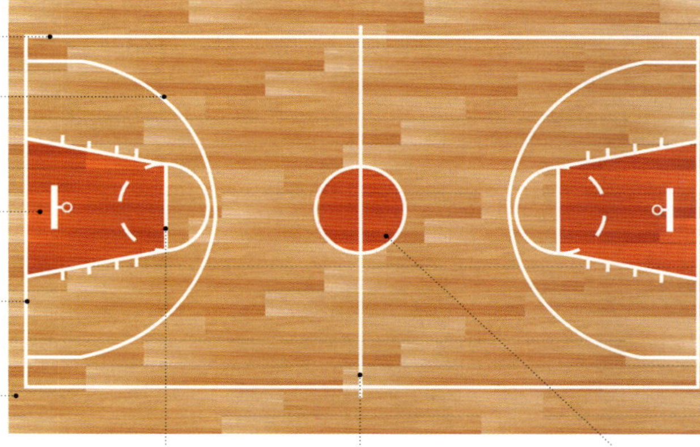

die Freiwurflinie
frikastlinje -n m
[fri:kastlinjə]

die Mittellinie
midtlinje -n m
[mitlinjə]

der Mittelkreis
midtsirkel -en m
[mitsirkəl]

der Dunk
dunk -et n
[duŋk]

das Korbbrett
kurvplate -plata f
[kʉrʋpla:tə]

der Korbring
kurvring -en m
[kʉrʋriŋ]

das Netz
nett -et n
[net]

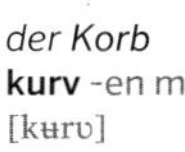

der Korb
kurv -en m
[kʉrʋ]

der Korbleger	**lay-up** -en m [léɪʌp]
das Doppeldribbling	**dobbeltsprett** -et n [dobəltspret]
der Rebound	**rebound** -en m [ríbaund]
der Sprungball	**hoppball** -en m [hopbal]
fangen	å **fange** [faŋə]
werfen	å **kaste** [kastə]
zielen	å **sikte** [siktə]
decken	å **dekke** [dekə]

WEITERE BALLSPORTARTEN – ANNEN BALLSPORT

das Hockey
hockey -en m
[hóki]

das Eishockey
ishockey -en m
[i:shoki]

der Hockeyschläger
hockeykølle -kølla f
[hokikølə]

der Puck
puck -en m
[pøk]

der Softball
softball -en m
[softbo:l]

der Baseball
baseball -en m
[bæɪsbo:l]

der Baseballschläger
baseballkølle -kølla f
[bæɪsbo:lkølə]

der Baseballhandschuh
baseballhanske -n m
[bæɪsbo:lhanskə]

der American Football
den **amerikanske fotballen** m
[amerikánskə futbalən]

das Rugby
rugby -en m
[røgbi]

das Kricket
cricket -en m
[kríkət]

das Schlagholz
balltre -et n
[baltre]

die Trillerpfeife
fløyte -fløyta f
[flœytə]

die Mannschaft	**lag** -et n [la:g]
der Sieger	**vinner** -en m [ʋinər]
der Verlierer	**taper** -en m [ta:pər]
der Weltmeister	**verdensmester** -en m [ʋɛrdənsmestər]
das Turnier	**turnering** -en m [tʉŋé:riŋ]
der Spielstand	**stilling** -en m [stiliŋ]
der Trainer	den **mannlige treneren** m [manliə tre:nərən]
die Trainerin	den **kvinnelige treneren** m [kʋinəliə tre:nərən]
die Anzeigetafel	**resultattavle** -tavla f [resʉltá:taʋlə]

BALLSPORTARTEN MIT SCHLÄGERN – BALLSPORT MED RACKET

Das Badminton – Badmintonen

der Badmintonplatz
badmintonplass -en m
[bædmintənplas]

das linke Aufschlagfeld
det **venstre servefeltet** n
[ʋenstrə sørʋərfeltə]

das rechte Aufschlagfeld
det **høyre servefeltet** n
[hœ́yrə sørʋərfeltə]

die hintere Aufschlaglinie Einzel
den **bakre servelinjen enkel**
[ba:krə sørʋərlinjən eŋkəl]

die hintere Aufschlaglinie Doppel
den **bakre servelinjen dobbel**
[ba:krə sørʋərlinjən dobəl]

die vordere Aufschlaglinie
den **fremre servelinjen** m
[fremrə sørʋərlinjən]

die Seitenlinie Einzel
sidelinje enkel
[si:dəlinjə eŋkəl]

die Mittellinie
midtlinje -n m
[mitlinjə]

die Seitenlinie Doppel
sidelinje dobbel
[si:dəlinjə dobəl]

das Squash
squash -en m
[skʋoʃ]

der Racquetball
racquetball -en m
[ræket̢bal]

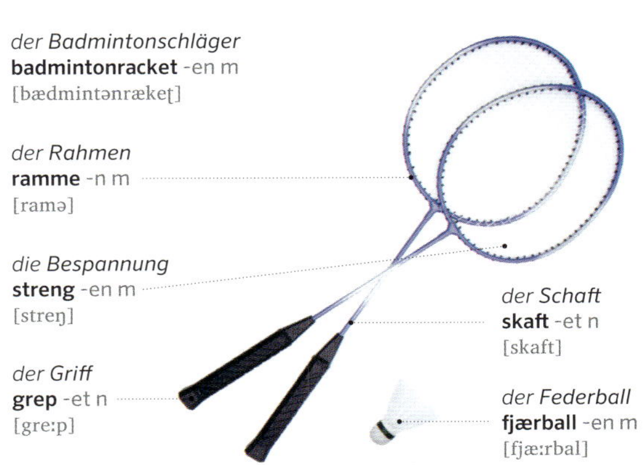

der Badmintonschläger
badmintonracket -en m
[bædmintənræket̢]

der Rahmen
ramme -n m
[ramə]

die Bespannung
streng -en m
[streŋ]

der Griff
grep -et n
[gre:p]

der Schaft
skaft -et n
[skaft]

der Federball
fjærball -en m
[fjæ:rbal]

BALLSPORTARTEN MIT SCHLÄGERN – BALLSPORT MED RACKET

Das Tennis – Tennisen

der Balljunge
ballgutt -en m
[balgʉt]

die Grundlinie
baklinje -n m
[ba:klinjə]

die Aufschlaglinie
servelinje -n m
[sørvərlinjə]

das Halbfeld
banehalvdel -en m
[ba:nəhalde:l]

die Seitenlinie für das Einzelspiel
sidelinje for enkeltspill -n m
[si:dəlinjə fɔr eŋkəltspil]

die Seitenlinie für das Doppelspiel
sidelinje for dobbeltspill -n m
[si:dəlinjə fɔr dobəltspil]

die Aufschlagmittellinie
servemidtlinje -n m
[sørvərmitlinjə]

das Netz
nett -et n
[net]

der Tennisball
tennisball -en m
[tenisbal]

der Tennisschläger
tennisracket -en m
[tenisræket]

die Vorhand
forehand -en m
[fo:rhæ:nd]

die Rückhand	**backhand** -en m [bækhæ:nd]
das Einzel	**single** -n m [síŋəl]
das Doppel	**double** -n m [døbəl]
der/das Tiebreak	**tiebreak** -en m [táibreɪk]
der Einstand	**uavgjort** [ʉa:vjuʈ]
der Fehler	**feil** -en m [fæɪl]
das Ass	**ess** -et n [es]
der Satz	**sett** -et n [set]
der Schiedsrichter	den **mannlige dommeren** m [manliə domərən]
die Linienrichterin	den **kvinnelige linjedommeren** m [kvinəliə linjədomərən]

BALLSPORTARTEN MIT SCHLÄGERN – BALLSPORT MED RACKET

Das Tischtennis – Bordtennisen

der Tischtennistisch
bordtennisbord -et n
[bu:rtenisbu:r]

die Netzoberkante
nettoverkant -en m
[neto:vərkant]

der Netzhalter
nettholder -en m
[nethɔlər]

die Seitenlinie
sidelinje -n m
[si:dəlinjə]

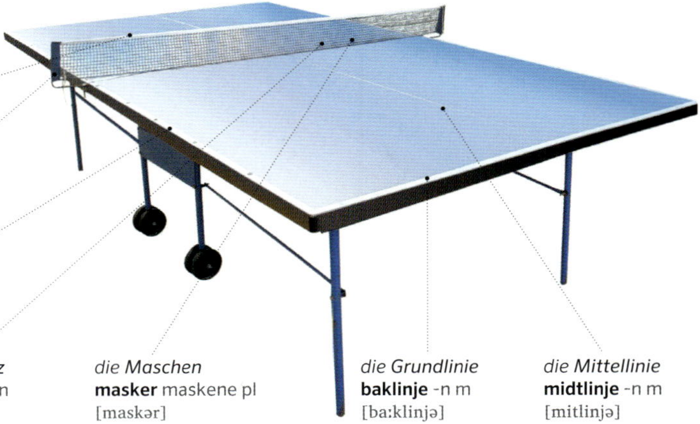

das Netz
nett -et n
[net]

die Maschen
masker maskene pl
[maskər]

die Grundlinie
baklinje -n m
[ba:klinjə]

die Mittellinie
midtlinje -n m
[mitlinjə]

der Tischtennisschläger
bordtennisracket -en m
[bu:rtenisrækeṭ]

die Schlagfläche
slagflate -n m
[ʃla:gfla:tə]

der Belag
belegg -et n
[bəlég]

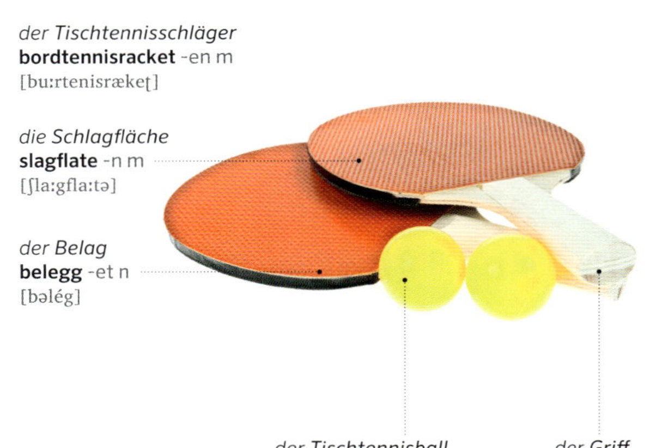

der Penholdergriff
penholdergrep -et n
[penhɔlərgre:p]

der Tischtennisball
bordtennisball -en m
[bu:rtenisbal]

der Griff
grep -et n
[gre:p]

der Shakehandgriff
hilsegrep -et n
[hilsəgre:p]

DAS GOLF – GOLFEN

der Golfplatz
golfbane -bana f
[golfba:nə]

das Wasserhindernis
vannhinder -et n
[ʋanhindər]

der Bunker
bunker -en m
[búŋkər]

das Fairway
fairway -en m
[fé:rʋeɪ]

das Rough
rough -en m
[røf]

der Abschlag
peg -en m
[peg]

die Haltung
holdning -en m
[hɔlniŋ]

einlochen
å slå i hullet
[slo i hʉ́lə]

die Fahne
flagg -et n
[flag]

das Tee
tee -n m
[ti]

der Golfball
golfball -en m
[gólfbal]

das Loch
hull -et n
[hʉl]

das Grün
green -en m
[gri:n]

DAS GOLF – GOLFEN

die Golfschläger
golfkølle -kølla f
[golfkølə]

das Holz
tre -et n
[tre]

das Eisen
jern -et n
[jæ:ɳ]

der Wedge
wedge -n m
[ʋedʃ]

der Putter
putter -en m
[pøtər]

die Golftasche
golfveske -veska f
[golfʋeskə]

driven
å **drive**
[draɪʋə]

der Golfspieler
golfspiller -en m
[golfspilər]

der Caddie
caddie -en m
[kǽdi]

der Golftrolley
golftralle -tralla f
[golftralə]

der Durchschwung
gjennomsving -en m
[jenumsʋiŋ]

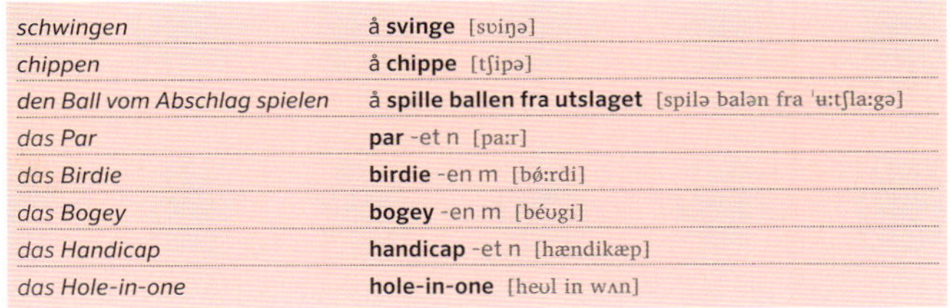

schwingen	å **svinge** [sʋiŋə]
chippen	å **chippe** [tʃipə]
den Ball vom Abschlag spielen	å **spille ballen fra utslaget** [spilə balən fra ˈʉ:tʃla:gə]
das Par	**par** -et n [pa:r]
das Birdie	**birdie** -en m [bǿ:rdi]
das Bogey	**bogey** -en m [béʊgi]
das Handicap	**handicap** -et n [hændikæp]
das Hole-in-one	**hole-in-one** [heʊl in wʌn]

das Golfcart
golfbil -en m
[golfbi:l]

DER WASSERSPORT – VANNSPORTEN

Das Segeln – Seilingen

der Mast
mast -en m
[mast]

die Takelage
takkelasje -n m
[takəláʃə]

das Großsegel
storseil -et n
[stu:rsæɪl]

die Fock
fokk -en m
[fok]

der Bug
baug -en m
[bæʉg]

der Rumpf
skrog -et n
[skro:g]

das Heck
hekk -en m
[hek]

der Rettungsring
livbøye -n m
[li:ʋbœyə]

die Leuchtrakete
lysrakett -en m
[ly:srakét]

der Segler
seiler -en m
[sæɪlər]

der Baum
bom -men m
[bum]

das Cockpit
cockpit -en m
[kókpit]

die Pinne
pinne -n m
[pinə]

der Seegang	**sjøgang** -en m [sjø:gaŋ]
der Wind	**vind** -en m [ʋin]
die Meeresströmung	**havstrømning** -en m [ha:ʋstrømniŋ]
der Anker	**anker** -et n [aŋkər]
die Crew	**mannskap** -et n [manska:p]
das Ruder	**ror** -en m [ru:r]
kentern	å **kantre** [kantrə]
kreuzen	å **krysse** [krysə]
der Jachthafen	**marina** -en m [ma:rí:na]
das Rettungsboot	**redningsbåt** -en m [redniŋsbo:t]
der Katamaran	**katamaran** -en m [katamará:n]

DER WASSERSPORT – VANNSPORTEN

Das Tauchen – Dykkingen

der Tauchanzug
dykkerdrakt -a f
[dykərdrakt]

die Druckluftflasche
trykkluftflaske -flaska f
[trykluftflaskə]

der Lungenautomat
lungeautomat -en m
[luŋəæʉtuma:t]

die Taschenlampe
lommelykt -a f
[luməlykt]

der Tiefenmesser
dybdemåler -en m
[dybdəmo:lər]

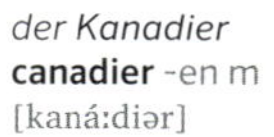

die Schwimmflosse
svømmefot -en m
[svøməfu:t]

der Tauchstiefel
dykkerstøvel -en m
[dykərstøvəl]

der Schnorchel
snorkel -en m
[snórkəl]

die Tauchmaske
dykkermaske -maska f
[dykərmaskə]

das Finimeter
manometer -et n
[manumétər]

der/das Kajak
kajakk -en m
[kájak]

das Doppelpaddel
kajakkåre -åra f
[kájako:rə]

der Kanadier
canadier -en m
[kaná:diər]

das Stechpaddel
kanoåre -åra f
[ka:nuo:rə]

der Sitz
sete -t n
[se:tə]

der Vordersteven
forstavn -en m
[fɔʃtavn]

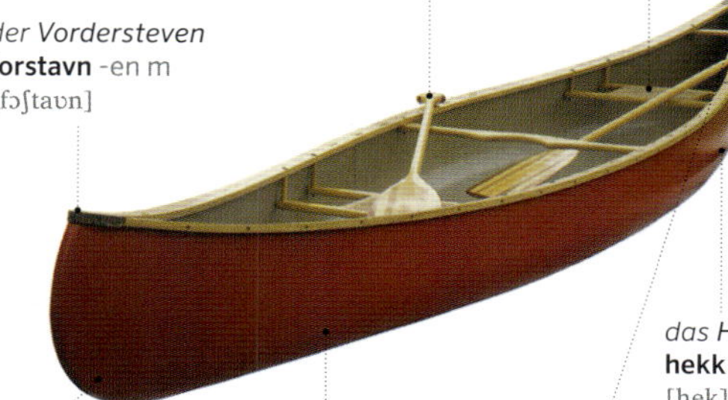

das Heck
hekk -en m
[hek]

der Bug
baug -en m
[bæʉg]

der Bootsrumpf
båtskrog -et n
[bo:tskro:g]

der Achtersteven
akterstavn -en m
[aktərtavn]

DER REITSPORT – RIDESPORTEN

DER REITSPORT – RIDESPORTEN

das Pferderennen
hesteveddeløp -et n
[hestəʋedəlø:p]

das Rennpferd
veddeløpshest -en m
[ʋedəlø:pshest]

der Jockey
jockey -en m
[djóki]

das Dressurreiten
dressurridning -en m
[dresʉ́:ri:dniŋ]

der Ausritt
ridetur -en m
[ri:detʉ:r]

der Trabrennsport
travsport -en m
[tra:ʋspoʈ]

das Jagdrennen
hinderritt -et n
[hindərit]

ohne Sattel reiten
å **ri uten sal**
[ri ʉ:tən sa:l]

der Stall
stall -en m
[stal]

der/das Rodeo
rodeo -en m
[rudéu]

das Polo
polo -en m
[pú:lu]

das Springreiten
sprangridning -en m
[spraŋri:dniŋ]

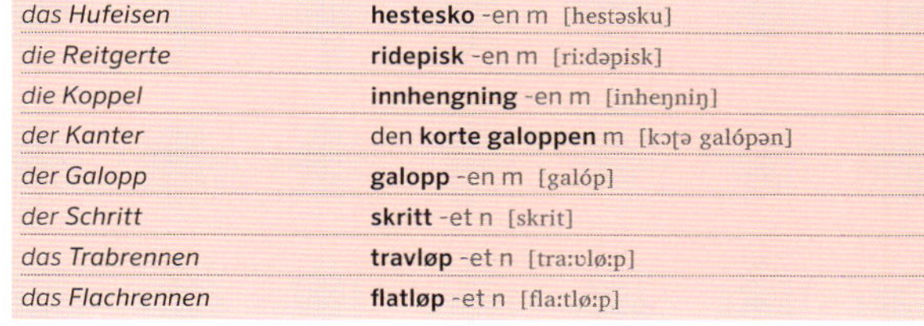

das Hufeisen	**hestesko** -en m [hestəsku]
die Reitgerte	**ridepisk** -en m [ri:dəpisk]
die Koppel	**innhengning** -en m [inheŋniŋ]
der Kanter	den **korte galoppen** m [koʈə galópən]
der Galopp	**galopp** -en m [galóp]
der Schritt	**skritt** -et n [skrit]
das Trabrennen	**travløp** -et n [tra:ʋlø:p]
das Flachrennen	**flatløp** -et n [fla:tlø:p]

der Pferdepfleger
hesterøkter -en m
[hestərøktər]

DAS ANGELN – FISKINGEN

der Angler
fisker -en m
[fiskər]

die Angel
fiskestang -a f
[fiskəstaŋ]

die Angelrute
fiskestang -a f
[fiskəstaŋ]

die Anglerweste
fiskervest -en m
[fiskərʋest]

einen Fisch fangen
å få en fisk
[fo e:n fisk]

der Unterfangkescher
håv -en m
[ho:ʋ]

der Watstiefel
vadestøvel -en m
[ʋa:dəstøʋəl]

die Spule
snelle snella f
[snelə]

die Angelrolle
fiskesnelle -snella f
[fiskəsnelə]

die Kurbel
veiv -en m
[ʋæɪʋ]

die Angelausrüstung
fiskeutstyr -et n
[fiskəu:tsty:r]

die Angelschnur
fiskesnøre -t n
[fiskəsnø:rə]

die Kunstfliege
fiskeflue -flua f
[fiskəfluə]

die Pose
dupp -en m
[dup]

der Angelhaken
fiskekrok -en m
[fiskəkru:k]

die Öse
malje -n m
[maljə]

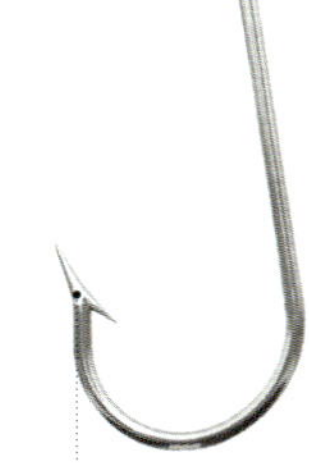

der Widerhaken
mothake -haka f
[mu:tha:kə]

DAS ANGELN – FISKINGEN

das Brandungsangeln
strandfiske -t n
[stranfiskə]

mit dem Netz fangen
å **fiske med garn**
[fiskə me ˈgaːɳ]

das Hochseeangeln
havfiske -t n
[haːʋfiskə]

das Süßwasserangeln
ferskvannsfiske -t n
[fɛʃkʋansfiskə]

das Speerfischen
spydfiske -t n
[spyːdfiskə]

einholen
å **dra inn**
[dra ˈin]

das Fliegenfischen
fluefiske -t n
[flʉəfiskə]

fangen
å **fange**
[faŋə]

freilassen
å **slippe løs**
[slipə ˈløːs]

der Köder
agn -et n
[aŋn]

der Fang
fangst -en m
[faːŋst]

die Hummerfalle
hummerteine -teina f
[humərtæɪnə]

der Angelschein	**fiskekort** -et n [fiskəkɔʈ]
anbeißen	å **bite** [biːtə]
der Fischkorb	**fiskekurv** -en m [fiskəkʉrʋ]
der Erdspeer	**pilkestikke** -n m [pilkəstikə]
der Wobbler	**wobbler** -en m [ʋóblər]
die Harpune	**harpun** -en m [harpʉ́ːn]
die Angel auswerfen	å **fiske med stang** [fiskə me ˈstaŋ]
einen Fisch einholen	å **dra i land en fisk** [dra i lan eːn ˈfisk]

der Spinnerkasten
spinnerboks -en m
[spinərboks]

DER WINTERSPORT – VINTERSPORTEN

der Sturzhelm
styrthjelm -en m
[stýʈjelm]

der Pulverschnee
puddersnø -en m
[pʉdərsnø]

der Stockteller
stavtrinse -trinsa f
[sta:ʋtrinsə]

der Skistock
skistav -en m
[ʃí:sta:ʋ]

die Seilbahn
taubane -bana f
[tœʉba:nə]

die Spitze
pigg -en m
[pig]

der Ski
ski -a f
[ʃi]

der Skistiefel
skistøvel -en m
[ʃistøʋəl]

der Skianzug
skiantrekk -et n
[ʃi:antrek]

die Skipiste
skibakke -n m
[ʃibakə]

die Kante
kant -en m
[kant]

der Skiläufer
skiløper -en m
[ʃi:lø:pər]

der Slalom
slalåm -en m
[slálo:m]

der Abfahrtslauf
utforkjøring -en m
[ʉtfɔrçø:riŋ]

das Skispringen
skihopping -en m
[ʃihopiŋ]

abseits der Piste
utenfor løypa
[ʉ:tənfɔr lœypa]

der Skihang
skibakke -n m
[ʃi:bakə]

das Biathlon
skiskyting -en m
[ʃi:ʃy:tiŋ]

der Langlauf
langrenn -et n
[laŋren]

die Langlaufloipe
langrennsløype -løypa f
[laŋrenslœypə]

DER WINTERSPORT – VINTERSPORTEN

die Skibrille
skibriller -brillene pl
[ʃi:brilər]

der Snowboardfahrer
snøbrettkjører -en m
[snø:bretçø:riŋ]

das Snowboard
snøbrett -et n
[snø:bret]

die Bindung
binding -en m
[biniŋ]

die Halfpipe
halfpipe -n m
[ha:fpɑɪp]

das Rail
rail -en m
[ræɪl]

Schlitten fahren
å ake på kjelke
[a:kə po çelkə]

das Rennrodeln
bobkjøring -en m
[bobçø:riŋ]

der Bobsport
bobsport -en m
[bóbspoʈ]

das Curling
curling -en m
[kø:rliŋ]

Schlittschuh laufen
å gå på skøyter
[go po ˈʃœytər]

der Eisschnelllauf
hurtigløp på skøyter -et n
[hʉʈilø:p po ʃœytər]

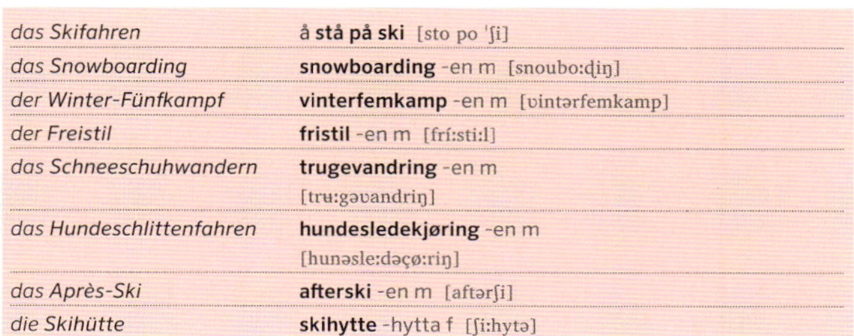

das Skifahren	**å stå på ski** [sto po ˈʃi]
das Snowboarding	**snowboarding** -en m [snoubo:ɖiŋ]
der Winter-Fünfkampf	**vinterfemkamp** -en m [ʋintərfemkamp]
der Freistil	**fristil** -en m [frí:sti:l]
das Schneeschuhwandern	**trugevandring** -en m [trʉ:gəʋandriŋ]
das Hundeschlittenfahren	**hundesledekjøring** -en m [hunəsle:dəçø:riŋ]
das Après-Ski	**afterski** -en m [aftərʃi]
die Skihütte	**skihytte** -hytta f [ʃi:hytə]

der Eiskunstlauf
kunstløp -et n
[kʉnstlø:p]

SONSTIGE SPORTARTEN – ANDRE SPORTSGRENER

das Klettern
klatring -en m
[klatriŋ]

das Wandern
å gå fottur
[go fu:tʉ:r]

der Radsport
sykkelsport -en m
[sykəlspoʈ]

das Mountainbiken
mountainbiking -en m
[mauntənbɑɪkiŋ]

das Abseilen
rapellering -en m
[rapəlé:riŋ]

das Bungeespringen
strikkhopping -en m
[strikhopiŋ]

das Drachenfliegen
drageflyvning -en m
[dra:gəflyʋniŋ]

das Fallschirmspringen
fallskjermhopping -en m
[falʃɛrmhopiŋ]

das Rallyefahren
rallykjøring -en m
[ræliçø:riŋ]

die Formel 1®
Formel 1® -en m
[fɔrməl ˈe:n]

das Motocross
motocross -en m
[mu:tukros]

das Motorradrennen
motorsykkelrace -t f
[mu:tursykəlre:s]

das Skateboardfahren
skateboardkjøring -en m
[skɑɪtbo:ɖçø:riŋ]

das Longboardfahren
longboardkjøring -en m
[loŋbo:ɖçø:riŋ]

das Inlineskaten
å gå på inline-rulleskøyter
[go po ˈinlɑɪnrʉləʃœytər]

das Offroadfahren
offroadkjøring -en m
[ofroudçø:riŋ]

SONSTIGE SPORTARTEN – ANDRE SPORTSGRENER

das Fechten
fekting -en m
[fektiŋ]

das Bowling
bowling -en m
[bóʊliŋ]

das Bogenschießen
bueskyting -en m
[bʉəʃy:tiŋ]

die Jagd
jakt -en m
[jakt]

das Darts
dart -en m
[daʈ]

das Poolbillard
pool -en m
[pʉ:l]

das Snooker
snooker -en m
[snú:kər]

das Lacrosse
lacrosse -n m
[lakrós]

die rhythmische Sportgymnastik
den **rytmiske sportsgymnastikken** m
[rytmiskə ˈspoʈsgymnastikən]

das Frisbee®
Frisbee® -en m
[frísbi]

das Triathlon
trekamp -en m
[tre:kamp]

der Australian Football
den **australske fotballen** m
[æʉstrálskə futbalən]

die/das Boule
boule -n m
[bu:l]

das Ballett
ballett -en m
[balét]

das Krocket
crocket -en m
[krókət]

der/das Parkour
parkour -en m
[parkú:r]

DIE FITNESS – TRIM

das Fitnessstudio
treningsstudio -et n
[tre:niŋstʉ:diu]

die Langhantel
vektstang -a f
[véktstaŋ]

die Gewichtsscheibe
vektskive -skiva f
[véktʃi:və]

die Bank
benk -en m
[beŋk]

das Krafttraining
krafttrening -en m
[kraftre:niŋ]

die Bizepsübung
bicepsøvelse -n m
[bisepsø:vəlsə]

die Kurzhantel
håndvekt -a f
[honvekt]

das Bankdrücken
benkpress -et n
[beŋkpres]

trainieren
å **trene**
[tre:nə]

der Fitnessball
fitnessball -en m
[fitnesbal]

die Matte
matte matta f
[matə]

das Ergometer
ergometer -et n
[ergumé:tər]

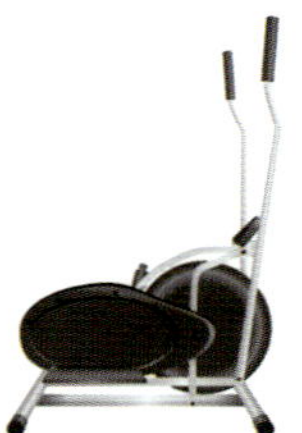

der Crosstrainer
ellipsemaskin -a f
[elípsəmaʃí:n]

das Laufband
tredemølle -mølla f
[tre:dəmølə]

das Rudergerät
romaskin -a f
[ru:maʃí:n]

DIE FITNESS – TRIM

der Ausfallschritt
sidetrinn -et n
[si:dətrin]

die Rumpfbeuge
foroverbøyning -en m
[fɔrouərbœyniŋ]

der Liegestütz
armheving -en m
[armhe:viŋ]

der Sit-up
sit-up -en m
[sítøp]

der Muskelkater
stølhet -en m
[stø:lhe:t]

der Klimmzug
pull-up -en m
[púlup]

die Kniebeuge
knebøyning -en m
[kne:bœyniŋ]

das Pilates
pilates -en m
[pilá:təs]

das Spinning®
spinning® -en m
[spíniŋ]

die Pulsuhr
pulsklokke -klokka f
[pʉlsklokə]

das Aerobic
aerobic -en m
[ɛróbik]

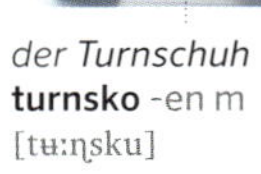

das Steppbrett
stepbrett -et n
[stepbret]

der Turnschuh
turnsko -en m
[tʉ:ɳsku]

sich aufwärmen	å **varme opp** [varme ˈup]
sich abkühlen	å **avkjøle seg** [a:vçø:lə sæɪ]
das Zirkeltraining	**sirkeltrening** -a f [sirkəltre:niŋ]
Bodypump	**bodypump** -en m [bodipømp]
Sauna	**badstue** -stua f [bástʉ]
die Umkleidekabine	**garderobe** -n m [gaɖərú:bə]
die Dehnung	**uttøying** -a f [ʉ:tœyiŋ]
Kalorien verbrennen	å **forbrenne kalorier** [fɔrbrénə kalurí:ər]

FREIZEIT

FRITID

DAS THEATER – TEATERET

① *der Balkon*
balkong -en m
[balkóŋ]

② *der zweite Rang*
den **andre losjeraden** m
[andrə luʃəra:dən]

③ *die Loge*
losje -n m
[luʃə]

④ *der erste Rang*
den **første losjeraden** m
[føʃtə luʃəra:dən]

⑤ *die Sitzreihe*
seterad -en m
[se:təra:d]

⑥ *die Kulisse*
kulisse -n m
[kʉlisə]

⑦ *die Bühne*
scene -n m
[se:nə]

⑧ *das Foyer*
foajé -en m
[fuajé]

⑨ *das Parkett*
parkett -en m
[parkét]

⑩ *der Sitzplatz*
sitteplass -en m
[sitəplas]

⑪ *der Vorhang*
forheng -et n
[fərheŋ]

das Varieté
varieté -en m
[ʋarieté]

das Freilufttheater
friluftsteater -et n
[fri:lʉftsteá:tər]

das Ballett
ballett -en m
[balét]

die Aufführung
forestilling -en m
[fɔ:rəstiliŋ]

der Zauberkünstler
tryllekunstner -en m
[tryləkʉnstnər]

der Komiker
komiker -en m
[kumikər]

die Tragödie
tragedie -n m
[tragé:diə]

die Komödie
komedie -n m
[kumé:diə]

DAS THEATER – TEATERET

das Theaterstück
teaterstykke -t n
[teá:tərstykə]

① *das Bühnenbild*
senografi -en m
[senugrafí]

② *die Besetzung*
ensemble -t n
[aŋsámbəl]

③ *das Theaterkostüm*
teaterkostyme -t n
[teá:tərkusty:mə]

④ *der Applaus*
applaus -en m [aplæ̂ʉs]

⑤ *das Publikum*
publikum -et n [pʉblikʉm]

die Probe
prøve prøva f
[prø:ʋə]

⑥ *der Schauspieler*
den **mannlige skuespilleren** m
[manliə skʉəspilərən]

⑦ *die Schauspielerin*
den **kvinnelige skuespilleren** m
[kʋinəliə skʉəspilərən]

⑧ *der Regisseur*
regissør -en m
[reʃisø:r]

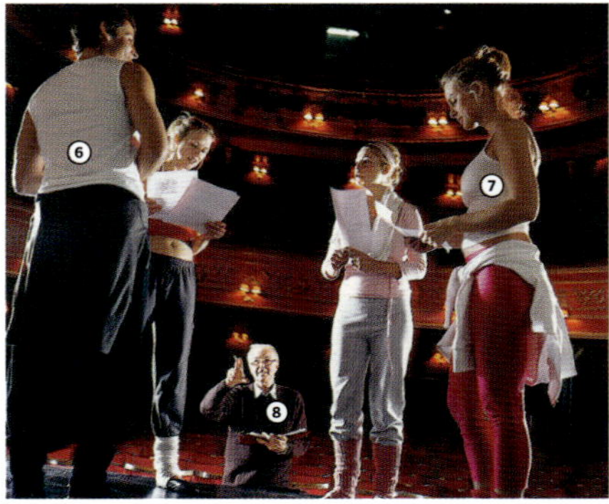

die Premiere	**premiere** -n m [premiæ̂:rə]
die Pause	**pause** pausa f [pæʉsə]
das Programm	**program** -met n [prugrám]
die Generalprobe	**generalprøve** -a f [generá:lprø:ʋə]
der Platzanweiser	den **mannlige kontrolløren** m [manliə kuntruló:rən]
die Platzanweiserin	den **kvinnelige kontrolløren** m [kʋinəliə kuntruló:rən]
die Theaterkasse	**teaterkasse** -a f [teá:tərkasə]
die Eintrittskarte	**inngangsbillett** -en m [ingaŋsbilét]

die Künstlergarderobe
kunstnergarderobe -n m
[kʉnstnərgaɖeru:bə]

DIE MUSIK – MUSIKKEN

Das Orchester – Orkesteret

das Sinfonieorchester
symfoniorkester -et n
[symfoníorkestər]

der Gong
gong -en m
[goŋ]

die kleine Trommel
den **lille tromma** f
[li:lə truma]

die große Trommel
stortromme -tromma f
[stu:rtrumə]

die Pauke
pauke pauka f
[pæʉkə]

das Xylophon
xylofon -en m
[sylufú:n]

die Röhrenglocken
rørklokker pl
[rø:rklokər]

das Dirigentenpult
dirigentpult -en m
[dirigéntpʉlt]

der Notenständer
notestativ -et n
[nu:təstatí:ʋ]

der Dirigent
dirigent -en m
[dirigént]

der Taktstock
taktstokk -en m
[táktstɔk]

die Solistin
solist -en m
[sulíst]

die Opernsängerin
operasanger -en m
[u:perasaŋər]

die Noten
noter pl
[nu:tər]

die Ouvertüre	**ouverture** -n m [uʋeʈý:rə]
das Quartett	**kvartett** -en m [kʋaʈét]
die Sonate	**sonate** -n m [suná:tə]
die Tonhöhe	**tonehøyde** -n m [tu:nəhœydə]
ein Instrument stimmen	**å stemme et instrument** [stemə et instrʉmént]
der Orchestergraben	**orkestergrav** -en m [orkéstərgra:ʋ]
der Chor	**kor** -et n [ku:r]
die Oper	**opera** -en m [ú:pera]

DIE MUSIK – MUSIKKEN

Die Musikinstrumente – Musikkinstrumentene

das Cello
cello -en m
[sélu]

der Bogen
bue bua f
[bʉə]

die Geige
fiolin -en m
[fiolí:n]

die akustische Gitarre
den **akustiske gitaren** m
[akʉ́stiskə gitá:rən]

die Harfe
harpe harpa f
[harpə]

die elektrische Gitarre
den **elektriske gitaren** m
[eléktriskə gitá:rən]

die Bassgitarre
bassgitar -en m
[basgitá:r]

die Tuba
tuba -en m
[tú:ba]

die Posaune
basun -en m
[basʉ́:n]

das Fagott
fagott -en m
[fagót]

die Oboe
obo -en m
[u:bú]

das Horn
horn -et n
[hu:ɳ]

die Trompete
trompet -en m
[trumpé:t]

die Pikkoloflöte
pikkoloføyte -fløyta f
[pikuluflœytə]

das Saxofon
saksofon -en m
[saksufú:n]

die Klarinette
klarinett -en m
[klariné:t]

die Querflöte
tverrfløyte -fløyta f
[tʋɛrflœytə]

DIE MUSIK – MUSIKKEN

Die Musikinstrumente – Musikkinstrumentere

das Tamburin
tamburin -en m
[tambʉríːn]

das Becken
cymbal -en m
[symbál]

die/das Hi-Hat
hi-hat -en m
[háɪhæt]

das Schlagzeug
slagverk -et n
[ʃlaːgʋɛrk]

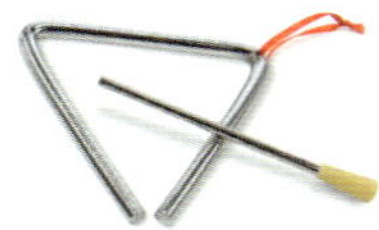

die/der/das Triangel
triangel -et n
[triáŋəl]

die Rassel
maracas -en m
[marákas]

die Bongos
bongotrommer
-trommene pl
[boŋutrumər]

die Kesselpauke
pauke pauka f
[pæʉkə]

die Kastagnetten
kastanjetter
kastanjettene pl
[kastanjétər]

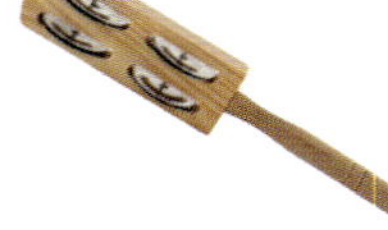

die Schellenrassel
bjellekrans -en m
[bjeləkrans]

die Panflöte
panfløyte -fløyta f
[paːnflœytə]

der Schlagzeugstock
trommestikke -n m
[truməstikə]

die Mundharmonika
munnspill -et n
[mʉnspil]

der Dudelsack
sekkepipe -pipa f
[sekəpiːpə]

das Akkordeon
trekkspill -et n
[trékspil]

der Flügel
flygel -et n
[flýːgel]

DIE MUSIK – MUSIKKEN

die Notation
notasjon -en m
[nutaʃúːn]

der Violinschlüssel
g-nøkkel -en m
[genøkəl]

die Notenlinie
notelinje -n m
[nuːtəlinjə]

der Bassschlüssel
f-nøkkel -en m
[efnøkəl]

das Vorzeichen
fortegn -et n
[fɔʈeŋn]

die Taktangabe
taktsartsangivelse -n m
[taktaʈsanjiːʋəlsə]

die Note
note nota f
[nuːtə]

das Kreuz
kryss -et n
[krys]

der Taktstrich
taktstrek -en m
[táktstreːk]

die klassische Musik
den **klassiske musikken** m
[klasiskə musíkən]

das Heavy Metal
heavy metal -en m
[heʋi metəl]

der Rap
rap -en m
[ræp]

der Hip-Hop
hip-hop -en m
[híphop]

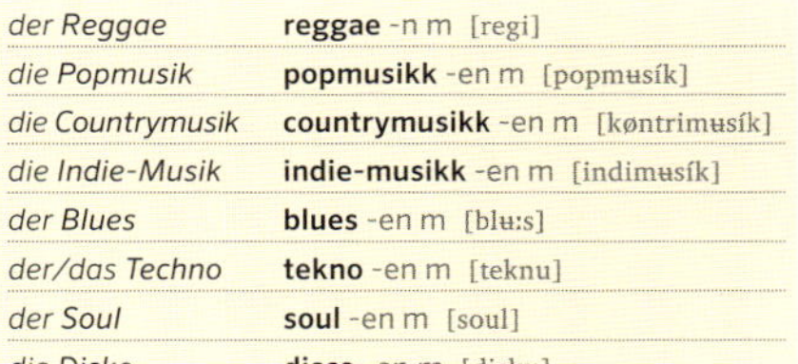

der Reggae	**reggae** -n m [regi]
die Popmusik	**popmusikk** -en m [popmusík]
die Countrymusik	**countrymusikk** -en m [køntrimusík]
die Indie-Musik	**indie-musikk** -en m [indimusík]
der Blues	**blues** -en m [bluːs]
der/das Techno	**tekno** -en m [teknu]
der Soul	**soul** -en m [soul]
die Disko	**disco** -en m [disku]

der Jazz
jazz -en m
[jas]

der Rock
rock -en m
[rok]

HOBBYS – HOBBYER

gravieren
å **gravere**
[gravé:rə]

schnitzen
å **skjære i tre**
[ʃæ:re i ˈtre]

Briefmarken sammeln
å **samle frimerker**
[samlə fri:mɛrkər]

die Modelleisenbahn
modelljernbane -n m
[mudéljæ:ɳba:nə]

modellieren
å **modellere**
[mudeléra]

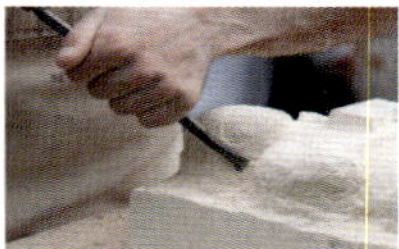

die Bildhauerei
bildehuggerkunst -en m
[bildəhʉgərkʉnst]

töpfern
å **arbeide med leire**
[arbæɪdə me ˈlæɪrə]

Mosaik legen
å **legge mosaikk**
[legə musaík]

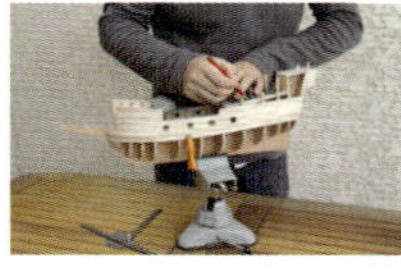

der Modellbau
modellbygging -en m
[mudélbygiŋ]

Schmuck herstellen
å **lage smykker**
[la:gə ˈsmykər]

lesen
å **lese**
[le:sə]

kochen
å **lage mat**
[la:gə ˈma:t]

gärtnern
å **arbeide i hagen**
[arbæɪdə i ˈha:gən]

das Origami	**origami** -en m [urigamí]
das Pappmaschee	**papp** -en m [pap]
das Scrapbooking	**scrapbooking** -en m [skæpbukiŋ]
Möbel restaurieren	å **restaurere møbler** [rəstæʉre:rə ˈmǿ:blər]
im Chor singen	å **synge i kor** [syŋə i ku:r]
Filme drehen	å **lage filmer** [la:gə filmər]
Vögel beobachten	å **observere fugler** [upsɛrʋé:rə ˈfuglər]
das kreative Schreiben	å **skrive kreativt** [skri:ʋə kréatiʋt]

HOBBYS – HOBBYER

Kunst und Basteln – Kunst og hobbyaktiviteter

der Buntstift
fargeblyant -en m
[fargəblýant]

die Wasserfarbe
vannfarge -n m
[ʋanfargə]

der Wachsmalstift
voksstift -en m
[ʋokstift]

die Lackfarbe
lakkmaling -en m
[lakma:liŋ]

die Ölkreide
oljekritt -et n
[oljəkrit]

die Kreide
kritt -et n
[krit]

die Ölfarbe
oljemaling -en m
[oljəma:liŋ]

die Acrylfarbe
akrylmaling -en m
[akrý:lma:liŋ]

die Pastellkreide
pastellkritt -et n
[pastélkrit]

der Filzstift
tusj -en m
[tʉʃ]

die Tusche
tusjblekk -et n
[tʉʃblek]

die Zeichenkohle
tegnekull -et n
[teŋəkʉl]

die Gouache
gouache -n m
[guaʃ]

der Klebstoff
lim -et n
[li:m]

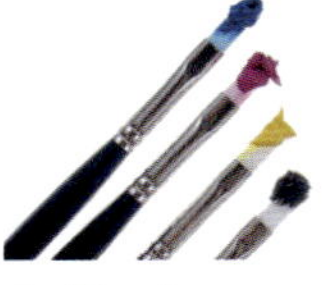

der Pinsel
pensel -en m
[pensəl]

die Palette
palett -en m
[palét]

HOBBYS – HOBBYER

Kunst und Basteln – Kunst og hobbyaktiviteter

die Aquarellmalerei
akvarellmaleri -et n
[akʋarélma:lərí]

die Ölmalerei
oljemaleri -et n
[oljəma:lərí]

die Collage
collage -n m
[kolaʃ]

die Wandmalerei
veggmaleri -et n
[ʋegma:lərí]

die Tuschezeichnung
tusjtegning -en m
[tʉʃteŋniŋ]

die abstrakte Malerei
det **abstrakte maleriet** n
[apstráktə ma:ləríə]

die Landschaftsmalerei
landskapsmaleri -et n
[lanska:psma:lərí]

die Porträtmalerei
portrettmaleri -et n
[puʈrétma:lərí]

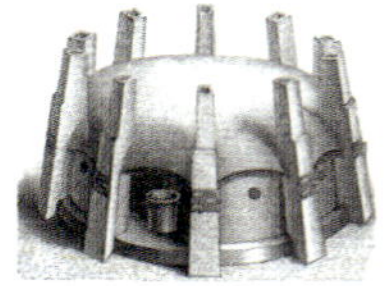

die Bleistiftzeichnung
blyanttegning -en m
[blyanteŋniŋ]

das Stillleben
stilleben -et n
[stilebən]

das Graffiti
graffiti -en m
[grafíti]

der Siebdruck
silketrykk -et n
[silkətryk]

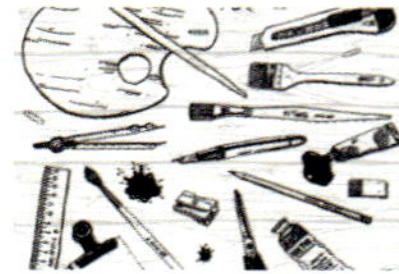

die Skizze
skisse -n m
[ʃisə]

die Aktmalerei
aktmaleri -et n
[aktma:lərí]

die Leinwand
lerret -et n
[lɛrət]

der Karton
kartong -en m
[kaʈóŋ]

HOBBYS – HOBBYER

Kunst und Basteln – Kunst og hobbyaktiviteter

die Farbe
farge -n m
[fargə]

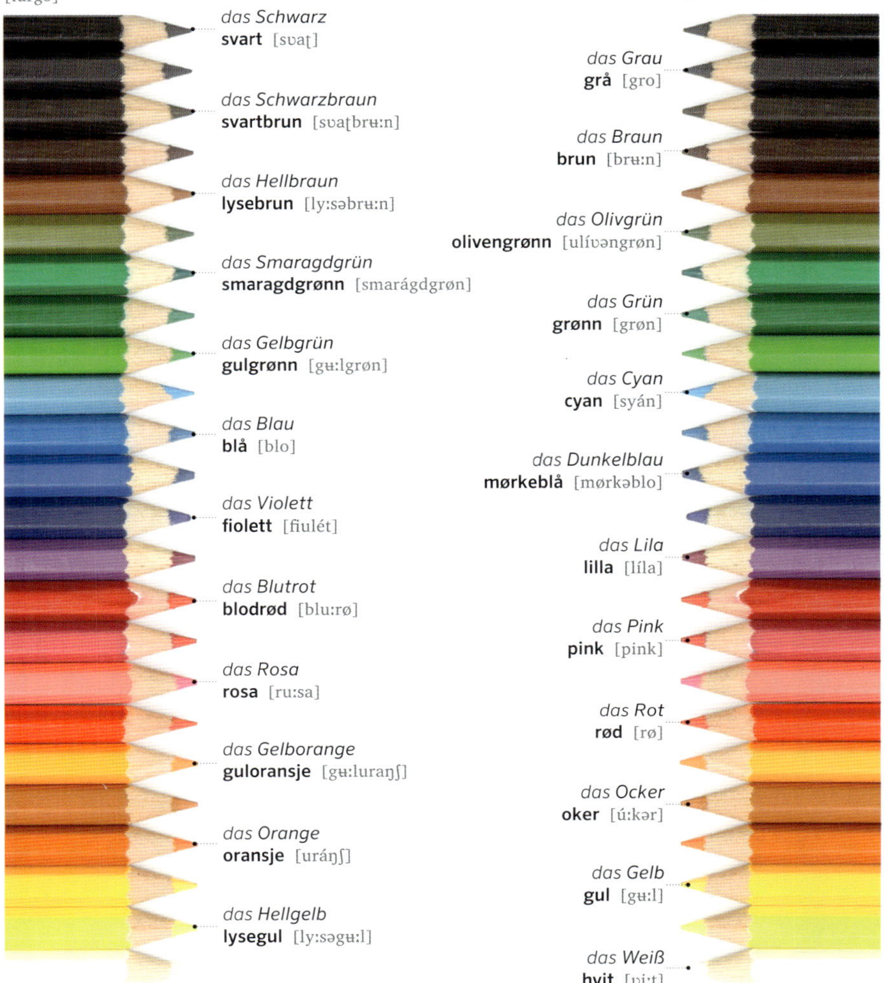

HOBBYS – HOBBYER

Nähen und Stricken – Sy og strikke

der Kopf
hode -t n
[hu:də]

der Fadenhebel
trådarm -en m
[troarm]

die Fadenführung
trådføring -en m
[trofø:riŋ]

der Garnrollenstift
trådsnellepinne -n m
[tro:sneləpinə]

die Nähmaschine
symaskin -a f
[sy:maʃí:n]

der Spuler
spole spola f
[spu:lə]

der Stichbreitenwähler
stingbreddevelger -en m
[stiŋbredəʋelgər]

das Handrad
håndhjul -et n
[honju:l]

der Stichwähler
stingvelger -en m
[stiŋʋelgər]

die Rückwärtsnähtaste
bakoverknapp -en m
[ba:ko:ʋərknap]

die Nadel
nål -a f
[no:l]

der Nähfuß
sømfot -en m
[sømfu:t]

die Stichplatte
nålplate -plata f
[no:lpla:tə]

der Nähfußdruckregler
nålfot-trykkregulator -en m
[no:lfu:trykregʉlá:tur]

die Overlock
overlock -en m
[o:ʋərlok]

das Maßband
målebånd -et n
[mo:ləbon]

die Spule
snelle snella f
[snelə]

das Nähgarn
sytråd -en m
[sý:tro]

HOBBYS – HOBBYER

Nähen und Stricken – Sy og strikke

die Schneiderpuppe
skredderdukke -dukka f
[skredərdokə]

die Schere
saks -a f
[saks]

das Nähkästchen
syskrin -et n
[sý:skri:n]

das Nadelkissen
nålpute -puta f
[no:lpʉ:tə]

das Schnittmuster
snittmønster -et n
[snitmønstər]

die Nähnadel
synål -a f
[sý:no:l]

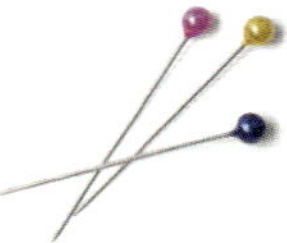

die Stecknadel
knappenål -a f
[knapəno:l]

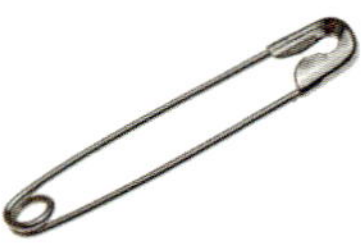

die Sicherheitsnadel
sikkerhetsnål -a f
[sikərhe:tsno:l]

der Stoff
stoff -et n
[stof]

der Knopf
knapp -en m
[knap]

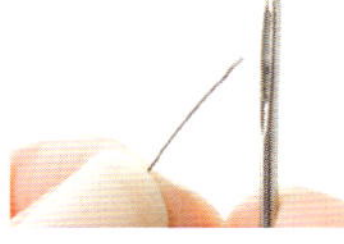

einen Faden einfädeln
å **tre i en tråd**
[tre i e:n ˈtro]

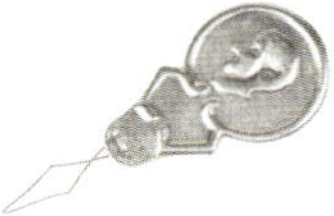

der Einfädler
nålitreder -en m
[no:litre:dər]

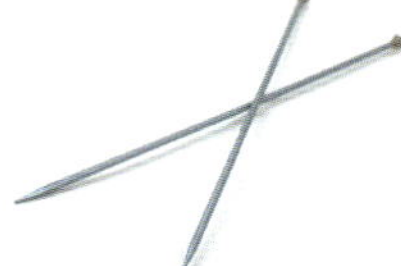

die Stricknadel
strikkepinne -n m
[strikəpinə]

die Wolle
ull -a f
[ʉl]

der Fingerhut
fingerbøl -et n
[fiŋərbø:l]

der Nahtauftrenner
sprettekniv -en m
[spretəkni:ʋ]

HOBBYS – HOBBYER

Nähen und Stricken – Sy og strikke

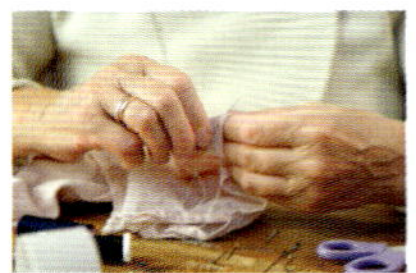

nähen
å **sy**
[sy]

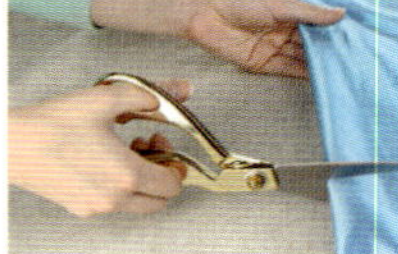

schneiden
å **klippe**
[klipə]

das Patchwork
patchwork -en m
[pátʃvø:rk]

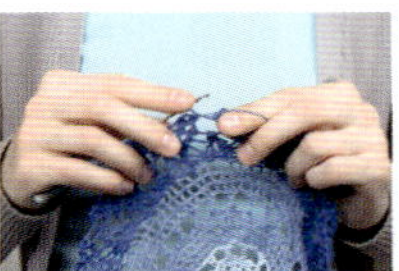

häkeln
å **hekle**
[heklə]

der Kreuzstich
korssting -et n
[koʃstiŋ]

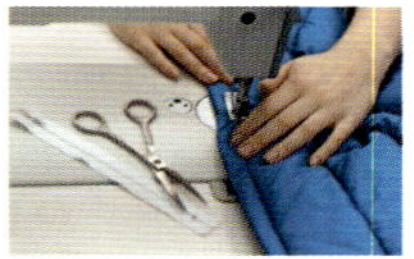

wattieren
å **vattere**
[ʋaté:rə]

stricken
å **strikke**
[strikə]

stopfen
å **stoppe**
[stɔpə]

weben
å **veve**
[ʋe:ʋə]

Spitze klöppeln
å **lage kniplinger**
[la:gə ˈknipliŋər]

einen Teppich knüpfen
å **knyte et teppe**
[kny:tə et ˈtepə]

der Reißverschluss
glidelås -en m
[gli:delo:s]

auftrennen
å **ta opp**
[ta ˈup]

sticken	å **brodere** [brudérə]
das Leinen	**lin** -et n [li:n]
die Seide	**silke** -n m [silkə]
das Nylon®	**Nylon®** -en m [ný:lon]
die Baumwolle	**bomull** -en m [bumʉl]
der Polyester	**polyester** -en m [polyéstər]
der Stich	**sting** -et n [stiŋ]
heften	å **tråkle** [trɔklə]

HOBBYS – HOBBYER

Das Kino – Kinoen

der Kinosaal
kinosal -en m
[çi:nusa:l]

① *die Kinoleinwand*
kinolerret -et n
[çi:nulɛrət]

② *die Sitzreihe*
seterad -en m
[se:təra:d]

die Snackbar
snackbar -en m
[snækba:r]

das Getränk
drikke -t n
[drikə]

das Popcorn
popcorn -et n
[popku:ɳ]

die Kinokasse
kinokasse -kassa f
[çi:nukasə]

die Komödie
komedie -n m
[kumé:diə]

der Horrorfilm
grøsser -en m
[grøsər]

der Liebesfilm
kjærlighetsfilm -en m
[çæ:ɽihe:tsfilm]

der Zeichentrickfilm	**tegnefilm** -en m [teŋnəfilm]
der Western	**western** -en m [véstəɳ]
die Voraufführung	**forhåndsvisning** -en m [fɔrhonsvi:sniŋ]
das Filmplakat	**filmplakat** -en m [filmplakát]
die Premiere	**premiere** -n m [premiǽ:rə]
der Thriller	**thriller** -en m [trílər]
der Sciencefictionfilm	**sciencefictionfilm** -en m [sɑiənsfíkʃənfilm]
jugendfrei	**tillatt for ungdom** [tilat fɔr ˈuŋdom]

der 3D-Film
3D-film -en m
[tre:défilm]

HOBBYS – HOBBYER

Fotografieren – Fotografere

die Programmwählscheibe
programinnstilling -en m
[prugráminstiliŋ]

die Spiegelreflexkamera
speilreflekskamera -et n
[spæılreflekska:məra]

der Blitzschuh
blitssko -en m
[blitsku]

der (ausklappbare) Blitz
(sammenleggbar) blits -en m
[(samənlegba:r) blits]

der/das Zoom
zoom -en m
[su:m]

das Objektiv
objektiv -et n
[ubjektí:ʋ]

der Auslöser
utløser -en m
[ʉ:tlø:sər]

das Kameragehäuse
kamerahus -et n
[kamərahʉ:s]

der Blendenregler
blenderregulator -en m
[blenəregʉ:látu:r]

das Selbstauslöser-Lichtsignal
selvutløser-lyssignal -et n
[selʉ:tlø:sərly:siŋna:l]

die Einwegkamera
engangskamera -et n
[e:ngaŋska:məra]

die Sofortbildkamera
polaroidkamera -et n
[pularuí:dka:məra]

die Analogkamera
analogkamera -et n
[analógka:məra]

die Digitalkamera
digitalkamera -et n
[digitá:lka:məra]

das Stativ
stativ -et n
[statí:ʋ]

der Aufsteckblitz
den **avtakbare blitsen** m
[a:ʋta:kba:rə blitsən]

der Filter
filter -et n
[fíltər]

der Objektivdeckel
objektivlokk -et n
[ubjektí:ʋlok]

HOBBYS – HOBBYER

Fotografieren – Fotografere

der Film
film -en m
[film]

das Fotostudio
fotostudio -et n
[fu:tu:stʉ:diu]

ein Foto machen
å **ta et bilde**
[ta et bildə]

die Bildbearbeitung
bildebehandling -en m
[bildəbəhandliŋ]

die Compact-Flash-Karte
compact flash-kort -et n
[kompækt ˈflæʃkɔʈ]

sich fotografieren lassen
å **la seg fotografere**
[la sæɪ futugrafé:rə]

die Kameratasche
kameraveske -veska f
[ka:mərаʋeskə]

die Dunkelkammer
mørkerom -met n
[mørkərum]

die Speicherkarte
minnekort -et n
[minəkɔʈ]

unscharf
uskarpt
[ʉskarpt]

überbelichtet
overeksponert
[o:ʋərekspuneʈ]

unterbelichtet
undereksponert
[ʉnərekspuneʈ]

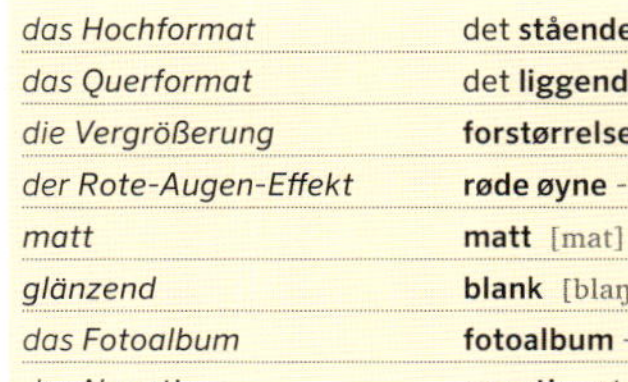

das Hochformat	det **stående formatet** n [sto:ənə fɔrmá:tə]
das Querformat	det **liggende formatet** n [ligənə fɔrmá:tə]
die Vergrößerung	**forstørrelse** -n m [fɔrstørəlsə]
der Rote-Augen-Effekt	**røde øyne** -ne pl [røə œynə]
matt	**matt** [mat]
glänzend	**blank** [blaŋk]
das Fotoalbum	**fotoalbum** -et n [fu:tu:albʉm]
das Negativ	**negativ** -et n [ne:gatí:ʋ]

der digitale Bilderrahmen
den **digitale bilderammen** m
[digitá:lə ˈbildəramən]

HOBBYS – HOBBYER

Spiele – Spill

die Spielkarte
spillekort -et n
[spiləkɔʈ]

das Karo
ruter -en m
[rʉ́:tər]

das Pik
spar -en m
[spa:r]

das Herz
hjerter -en m
[jæ̃ʈər]

das Kreuz
kløver -en m
[klǿ:vər]

das Ass
ess -et n
[es]

der Joker
joker -en m
[jú:kər]

der König
konge -n m
[koŋe]

die Dame
dame dama f
[da:mə]

der Bube
knekt -en m
[knekt]

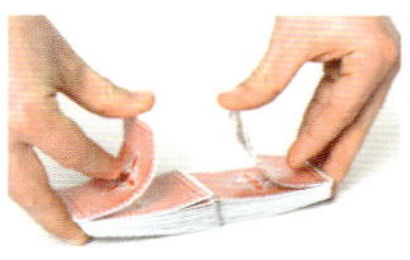

die Karten mischen
å **stokke kortene**
[stɔkə ˈkɔʈənə]

geben
å **dele ut**
[de:lə ˈʉ:t]

das Blatt
hånd -a f
[hon]

Poker spielen
å **spille poker**
[spilə ˈpu:kər]

der Dominostein
dominobrikke -brikka f
[du:minubrikə]

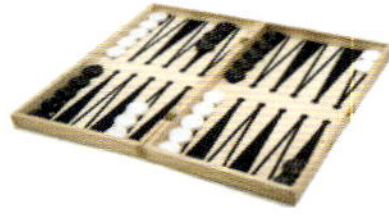

das Backgammon
backgammon -en m
[bækǽmən]

das Damespiel
damspill -et n
[dámspil]

das Puzzle
puslespill -et n
[pʉʃləspil]

HOBBYS – HOBBYER

Spiele – Spill

das Schach
sjakk -en m
[ʃak]

der König
konge -n m
[koŋe]

die Dame
dame dama f
[da:mə]

der Läufer
løper -en m
[lø:pər]

der Springer
springer -en m
[spriŋər]

der Turm
tårn -et n
[toɳ]

der Bauer
bonde -n m
[bunə]

das weiße Feld
det **hvite feltet** n
[ʋitə feltə]

das Schachbrett
sjakkbrett -et n
[ʃákbret]

das schwarze Feld
det **svarte feltet** n
[sʋaʈə feltə]

der Zug
trekk -et n
[trek]

das Brettspiel
brettspill -et n
[bretspil]

das Monopoly®
Monopol® -en m
[munupú:l]

das Mensch ärgere dich nicht®
Ludo® -en m
[lʉ́:du]

würfeln	å **kaste terningen** [kastə 'tæɳiŋən]
mogeln	å **jukse** [juksə]
das Glück	**flaks** -en m [flaks]
das Pech	**uflaks** -en m [ʉflaks]
Wer ist dran?	**Hvem sin tur er det?** [ʋem si:n 'tʉ:r æ:r de]
Du bist dran.	**Det er din tur.** [de æ:r 'di:n tʉ:r]
gewinnen	å **vinne** [ʋinə]
verlieren	å **tape** [tapə]

das Jenga®
Jenga® -en m
[jeŋga]

der Würfel
terning -en m
[tæɳiŋ]

FERIEN – FERIE

Am Strand – På stranda

der Strand
strand -a f
[stran]

die Stranddüne
stranddyne -dyna f
[strandy:nə]

der Sonnenuntergang
solnedgang -en m
[su:lnegaŋ]

das Meer
hav -et n
[ha:ʋ]

der Strandkorb
strandkurv -en m
[strankʉrʋ]

der Sand
sand -a f [san]

die Küste
kyst -en m
[çyst]

die Strandpromenade
strandpromenade -n m
[stranprumənáːdə]

der Liegestuhl
liggestol -en m
[ligəstu:l]

der Wasserball
vannpolo -en m
[ʋanpu:lu]

das Strandtuch
badehåndkle -et n
[ba:dəhonklə]

die Kinderschaufel
barnespade -n m
[ba:ɳəspa:də]

der Flip-Flop®
Flip-Flop -en m
[flípflop]

der Eimer
bøtte bøtta f
[bøtə]

FERIEN - FERIE

Am Strand - På stranda

der Sonnenschirm
parasoll -en m
[parasól]

der Steinstrand
steinstrand -a f
[stæɪnstran]

die Strandmuschel
strandskjell -et n
[stranʃel]

die Sandburg
sandborg -en m
[sanborg]

der Seetang
sjøtang -en m
[ʃø:taŋ]

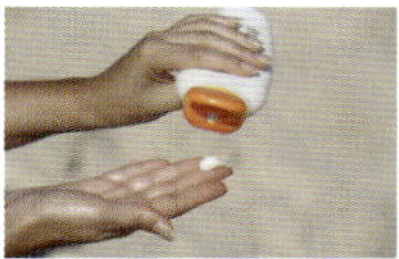
die Sonnencreme
solkrem -en m
[su:lkre:m]

das Strandresort
strandresort -en m
[stranresó:r]

der Steg
gangbru -a f
[gaŋbrʉ]

das Kreuzworträtsel
kryssord -et n
[krýsu:r]

das Sudoku
sudoku -en m
[sʉdú:ku]

das Strandhäuschen
strandhytte -hytta f
[stranhytə]

die Strandbar
strandbar -en m
[stranba:r]

die Ebbe	**fjære** fjæra f [fjæ:rə]
die Flut	**flo** -en m [flu:]
die Strömung	**strømning** -en m [strømniŋ]
der FKK-Strand	**fristrand** -a f [frí:stran]
das Strandgut	**strandgods** -et n [stranguds]
schnorcheln	å **snorkle** [snorklə]
der Sonnenbrand	**solbrenthet** -en m [su:lbrenthe:t]
die Brandung	**brenning** -en m [breniŋ]

sich sonnen
å **sole seg**
[su:lə sæɪ]

FERIEN – FERIE

Das Zelten – Teltingen

das Wohnmobil
bobil -en m
[bú:bi:l]

der Wohnwagen
caravan -en m
[karaʋá:n]

der Campingbus
campingbuss -en m
[kæmpiŋbʉs]

das Indianerzelt
indianertelt -et n
[indiánərtelt]

der Campingstuhl
campingstol -en m
[kæmpiŋstu:l]

der Gasbrenner
gassbrenner -en m
[gasbrenər]

der Grillrost
grillrist -a f
[grílrist]

die Lagerfeuerstelle
bålplass -en m
[bo:lplas]

der Campingplatz
campingplass -en m
[kæmpiŋplas]

das Zelt
telt -et n
[telt]

der Zeltplatz
teltplass -en m
[téltplas]

das Taschenmesser
lommekniv -en m
[luməkni:ʋ]

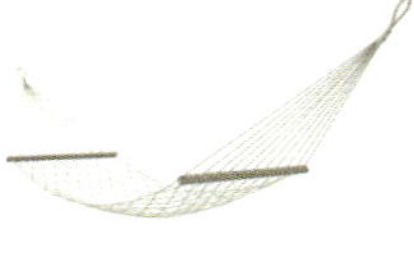

die Hängematte
hengematte -matta f
[heŋəmatə]

die Gasflasche	**gassflaske** -flaska f [gasflaskə]
das Propangas	**propangass** -en m [prupá:ngas]
die Stirnlampe	**pannelampe** -lampa f [panəlampə]
der Strom-anschluss	**strømtilkobling** -en m [strømtilkobliŋ]
die Duschen und Toiletten	**dusjer og toaletter** pl [dʉʃər o tualétər]
der Feueranzünder	**gasstenner** -en m [gastenər]
die Holzkohle	**trekull** -et n [tre:kʉl]
der/das Insektenspray	**insektsspray** -en m [insektspræɪ]

FERIEN – FERIE

Das Zelten – Teltingen

der Schlafsack
sovepose -n m
[so:ʋəpu:sə]

das Außenzelt
yttertelt -et n
[ytərtelt]

das Innenzelt
innertelt -et n
[inərtelt]

der Zelteingang
teltinngang -en m
[téltingaŋ]

die Zeltstange
teltstang -a f
[téltstaŋ]

der Zeltboden
teltbunn -en m
[téltbʉn]

der Reißverschluss
glidelås -en m
[gli:delo:s]

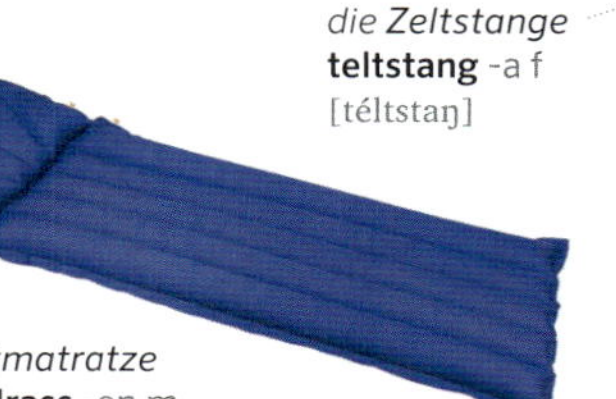

die Luftmatratze
luftmadrass -en m
[lʉftmadrás]

der Rucksack
ryggsekk -en m
[rygsek]

die Isomatte
liggeunderlag -et n
[ligəʉnərla:g]

der Trekkingstock
turstav -en m
[tʉ:rsta:ʋ]

der Hering
teltplugg -en m
[téltplʉg]

die Taschenlampe
lommelykt -a f
[luməlykt]

der Wanderschuh
fjellsko -en m
[fjelsku]

die Petroleumlampe	**parafinlampe** -lampa f [parafí:nlampə]
die Luftpumpe	**luftpumpe** -pumpa f [lʉftpumpə]
die Campingtoilette	**campingtoalett** -et n [kæmpiŋtualét]
die Entsorgungsstation	**miljøstasjon** -en m [miljǿ:staʃú:n]
die Regenhaut®	**regncape** -n m [reŋnke:p]
die Thermowäsche	**superundertøy** -et n [sʉ:pərʉnərtœy]
das Moskitonetz	**myggnett** -et n [mygnet]
ein Zelt aufschlagen	**å slå opp et telt** [slo up et 'telt]
Kann ich hier mein Zelt aufschlagen?	**Kan jeg slå opp teltet mitt her?** [kan jæɪ slo up teltə mit 'hæ:r]

der Wasserkanister
vanndunk -en m
[ʋanduŋk]

KÖRPER UND GESUNDHEIT

KROPP OG HELSE

DER KÖRPER – KROPPEN

der Mann
mann -en m
[man]

die Frau
kvinne -a f
[kʊinə]

der Kopf
hode -et n
[hu:də]

das Kinn
hake haka f
[ha:kə]

der Brustkorb
brystkasse -kassa f
[brystkasə]

der Arm
arm -en m
[arm]

der Bauch
mage -n m
[ma:gə]

die Hüfte
hofte hofta f
[hoftə]

die Leiste
lysk -en m
[lysk]

der Oberschenkel
lår -et n
[lo:r]

das Knie
kne -et n
[kne]

das Schienbein
skinnebein -et n
[ʃinəbæɪn]

der Hals
hals -en m
[hals]

die Schulter
skulder -en m
[skúldər]

die Achselhöhle
armhule -hula f
[armhʉ:lə]

die Brustwarze
brystvorte -vorta f
[brystʊuʈə]

die Brust
bryst -et n
[bryst]

der Bauchnabel
navle -n m
[naʊlə]

die Schamgegend
underliv -et n
[ʉnərli:ʊ]

das Bein
bein -et n
[bæɪn]

der Unterschenkel
legg -en m
[leg]

der Fuß
fot -en m
[fu:t]

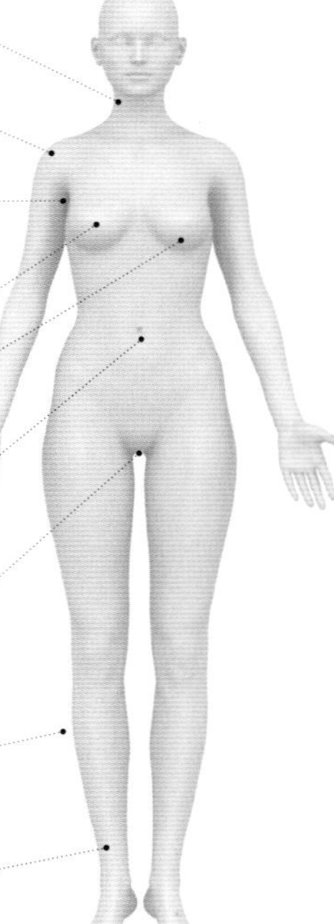

DER KÖRPER – KROPPEN

die Frau
kvinne -a f
[kʊinə]

der Mann
mann -en m
[man]

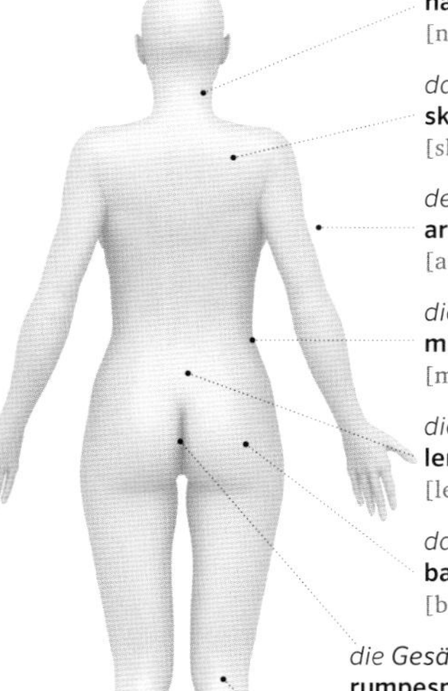

der Nacken
nakke -n m
[nakə]

das Schulterblatt
skulderblad -et n
[skʉldərbla]

der Arm
arm -en m
[arm]

die Taille
midje -n m
[midjə]

die Lende
lende -n m
[lendə]

das Gesäß
bak -en m
[ba:k]

die Gesäßspalte
rumpesprekk -en m
[rumpəsprek]

die Kniekehle
knehase -n m
[kne:ha:sə]

die Ferse
hæl -en m
[hæ:ɽ]

der Oberarm
overarm -en m
[o:ʋərarm]

der Ellbogen
albue -n m
[albʉə]

der Unterarm
underarm -en m
[ʉnərarm]

der Rücken
rygg -en m
[ryg]

das Handgelenk
håndledd -et n
[honled]

die Hand
hånd -a f
[hon]

die Gesäßbacke
rumpeballe -en m
[rumpəbalə]

die Wade
legg -en m
[leg]

der Knöchel
ankel -en m
[aŋkəl]

DER KÖRPER – KROPPEN

Die Hand und der Fuß – Hånda og foten

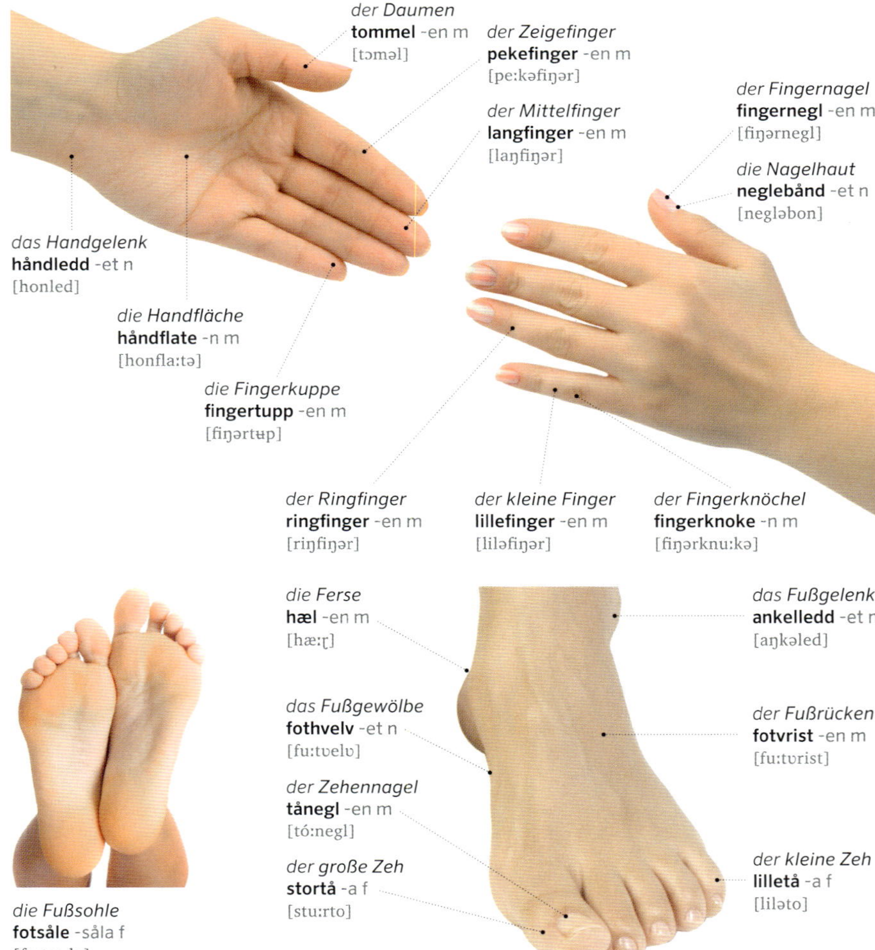

DER KÖRPER – KROPPEN

Der Kopf – Hodet

das Gehirn
hjerne -n m
[jæ:ɳə]

das Großhirn
storehjerne -n m
[stu:rəjæ:ɳə]

das Kleinhirn
lillehjerne -n m
[liləjæ:ɳə]

der Hirnstamm
hjernestamme -n m
[jæ:ɳəstamə]

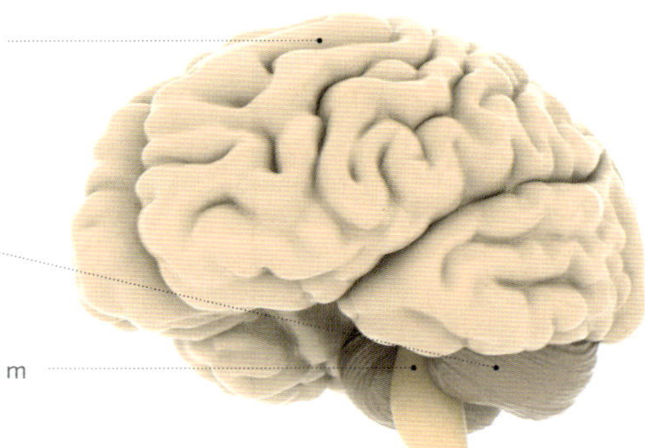

die Stirnhöhle
pannebihule -hula f
[panəbi:hʉ:lə]

die Nasenhöhle
nesehule -hula f
[ne:səhʉ:lə]

der Oberkiefer
overkjeve -n m
[o:vərçe:və]

die Zunge
tunge tunga f
[tʉŋə]

der Unterkiefer
underkjeve -n m
[ʉnərçe:və]

der Kehlkopf
strupehode -t n
[strʉ:pəhu:də]

die Keilbeinhöhle
kilebeinshule -hula f
[çi:ləbæɪnshʉ:lə]

das Nasenbein
nesebein -et n
[ne:səbæɪn]

der Gaumen
gane -n m
[ga:nə]

der Rachen
svelg -et n
[svelg]

die Kehle
strupe -n m
[strʉ:pə]

die Speiseröhre
spiserør -et n
[spi:sərø:r]

DER KÖRPER – KROPPEN

Die Muskeln – Musklene

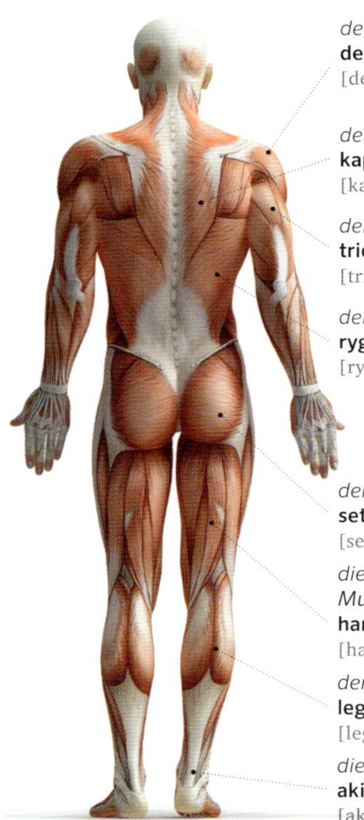

der Deltamuskel
deltamuskel -en m
[deltamʉskəl]

der Kapuzenmuskel
kappemuskel -en m
[kapəmʉskəl]

der Trizeps
triceps -en m
[trí:seps]

der Rückenmuskel
ryggmuskel -en m
[rygmʉskəl]

der Gesäßmuskel
setemuskel -en m
[se:təmʉskəl]

die ischiocruralen Muskeln
hamstrings -en m
[hæmstriŋs]

der Wadenmuskel
leggmuskel -en m
[legmʉskəl]

die Achillessehne
akillessene -n m
[akíləse:ne]

der Stirnmuskel
pannemuskel -en m
[panəmʉskəl]

der Brustmuskel
brystmuskel -en m
[brystmʉskəl]

der Bizeps
biceps -en m
[bí:seps]

der Bauchmuskel
magemuskel -en m
[ma:gəmʉskəl]

der Oberschenkelmuskel
lårmuskel -en m
[lo:rmʉskəl]

der vordere Schienbeinmuskel
den **fremre skinnebeinsmuskelen** m
[fremrə ˈʃinəbæɪnsmʉskələn]

DER KÖRPER – KROPPEN

Das Skelett – Skjelettet

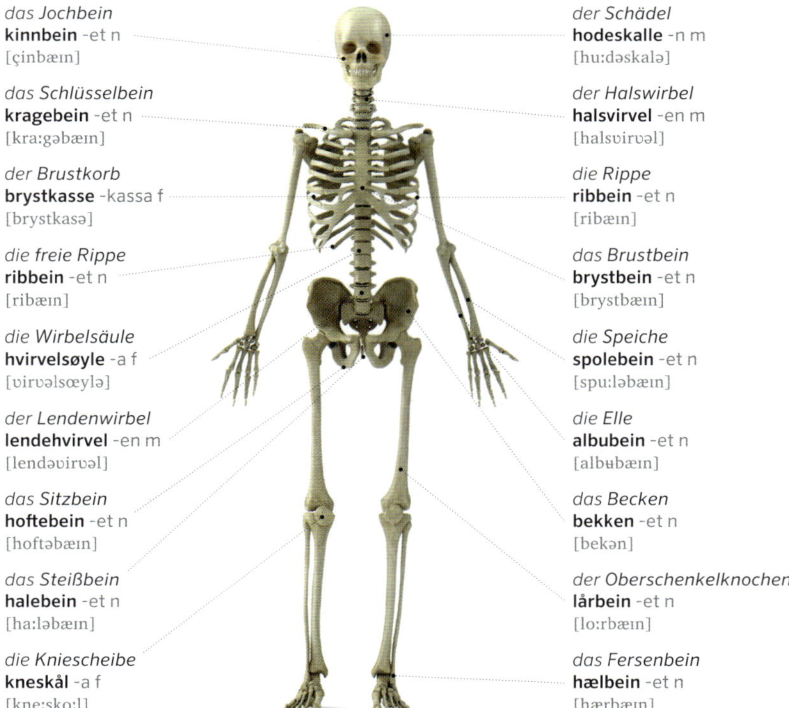

DER KÖRPER – KROPPEN

Die inneren Organe – De innvendige organene

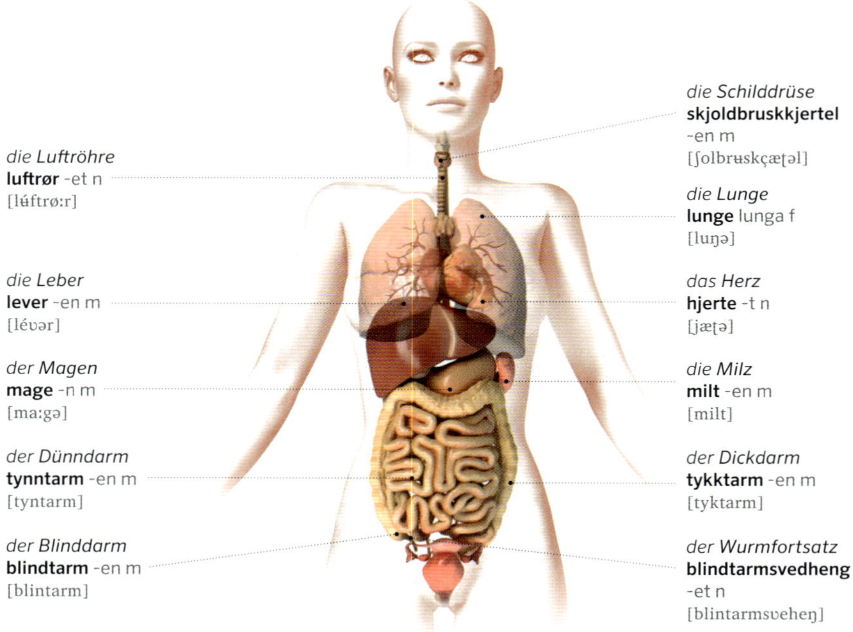

die Niere	**nyre** nyra f [ny:rə]
die Bauchspeicheldrüse	**bukspyttkjertel** -en m [bʉ:kspytçæɽəl]
der Zwölffingerdarm	**tolvfingertarm** -en m [tolfiŋərtarm]
die Gallenblase	**galleblære** -blæra f [galəblæ:rə]
das Zwerchfell	**mellomgulv** -et n [melumgulʋ]
das Gewebe	**vev** -et n [ʋe:ʋ]
die Sehne	**sene** -n m [se:nə]
die Drüse	**kjertel** -en m [çæɽəl]
der Knorpel	**brusk** -en m [brʉsk]

DER KÖRPER – KROPPEN

Die Körpersysteme – Kroppssystemene

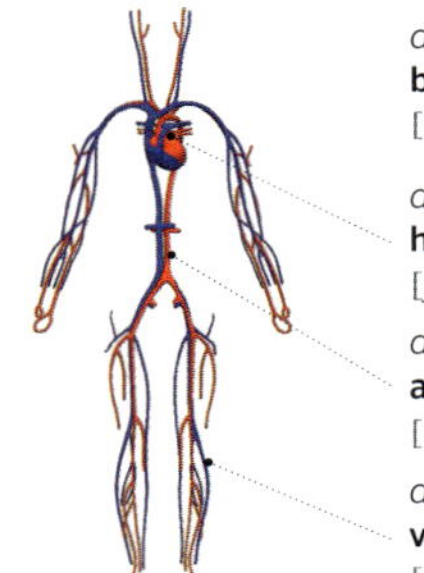

das Herz-Kreislauf-System
blodomløp -et n
[blu:umlø:p]

das Herz
hjerte -t f
[jæʈə]

die Arterie
arterie -n m
[aʈériə]

die Vene
vene -n m
[ʋe:nə]

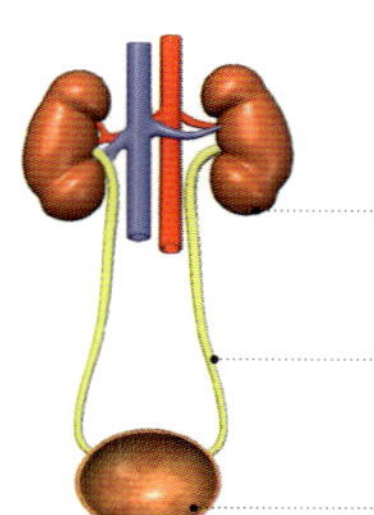

das Harnsystem
urinsystem -et n
[ʉ:rí:nsysté:m]

die Niere
nyre nyra f
[ny:rə]

der Harnleiter
urinrør -et n
[ʉ:rí:nrø:r]

die Harnblase
urinblære -blæra f
[ʉ:rí:nblæ:rə]

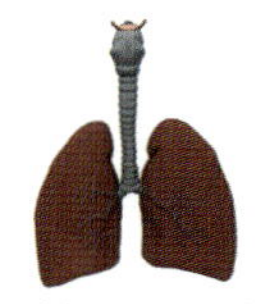

das Atmungssystem
åndedrettssystem -et n
[ɔndədretsysté:m]

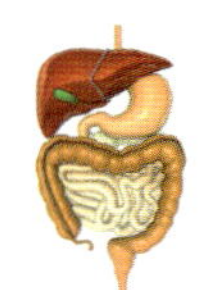

das Verdauungssystem
fordøyelsessystem -et n
[fɔrdœ́yəlsəsysté:m]

das endokrine System
det **endokrine systemet** n [endukrinə systé:mə]

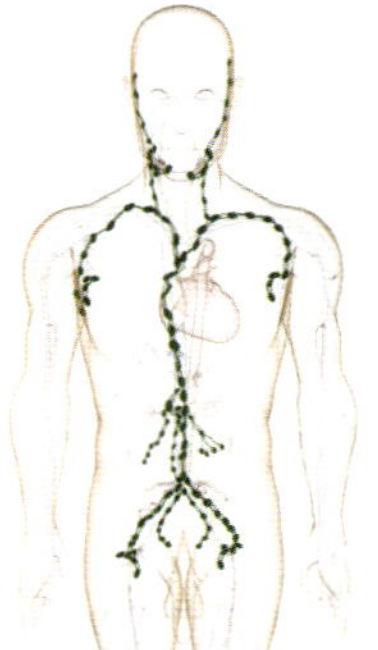

das lymphatische System
det **lymfatiske systemet** n [lymfátiskə systé:mə]

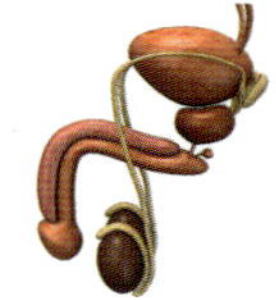

das männliche Fortpflanzungssystem
det **mannlige forplantningssystemet** n
[manliə fɔrplántniŋsysté:mə]

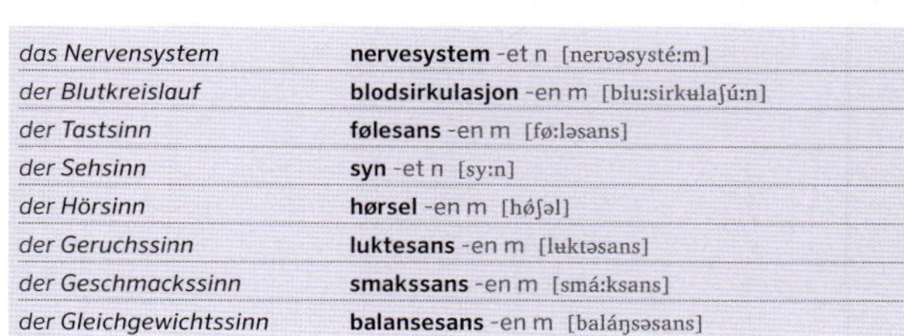

das Nervensystem	**nervesystem** -et n [nerʋəsysté:m]
der Blutkreislauf	**blodsirkulasjon** -en m [blu:sirkʉlaʃú:n]
der Tastsinn	**følesans** -en m [fø:ləsans]
der Sehsinn	**syn** -et n [sy:n]
der Hörsinn	**hørsel** -en m [hǿʃəl]
der Geruchssinn	**luktesans** -en m [lʉktəsans]
der Geschmackssinn	**smakssans** -en m [smá:ksans]
der Gleichgewichtssinn	**balansesans** -en m [baláŋsəsans]

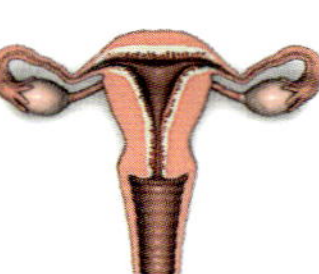

das weibliche Fortpflanzungssystem
det **kvinnelige forplantningssystemet**
n [kʋinəliə fɔrplántniŋsysté:mə]

DER KÖRPER – KROPPEN

Die Geschlechtsorgane – Kjønnsorganene

die männlichen Geschlechtsorgane
mannens kjønnsorganer -organene pl
[manəns ˈçønsorgá:nər]

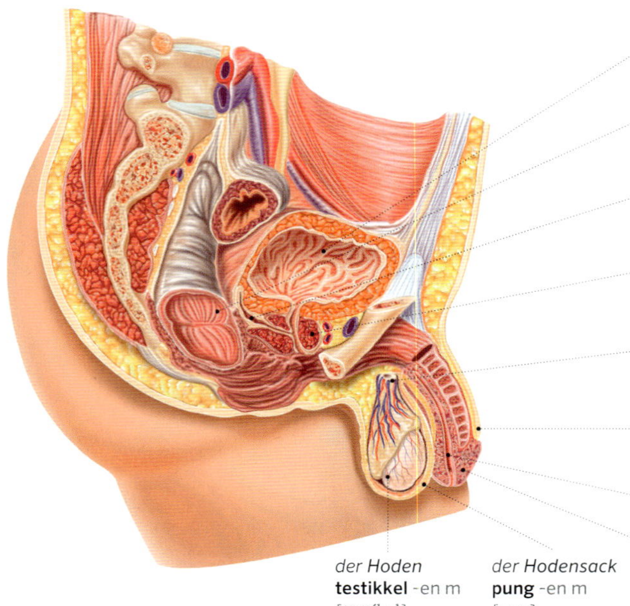

die Erektion	**ereksjon** -en m [erekʃú:n]
die Vorhaut	**forhud** -en m [fɔrhʉ:d]
die Beschneidung	**omskjæring** -en m [umʃæ:riŋ]
der Samenerguss	**ejakulasjon** -en m [ejakʉlaʃú:n]
potent/impotent	**potent/impotent** [putént/ímputent]
das Hormon	**hormon** -et n [hurmú:n]
der Geschlechtsverkehr	**samleie** -t n [samlæɪə]
die Geschlechtskrankheit	**kjønnssykdom** -en m [çønsy:kdom]

DER KÖRPER – KROPPEN

Die Geschlechtsorgane – Kjønnsorganene

die weiblichen Geschlechtsorgane
kvinnens kjønnsorganer -organene pl
[kʊinəns ˈçønsorgá:nər]

der Eierstock
eggstokk -en m
[egstɔk]

der Eileiter
eggleder -en m
[egle:dər]

die Gebärmutter
livmor -a f
[lí:ʊmu:r]

die Harnblase
urinblære -blæra f
[ʉ:rí:nblæ:rə]

der Gebärmutterhals
livmorhals -en m
[li:ʊmu:rhals]

die Harnröhre
urinrør -et n
[ʉ:rí:nrø:r]

die Schamlippe
kjønnsleppe -leppa f
[çønslepə]

die Klitoris
klitoris -en m
[klíturis]

die Scheide
skjede -n m
[ʃe:də]

der Anus
anus -en m
[á:nʉs]

das Kondom
kondom -en m
[kundú:m]

die Pille
p-pille -n m
[pe:pilə]

die Spirale	**spiral** -en m [spirá:l]
das Pessar	**pessar** -et n [pesá:r]
das Diaphragma	**pessar** -et n [pesá:r]
die Empfängnisverhütung	**prevensjon** -en m [preʋaŋʃú:n]
der Eisprung	**eggløsning** -en m [egløːsniŋ]
die Menstruation	**menstruasjon** -en m [menstrʉaʃú:n]
unfruchtbar/fruchtbar	**ufruktbar/fruktbar** [ʉfrʉktba:r/frʉktba:r]
der Schwangerschaftsabbruch	**abort** -en m [abúʈ]

SCHWANGERSCHAFT UND GEBURT – SVANGERSKAP OG FØDSEL

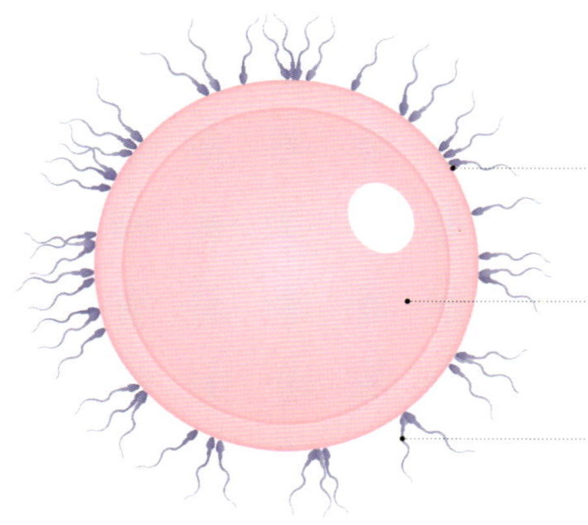

die Empfängnis
unnfangelse -n m
[ʉnfaŋəlsə]

die Befruchtung
befruktning -en m
[bəfrʉktniŋ]

die Eizelle
eggcelle -n m
[egselə]

das Spermium
sædcelle -n m
[sæ:dselə]

die Ultraschall-aufnahme
ultralydbilde -et n
[ʉltraly:dbildə]

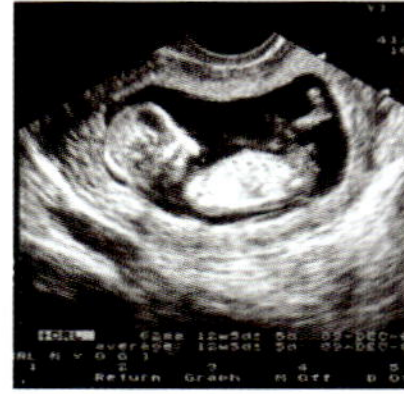

der/das Embryo
embryo -et n
[embryo]

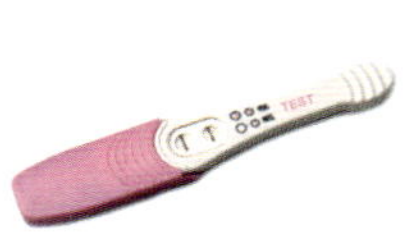

der Schwangerschafts-test
graviditetstest -en m
[graʋidité:tstest]

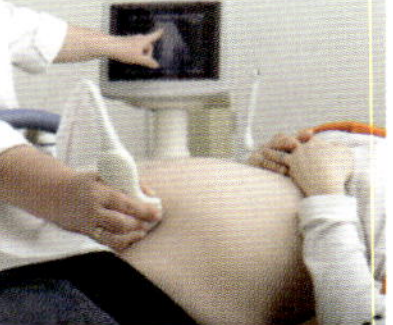

die Ultraschall-untersuchung
ultralydundersøkelse -n m
[ʉltraly:dʉnəʃø:kəlsə]

die Hebamme
jordmor -a f
[ju:rmu:r]

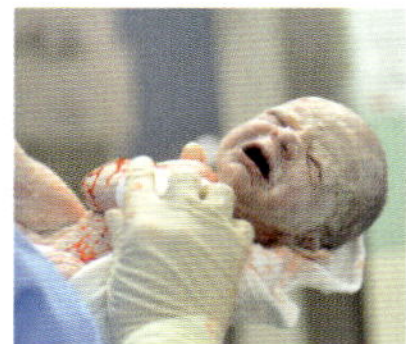

die Geburt
fødsel -en m
[fǿdsəl]

schwanger	**gravid** [graʋíd]
die Wehen	**veer** veene pl [ʋeər]
die Geburt einleiten	å **innlede fødselen** [inle:də fødsələn]
pressen	å **presse** [presə]
die Nabelschnur	**navlesnor** -a f [naʋləsnu:r]
die Plazenta	**morkake** -kaka f [mu:rka:kə]
das Fruchtwasser	**fostervann** -et n [fɔstərʋan]
die Fruchtblase	**fosterhinne** -hinna f [fɔstərhinə]

SCHWANGERSCHAFT UND GEBURT – SVANGERSKAP OG FØDSEL

das Fläschchen
tåteflaske -flaska f
[to:təflaskə]

der Messlöffel
måleskje -en m
[mo:leʃe]

das Milchpulver
melkepulver -et n
[melkəpʉlʋər]

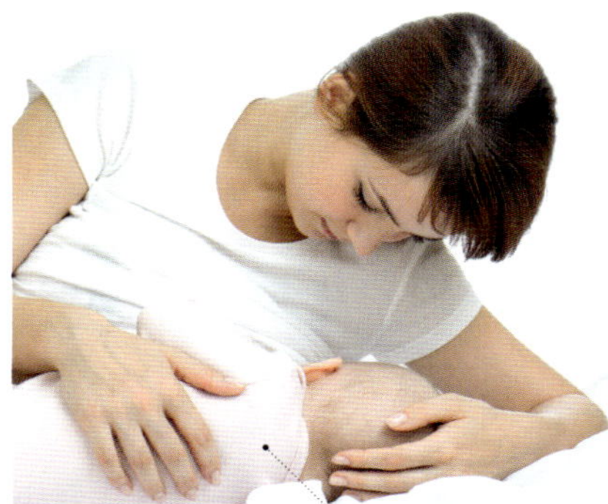

stillen
å **amme**
[amə]

der Säugling
spedbarn -et n
[spe:baɳ]

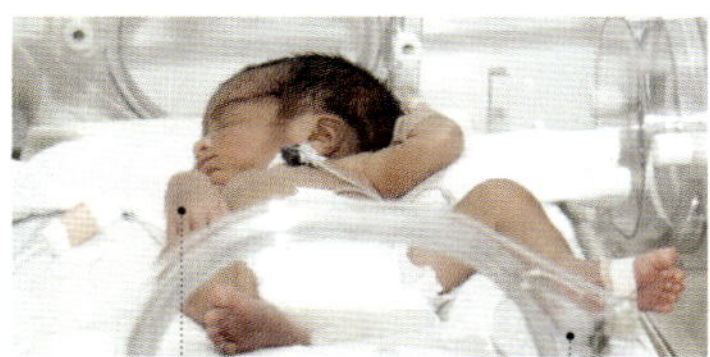

das Frühchen
den **premature babyen** m
[prématʉ:rə bé:biən]

der Brutkasten
kuvøse kuvøsa f
[kʉʋǿ:sə]

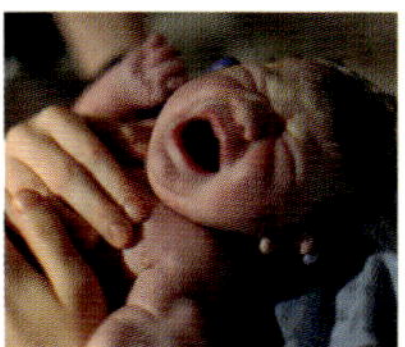

das Neugeborene
det **nyfødte barnet** n
[ny:føtə ba:ɳə]

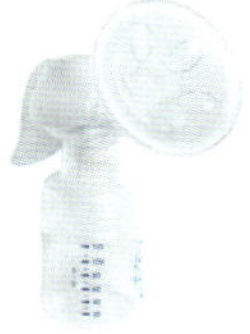

die Milchpumpe
melkepumpe -pumpa
[melkəpumpə]

der Kreißsaal	**fødeavdeling** -en m [fø:dəaʋde:liŋ]
der Kaiserschnitt	**keisersnitt** -et n [kæɪsərsnit]
die Frühgeburt	den **for tidlige fødselen** m [fɔr ti:liə ˈfødsəˌlən]
die Fehlgeburt	**spontanabort** -en m [spuntá:nabúʈ]
die eineiigen Zwillinge	**eneggede tvillinger** pl [e:negədə tʋiliŋər]
die zweieiigen Zwillinge	**toeggede tvillinger** pl [tu:egədə tʋiliŋər]
das Geburtsgewicht	**fødselsvekt** -a f [fødsəlsʋekt]
die Impfung	**vaksine** vaksina f [ʋaksínə]

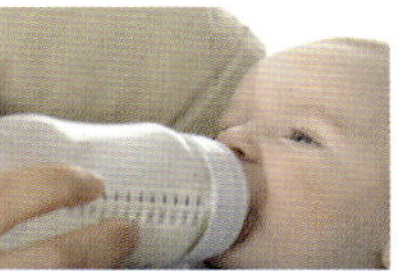

mit der Flasche füttern
å **gi flaske**
[ji ˈflaskə]

DER ARZTBESUCH – LEGEBESØKET

das Wartezimmer
venteværelse -t n
[ʋentəʋærəlsə]

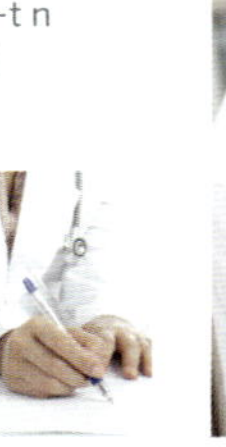

das Rezept
resept -en m
[resépt]

den Blutdruck messen
å måle blodtrykket
[mo:lə blu:trykə]

die Ärztin
lege -n m
[le:gə]

die Patientin
pasient -en m
[pasiént]

die Manschette
mansjett -en m
[manʃét]

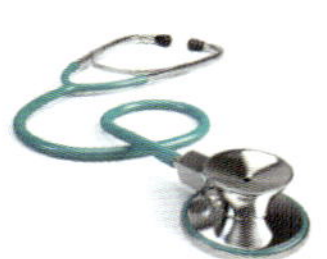

das Stethoskop
stetoskop -et n
[stetuskú:p]

das Sprechzimmer
legekontor -et n
[le:gəkuntú:r]

die Untersuchungsliege
undersøkelsesbenk -en m
[ʉnəʃø:kəlsəsbeŋk]

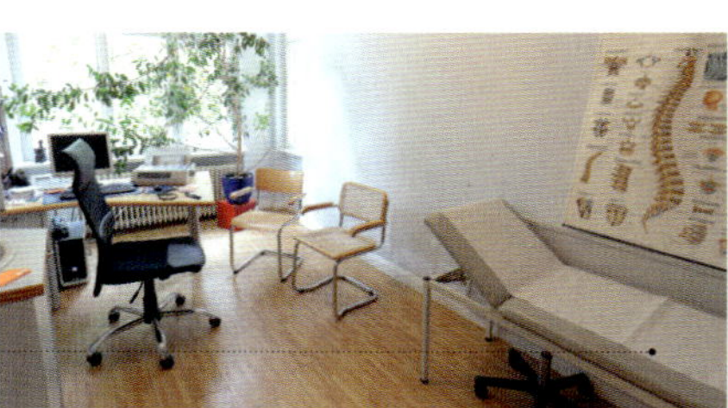

das Blutdruckmessgerät
blodtrykksmåler -en m
[blu:tryksmo:lər]

die Sprechstunde	**konsultasjonstid** -en m [kunsʉltaʃú:nsti]
jemandem Blut abnehmen	**å ta blodprøve på noen** [ta ˈblu:prø:ʋə po nuən]
der Termin	**time** -n m [ti:mə]
die Behandlung	**behandling** -en m [bəhándliŋ]
die Diagnose	**diagnose** -n m [diagnú:sə]
die Überweisung	**henvisning** -en m [henʋi:sniŋ]
die Ergebnisse	**resultater** resultatene pl [resʉltá:tər]
die Krankenkasse	**sykekasse** -kassa f [sy:kəkasə]

SYMPTOME UND KRANKHEITEN – SYMPTOMER OG SYKDOMMER

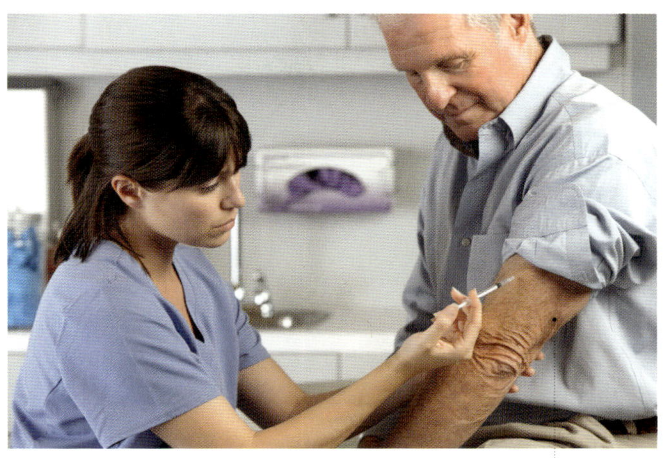

jemandem eine Spritze geben
å sette ei sprøyte på noen
[setə æɪ ˈsprœytə po nuən]

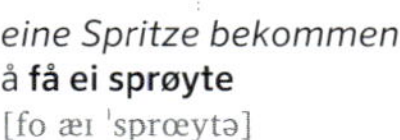

eine Spritze bekommen
å få ei sprøyte
[fo æɪ ˈsprœytə]

das Virus	**virus** -en m [ʋí:rʉs]
der Infekt	**infeksjon** -en m [infekʃú:n]
die Allergie	**allergi** -en m [alɛrgí]
der Hautausschlag	**hudutslett** -et n [hʉ:dʉ:tʃlet]
das Ekzem	**eksem** -et n [eksé:m]
die Migräne	**migrene** -n m [migrènə]
das Nasenbluten	å **blø neseblod** [blø ˈne:səblu]
die Bindehautentzündung	**bindehinnebetennelse** -n m [binəhinəbətenəlsə]
die Mittelohrentzündung	**mellomørebetennelse** -n m [melumø:rəbətenəlsə]
der Durchfall	**diaré** -en m [diaré]
die Darmgrippe	**magesyke** -n m [ma:gesy:kə]
der Schwindel	**svimmelhet** -en m [sʋiməlhe:t]
die Übelkeit	**kvalme** -n m [kʋalmə]
der Krampf	**krampe** krampa f [krampə]
die Bronchitis	**bronkitt** -en m [brunkít]
die Blasenentzündung	**blærekatarr** -en m [blæ:rəkatá:r]

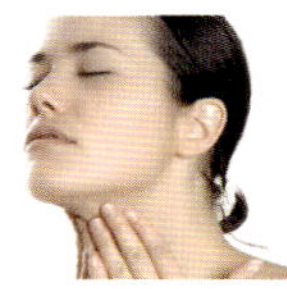

die Halsschmerzen
halsvondt -et n
[halsʋunt]

die Kopfschmerzen
hodepine -n m
[hu:dəpi:nə]

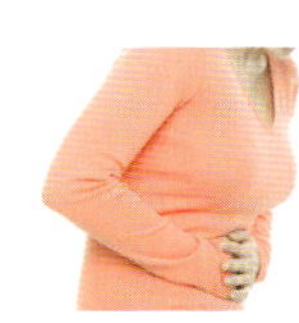

die Magenschmerzen
magesmerter -smertene pl
[ma:gəsmɛʈər]

die Zahnschmerzen
tannpine -n m
[tanpi:nə]

SYMPTOME UND KRANKHEITEN – SYMPTOMER OG SYKDOMMER

krank
syk
[sy:k]

der Schnupfen
snue -n m
[snʉə]

der Husten
hoste -n m
[hustə]

gesund
frisk
[frisk]

die Erkältung
forkjølelse -n m
[fɔrçø:ləlsə]

die Grippe
influensa -en m
[influénsa]

das Niesen
å **nyse**
[ny:sə]

das Fieber
feber -en m
[fé:bər]

der Heuschnupfen
høysnue -snua f
[hœysnʉə]

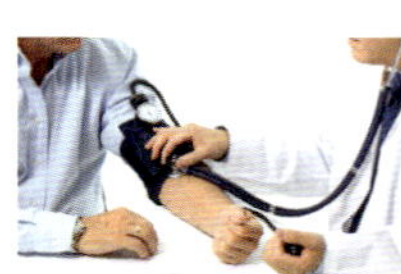

der hohe/niedrige Blutdruck
det **høye/lave blodtrykket** n
[hœyə/la:ʋə blu:trykə]

die Entzündung	**betennelse** -n m [bəténəlsə]
die Gürtelrose	**helvetesild** -en m [helʋətəsil]
die Mangelerscheinung	**mangelsykdom** -men m [maŋəlsy:kdom]
die Blutvergiftung	**blodforgiftning** -en m [blu:fɔrjiftniŋ]
die Schuppenflechte	**psoriasis** -en m [psuriásis]
die Kinderkrankheit	**barnesykdom** -men m [ba:ɳəsy:kdom]
die Röteln	**røde hunder** hundene pl [røə hʉner]
der/das Scharlach	**skarlagensfeber** -en m [skarlá:gənsfe:bər]
die Windpocken	**vannkopper** pl [ʋankopər]
der Mumps	**kusma** -en m [kʉ́sma]
der Keuchhusten	**kikhoste** -n m [çi:khustə]
die Masern	**meslinger** pl [meʃliŋər]
die Kinderlähmung	**polio** -en m [pú:liu]
der Wundstarrkrampf	**stivkrampe** -krampa f [sti:ʋkrampə]
die Tuberkulose	**tuberkulose** -n m [tʉbɛrkʉlú:sə]
die Rachitis	**rakitt** -en m [rakít]
die Hirnhautentzündung	**hjernehinnebetennelse** -n m [jæ:ɳəhinəbətenelsə]
die Diphtherie	**difteri** -en m [difterí]
die Tollwut	**rabies** -en m [rá:bies]

SYMPTOME UND KRANKHEITEN – SYMPTOMER OG SYKDOMMER

das Asthma
astma -en m
[ásma]

der Inhalator
inhalator -en m
[inhalá:tur]

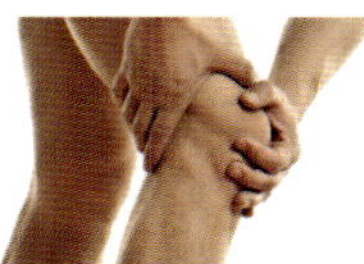

das Rheuma
revmatisme -n m
[reʋmatísmə]

der Diabetes
diabetes -en m
[diabé:təs]

die Schlafstörung
søvnforstyrrelse -n m
[søʋnfɔʃtyrəlsə]

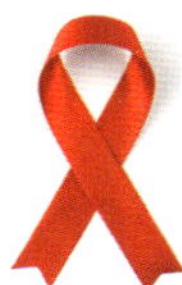

das Aids
aids -en m
[eɪds]

die Atemnot	**åndenød** -en m [ondənø:d]
der Alzheimer	**alzheimer** -en m [altshæɪmər]
die Demenz	**demens** -en m [deméns]
die Parkinsonkrankheit	**parkinson** -en m [parkinsón]
der Krebs	**kreft** -en m [kreft]
das Geschwür	**svulst** -en m [sʋʉlst]
die Schilddrüsenkrankheit	**skjoldbruskkjertelsykdom** -men m [ʃolbrʉskçæʈəlsy:kdom]
der Herzinfarkt	**hjerteinfarkt** -et n [jæ:ʈəinfarkt]
der Schlaganfall	**slag** -et n [ʃla:g]
HIV-positiv/negativ	**hiv-positiv/negativ** [hi:ʋpúsitiʋ/négatiʋ]
die multiple Sklerose	den **multiple sklerosen (ms)** m [mʉltíplə sklerú:sən (émes)]
die Epilepsie	**epilepsi** -en m [epilepsí]
die Depression	**depresjon** -en m [deprəʃú:n]
die Essstörung	**spiseforstyrrelse** -n m [spi:səfɔʃtyrəlsə]
die Sucht	**avhengighet** -en m [aʋhéŋihe:t]

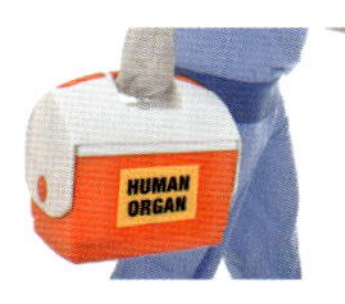

die Transplantation
transplantasjon -en m
[transplantaʃú:n]

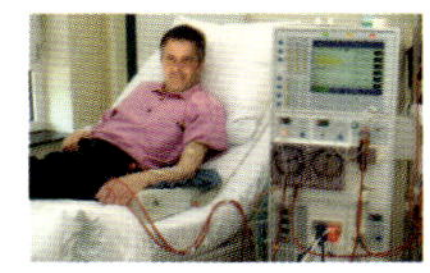

die Dialyse
dialyse -n m
[dialý:sə]

BEHINDERUNGEN – FUNKSJONSHEMMINGER

der Blindenhund
førerhund -en m
[fø:rərhʉn]

der Rollstuhl
rullestol -en m
[rʉləstu:l]

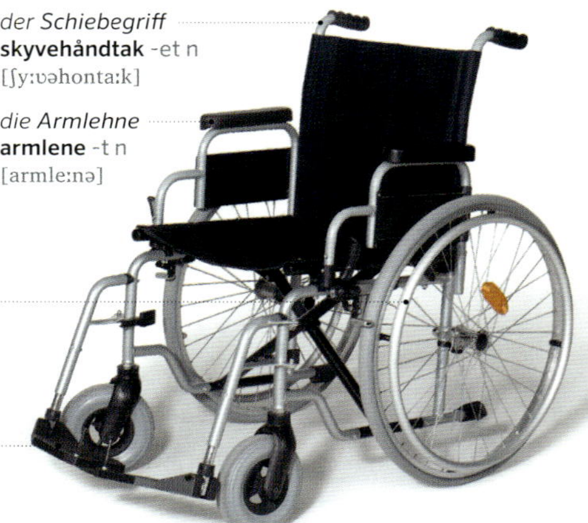

der Schiebegriff
skyvehåndtak -et n
[ʃy:ʋəhonta:k]

die Armlehne
armlene -t n
[armle:nə]

der Greifreifen
gripering -en m
[gri:pə:riŋ]

die Fußstütze
fotstøtte -n m
[fu:tstøtə]

der Blindenstock
blindestokk -en m
[blinəstɔk]

die Gebärdensprache
tegnspråk -et n
[teŋnspro:k]

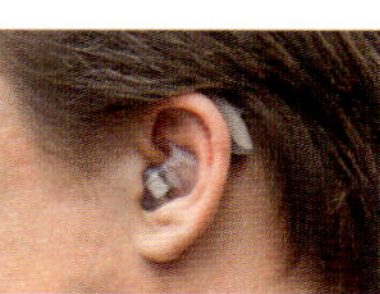

das Hörgerät
høreapparat -et n
[hø:rəapará:t]

der Rollator
rullator -en m
[rʉlátur]

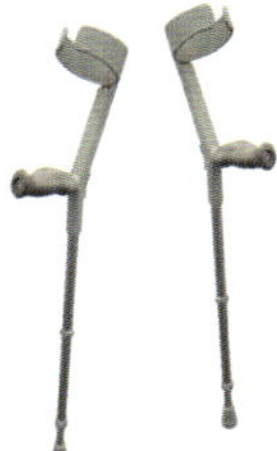

die Krücke
krykke krykka f
[krykə]

die Prothese
protese -n m
[prutè:sə]

gelähmt	**lam** [lam]
die spastische Lähmung	den **spastiske lammelsen** m [spástiskə 'laməlsən]
hinken	å **halte** [haltə]
blind	**blind** [blin]
schwerhörig	**hørselshemmet** [høʃəlshɛmət]
gehörlos	**døv** [dø:ʋ]
behindert	**funksjonshemmet** [fʉŋkʃú:nshɛmət]
schwerbehindert	**sterkt funksjonshemmet** [sterkt fʉŋkʃú:nshɛmət]

VERLETZUNGEN – SKADER

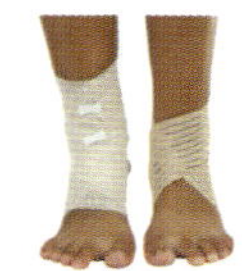
die Verstauchung
forstuing -en m
[fɔʃtʉ́iŋ]

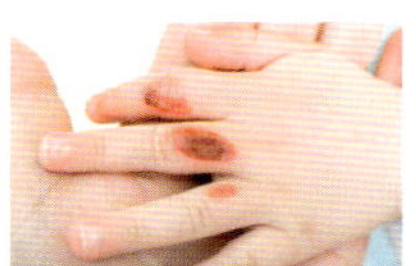
die Verbrennung
forbrenning -en m
[fɔrbréniŋ]

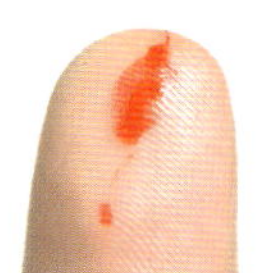
die Schnittwunde
kuttskade -n m
[kʉtska:də]

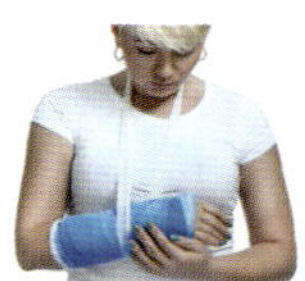
der Knochenbruch
beinbrudd -et n
[bæɪnbrʉd]

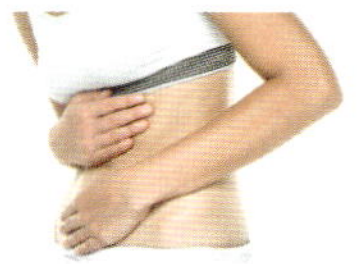
die Vergiftung
forgiftning -en m
[fɔrjíftniŋ]

der Insektenstich
insektstikk -et n
[insektstik]

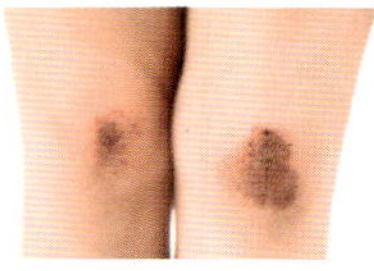
die Schürfwunde
skrubbsår -et n
[skrʉ́bso:r]

in Ohnmacht fallen
å **besvime**
[bəsʋí:mə]

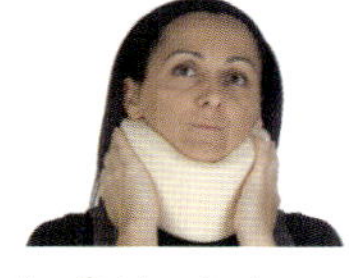
das Schleudertrauma
nakkesleng -n m
[nakəʃleŋ]

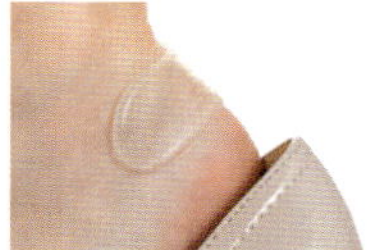
die Blase
blære -a f
[blæ:rə]

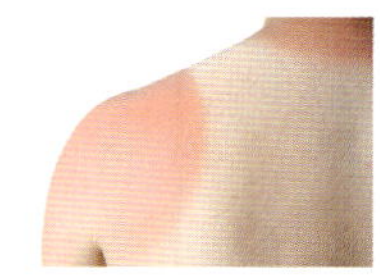
der Sonnenbrand
solbrenthet -en m
[su:lbrenthe:t]

der Bandscheiben-vorfall
skiveprolaps -en m
[ʃi:ʋəpruláps]

die Wunde	**sår** -et n [so:r]
die Brandwunde	**brannsår** -et n [branso:r]
das Blut	**blod** -et n [blu]
bluten	å **blø** [blø]
die Blutung	**blødning** -en m [blø:dniŋ]
die Gehirnerschütterung	**hjernerystelse** -n m [jæ:ɳərystəlsə]
sich den Arm/einen Wirbel ausrenken	å **få armen / en hvirvel ut av ledd** [fo armən/e:n ʋirʋəl ʉ:t a:ʋ ˈled]
sich den Fuß verstauchen/brechen	å **forstue/brekke foten** [fɔʃtʉ́ə/brekə ˈfu:tən]

der elektrische Schlag
det **elektriske sjokket** n
[eléktriskə ˈʃokə]

BEIM ZAHNARZT – HOS TANNLEGEN

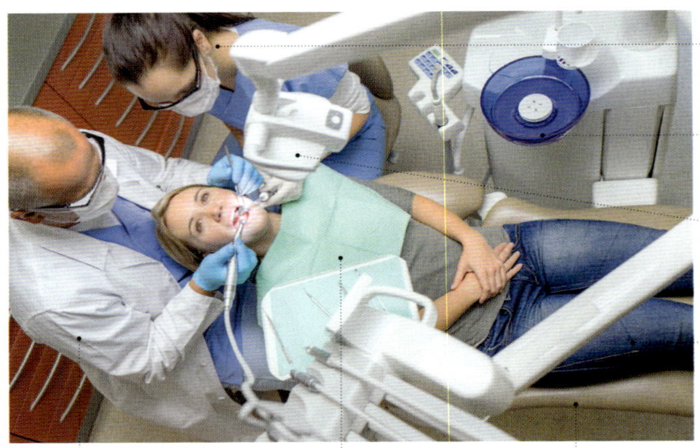

die Zahnarzthelferin
tannlegeassistent -en m
[tanle:gəasistént]

das Mundspülbecken
spyttebakke -n m
[spytəbakə]

die Behandlungslampe
behandlingslampe -lampa f
[bəhándliŋslampə]

die Patientin
pasient -en m
[pasiént]

der Zahnarzt
tannlege -n m
[tanle:gə]

der Patientenumhang
tannlegeserviett -en m
[tanle:gəsɛrʋiét]

der Zahnarztstuhl
tannlegestol -en m
[tanle:gəstu:l]

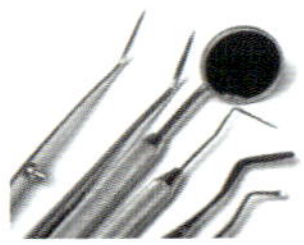

das Zahnarztbesteck
tannlegeinstrumenter -instrumentene pl
[tanle:gəinstrʉmentər]

der Mundschutz
munnbeskyttelse -n m
[mʉnbəʃytəlsə]

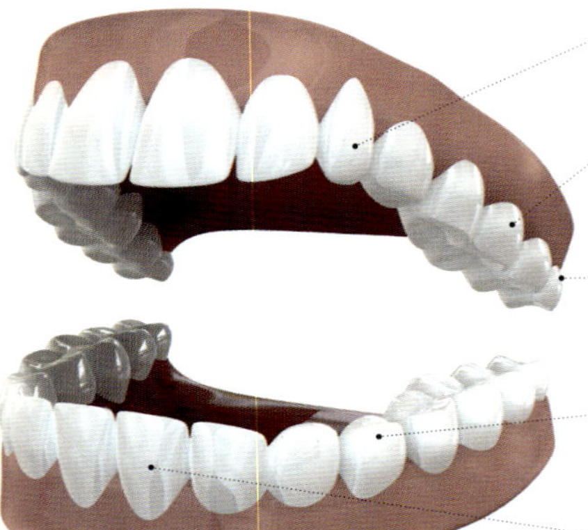

der Eckzahn
hjørnetann -a f
[jø:ɳətan]

der hintere Backenzahn
jeksel -en m
[jéksəl]

der Weisheitszahn
visdomstann -a f
[ʋi:sdomstan]

der vordere Backenzahn
forjeksel -en m
[fɔrjeksəl]

der Schneidezahn
fortann -a f
[fɔʈan]

BEIM ZAHNARZT – HOS TANNLEGEN

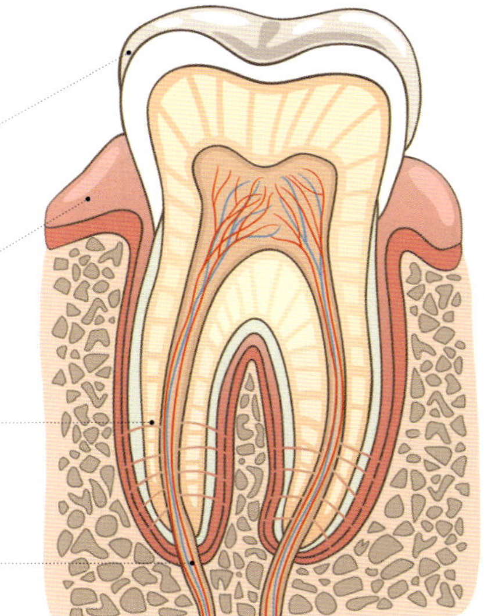

die Zahnprothese
tannprotese -n m
[tanprutè:sə]

die Knirscherschiene
biteskinne -skinna f
[bi:təʃinə]

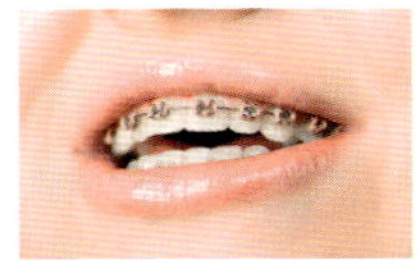

die Zahnspange
tannregulering -en m
[tanregʉlé:riŋ]

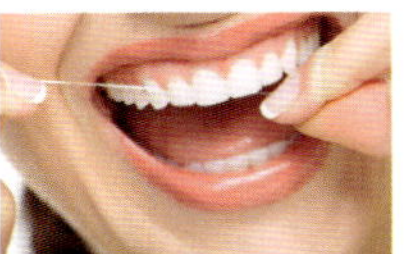

mit Zahnseide reinigen
å **rense med tanntråd**
[rensə me ˈtantro]

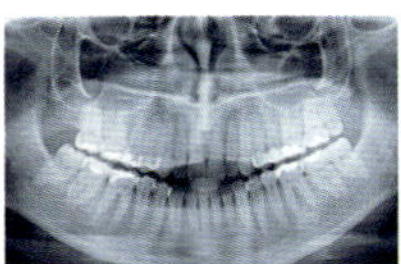

die Röntgenaufnahme
røntgenbilde -t n
[røntgənbilde]

die Krone
krone krona f
[kru:nə]

das Implantat	**implantat** -et n [implantá:t]
einen Zahn ziehen	å **trekke ei tann** [trekə æɪ tan]
die örtliche Betäubung	**lokalbedøvelse** -n m [luká:lbədø:vəlseə]
die Mundhygiene	**munnhygiene** -n m [mʉnhygienə]
der Zahnbelag	**tannbelegg** -et n [tanbəleg]
die Karies	**karies** -en m [ka:ries]
die Zahnfüllung	**tannfylling** -en m [tanfyliŋ]
die Wurzelbehandlung	**rotbehandling** -en m [ru:tbəhandliŋ]

das Mundwasser
munnvann -et n
[mʉnvan]

BEIM AUGENOPTIKER – HOS OPTIKEREN

das Auge
øye -t n
[œyə]

die Pupille
pupille -n m
[pʉpílə]

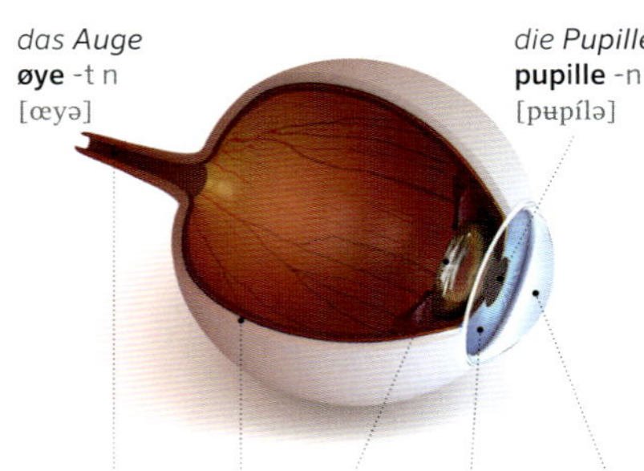

der Sehnerv
synsnerve -n m
[synsnɛrʊə]

die Linse
linse linsa f
[linsə]

die Hornhaut
hornhinne -hinna f
[huɳhinə]

die Netzhaut
netthinne -hinna f
[nethinə]

die Iris
iris -en m
[í:ris]

die Brille
briller brillene pl
[brilər]

das Brillengestell
brilleinnfatning -en m
[briləinfatniŋ]

das Brillenglas
brilleglass -et n
[briləglas]

der Kontaktlinsenbehälter
kontaktlinseeske -eska f
[kuntáktlinsəeskə]

die Kontaktlinse
kontaktlinse -n m
[kuntáktlinsə]

die Optikerin
optiker -en m
[uptikər]

der Sehtest
synstest -en m
[sý:nstest]

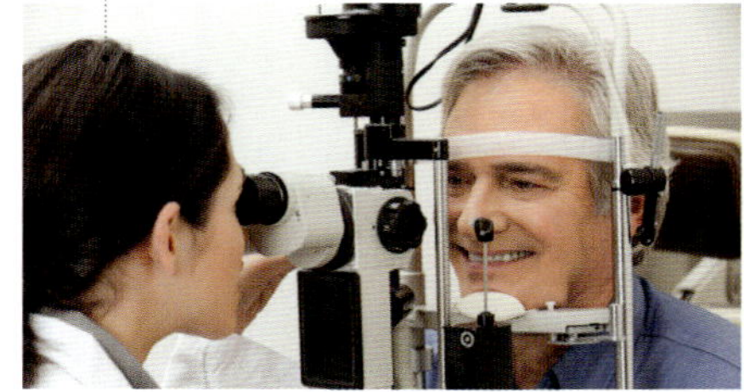

das Brillenputztuch	**pusseklut for briller** -en m [pʉsəklʉ:t fɔr ˈbrilər]
die Augentropfen	**øyedråper** -dråpene pl [œyədro:pər]
die Lesebrille	**lesebriller** -brillene pl [lesəbrilər]
weitsichtig	**langsynt** [laŋsy:nt]
kurzsichtig	**nærsynt** [næ:rsy:nt]
die Gleitsichtbrille	**progressive briller** brillene pl [prúgresi:və ˈbrilər]
der graue Star	den **gråe stæren** m [groə stæ:rən]
der grüne Star	den **grønne stæren** m [grønə stæ:rən]

IM KRANKENHAUS – PÅ SYKEHUS

das Krankenzimmer
pasientrom -met n
[pasiéntrum]

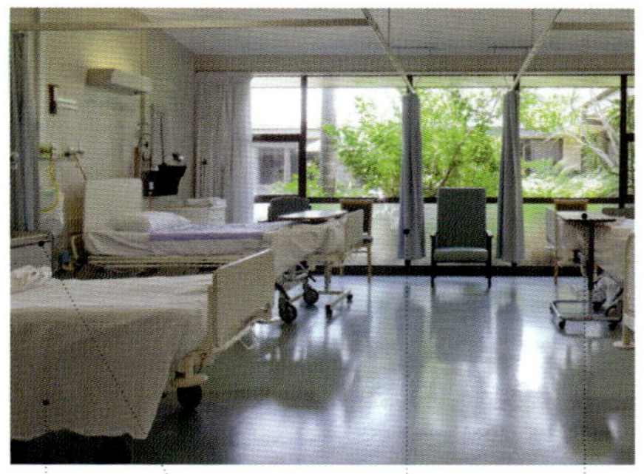

der Nachttisch
nattbord -et n
[natbu:r]

der Krankentisch
sykebord -et n
[sy:kəbu:r]

das Krankenhausbett
sykehusseng -a f
[sy:kəhu:seŋ]

der Trennvorhang
forheng -et n
[fɔrheŋ]

das Einzelzimmer
enkeltrom -met n
[enkəltrum]

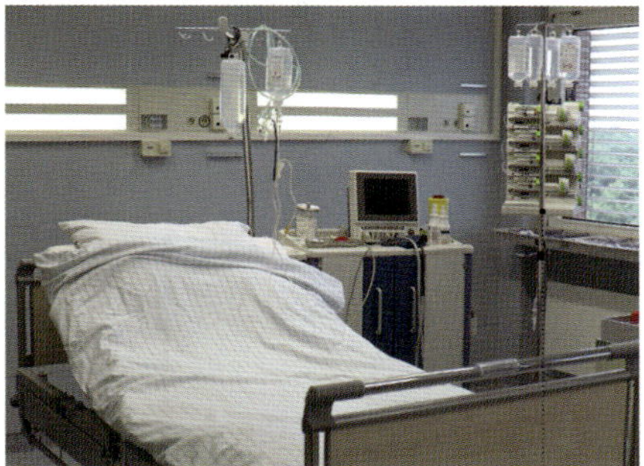

der Infusionsständer
infusjonsstativ -et n
[infʉʃú:nstati:ʋ]

aufgenommen werden	å **bli innskrevet** [bli ˈinskre:ʋət]
entlassen werden	å **bli utskrevet** [bli ˈʉ:tskre:ʋət]
der ambulante Patient	**pasient på poliklinikk** -en m [pasiént po pú:li:klinik]
der stationäre Patient	den **stasjonære pasienten** m [staʃu:nǽ:rə pasiéntən]
die Besuchszeiten	**besøkstid** -en m [bəsǿ:ksti]
die Kinderstation	**barneavdeling** -en m [baŋəaʋde:liŋ]
die Neurologie	**nevrologi** -en m [neʋrulugí]
die Onkologie	**onkologi** -en m [uŋkulugí]
die Orthopädie	**ortopedi** -en m [uʈupedí]
die Kardiologie	**kardiologi** -en m [kaɖiulugí]
die Gastroenterologie	**gastroenterologi** -en m [gastruentərulugí]
die Gynäkologie	**gynekologi** -en m [gynəkulugí]
die Abteilung für Hals-Nasen-Ohrenheilkunde	**avdeling for øre-nese-hals** -en m [aʋdé:liŋ fɔr ˈø:rəne:səhals]
die Quarantäne	**karantene** -n m [karantè:nə]

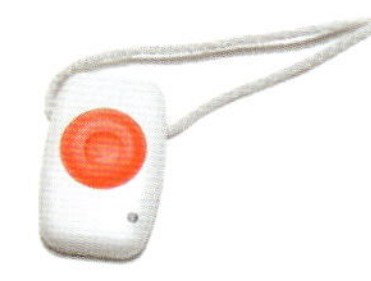

der Notrufknopf
alarmknapp -en m
[alármknap]

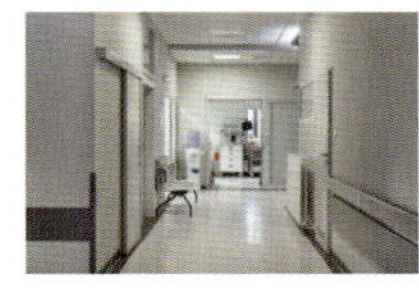

die Station
avdeling -en m
[aʋdé:liŋ]

IM KRANKENHAUS – PÅ SYKEHUS

Die Chirurgie – Kirurgien

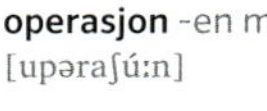
die Operation
operasjon -en m
[upəraʃú:n]

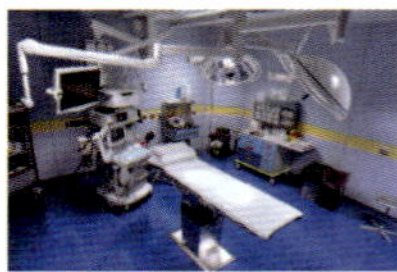
der Operationssaal
operasjonssal -en m
[uperaʃú:nsa:l]

die Operationsleuchte
operasjonslampe -lampa f
[uperaʃú:nslampə]

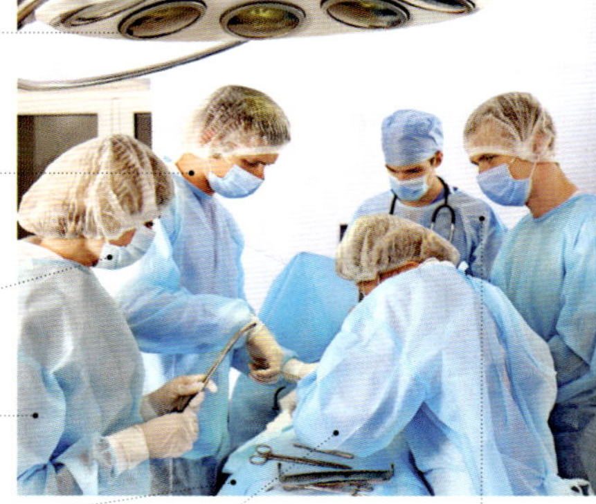

der Chirurg
kirurg -en m
[çi:rʉ́rg]

der Mundschutz
munnbeskyttelse -n m
[mʉnbəʃytəlsə]

die OP-Schwester
operasjonssykepleier -en m
[uperaʃú:nsy:kəplæıər]

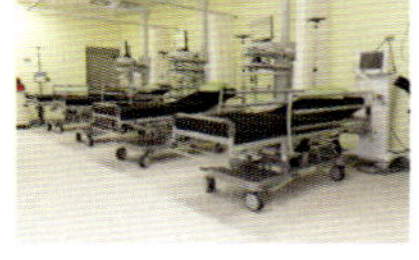
der Aufwachraum
oppvåkningsrom -met n
[upɒo:kniŋsrum]

der Operationstisch
operasjonsbord -et n
[uperaʃú:nsbu:r]

der OP-Mantel
operasjonsfrakk -en m
[uperaʃú:nsfrak]

der Anästhesist
anestesilege -n m
[anestəsí:le:gə]

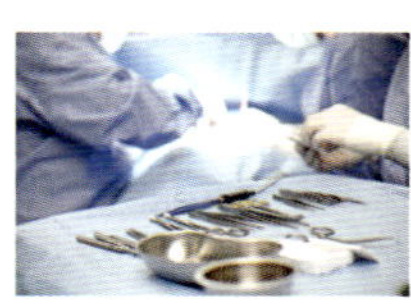
das Operationsbesteck
operasjonsinstrumenter -instrumentene pl
[uperaʃú:nsinstrʉmentər]

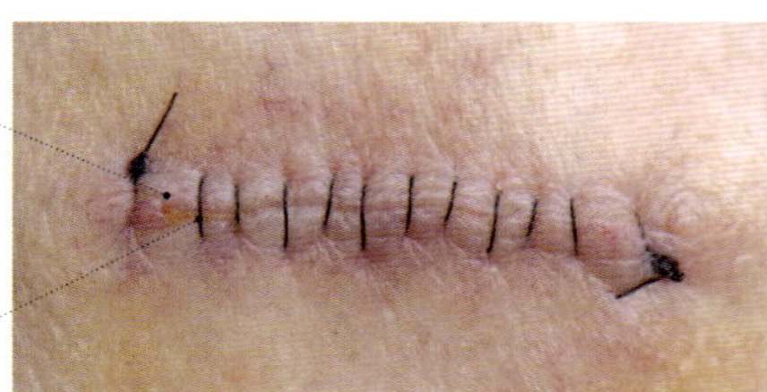

die Narbe
arr -et n
[ar]

die Fäden
sting -ene pl
[stiŋ]

die Lokalanästhesie	**lokalbedøvelse** -n m [luká:lbədø:vəlseə]
die Vollnarkose	den **fulle narkosen** m [fʉlə narkù:sən]
die Rehabilitation	**rekonvalesens** -en m [rekunvaləséns]
die medizinische Nachversorgung	den **medisinske etterbehandlingen** m [medisí:nskə 'etərbəhandliŋən]
die Bettruhe	**sengeleie** -t n [seŋəlæıeə]
die Genesung	**helbredelse** -n m [helbré:dəlsə]
tot	**død** [dø]
der Tod	**død** -en m [død]

IM KRANKENHAUS – PÅ SYKEHUS

Die Unfallstation – Akuttmottaket

die Intensivstation
intensivstasjon -en m
[intensí:ʋstaʃú:n]

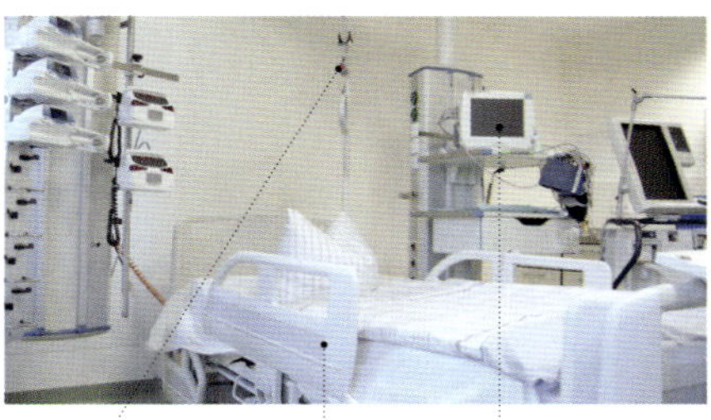

der Rufknopf
ringeknapp -en m
[riŋəknap]

der Herzmonitor
hjertemonitor -en m
[jæʈəmu:nitu:r]

das Krankenhausbett
sykehusseng -a f [sy:kəhu:seŋ]

die Notaufnahme
akuttmottak -et n
[akʉ́tmu:ta:k]

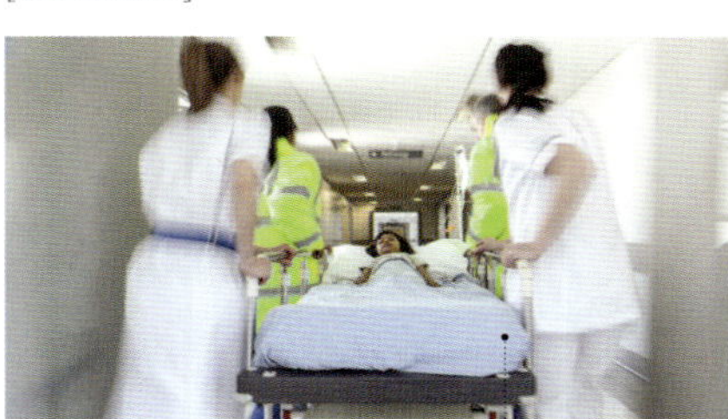

die Fahrtrage
båre med hjul -n m
[bo:rə me ˈjʉ:l]

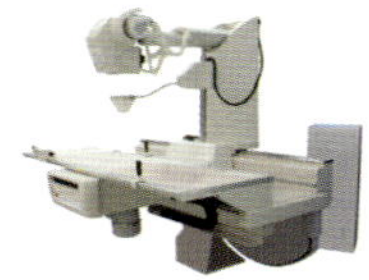

das Röntgengerät
røntgenapparat -et n
[røntgənapará:t]

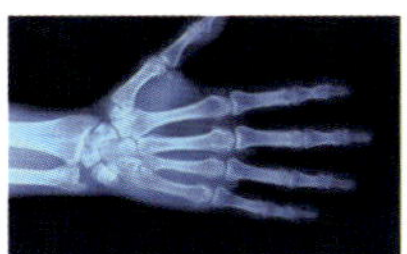

das Röntgenbild
røntgenbilde -t n
[røntgənbildə]

der Warteraum
venteværelse -t n
[ʋentəʋærəlsə]

die Oberärztin
overlege -n m
[o:ʋərle:gə]

die Computertomografie	**computertomografi (CT)** -en m [kumpjú:tərtumugra:fi (se:té)]
die Strahlung	**bestråling** -en m [bəstró:liŋ]
eine Diagnose stellen	å **stille en diagnose** [stilə e:n diagnú:sə]
das Koma	**koma** -et n [ku:ma]
bewusstlos	**bevisstløs** [bəʋístlø:s]
die Beatmung	det **kunstige åndedrettet** n [kʉnstiə ondedretə]
wieder zu Bewusstsein kommen	å **komme til bevissthet igjen** [kɔmə til bəʋísthe:t ijen]
wieder gesund werden	å **bli frisk igjen** [bli ˈfrisk ijen]

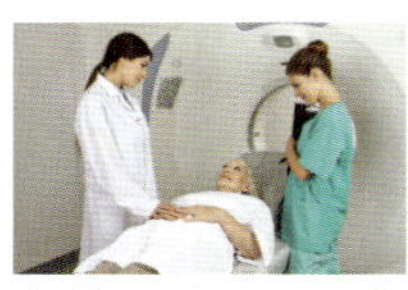

die Kernspintomografie
den **magnetiske resonanstomografien** m
[maŋné:tiskə resu-nánstumugra:fiən]

DIE APOTHEKE – APOTEKET

das Medikament
medikament -et n
[medikamént]

die Kapsel
kapsel -en m
[kápsəl]

der Hustensaft
hostesaft -en m
[hustəsaft]

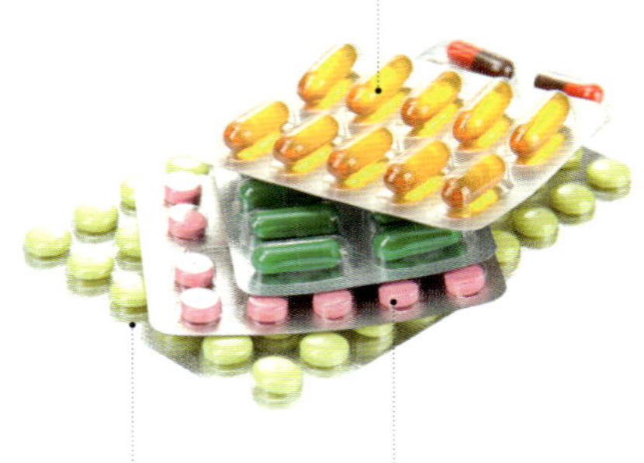

die Sichtverpackung
tablettbrett -et n
[tablétbret]

die Tablette
tablett -en m
[tablét]

die Dosierung
dosering -en m
[dusé:riŋ]

der Messbecher
målebeger -et n
[mo:ləbe:gər]

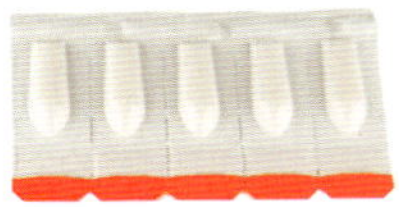

das Zäpfchen
stikkpille -n m
[stikpilə]

die Salbe
salve -n m
[salʋə]

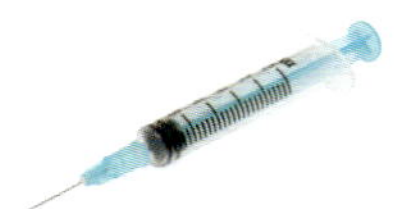

die Spritze
sprøyte sprøyta f
[sprœytə]

die Apothekerin
apoteker -en m
[aputé:kər]

die Tropfen
dråpe -n m
[dro:pə]

der/das Spray
spray -en m
[spræı]

die Vitamintablette
vitamintablett -en m
[ʋitamíntablét]

die Brausetablette
brusetablett -en m
[brʉ:sətablét]

DIE APOTHEKE – APOTEKET

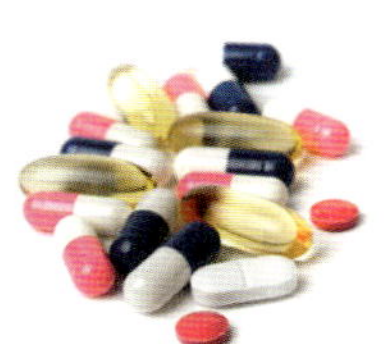

das Nahrungsergänzungsmittel
kosttilskudd -et n
[kɔstilskʉd]

das Sonnenschutzmittel
solkrem -en m
[su:lkre:m]

der/das Mückenspray
myggspray -en m
[mygspræɪ]

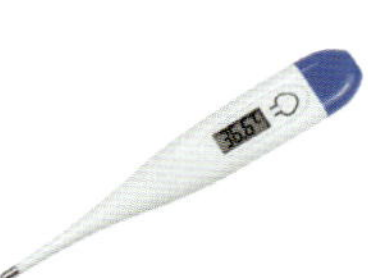

das/der Fieberthermometer
febertermometer -et n
[fe:bərtɛrmumé:tər]

die Nagelfeile
neglefil -en m
[negləfi:l]

der Tampon
tampong -en m
[tampóŋ]

die Slipeinlage
truseinnlegg -et n
[trʉsəinleg]

das Feuchttuch
våtserviett -en m
[ʋo:tsɛrʋiét]

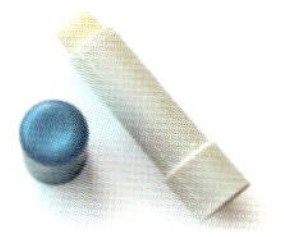

der Lippenpflegestift
Lypsyl® -en m
[lipsý:l]

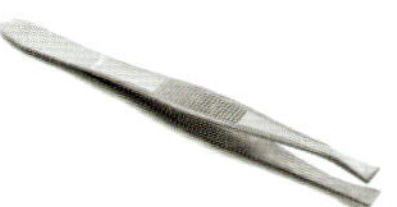

die Pinzette
pinsett -en m
[pinsét]

das Deodorant
deodorant -en m
[deudur ánt]

das/der Hustenbonbon
hostepastill -en m
[hustəpastíl]

das Symptom	**symptom** -et n [symptú:m]
die Nebenwirkung	**bivirkning** -en m [bi:ʋirkniŋ]
der Beipackzettel	**pakningsvedlegg** -et n [pakniŋsʋe:leg]
die Hautpflege	**hudpleie** -n m [hʉ:dplæɪə]
das Schmerzmittel	**smertemiddel** -et n [smæʈəmidəl]
das Beruhigungsmittel	det **beroligende middelet** n [bərú:ligenə ˈmidələ]
die Schlaftablette	**sovetablett** -en m [so:ʋətablét]
das Verfallsdatum	**utløpsdato** -en m [ʉ:tlø:psda:tu]

der Ohrstöpsel
ørepropp -en m
[ø:rəprop]

DIE ALTERNATIVMEDIZIN – ALTERNATIVMEDISINEN

die Meditation
meditasjon -en m
[meditaʃú:n]

das Yoga
yoga -en m
[jó:ga]

das Tai-Chi
tai-chi -en m
[taitʃí]

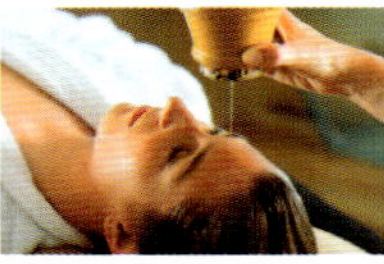

das Ayurveda
ayurveda -en m
[ɑɪʉrʋé:da]

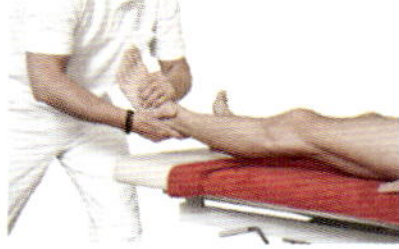

die Osteopathie
osteopati -en m
[ustəupatí]

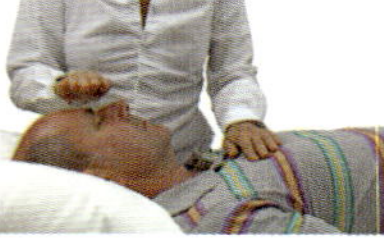

das Reiki
reiki -en m
[rǽiki]

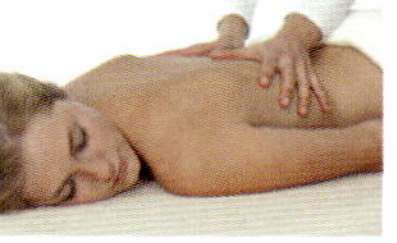

die Massage
massasje -n m
[masá:ʃə]

die Hypnose
hypnose -n m
[hypnu:sə]

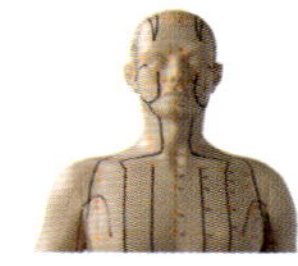

die traditionelle chinesische Medizin
den **tradisjonelle kinesiske medisinen** m
[tradiʃunélə çiné:siskə medisínən]

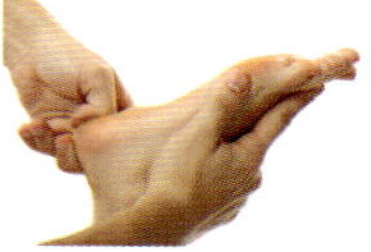

die Fußreflexzonenmassage
fotsoneterapi -en m
[fu:tsu:nətɛrapí]

das homöopathische Heilmittel
det **homeopatiske legemiddelet** n
[humeupá:tiskə ˈle:gəmidələ]

die Kräuterheilkunde
urtemedisin -en m
[ʉʈəmedisín]

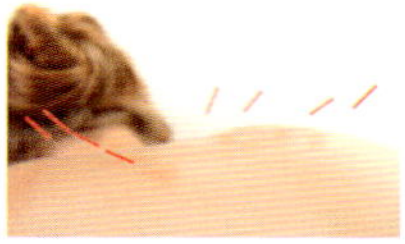

die Akupunktur
akupunktur -en m
[akʉpʉŋtʉ́:r]

die Kur	**kur** -en m [kʉ:r]
die Palliativmedizin	**palliativmedisin** -en m [paliatí:ʋmedisín]
die Entspannung	**avslapping** -en m [a:ʋslapiŋ]
die Entgiftung	**avgiftning** -en m [a:ʋjiftiŋ]
die Entziehungskur	**avvenningskur** -en m [a:ʋeniŋskʉ:r]
einen Entzug machen	**å være på avvenning** [ʋæ:rə po ˈa:ʋeniŋ]
die Therapie	**terapi** -en m [tɛrapí]
die Lichttherapie	**lysterapi** -en m [ly:stɛrapí]

WELLNESS - WELLNESS

die Gesichtsbehandlung
ansiktsbehandling -en m
[ansiktsbəhandliŋ]

die Kosmetikerin
kosmetolog -en m
[kusmətuló:g]

die Gesichtsmaske
ansiktsmaske -maska f
[ansiktsmaskə]

die Sauna
badstue -stua f
[bástʉ]

der Ofen
ovn -en m
[oʊn]

die Bank
benk -en m
[beŋk]

der Kopfkeil
hodestøtte -n m
[hu:dəstøtə]

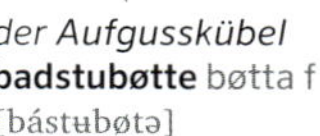

der Aufgusskübel
badstubøtte bøtta f
[bástʉbøtə]

der Ruheraum
hvilerom -met n
[ʋi:lərum]

das Mineralbad
mineralbad -et n
[minərá:lba:d]

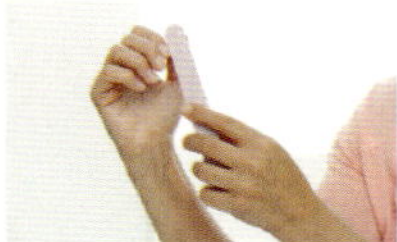

die Maniküre
manikyr -en m
[manikýːr]

die Pediküre
pedikyr -en m
[pedikýːr]

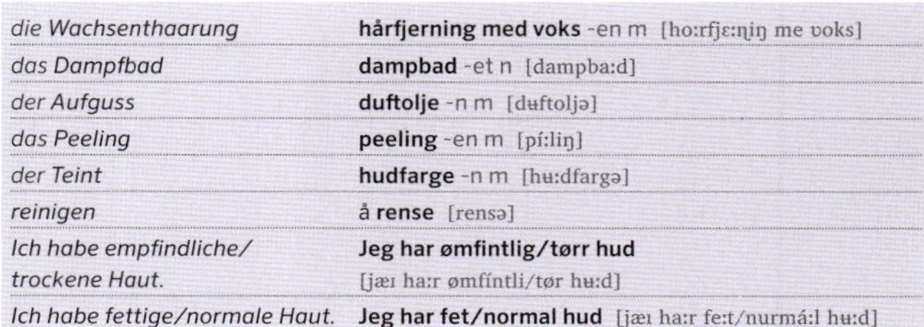

die Wachsenthaarung	**hårfjerning med voks** -en m [ho:rfjɛ:ŋiŋ me ʋoks]
das Dampfbad	**dampbad** -et n [dampba:d]
der Aufguss	**duftolje** -n m [dʉftoljə]
das Peeling	**peeling** -en m [pí:liŋ]
der Teint	**hudfarge** -n m [hʉ:dfargə]
reinigen	**å rense** [rensə]
Ich habe empfindliche/ trockene Haut.	**Jeg har ømfintlig/tørr hud** [jæɪ ha:r ømfíntli/tør hʉ:d]
Ich habe fettige/normale Haut.	**Jeg har fet/normal hud** [jæɪ ha:r fe:t/nurmá:l hʉ:d]

das Solarium
solarium -riet n
[sulá:riʉm]

NOTFÄLLE

NØDSTILFELLER

ERSTE HILFE – FØRSTEHJELP

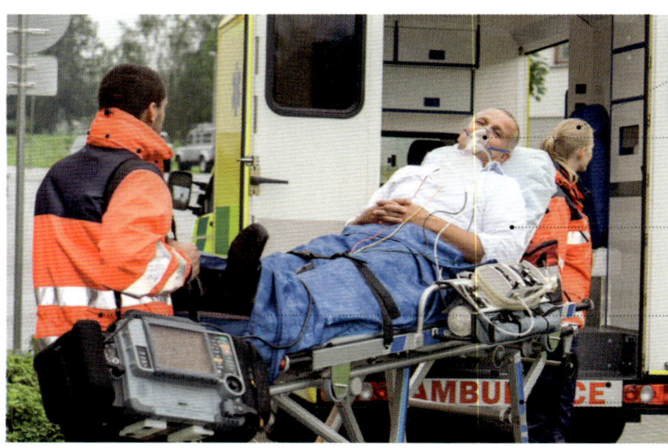

der Rettungswagen
ambulanse -n m
[ambʉlánsə]

die Sanitäterin
ambulansearbeider -en m
[ambʉlánsəarbæɪdər]

die Sauerstoffmaske
oksygenmaske -maska f
[uksygé:nmaskə]

das Unfallopfer
den **forulykkede personen** m [fɔrʉ:lykədə pɛʃú:nən]

der Sanitäter
helsepersonell -et n
[helsəpɛʃunél]

die Trage
båre båra f
[bo:rə]

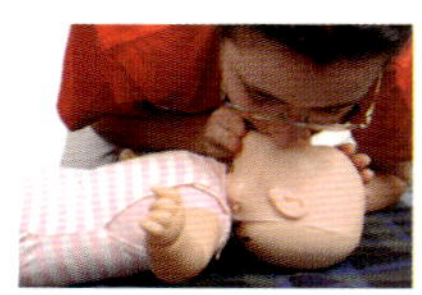

die Mund-zu-Mund-Beatmung
munn til munn-metode -n m
[mʉntilmʉ́nmətu:də]

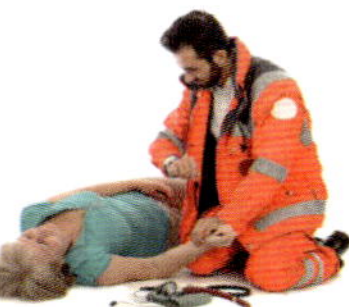

die Pulsmessung
pulsmåling -en m
[pʉlsmo:liŋ]

die stabile Seitenlage
det **stabile sideleiet** n
[stabí:lə ˈsi:dəlæɪə]

der Unfallort
ulykkessted -et n
[ʉ:lykəste:d]

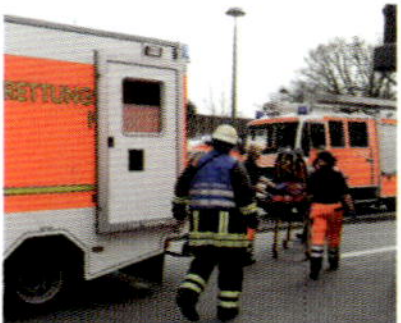

der Rettungsdienst
redningstjeneste -n m
[redniŋstje:nəstə]

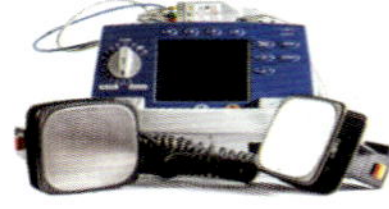

der Defibrillator
hjertestarter -en m
[jæʈəstaʈər]

der Unfall	**ulykke** -n m [ʉ:lykə]
die Wiederbelebung	**gjenoppliving** -en m [jenupli:ʋiŋ]
die Herzdruckmassage	**hjertemassasje** -n m [jæʈəmasá:ʃə]
der Puls	**puls** -en m [pʉls]
bewusstlos	**bevisstløs** [bəʋístlø:s]
erste Hilfe leisten	å **yte førstehjelp** [y:tə ˈføʃtəjelp]
der Notarzt	den **mannlige vaktlegen** m [manliə ˈʋaktle:gən]
die Notärztin	den **kvinnelige vaktlegen** m [kʋinəliə ˈʋaktle:gən]

ERSTE HILFE – FØRSTEHJELP

das Verbandszeug
forbindingssaker -sakene pl
[fɔrbíniŋsa:kər]

der Verband
bandasje -n m
[bandá:ʃə]

das Leukoplast®
Leukoplast® -en m
[læʉkuplast]

das Pflaster
plaster -et n
[plástər]

die Verbandschere
bandasjesaks -a f
[bandá:ʃəsaks]

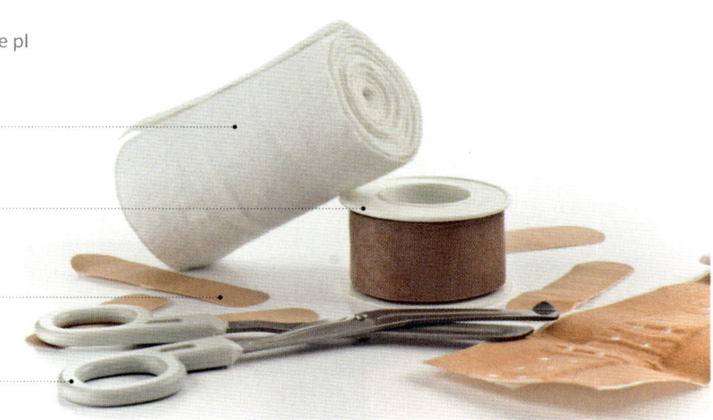

der Erste-Hilfe-Kasten
førstehjelpsskrin -et n
[føʃtəjelpskri:n]

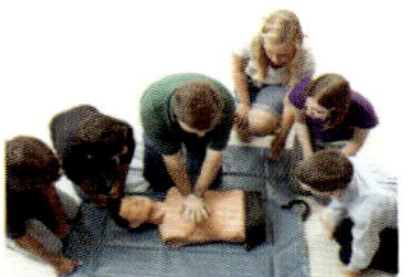

der Erste-Hilfe-Kurs
førstehjelpskurs -et n
[føʃtəjelpskʉ:ʃ]

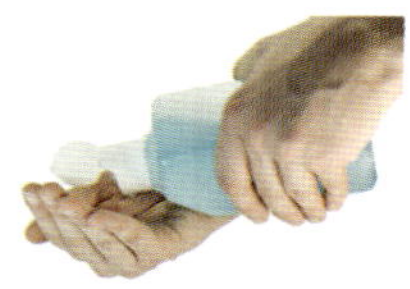

das Desinfektionsmittel
desinfeksjonsmiddel -et n
[desinfekʃú:nsmidəl]

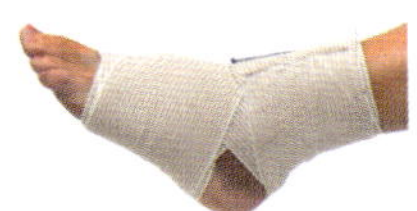

die Bandage
bandasje -n m
[bandá:ʃə]

steril	**steril** [sterí:l]
überleben	**å overleve** [o:ʋərle:ʋə]
traumatisiert	**traumatisert** [træʉmatisé̞t]
unter Schock stehen	**å være i sjokk** [ʋæ:rə i ˈʃok]
der Schock	**sjokk** -et n [ʃok]
die Blutspende	**blodgivning** -en m [blu:jiʋniŋ]
die Organspende	**organdonasjon** -en m [orgá:ndunaʃú:n]
das Adrenalin	**adrenalin** -et n [adrenalí:n]

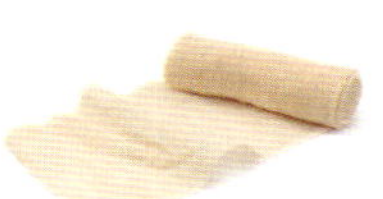

die Mullbinde
gasbind -et n
[gasbin]

DIE POLIZEI – POLITIET

der Dienstgürtel
tjenestebelte -t n
[tje:nəstəbeltə]

das Handfunkgerät
den **håndholdte radiotelefonen** m
[honhɔltə rá:diotelefú:nən]

die Pistole
pistol -en m
[pistú:l]

die Uniform
uniform -en m
[ʉnifórm]

die Handschellen
håndjern -et n
[honjæɳ]

der Schlagstock
batong -en m
[batóŋ]

der Fingerabdruck
fingeravtrykk -et n
[fiŋəra:ʋtryk]

der Tatort
åsted -et n
[ó:ste:d]

die Polizistin
politibetjent -en m
[pulitíbətjent]

der Polizist
politibetjent -en m
[pulitíbətjent]

das Polizeiabzeichen
politimerke -t n
[pulitímɛrkə]

der Zeuge	det **mannlige vitnet** n [manliə ʋitnə]
die Zeugin	det **kvinnelige vitnet** n [kʋinəli ʋitnə]
der Verbrecher	den **mannlige forbryteren** m [manliə fɔrbrý:tərən]
die Verbrecherin	den **kvinnelige forbryteren** m [kʋinəli fɔrbrý:tərən]
die Kriminalbeamtin	den **kvinnelige kriminalbetjenten** m [kʋinəli kriminá:lbətje:ntən]
der/die Verdächtige	den **mistenkte** m [misteŋktə]
die Ermittlung	**etterforskning** -en m [etərfɔʃkniŋ]

DIE POLIZEI – POLITIET

das Polizeiauto
politibil -en m
[pulitíbi:l]

die Lichtleiste
lyslist -en m
[ly:slist]

das Martinshorn
sirene -n m
[sirè:nə]

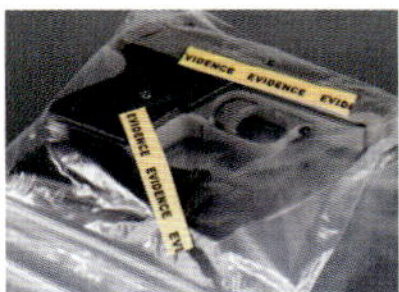

das Beweisstück
bevismiddel -et n
[bəví:smidəl]

das Gefängnis
fengsel -et n
[féŋsəl]

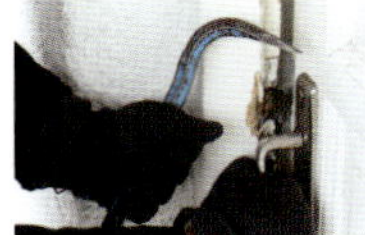

der Einbruch
innbrudd -et n
[inbrʉd]

der Diebstahl
tyveri -et n
[ty:vərí]

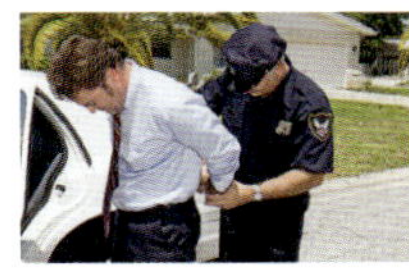

die Festnahme
arrestasjon -en m
[arestaʃú:n]

die Gewalt
vold -en m
[vol]

der Raubüberfall
ran -et n
[ra:n]

der Taschendiebstahl
lommetyveri -et n
[luməty:vərí]

die Entführung
bortføring -en m
[buʈfø:riŋ]

die Straftat	**lovovertredelse** -n m [lo:vo:vərtre:dəlsə]
die Körperverletzung	**personskade** -n m [pɛʃú:nska:də]
die Vergewaltigung	**voldtekt** -en m [voltekt]
der Mord	**mord** -et n [murd]
der Überfall	**overfall** -et n [o:vərfal]
fliehen	**å rømme** [rømə]
belästigen	**å plage** [pla:gə]
die Schuld	**skyld** -en m [ʃyl]

POLICE LINE DO NOT C

POLICE LINE DO NOT C

die Polizeiabsperrung
politiavsperring -en m
[pulitía:vspɛriŋ]

DIE FEUERWEHR – BRANNVESENET

der Feuerlöscher
brannslukningsapparat -et n
[branslukniŋsaparáːt]

der Hydrant
hydrant -en m
[hydránt]

der Feuerwehrmann
brannmann -en m
[branman]

das Visier
visir -et n
[viːsíːr]

der Feuerwehrhelm
brannhjelm -en m
[branjelm]

die Feuerwehrschutzjacke
brannjakke -jakka f
[branjakə]

der Reflexstreifen
refleksbånd -et n
[refléksbon]

der Feuerwehrschlauch
brannslange -n m
[branʃlaŋə]

die Brandbekämpfung
brannbekjempelse -n m
[branbəçempəlsə]

der Notausgang
nødutgang -en m
[nøːdʉːtgaŋ]

die Axt
øks -a f
[øks]

der Rauchmelder
røykvarsler -en m
[rœykvaʃlər]

die Feuerwache
brannstasjon -en m
[branstaʃúːn]

das Löschfahrzeug
brannbil -en m
[bránbiːl]

IN DEN BERGEN – PÅ FJELLET

der Helm
hjelp -en m
[jelp]

der Karabiner
karabinlås -en m
[karabí:nlo:s]

das Seil
tau -et n
[tæʉ]

die Bergwacht
fjellredningstjeneste -en m
[fjelʋaktredniŋs tje:nəstə]

der Rettungseinsatz
redningsaksjon -en m
[redniŋsakʃú:n]

die Einsatzkraft
redningsmannskap -et n
[redniŋsmánska:p]

der Rettungsschlitten
redningsslede -n m
[redniŋsle:də]

das Schneemobil
snøscooter -en m
[snø:skʉ:tər]

das Fangnetz
snøskrednett -et n
[snø:skre:dnet]

die Lawine
snøskred -et n
[snø:skre:d]

das LVS-Gerät
skredsøker -en m
[skre:dsø:kər]

der Rettungshund
redningshund -en m
[redniŋshʉn]

der Rettungs-hubschrauber
redningshelikopter -et n
[redniŋshelikoptər]

der Lawinenschutz
beskyttelse mot snøskred -en m
[bəʃýtəlsə mu:t snø:skre:d]

das Lawinen-warnschild
varselskilt mot snøskred -et n
[ʋaʃəlʃilt mu:t snø:skre:d]

DAS MEER – HAVET

die Schwimmweste
svømmevest -en m
[svøməvest]

der Rettungsring
livbøye -n m
[li:ʋbœyə]

der Sammelpunkt
samlepunkt -et n
[samləpʉŋkt]

der Sturm
storm -en m
[storm]

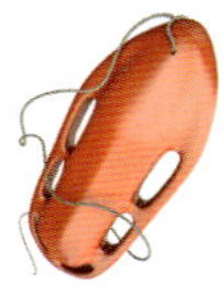

die Rettungsboje
redningsbøye -n m
[redniŋsbœyə]

der Rettungsschwimmer
livredder -en m
[li:ʋredər]

der Wachturm
vakttårn -et n
[ʋakto:ɳ]

der Tsunami
tsunami -en m
[tsʉ:ná:mi]

das Küstenwachboot
kystvaktbåt -en m
[çystʋaktbo:t]

das Rettungsboot
redningsbåt -en m
[redniŋsbo:t]

kentern
å **kantre**
[kantrə]

der Schiffbruch
skipbrudd -et n
[ʃi:pbrʉd]

der/die Vermisste	den **savnede** m [saʋnədə]
das Rettungstau	**redningstau** -et n [redniŋstæʉ]
die Wetterbedingungen	**værforhold** -et n [ʋæ:rfɔrhɔl]
der Seewetterbericht	**værvarsel for havet** -et n [ʋæ:rʋaʃəl fɔr ˈha:ʋə]
die Suche	**søk** -et n [sø:k]
ertrinken	å **drukne** [druknə]
die Havarie	**havari** -et n [haʋarí]
in Seenot geraten	å **komme i havsnød** [kɔmə i haʋsnø:d]

WEITERE NOTSITUATIONEN – ANDRE NØDSITUASJONER

die Explosion
eksplosjon -en m
[eksplʉʃú:n]

die Epidemie
epidemi -en m
[epidemí]

die Evakuierung
evakuering -en m
[evakʉé:riŋ]

der Bombenalarm
bombealarm -en m
[bumbəalarm]

die nukleare Katastrophe
atomkatastrofe -n m
[atú:mkatastru:fə]

die Notlandung
nødlanding -en m
[nø:dlaniŋ]

der Terrorangriff
terrorangrep -et n
[tɛrurangre:p]

retten
å **redde**
[redə]

die Notrufnummer
nødtelefon -en m
[nø:dteləfu:n]

die Überwachungs-kamera
overvåkningskamera -et n
[o:vərvo:kniŋska:məra]

der Verletzte
den **skadede** m
[ska:dədə]

die Verletzung
skade -n m
[ska:də]

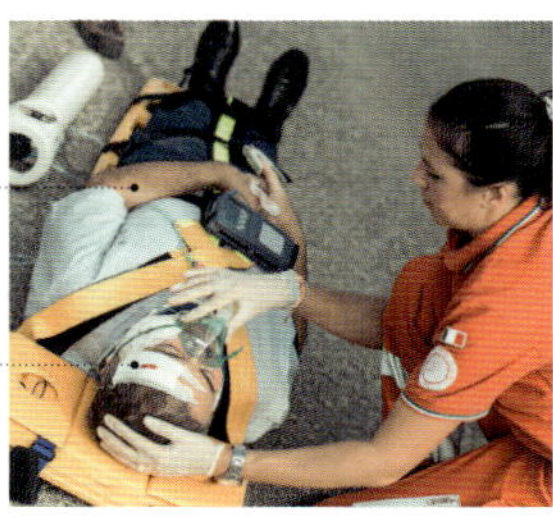

der/die Vermisste	den **savnede** m [savnədə]
die Suchmannschaft	**letemannskap** -et n [le:təmanska:p]
die Gefahr	**fare** -n m [fa:rə]
Hilfe!	**Hjelp!** [jelp]
Es ist ein Unfall passiert!	**Det har skjedd en ulykke!** [de ha:r ʃed e:n ˈʉ:lykə]
Rufen Sie einen Rettungswagen!	**Ring etter sykebil!** [riŋ etər ˈsy:kəbi:l]
Rufen Sie die Polizei!	**Ring politiet!** [riŋ pulitíə]
Rufen Sie die Feuerwehr!	**Ring brannvesenet!** [riŋ ˈbranve:sənə]

Achtung, Gefahr!
Obs! Fare!
[ops fa:rə]

ERDE UND NATUR

JORDEN OG NATUREN

DER WELTRAUM – VERDENSROMMET

das Sonnensystem
solsystem -et n
[su:lsystém]

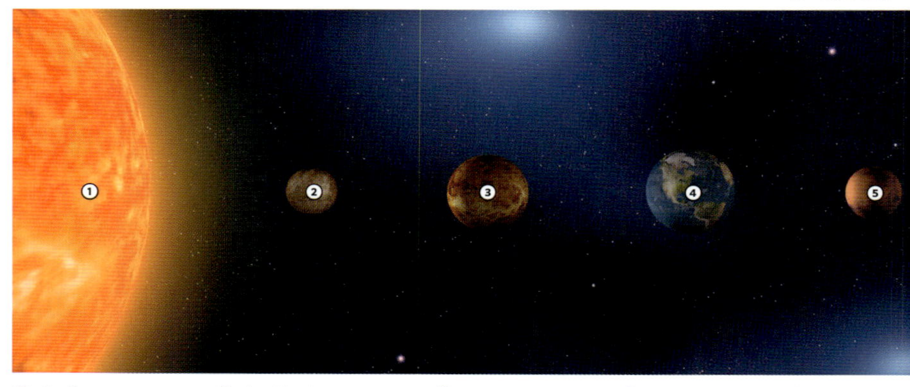

① *die Sonne*
sol -en m
[su:l]

② *der Merkur*
Merkur
[mɛrkʉ́:r]

③ *die Venus*
Venus
[ʋé:nʉs]

④ *die Erde*
Jorden
[júɖən]

⑤ *der Mars*
Mars
[ma:ʃ]

die Mondphasen
månefaser -fasene pl
[mo:nəfa:sər]

⑤ *die Mondsichel*
månesigd -en m
[mo:nəsigd]

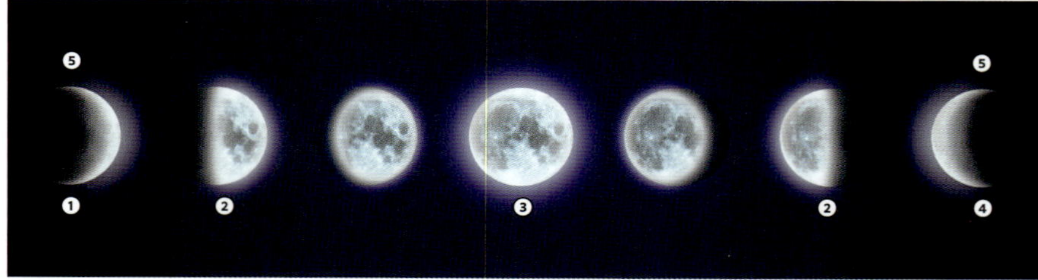

① *der zunehmende Mond*
ny -et n
[ny]

② *der Halbmond*
halvmåne -n m
[halmo:nə]

③ *der Vollmond*
fullmåne -n m
[fʉlmo:nə]

④ *der abnehmende Mond*
ne -et n
[ne]

DER WELTRAUM – VERDENSROMMET

⑥ *der Jupiter*
Jupiter
[jʉ́:pitər]

⑦ *der Saturn*
Saturn
[satʉ́:ɳ]

⑧ *der Uranus*
Uranus
[ʉrá:nʉs]

⑨ *der Neptun*
Neptun
[neptʉ́:n]

das Raumschiff
romskip -et n
[rumʃi:p]

① *der Außentank*
den **utvendige tanken** m
[ʉ:tʋendiə tankən]

② *der Booster*
booster -en m
[bʉ:stər]

③ *der Orbiter*
bandesonde -n m
[ba:nəsondə]

DER WELTRAUM – VERDENSROMMET

die Sonnenfinsternis
solformørkelse -n m
[su:lfɔrmø:rkəlsə]

die Galaxie
galakse -n m
[galáksə]

die Milchstraße
Melkeveien
[melkəʋæɪən]

der Komet
komet -en m
[kumé:t]

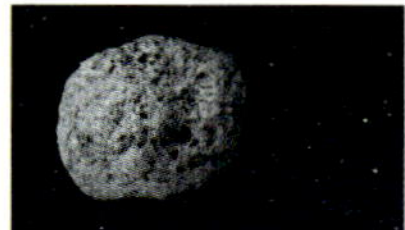

der Asteroid
asteroide -n m
[astəruìde]

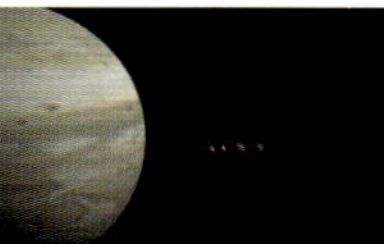

der Planet
planet -en m
[plané:t]

der Meteor
meteor -en m
[meteú:r]

das Universum
univers -et n
[ʉniʋeʃ]

der Astronaut
astronaut -en m
[astrunǽʉt]

der Satellit
satellitt -en m
[satelít]

die Sternwarte
observatorium -riet n
[upsərʋatú:rium]

das Radioteleskop
radioteleskop -et n
[rá:dioteleskú:p]

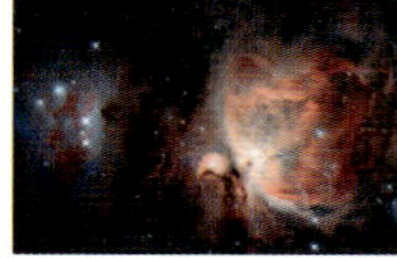

der Nebel
tåke -n m
[to:kə]

das schwarze Loch	det **svarte hullet** n [sʋaʈə hʉlə]
die Schwerkraft	**tyngdekraft** -en m [tyŋdəkraft]
die Umlaufbahn	**omløpsbane** -n m [umlø:psba:nə]
das Lichtjahr	**lysår** -et n [ly:so:r]
der Urknall	**big bang** -et n [big bæŋ]
der Stern	**stjerne** -n m [stjæ:ɳə]
die Raumstation	**romstasjon** -en m [rumstaʃú:n]
die Astronomie	**astronomi** -en m [astrunumí]

DIE ERDE – JORDEN

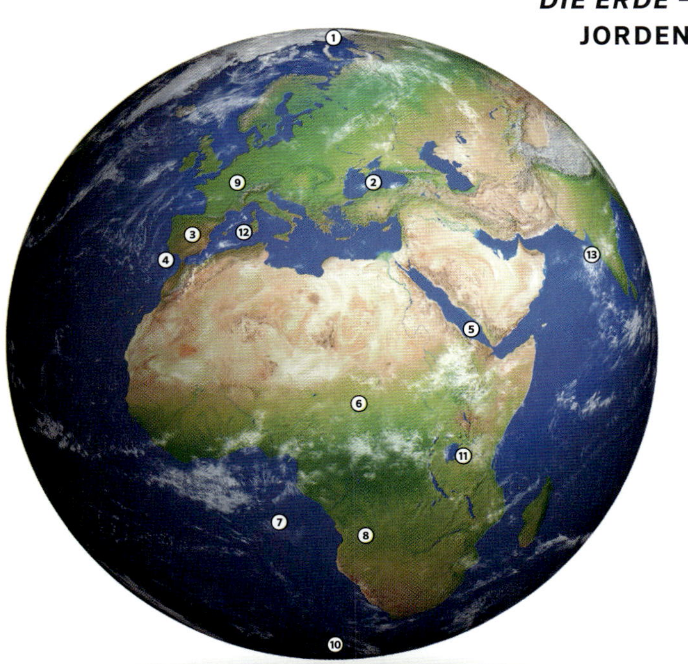

① *der Nordpol*
Nordpolen
[nu:rpu:lən]

② *das Binnenmeer*
innhav -et n
[inha:ʋ]

③ *die Halbinsel*
halvøy -a f
[halœy]

④ *die Meerenge*
sund -et n
[sʉn]

⑤ *der Golf*
golf -en m
[golf]

⑥ *der Kontinent*
kontinent -et n
[kuntinént]

⑦ *das Meer*
hav -et n
[ha:ʋ]

⑧ *das Land*
land -et n
[lan]

⑨ *die Gebirgskette*
fjellkjede -n m
[fjelçe:də]

⑩ *der Südpol*
Sydpolen
[sy:dpu:lən]

⑪ *der See*
innsjø -en m
[inʃø]

⑫ *die Insel*
øy -a f
[œy]

⑬ *die Bucht*
bukt -a f
[bukt]

die Atmosphäre	**atmosfære** -n m [atmusfǽ:rə]
der Erdmantel	**jordmantel** -en m [ju:rmantəl]
die Erdkruste	**jordskorpe** -skorpa f [ju:rskorpə]
der innere Erdkern	den **innvendige jordkjernen** m [inʋendiə ju:rçɛ:ɳən]
der äußere Erdkern	den **utvendige jordkjernen** m [ʉ:tʋendiə ju:rçɛ:ɳən]
die Platte	**plate** plata f [pla:tə]
das Grundgestein	**grunnfjell** -et n [grʉnfjel]
die Erde	**Jorden** [júɖən]

DIE WELTKARTE – VERDENSKARTET

① *das Nordpolarmeer*
Nordishavet
[nu:ri:sha:ʋə]

⑥ *der Pazifische Ozean*
Stillehavet
[stiləha:ʋə]

⑦ *der Atlantische Ozean*
Atlanterhavet
[atlántərha:ʋə]

⑧ *der Indische Ozean*
Det indiske hav
[de indiskə ha:ʋ]

⑨ *das Arabische Meer*
Det arabiske hav
[de ará:biskə ha:ʋ]

⑩ *das Karibische Meer*
Det karibiske hav
[de karíbiskə ha:ʋ]

⑪ *das Mittelmeer*
Middelhavet
[midəlha:ʋə]

⑫ *die Nordsee*
Nordsjøen
[nu:rʃøən]

⑬ *die Ostsee*
Østersjøen
[østərʃøən]

⑭ *das Kaspische Meer*
Det kaspiske hav
[de kaspiskə ha:ʋ]

⑮ *das Schwarze Meer*
Svartehavet
[sʋaʈəha:ʋə]

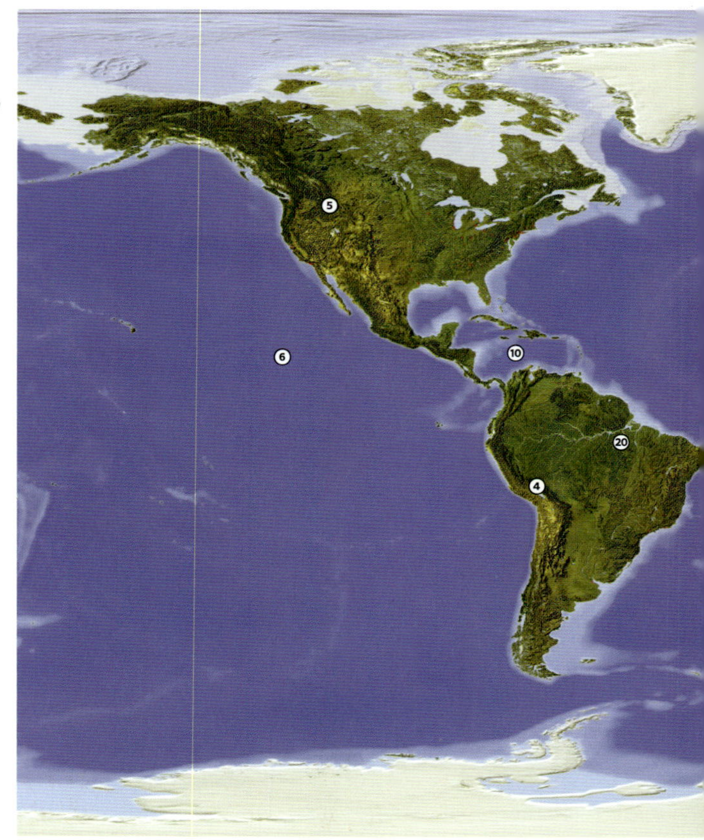

⑯ *der Ärmelkanal*
Den engelske kanal
[den eŋəlskə kaná:l]

⑰ *das Rote Meer*
Rødehavet
[rø:dəha:ʋə]

⑱ *das Südpolarmeer*
Sørishavet
[sø:ri:sha:ʋə]

② *der Himalaja*
Himalaya
[himalája]

③ *die Alpen*
Alpene
[alpənə]

④ *die Anden*
Andesfjellene
[andəsfjelənə]

⑤ *die Rocky Mountains*
Rocky Mountains
[rɒki ˈmaʊntɪnz]

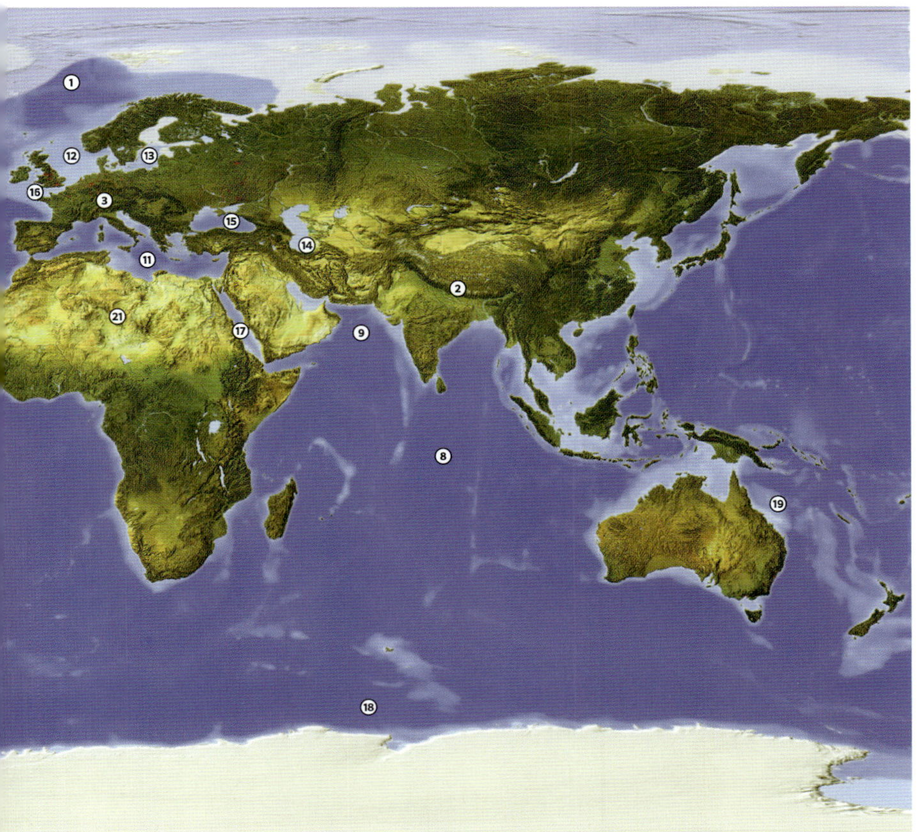

⑲ *das Great Barrier Reef*
Great Barrier Reef
[greɪt ˈbæriər riːf]

⑳ *Amazonien*
Amazonas
[amasúːnas]

㉑ *die Sahara*
Sahara
[sahára]

DIE WELTKARTE – VERDENSKARTET

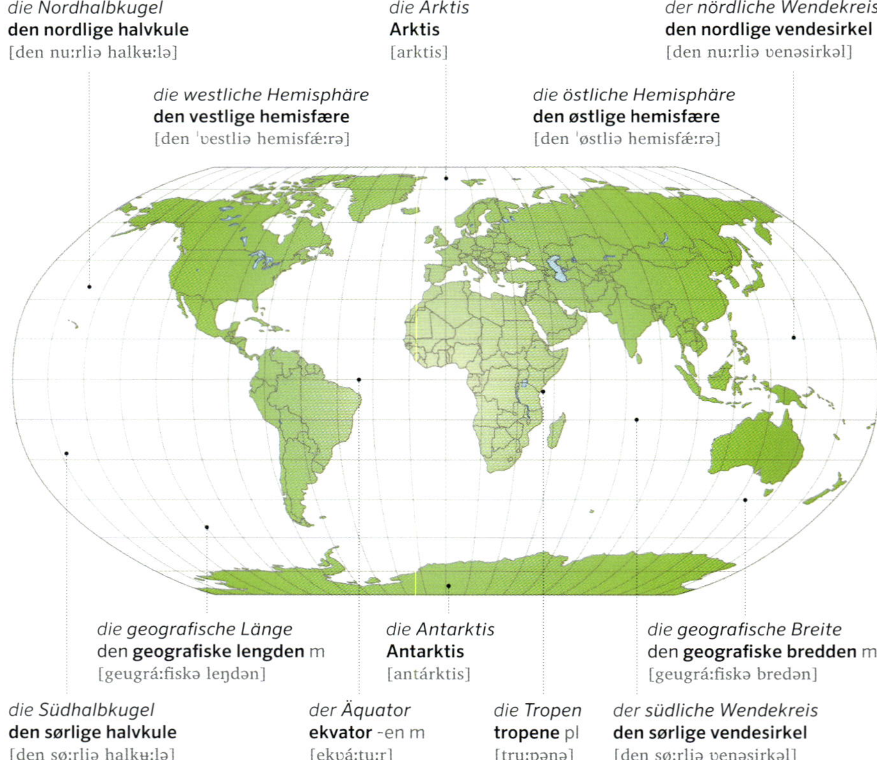

der nördliche Polarkreis	**den nordlige polarsirkel** [den ˈnu:rliə pulá:rsirkəl]
der südliche Polarkreis	**den sørlige polarsirkel** [den ˈsø:rliə pulá:rsirkəl]
das Land	**land** -et n [lan]
der Staat	**stat** -en m [sta:t]
die Nation	**nasjon** -en m [naʃú:n]
das Territorium	**territorium** -riet n [tɛritú:riʉm]

das Fürstentum	**fyrstedømme** -t n [fyʃtədømə]
das Königreich	**kongerike** -t n [koŋəri:kə]
die Republik	**republikk** -en m [repʉblík]
die Kolonie	**koloni** -en m [kuluní]
die Provinz	**provins** -en m [pruʋíns]
die Zone	**sone** -n m [su:nə]
die Region	**region** -en m [regiú:n]
die Hauptstadt	**hovedstad** -en m [hu:ʋədsta:d]

UN-MITGLIEDSSTAATEN – FN-MEDLEMSLAND

Europa – Europa

Albanien
Albania
[albá:nia]

Andorra
Andorra
[andóra]

Belgien
Belgia
[belgia]

Bosnien und Herzegowina
Bosnia og Herzegovina
[bosnia o hertsəgóʋina]

Bulgarien
Bulgaria
[bʉlgá:ria]

Dänemark
Danmark
[danmark]

Deutschland
Tyskland
[tysklan]

Estland
Estland
[éstlan]

Finnland
Finland
[fínlan]

Frankreich
Frankrike
[fraŋkri:kə]

Griechenland
Hellas
[hélas]

Irland
Irland
[írlan]

Island
Island
[íslan]

Italien
Italia
[itá:lia]

Kroatien
Kroatia
[kruátsia]

Lettland
Latvia
[latʋia]

UN-MITGLIEDSSTAATEN – FN-MEDLEMSLAND

Europa – Europa

Liechtenstein
Liechtenstein
[liçtənstæɪn]

Litauen
Litauen
[litæʉən]

Luxemburg
Luxembourg
[lʉksəmbʉrg]

Malta
Malta
[malta]

Moldawien
Moldavia
[moldáːʋia]

Monaco
Monaco
[munáku]

Montenegro
Montenegro
[montənéːgru]

die Niederlande
Nederland
[neːdərlan]

Nordmazedonien
Nord-Makedonia
[nuːrmakədúnia]

Norwegen
Norge
[norgə]

Österreich
Østerrike
[østəriːkə]

Polen
Polen
[púːlən]

Portugal
Portugal
[puʈʉgaːl]

Rumänien
Romania
[rumáːnia]

Russland
Russland
[rʉslan]

San Marino
San Marino
[sanmarínu]

UN-MITGLIEDSSTAATEN – FN-MEDLEMSLAND

Europa – Europa

Schweden
Sverige
[svɛ́rjə]

die Schweiz
Sveits
[svæɪts]

Serbien
Serbia
[særbia]

die Slowakei
Slovakia
[slu:vá:kia]

Slowenien
Slovenia
[slu:vé:nia]

Spanien
Spania
[spania]

Tschechien
Tsjekkia
[tʃekia]

die Ukraine
Ukraina
[ʉkraí:na]

Ungarn
Ungarn
[úŋgaɳ]

das Vereinigte Königreich
Det forente kongeriket
[de fɔré:ntə ˈkoŋəri:kə]

Weißrussland
Hviterussland
[vi:tərʉslan]

Zypern
Kypros
[ký:prus]

Nord- und Mittelamerika – Nord-Amerika og Mellom-Amerika

Antigua und Barbuda
Antigua og Barbuda
[antí:ga o barbʉ́:da]

die Bahamas
Bahamas
[bahá:mas]

Barbados
Barbados
[barbados]

Belize
Belize
[belí:s]

UN-MITGLIEDSSTAATEN – FN-MEDLEMSLAND

Nord- und Mittelamerika – Nord-Amerika og Mellom-Amerika

Costa Rica
Costa Rica
[kóstarí:ka]

Dominica
Dominica
[dumí:nika]

die Dominikanische Republik
Den dominikanske republikk
[den duminiká:nskə republík]

El Salvador
El Salvador
[ɛl salʋado:r]

Grenada
Grenada
[grená:da]

Guatemala
Guatemala
[gʉatəmá:la]

Haiti
Haiti
[haí:ti]

Honduras
Honduras
[hondʉ́:ras]

Jamaika
Jamaica
[ʃamáika]

Kanada
Canada
[kanada]

Kuba
Cuba
[kʉ́:ba]

Mexiko
Mexico
[meksiku]

Nicaragua
Nicaragua
[nikará:gʉa]

Panama
Panama
[panama]

St. Kitts und Nevis
St. Kitts og Nevis
[saŋt kits o ní:ʋis]

St. Lucia
St. Lucia
[saŋt lu:ʃə]

UN-MITGLIEDSSTAATEN – FN-MEDLEMSLAND

Nord- und Mittelamerika – Nord-Amerika og Mellom-Amerika

St. Vincent und die Grenadinen
St. Vincent og Grenadinene
[saŋt ʋínsənt o grenadínənə]

Trinidad und Tobago
Trinidad og Tobago
[trinidad o tubágu]

die Vereinigten Staaten
De forente stater
[de fɔré:ntə sta:tər]

Südamerika – Sør-Amerika

Argentinien
Argentina
[argentí:na]

Bolivien
Bolivia
[bulí:ʋia]

Brasilien
Brasil
[brasí:l]

Chile
Chile
[ʃi:lə]

Ecuador
Ecuador
[ekʋadór]

Guyana
Guyana
[gʉyá:na]

Kolumbien
Columbia
[kulúmbia]

Paraguay
Paraguay
[paragʉái]

Peru
Peru
[perʉ́]

Suriname
Surinam
[sʉrinám]

Uruguay
Uruguay
[ʉrʉgʉái]

Venezuela
Venezuela
[ʋenəsʉ:é:la]

UN-MITGLIEDSSTAATEN – FN-MEDLEMSLAND

Afrika – Afrika

Ägypten
Egypt
[egýpt]

Algerien
Algerie
[alʃerí]

Angola
Angola
[aŋgú:la]

Äquatorialguinea
Ekvatorial-Guinea
[ekʋaturiá:lginea]

Äthiopien
Etiopia
[etiú:pia]

Benin
Benin
[benín]

Botswana
Botswana
[butsʋa:na]

Burkina Faso
Burkina Faso
[bʉrkí:na fá:su]

Burundi
Burundi
[bʉrʉ́ndi]

die Demokratische Republik Kongo
Den demokratiske republikken Kongo
[den demokrá:tiskə repʉblikən kóŋgu]

Dschibuti
Djibouti
[dʃibú:ti]

die Elfenbeinküste
Elfenbenskysten
[elfənbe:nsçystən]

Eritrea
Eritrea
[eritréa]

Gabun
Gabon
[gabú:n]

Gambia
Gambia
[gambia]

Ghana
Ghana
[gá:na]

UN-MITGLIEDSSTAATEN – FN-MEDLEMSLAND

Afrika – Afrika

Guinea
Guinea
[ginéa]

Guinea-Bissau
Guinea-Bissau
[ginéa bísæʉ]

Kamerun
Kamerun
[kamərʉ́:n]

Kap Verde
Kapp Verde
[kap ʋerdə]

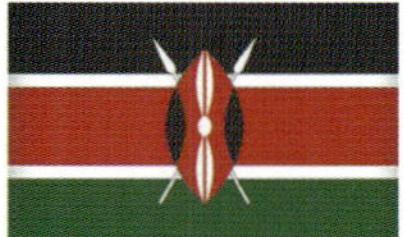

Kenia
Kenya
[ké:nia]

die Komoren
Komorene
[kumú:rənə]

Lesotho
Lesotho
[lesú:tu]

Liberia
Liberia
[libé:ria]

Libyen
Libya
[libya]

Madagaskar
Madagaskar
[madagá:skar]

Malawi
Malawi
[malá:ʋi]

Mali
Mali
[má:li]

Mauretanien
Mauritania
[mæʉritá:nia]

Mauritius
Mauritius
[mæʉrítsiʉs]

Marokko
Marokko
[maróku]

Mosambik
Mosambik
[musambík]

UN-MITGLIEDSSTAATEN – FN-MEDLEMSLAND

Afrika – Afrika

Namibia
Namibia
[namí:bia]

(der) Niger
Niger
[ni:gé:r]

Nigeria
Nigeria
[nigé:ria]

die Republik Kongo
Republikken Kongo
[repʉblíkən kóŋgu]

Ruanda
Rwanda
[ruánda]

Sambia
Zambia
[sámbia]

São Tomé und Príncipe
São Tomé og Príncipe
[sao tomé o ˈprinsipə]

(der) Senegal
Senegal
[senegal]

die Seychellen
Seychellene
[sæɪʃélǝne]

Sierra Leone
Sierra Leone
[siéra leúne]

Simbabwe
Zimbabwe
[simbábʊə]

Somalia
Somalia
[sumá:lia]

Südafrika
Sør-Afrika
[sø:rafrika]

der Sudan
Sudan
[sʉdá:n]

der Südsudan
Sør-Sudan
[sø:rsʉdá:n]

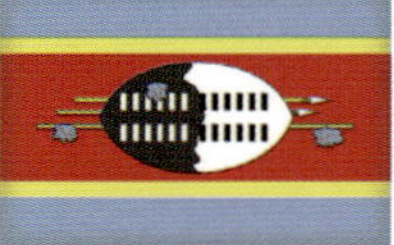

Swasiland
Swaziland
[svɑ:tsilan]

UN-MITGLIEDSSTAATEN – FN-MEDLEMSLAND

Afrika – Afrika

Tansania
Tanzania
[tansanía]

Togo
Togo
[tó:gu]

der Tschad
Tsjad
[tʃad]

Tunesien
Tunisia
[tʉnísia]

Uganda
Uganda
[ʉgánda]

die Zentralafrikanische Republik
Den sentralafrikanske republikken
[den sentrá:lafrikanskə repʉblíkən]

Asien – Asia

Afghanistan
Afghanistan
[afgá:nistan]

Armenien
Armenia
[armé:nia]

Aserbaidschan
Aserbajdsjan
[asɛrbadʃá:n]

Bahrain
Bahrain
[barǽin]

Bangladesch
Bangladesh
[baŋladéʃ]

Bhutan
Bhutan
[bʉ:tá:n]

Brunei
Brunei
[brʉnǽi]

China
Kina
[çí:na]

UN-MITGLIEDSSTAATEN – FN-MEDLEMSLAND

Asien – Asia

Georgien
Georgia
[geórgia]

Indien
India
[índia]

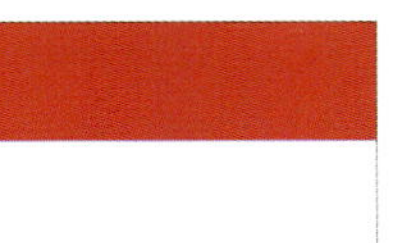

Indonesien
Indonesia
[induné:sia]

(der) Irak
Irak
[irá:k]

(der) Iran
Iran
[irá:n]

Israel
Israel
[í:sraél]

Japan
Japan
[já:pan]

(der) Jemen
Jemen
[jé:mən]

Jordanien
Jordan
[jú:rdan]

Kambodscha
Kambodsja
[kambódʃa]

Kasachstan
Kasakhstan
[kasakstá:n]

Kirgisistan
Kirgisistan
[kirgí:sista:n]

Kuwait
Kuwait
[kʉʋáit]

Laos
Laos
[laús]

(der) Libanon
Libanon
[li:banon]

Katar
Qatar
[katá:r]

UN-MITGLIEDSSTAATEN – FN-MEDLEMSLAND

Asien – Asia

Malaysia
Malaysia
[malɑ́isia]

die Malediven
Maldivene
[maldí:ʋənə]

die Mongolei
Mongolia
[muŋgú:lia]

Myanmar
Myanmar
[myanmá:r]

Nepal
Nepal
[ne:pá:l]

Nordkorea
Nord-Korea
[nu:rku:rea]

Oman
Oman
[omá:n]

Osttimor
Øst-Timor
[østimu:r]

Pakistan
Pakistan
[pa:kista:n]

die Philippinen
Filippinene
[filipí:nənə]

Saudi-Arabien
Saudi-Arabia
[sæʉdiarabia]

Singapur
Singapore
[siŋapu:r]

Sri Lanka
Sri Lanka
[srilá̃ŋka]

Südkorea
Sør-Korea
[sø:rku:rea]

Syrien
Syria
[sy:ria]

Tadschikistan
Tadsjikistan
[tatʃí:kista:n]

UN-MITGLIEDSSTAATEN – FN-MEDLEMSLAND

Asien – Asia

Thailand
Thailand
[táilan]

die Türkei
Tyrkia
[tyrkia]

Turkmenistan
Turkmenistan
[tʉrkmé:nista:n]

Usbekistan
Usbekistan
[ʉsbé:kista:n]

die Vereinigten Arabischen Emirate
De forente arabiske emirater
[di fɔré:ntə ará:biskə emirá:tər]

Vietnam
Vietnam
[ʋietná:m]

Ozeanien – Oseania

Australien
Australia
[æʉstrá:lia]

Fidschi
Fiji
[fidʃi]

Kiribati
Kiribati
[kiribá:ti]

die Marshallinseln
Marshalløyene
[maʃalœyənə]

Mikronesien
Mikronesia
[mikru:né:sia]

Nauru
Nauru
[naʉ́:rʉ]

Neuseeland
New Zealand
[njʉsílæ:n]

Palau
Palau
[paláu]

UN-MITGLIEDSSTAATEN – FN-MEDLEMSLAND

Ozeanien – Oseania

Papua-Neuguinea
Papua-New Guinea
[papua nju ginéa]

die Salomonen
Salomonøyene
[sa:lumu:nœyənə]

Samoa
Samoa
[samúa]

Tonga
Tonga
[tóŋga]

Tuvalu
Tuvalu
[tʉʋá:lʉ]

Vanuatu
Vanuatu
[ʋanʉá:tʉ]

Internationale Organisationen – Internasjonale organisasjoner

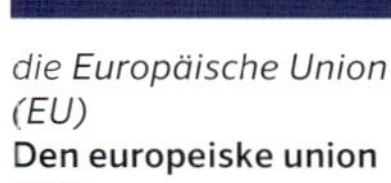
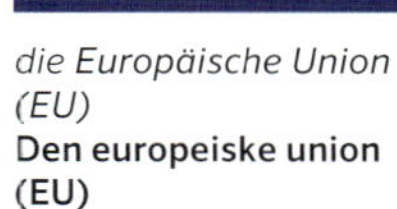

die Europäische Union (EU)
Den europeiske union (EU)
[den æʉrupéiskə ʉniú:n (éʉ)]

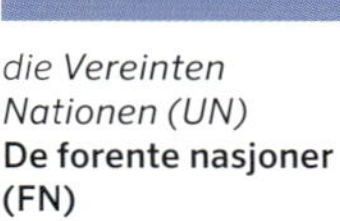

die Vereinten Nationen (UN)
De forente nasjoner (FN)
[di fɔré:ntə naʃú:nər (efen)]

die Organisation des Nordatlantikvertrags (NATO)
Det nordatlantiske forsvarsforbundet (NATO)
[de nu:ratlantiskə fɔʃʋa:ʃfɔrbʉnə (ná:tu)]

die Afrikanische Union
Den afrikanske union
[den afriká:nskə ʉniú:n]

die Arabische Liga
Den arabiske liga
[den ará:biskə lí:ga]

die UNESCO
UNESCO
[ʉnésku]

das Commonwealth
Commonwealth
[kɒmənwelθ]

DAS WETTER – VÆRET

sonnig
sol -a f
[su:l]

wolkig
skyet
[ʃyət]

neblig
tåket
[to:kət]

windig
vind -en m
[ʋin]

heiß
varmt
[ʋarmt]

warm
varmt
[ʋarmt]

kalt
kaldt
[kalt]

bedeckt
overskyet
[o:ʋərʃyət]

vereist
iset
[i:sət]

verschneit
mye snø
[myə snø]

regnerisch
regnvær -et n
[reŋnʋæ:r]

stürmisch
stormfullt
[stormfʉlt]

feucht
fuktig
[fʉkti]

die Temperatur	**temperatur** -en m [tempəratʉ́:r]
der Grad	**grad** -en m [gra:d]
Celsius	**celsius** [sélsiʉs]
Fahrenheit	**fahrenheit** [fa:rənhæɪt]
die Wettervorhersage	**værvarsel** -et n [ʋæ:rʋaʃəl]
Wie ist das Wetter?	**Hvordan er været?** [ʋuɖan æ:r ʋæ:rə]
Es ist schön/trüb/nasskalt.	**Det er pent/overskyet/rått.** [de æ:r pe:nt/o:ʋərʃyət/rɔt]
Es regnet/schneit.	**Det regner/snør.** [de reŋnər/snø:r]

DAS WETTER – VÆRET

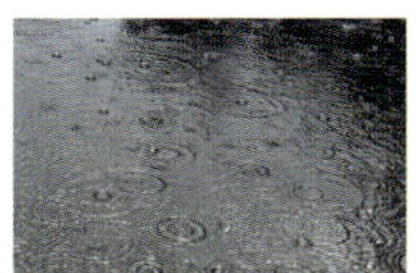

der Regen
regn -et n
[reŋn]

der Regenbogen
regnbue -n m
[reŋnbʉə]

der Sonnenschein
solskinn -et n
[su:lʃin]

der Wind
vind -en m
[ʋin]

das Gewitter
tordenvær -et n
[turdənʋæ:r]

der Donner
torden -et n
[túrdən]

der Blitz
lyn -et n
[ly:n]

der Hagel
hagl -et n
[hagl]

der Raureif
rimfrost -en m
[ri:mfrost]

der Schnee
snø -en m
[snø]

der Frost
frost -en m
[frost]

das Eis
is -en m
[i:s]

die Brise	**bris** -en m [bri:s]
die Windgeschwindigkeit	**vindhastighet** -en m [ʋinhastihe:t]
der Pollenflug	**pollenmengde** -n m [polənmeŋdə]
die UV-Strahlen	**UV-stråler** -strålene pl [úʋéstro:lər]
der Ozon	**ozon** -et n [usú:n]
die Ozonschicht	**ozonlag** -et n [usú:nla:g]
die Stratosphäre	**stratosfære** -n m [stra:tusfæ:rə]
die Troposphäre	**troposfære** -n m [tru:pusfæ:rə]

der Smog
smog -en m
[smog]

DAS WETTER – VÆRET

Naturkatastrophen – Naturkatastrofer

die Dürre
tørke tørka f
[tørkə]

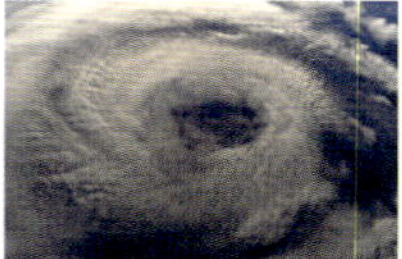

der Hurrikan
orkan -en m
[urká:n]

der Tornado
tornado -en m
[tuɳá:du]

der Monsun
monsun -en m
[munsʉ́:n]

die Überschwemmung
oversvømmelse -n m
[o:ʋərsʋøməlsə]

das Erdbeben
jordskjelv -et n
[ju:rʃelʋ]

der Vulkanausbruch
vulkanutbrudd -et n
[ʋʉlká:nʉ:tbrʉd]

der Tsunami
tsunami -en m
[tsʉ:ná:mi]

der Erdrutsch
jordskred -et n
[ju:rskre:d]

der Waldbrand
skogbrann -en m
[sku:gbran]

die Hitzewelle
hetebølge -n m
[he:təbølgə]

der Sturm
storm -en m
[storm]

die Lawine
snøskred -et n
[snø:skre:d]

der Schneesturm
snøstorm -en m
[snø:storm]

der (tropische) Wirbelsturm
(tropisk) virvelstorm -en m
[(tru:pisk) ʋirʋəlstorm]

die Pandemie
pandemi -en m
[pandəmí]

DIE LANDSCHAFT – LANDSKAPET

der Berg
fjell -et n
[fjel]

der Gipfel
fjelltopp -en m
[fjeltop]

das Gebirge
fjell -et n
[fjel]

der Wald
skog -en m
[sku:g]

der Berghang
fjellskrent -en m
[fjelskrent]

der See
innsjø -en m
[inʃø]

der Felsen
fjellknaus -en m
[fjelknæʉs]

das Tal
dal -en m
[da:l]

der Fluss
elv -a f
[elʋ]

die Flussmündung
elveos -et n
[elʋəu:s]

die Höhle
hule -n m
[hʉ:lə]

die Klippe
klippe -n m
[klipə]

die Küste
kyst -en m
[çyst]

der Gletscher
isbre -en m
[i:sbre]

der Wasserfall
foss -en m
[fɔs]

DIE LANDSCHAFT – LANDSKAPET

das Plateau
platå -et n
[pla:tó]

der Hügel
ås -en m
[o:s]

die Ebene
slette sletta f
[ʃletə]

die Schlucht
kløft -a f
[kløft]

die Wüste
ørken -en m
[ørkən]

die Wiese
eng -a f
[eŋ]

das Feuchtgebiet
våtområde -t n
[ʋo:tumro:də]

die Heide
hei -a f
[hæɪ]

das Grasland
gressland -et n
[greslan]

der Geysir
geysir -en m
[gæɪsí:r]

die Thermalquelle
termalkilde -n m
[termá:lçildə]

der Vulkan
vulkan -en m
[ʋʉlká:n]

die Bucht
bukt -a f
[bukt]

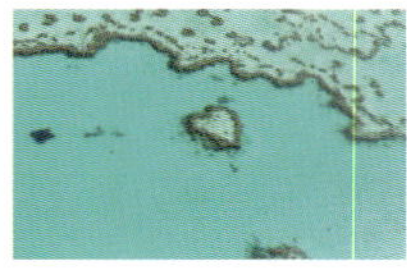

das Korallenriff
korallrev -et n
[kurálre:ʋ]

die Insel
øy -a f
[œy]

der Gebirgsbach
fjellbekk -en m
[fjelbek]

STEINE UND MINERALIEN – STEINER OG MINERALER

das Eisenerz
jernmalm -en m
[jæ:ɳmalm]

der Sandstein
sandstein -en m
[sanstæɪn]

der Asphalt
asfalt -en m
[ásfalt]

der Granit
granitt -en m
[granít]

der Kalkstein
kalkstein -en m
[kalkstæɪn]

die Kreide
kritt -et n
[krit]

die Kohle
kull -et n
[kʉl]

der Schiefer
skifer -en m
[ʃí:fər]

der Marmor
marmor -en m
[mármur]

der Schwefel
svovel -en m
[svʊo:ʊəl]

der Grafit
grafitt -en m
[grafít]

das Gold
gull -et n
[gʉl]

das Silber
sølv -et n
[søl]

das Kupfer
kobber -et n
[kobər]

das Quecksilber
kvikksølv -et n
[kʊiksøl]

der Bauxit
bauksitt -en m
[bæʉksít]

STEINE UND MINERALIEN – STEINER OG MINERALER

Edel- und Halbedelsteine – Edel- og halvedelsteiner

der Rubin
rubin -en m
[rʉbíːn]

der Aquamarin
akvamarin -en m
[akʋamaríːn]

der Jade
jade -n m
[jadə]

der Smaragd
smaragd -en m
[smarágd]

der Saphir
safir -en m
[safíːr]

der Amethyst
ametyst -en m
[amətyst]

der Quarz
kvarts -en m
[kʋaʈs]

der Diamant
diamant -en m
[diamánt]

der Turmalin
turmalin -en m
[tʉrmalíːn]

der Topas
topas -en m
[tupáːs]

der Granat
granat -en m
[granáːt]

das/der Tigerauge
tigerøye -t n
[tiːgərœyə]

der Opal
opal -en m
[upáːl]

der Bernstein
rav -et n
[raːʋ]

der Türkis
turkis -en m
[tʉrkíːs]

der Rosenquarz
rosekvarts -en m
[ruːsəkʋaʈs]

der Onyx
onyks -en m
[unýks]

die Perle
perle perla f
[pæɽə]

der Lapislazuli
lasurstein -en m
[lasʉ́ːrstæɪn]

der Citrin
citrin -en m
[sitríːn]

PFLANZEN – PLANTER

Bäume – Trær

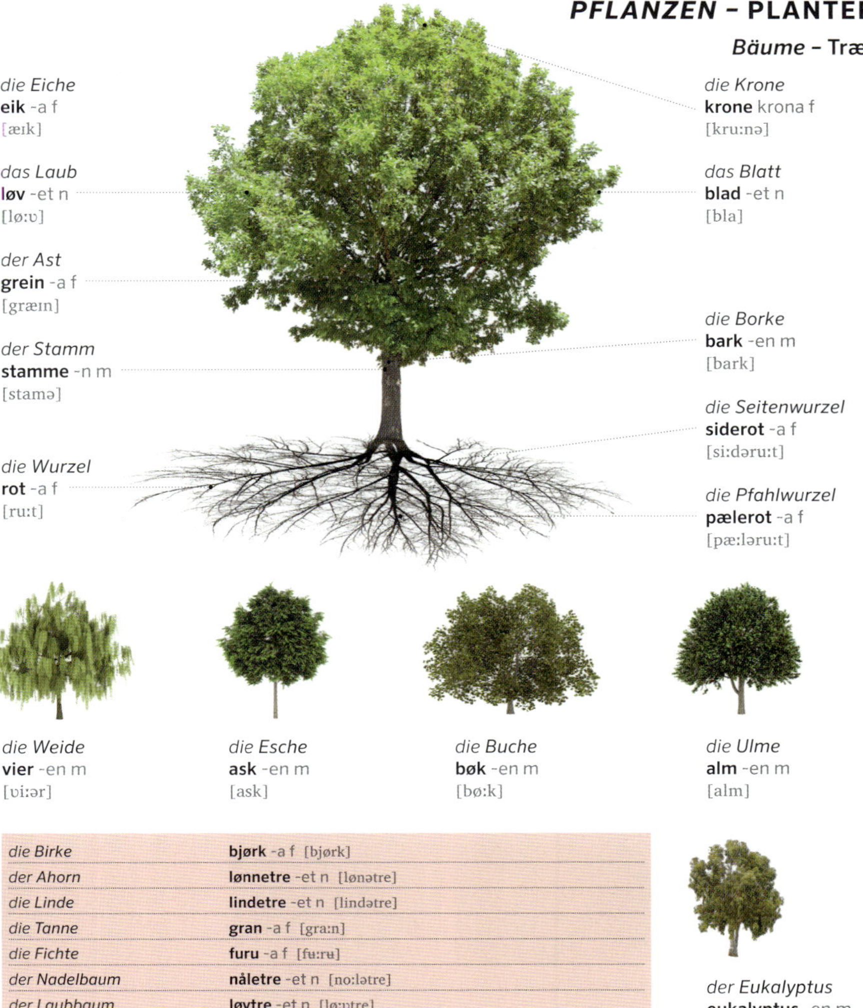

die Eiche
eik -a f
[æɪk]

das Laub
løv -et n
[lø:ʋ]

der Ast
grein -a f
[græɪn]

der Stamm
stamme -n m
[stamə]

die Wurzel
rot -a f
[ru:t]

die Krone
krone krona f
[kru:nə]

das Blatt
blad -et n
[bla]

die Borke
bark -en m
[bark]

die Seitenwurzel
siderot -a f
[si:dəru:t]

die Pfahlwurzel
pælerot -a f
[pæ:ləru:t]

die Weide
vier -en m
[ʋi:ər]

die Esche
ask -en m
[ask]

die Buche
bøk -en m
[bø:k]

die Ulme
alm -en m
[alm]

die Birke	**bjørk** -a f [bjørk]
der Ahorn	**lønnetre** -et n [lønətre]
die Linde	**lindetre** -et n [lindətre]
die Tanne	**gran** -a f [gra:n]
die Fichte	**furu** -a f [fu:rʉ]
der Nadelbaum	**nåletre** -et n [no:lətre]
der Laubbaum	**løvtre** -et n [lø:ʋtre]
der immergrüne Baum	det **vintergrønne treet** n [ʋintərgrønə treə]

der Eukalyptus
eukalyptus -en m
[æʉkalýptʉs]

PFLANZEN – PLANTER

Wildpflanzen – Ville panter

die Flechte
lav -n m
[la:ʋ]

das Moos
mose -n m
[mu:sə]

die Distel
tistel -en m
[tístəl]

der Pilz
sopp -en m
[sop]

die Brennnessel
brennesle -n m
[breneʃlə]

der Fingerhut
revebjelle -bjella f
[re:ʋəbjelə]

der Bärenklau
bjørnekjeks -en m
[bjø:ɳəçeks]

der Löwenzahn
løvetann -en m
[lø:ʋətan]

das Gänseblümchen
tusenfryd -en m
[tʉ:sənfry:d]

das Heidekraut
røsslyng -en m
[røslyŋ]

das Hasenglöckchen
klokkeblåstjerne -stjerna f
[klokəblo:stjæ:ɳə]

der Klee
kløver -en m
[klǿ:ʋər]

die Kamille
kamille -n m
[kamílə]

das Maiglöckchen
liljekonvall -en m
[liljəkunʋal]

die Pusteblume
den **avblomstrede løvetannen** m
[a:ʋblomstrədə lø:ʋətanən]

die Butterblume
smørblomst -en m
[smørblomst]

PFLANZEN – PLANTER

Zierblumen – Prydblomster

die Rose
rose rosa f
[ru:sə]

das Blütenblatt
kronblad -et n
[krú:nbla]

die Blüte
blomst -en m
[blomst]

der Stängel
stengel -en m
[steŋəl]

der Stiel
stilk -en m
[stilk]

die Knospe
knopp -en m
[knup]

der Dorn
torn -en m
[tu:ɳ]

das Blatt
blad -et n
[bla]

das Schneeglöckchen
snøklokke -klokka f
[snø:klokə]

der Krokus
krokus -en m
[krú:kʉs]

die Seerose
vannlilje -lilja f
[ʋanliljə]

der Lavendel
lavendel -en m
[laʋéndəl]

der Flieder	**syrin** -en m [syrí:n]
der/das Rhododendron	**rododendron** -en m [rududéndron]
blühen	å **blomstre** [blomstrə]
duften	å **dufte** [dʉftə]
verwelken	å **visne** [ʋisnə]
keimen	å **kime** [çi:mə]
die Frühlingsblume	**vårblomst** -en m [ʋo:rblomst]
der Nachtblüher	den **nattblomstrende planta** f [natblomstrənə planta]

die Petunie
petunia -en m
[petʉ́:nia]

PFLANZEN – PLANTER

Zierblumen – Prydblomster

die Nelke
nellik -en m
[nélik]

die Primel
primula -en m
[prí:mʉla]

die Gerbera
gerbera -en m
[gerbera]

die Tulpe
tulipan -en m
[tʉlipá:n]

die Narzisse
påskelilje -lilja f
[po:skəliljə]

die Iris
iris -en m
[í:ris]

die Chrysantheme
krysantemum -en m
[krysántəmʉm]

die Hyazinthe
hyasint -en m
[hyasínt]

die Ringelblume
ringblomst -en m
[ríŋblomst]

das Stiefmütterchen
stemorsblomst -en m
[stemu:ʃblomst]

die Orchidee
orkide -en m
[orkidé]

der Rosenstrauch
rosebusk -en m
[ru:səbʉsk]

die Lilie
lilje lilja f
[liljə]

die Sonnenblume
solsikke -n m
[su:lsikə]

die Geranie
pelargonia -en m
[pelargú:nia]

die Hortensie
hortensia -en m
[huʈé:nsia]

PFLANZEN – PLANTER

Gartenpflanzen – Hageplanter

der/das Efeu
eføy -en m
[e:fœy]

der Obstbaum
frukttre -et n
[frʉ́ktre]

die Baumblüte
treblomstring -en m
[tre:blomstriŋ]

der Trieb
skudd -et n
[skʉd]

der Formschnitt
formsnitt -et n
[fɔrmsnit]

das Unkraut
ugress -et n
[ʉgres]

blühen
å **blomstre**
[blomstrə]

verwelken
å **visne**
[ʋisnə]

die Palme
palme -n m
[palmə]

der Rasen
plen -a f
[ple:n]

die Blumenwiese
blomstereng -a f
[blomstəreŋ]

die Mohnblume
valmue -n m
[ʋalmʉə]

die Kletterpflanze
klatreplante -planta f
[klatrəplantə]

einjährig
ettårig
[eto:ri]

zweijährig
toårig
[tuo:ri]

mehrjährig
flerårig
[fle:ro:ri]

TIERE – DYR

Säugetiere – Pattedyr

die Ratte
rotte rotta f
[rotə]

der Maulwurf
moldvarp -en m
[molʋarp]

die Katze
katt -en m
[kat]

der Hund
hund -en m
[hʉn]

das Kaninchen
kanin -en m
[kaní:n]

das Meerschweinchen
marsvin -et n
[má:ʃʋi:n]

die Maus
mus -a f
[mʉ:s]

der Hamster
hamster -en m
[hámstər]

die Fledermaus
flaggermus -a f
[flagərmʉ:s]

das Eichhörnchen
ekorn -et n
[ekuɳ]

der Igel
pinnsvin -et n
[pinsʋi:n]

das Frettchen
fritte -n m
[fritə]

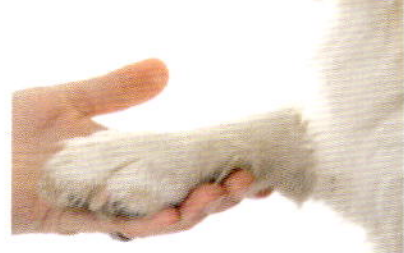

die Pfote
pote/labb -n/-en m
[pu:tə/lab]

das Schnurrhaar	**værhår** -et n [ʋæ:rho:r]
das Fell	**pels** -en m [pels]
das Maul	**snute** -n m [snʉ:tə]
der Schwanz	**hale** -n m [ha:lə]
das Horn	**horn** -et n [hu:ɳ]
die Kralle	**klo** -a f [klu]
die Tatze	**pote/labb** -n/-en m [pu:tə/lab]
der Huf	**hov** -en m [hu:ʋ]

TIERE – DYR

Säugetiere – Pattedyr

der Gepard
gepard -en m
[gəpárd]

der Puma
puma -en m
[pʉ́:ma]

der Wolf
ulv -en m
[ʉlʋ]

der Waschbär
vaskebjørn -en m
[ʋaskəbjø:ɳ]

das Stinktier
stinkdyr -et n
[stí:nkdy:r]

das Erdmännchen
surikat -en m
[sʉ:riká:t]

der Leopard
leopard -en m
[leopárd]

der Dachs
grevling -en m
[greʋliŋ]

der Fuchs
rev -en m
[re:ʋ]

der Jaguar
jaguar -en m
[jagʉá:r]

der Löwe
løve -n m
[lø:ʋə]

der Tiger
tiger -en m
[tí:gər]

der Bär
bjørn -en m
[bjø:ɳ]

der Eisbär
isbjørn -en m
[i:sbjø:ɳ]

der Koala
koala -en m
[kuá:la]

der Pandabär
pandabjørn -en m
[pandabjø:ɳ]

TIERE – DYR

Säugetiere – Pattedyr

das Schwein
gris -en m
[gri:s]

die Ziege
geit -a f
[jæɪt]

das Pferd
hest -en m
[hest]

die Giraffe
giraff -en m
[ʃi:ráf]

das Schaf
sau -en m
[sæʉ]

das Lama
lama -en m
[lá:ma]

der Esel
esel -et n
[é:səl]

das Reh
rådyr -et n
[ró:dy:r]

das Rentier
rein -en m
[ræɪn]

das Kamel
kamel -en m
[kamé:l]

die Kuh
ku -a f
[kʉ]

der Stier
okse -n m
[uksə]

das Nilpferd
flodhest -en m
[flu:dhest]

das Nashorn
nesehorn -et n
[ne:səhu:ɳ]

der Elefant
elefant -en m
[elefánt]

das Zebra
sebra -en m
[sé:bra]

TIERE – DYR

Säugetiere – Pattedyr

das Walross
hvalross -en m
[vaːlros]

der Seelöwe
sjøløve -n m
[ʃøːløːvə]

der Seehund
sel -en m
[seːl]

der Delfin
delfin -en m
[delfíːn]

der Schwertwal
sverdhval -en m
[sverdvaːl]

der Otter
oter -en m
[uːtər]

die Biberratte
beverrotte -rotta f
[beːvərotə]

der Gorilla
gorilla -en m
[guríla]

der Orang-Utan
orangutang -en m
[uraŋgʉtáŋ]

der Gibbon
gibbon -en m
[gibon]

der Pavian
bavian -en m
[baviáːn]

der Schimpanse
sjimpanse -n m
[ʃimpánsə]

das Faultier
dovendyr -et n
[doːvəndyːr]

der Ameisenbär
maursluker -en m
[mæʉrslʉːkər]

das Känguru
kenguru -en m
[keŋgʉːrʉ]

das Jungtier
ungdyr -et n
[uŋdyːr]

TIERE – DYR

Vögel – Fugler

der Specht
hakkespett -en m
[hakəspet]

der Spatz
spurv -en m
[spʉrʋ]

der Kolibri
kolibri -en m
[kulí:bri]

der Tukan
tukan -en m
[tʉ:ká:n]

das Rotkehlchen
rødstrupe -n m
[rø:strʉ:pə]

die Schwalbe
svale -n m
[sʋa:lə]

der Habicht
hønsehauk -en m
[hønsəhæʉk]

die Taube
due dua f
[dʉə]

der Rabe
ravn -en m
[raʋn]

die Krähe
kråke -a f
[kro:kə]

der Fink
fink -en m
[fink]

die Möwe
måke måka f
[mo:kə]

der Kanarienvogel
kanarifugl -en m
[kaná:rifʉgəl]

der Schnabel	**nebb** -et n [neb]
das Küken	**fugleunge** -n m [fʉgləuŋə]
der Flügel	**vinge** -n m [ʋiŋə]
die Kralle	**klo** -a f [klu]
die Feder	**fjær** -a f [fjæ:r]
das Federkleid	**fjærdrakt** -en m [fjæ:rdrakt]
zwitschern	å **kvitre** [kʋitrə]
flattern	å **flagre** [flagrə]

TIERE – DYR

Vögel – Fugler

der Storch
stork -en m
[stork]

der Flamingo
flamingo -en m
[flamíŋgu]

der Strauß
struts -en m
[strʉts]

der Adler
ørn -a f
[øːɳ]

der Pinguin
pingvin -en m
[piŋʋíːn]

der Kakadu
kakadue -dua f
[kakadʉ́ə]

der Papagei
papegøye -øya f
[papagœ́yə]

die Eule
ugle ugla f
[ʉglə]

der Truthahn
kalkun -en m
[kalkʉ́ːn]

der Schwan
svane svana f
[sʋaːnə]

die Gans
gås -a f
[goːs]

die Ente
and -a f
[an]

der Hahn
hane -n m
[haːnə]

das Huhn
høne høna f
[høːnə]

die Wachtel
vaktel -en m
[ʋaktəl]

der Pfau
påfugl -en m
[poːfʉgl]

TIERE – DYR

Reptilien und Amphibien – Reptiler og amfibier

die Schlange
slange -n m
[ʃlaŋə]

das Krokodil
krokodille -n m
[krukudílə]

der Alligator
alligator -en m
[aligá:tur]

die Eidechse
firfisle -fisla f
[fi:rfiʃlə]

das Chamäleon
kameleon -en m
[kameləú:n]

der Leguan
leguan -en m
[legʉán]

die Schildkröte
skilpadde -padda f
[ʃilpadə]

die Meeresschildkröte
sjø skilpadde -a f
[ʃø ʃilpadə]

der Frosch
frosk -en m
[frosk]

die Kröte
padde padda f
[padə]

die Kaulquappe
rumpetroll -et n
[rʉmpətrul]

der Salamander
salamander -en m
[salamándər]

der Gecko
gekko -en m
[geku]

der Panzer	**panser** -et n [pánsər]
die Schuppen	**skjell** -et n [ʃel]
das Gift	**gift** -en m [jift]
der Giftzahn	**gifttann** -a f [jíftan]
das wechselwarme Tier	det **kaldblodige dyret** n [kalblu:diə dy:rə]
kriechen	å **krype** [kry:pə]
zischen	å **hvese** [ʋe:sə]
quaken	å **kvekke** [kʋekə]

TIERE – DYR

Fische – Fisker

der Kugelfisch
kulefisk -en m
[kʉ:ləfisk]

der Hornhecht
hornfisk -en m
[hu:ɳfisk]

der Piranha
piraja -en m
[pirάia]

der Fliegende Fisch
flyvefisk -en m
[fly:ʋəfisk]

der Fächerfisch
seilfisk -en m
[sæɪlfisk]

der Rochen
rokke -n m
[rokə]

der Weiße Hai
den **hvite haien** m
[ʋi:tə hɑɪən]

der Tigerhai
tigerhai -en m
[tí:gərhɑɪ]

der Goldfisch
gullfisk -en m
[gʉlfisk]

der Koi
koi -en m
[kɔy]

der Aal
ål -en m
[o:l]

der Wels
malle -n m
[malə]

der Fischschwarm	**fiskestim** -en m [fiskəsti:m]
die Flosse	**finne** finna f [finə]
die Kiemen	**gjeller** gjellene pl [jelər]
das Tiefseetier	**dypvannsdyr** -et n [dy:pʋansdy:r]
der Rogen	**rogn** -a f [roŋn]
der Süßwasserfisch	**ferskvannsfisk** -en m [fɛʃkʋansfisk]
der Seefisch	**saltvannsfisk** -en m [saltʋansfisk]
das Aquarium	**akvarium** -riet n [akʋά:riʉm]

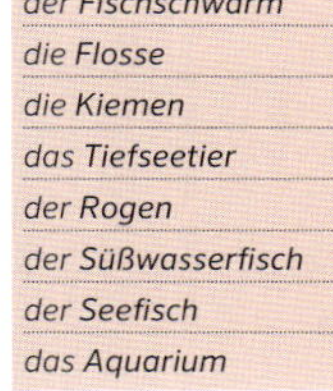

das Seepferdchen
sjøhest -en m
[ʃø:hest]

TIERE – DYR

Insekten und Spinnen – Insekter og edderkopper

der Schmetterling
sommerfugl -en m
[somərfugl]

die Raupe
larve -n m
[larʋə]

die Puppe
puppe -n m
[pʉpə]

der Nachtfalter
nattsvermer -en m
[natsʋermər]

die Biene
bie bia f
[biə]

die Hummel
humle humla f
[humlə]

die Wespe
veps -en m
[ʋeps]

die Hornisse
geitehams -en m
[jæɪtəhams]

die Fliege
flue flua f
[flʉə]

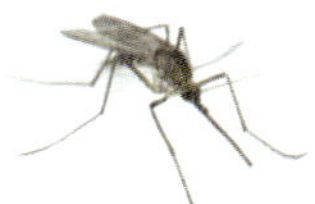

die Stechmücke
mygg -en m
[myg]

die Zikade
sikade -n m
[sikà:də]

der Maikäfer
oldenborre -n m
[oldənborə]

die Libelle
libelle libella f
[libèlə]

die Gottesanbeterin
kneler -en m
[kne:lər]

die Heuschrecke
gresshoppe -hoppa f
[greshopə]

die Grille
siriss -en m
[sirís]

TIERE – DYR

Insekten und Spinnen – Insekter og edderkopper

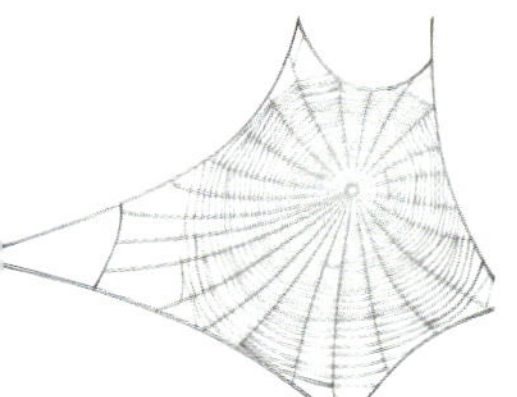

das Spinnennetz
spindelvev -et n
[spindəlʋe:ʋ]

die Spinne
edderkopp -en m
[edərkop]

der Floh
loppe loppa f
[lopə]

die Assel
tanglus -a f
[táŋlʉ:s]

die Stinkwanze
bærtege -n m
[bæ:rte:gə]

der Marienkäfer
marihøne -høna f
[ma:rihø:nə]

die Schabe
kakerlakk -en m
[kakərlák]

der Wasserläufer
vannløper -en m
[ʋanlø:pər]

der Hundertfüßer
tusenbein -et n
[tʉ:sənbæɪn]

die Nacktschnecke
snegle uten skall -n m
[sneglə ʉ:tən skal]

die Schnecke
snegle -n m
[sneglə]

der Wurm
mark -en m
[mark]

die Termite
termitt -en m
[tɛrmít]

die Ameise
maur -en m
[mæʉr]

die Zecke
flått -en m
[flot]

der Skorpion
skorpion -en m
[skorpiú:n]

8

ZAHLEN UND MAßE

TALL OG MÅL

DIE ZAHLEN – TALLENE

Die Kardinalzahlen – Grunntallene

null
null
[nʉl]

eins
en
[e:n]

zwei
to
[tu]

drei
tre
[tre]

vier
fire
[fi:rə]

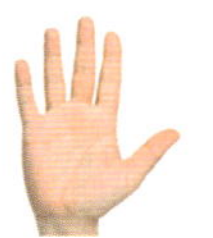

fünf
fem
[fem]

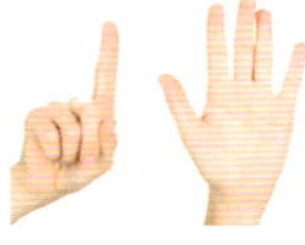

sechs
seks
[seks]

sieben
sju
[ʃjʉ]

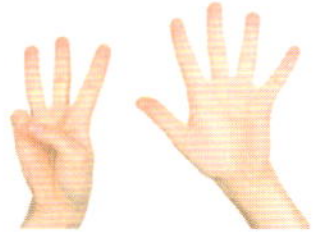

acht
åtte
[otə]

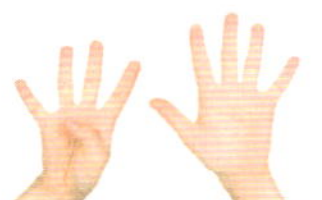

neun
ni
[ni]

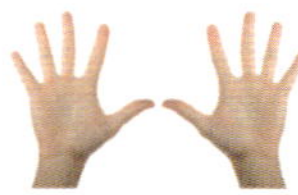

zehn
ti
[ti]

elf	**elleve** [elʋə]
zwölf	**tolv** [tol]
dreizehn	**tretten** [tretən]
vierzehn	**fjorten** [fjuʈən]
fünfzehn	**femten** [femtən]
sechzehn	**seksten** [sekstən]
siebzehn	**sytten** [sytən]
achtzehn	**atten** [atən]
neunzehn	**nitten** [nitən]
zwanzig	**tjue** [çʉə]
einundzwanzig	**tjueen** [çʉəé:n]
zweiundzwanzig	**tjueto** [çʉətú]
dreiundzwanzig	**tjuetre** [çʉətré]
dreißig	**tretti** [tréti]
vierzig	**førti** [føʈi]
fünfzig	**femti** [fémti]
sechzig	**seksti** [séksti]
siebzig	**sytti** [sýti]
achtzig	**åtti** [óti]
neunzig	**nitti** [níti]
hundert	**hundre** [hʉndrə]

DIE ZAHLEN – TALLENE

Die Kardinalzahlen – Grunntallene

zweihundertzweiundzwanzig	**tohundreogtjueto** [tu:hʉndrəoçʉətú]
tausend	**tusen** [tʉ́:sən]
zehntausend	**titusen** [titʉ́:sən]
zwanzigtausend	**tjue tusen** [çʉətʉ́:sən]
fünfzigtausend	**femti tusen** [fémtitʉ́:sən]
fünfundfünfzigtausend	**femhundreogfemtitusen** [femhʉndrəofémtitʉ́:sən]
hunderttausend	**hundre tusen** [hʉ́ndrətʉ́:sən]
eine Million	**en million** [e:n miliú:n]
eine Milliarde	**en milliard** [e:n miliárd]
eine Billion	**en billion** [e:n biliú:n]

Die Ordinalzahlen – Ordenstallene

erste(r, s)	**første** [føʃtə]
zweite(r, s)	**andre** [andrə]
dritte(r, s)	**tredje** [tredjə]
vierte(r, s)	**fjerde** [fjæ:ɖə]
fünfte(r, s)	**femte** [femtə]
sechste(r, s)	**sjette** [ʃjetə]
siebte(r, s)	**sjuende** [ʃjʉənə]
achte(r, s)	**åttende** [otənə]
neunte(r, s)	**niende** [niənə]
zehnte(r, s)	**tiende** [tiənə]
elfte(r, s)	**ellevte** [eleftə]
zwölfte(r, s)	**tolvte** [toltə]
dreizehnte(r, s)	**trettende** [tretənə]
vierzehnte(r, s)	**fjortende** [fjuʈənə]
fünfzehnte(r, s)	**femtende** [femtənə]
sechzehnte(r, s)	**sekstende** [sekstənə]
siebzehnte(r, s)	**syttende** [sytənə]
achtzehnte(r, s)	**attende** [atənə]
neunzehnte(r, s)	**nittende** [nitənə]
zwanzigste(r, s)	**tjuende** [çʉənə]
einundzwanzigste(r, s)	**tjueførste** [çʉəføʃtə]
zweiundzwanzigste(r, s)	**tjueandre** [çʉəándrə]

DIE ZAHLEN – TALLENE

Die Ordinalzahlen – Ordenstallene

dreißigste(r, s)	**trettiende** [tretiənə]
vierzigste(r, s)	**førtiende** [føʈiənə]
fünfzigste(r, s)	**femtiende** [femtiənə]
sechzigste(r, s)	**sekstiende** [sekstiənə]
siebzigste(r, s)	**syttiende** [sytiənə]
achtzigste(r, s)	**åttiende** [otiənə]
neunzigste(r, s)	**nittiende** [nitiənə]
hundertste(r, s)	**hundrede** [hʉndrədə]
zweihunderterste(r, s)	**tohundrede** [tuhʉndrədə]
zweihundertfünfund-zwanzigste(r, s)	**tohundreogtjuefemte** [tu:hʉndrəoçʉəfémtə]
dreihundertste(r, s)	**tre hundrede** [tre:hʉndrədə]
tausendste(r, s)	**tusende** [tʉ:sənə]
zehntausendste(r, s)	**titusende** [ti:tʉ:sənə]
millionste(r, s)	**millionte** [miliʉ́:ntə]
zehnmillionste(r, s)	**timillionte** [ti:miliʉ́:ntə]
vorletzte(r, s)	**nest siste** [nest sistə]
letzte(r, s)	**siste** [sistə]

Die Bruchzahlen – Brøktallene

ein halber/ein halbes/eine halbe	**en halv/et halvt** [e:n hal/et halt]
ein Drittel	**en tredjedel** [e:n tré:djəde:l]
ein Viertel	**en fjerdedel** [e:n fjæ:ɖəde:l]
ein Fünftel	**en femtedel** [e:n femtəde:l]
ein Achtel	**en åttendedel** [e:n otənəde:l]
drei Viertel	**tre fjerdedeler** [tre fjæ:ɖəde:lər]
zwei Fünftel	**to femtedeler** [tu femtəde:lər]
siebeneinhalb	**sjuogenhalv** [ʃʉoe:nhál]
zwei Siebzehntel	**to sjuendedeler** [tu ʃʉənəde:lər]
fünf und drei Achtel	**fem og tre åttendedels** [fem o tre otənde:ls]

DIE ZAHLEN – TALLENE

Weitere Zahlwörter – Andre tallord

einmal	**en gang** [e:n gaŋ]
zweimal	**to ganger** [tu gaŋər]
dreimal	**tre ganger** [tre gaŋər]
viermal	**fire ganger** [fi:rə gaŋər]
mehrmals	**flere ganger** [fle:rə gaŋər]
manchmal	**mange ganger** [maŋə gaŋər]
niemals	**aldri** [aldri]
einfach	**enkel** [eŋkəl]
doppelt/zweifach	**dobbelt/to ganger** [dóbəlt/tu gaŋər]
dreifach	**tredobbel** [tre:dobəl]
vierfach	**firedobbel** [fi:rədobəl]
fünffach	**femdobbel** [femdobəl]
sechsfach	**seksdobbel** [seksdobəl]
mehrfach/vielfach	**flere ganger/mange ganger** [flé:rə gaŋər/maŋə gaŋər]

ein Paar	**et par** [et pa:r]
ein halbes Dutzend	**et halvt dusin** [et halt dʉsí:n]
ein Dutzend	**et dusin** [et dʉsí:n]
ein Gros	**et gross** [et gros]
ein paar	**et par** [et pa:r]
wenige	**få** [fo]
einige	**noen** [nuən]
etliche	**en god del** [e:n gu de:l]
manche	**noen** [nuən]
viele	**mange** [maŋə]
beide	**begge** [begə]
sämtliche	**samtlige** [samtliə]
alle	**alle** [alə]
jeder/jede/jedes	**enhver/ethvert** [envǽ:r/etvǽʈ]

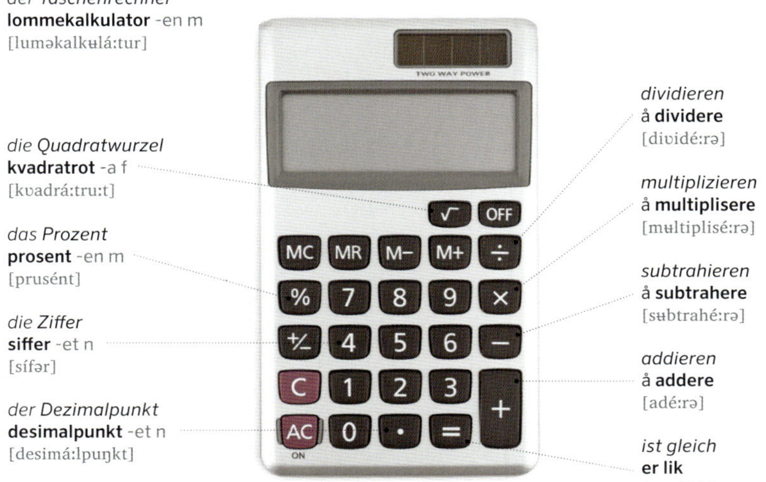

der Taschenrechner
lommekalkulator -en m
[luməkalkʉlá:tur]

die Quadratwurzel
kvadratrot -a f
[kʋadrá:tru:t]

das Prozent
prosent -en m
[prusént]

die Ziffer
siffer -et n
[sífər]

der Dezimalpunkt
desimalpunkt -et n
[desimá:lpuŋkt]

dividieren
å **dividere**
[diʋidé:rə]

multiplizieren
å **multiplisere**
[mʉltiplisé:rə]

subtrahieren
å **subtrahere**
[sʉbtrahé:rə]

addieren
å **addere**
[adé:rə]

ist gleich
er lik
[æ:r ˈli:k]

DIE ZEIT – TIDEN

Die Uhrzeit – Klokkeslettet

ein Uhr
klokka ett
[kloka 'et]

zwei Uhr
klokka to
[kloka 'tu]

drei Uhr
klokka tre
[kloka 'tre]

vier Uhr
klokka fire
[kloka fi:rə]

fünf Uhr
klokka fem
[kloka 'fem]

sechs Uhr
klokka seks
[kloka 'seks]

sieben Uhr
klokka sju
[kloka 'ʃjʉ]

acht Uhr
klokka åtte
[kloka 'otə]

neun Uhr
klokka ni
[kloka 'ni]

zehn Uhr
klokka ti
[kloka 'ti]

elf Uhr
klokka elleve
[kloka 'elʋə]

zwölf Uhr mittags
klokka tolv på dagen
[kloka 'tol po da:gən]

dreizehn Uhr
klokka tretten
[kloka 'tretən]

die Stunde	**time** -n m [ti:mə]
die Minute	**minutt** -et n [minʉ́t]
eine halbe Stunde	**en halvtime** [e:n halti:mə]
die Sekunde	**sekund** -et n [sekʉ́n]
Wie viel Uhr ist es?	**Hva er klokka?** [ʋa æ:r kloka]
Es ist zwei Uhr.	**Klokka er to.** [kloka æ:r 'tu]
Um wie viel Uhr?	**Hvilket klokkeslett?** [ʋilkət klokəʃlet]
Um sieben Uhr.	**Klokka sju.** [kloka 'ʃjʉ]

DIE ZEIT – TIDEN

Die Uhrzeit – Klokkeslettet

vierzehn Uhr
klokka fjorten
[kloka ˈfjuʈən]

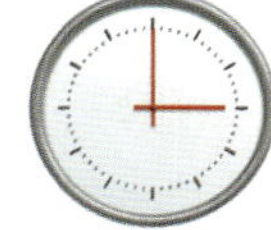

fünfzehn Uhr
klokka femten
[kloka ˈfemtən]

sechzehn Uhr
klokka seksten
[kloka ˈsekstən]

siebzehn Uhr
klokka sytten
[kloka ˈsytən]

achtzehn Uhr
klokka atten
[kloka ˈatən]

neunzehn Uhr
klokka nitten
[kloka ˈnitən]

zwanzig Uhr
klokka tjue
[kloka ˈçʉə]

einundzwanzig Uhr
klokka tjueen
[kloka çʉəé:n]

zweiundzwanzig Uhr
klokka tjueto
[kloka çʉətú]

dreiundzwanzig Uhr
klokka tjuetre
[kloka çʉətré]

Mitternacht
midnatt
[midnat]

fünf nach zwölf
fem over tolv
[fem o:ʋər ˈtol]

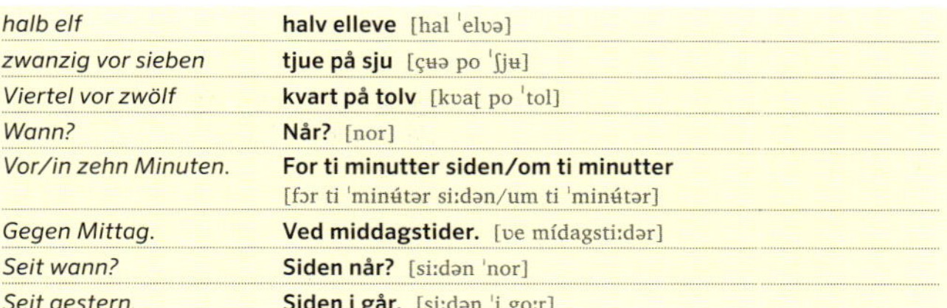

halb elf	**halv elleve** [hal ˈelʋə]
zwanzig vor sieben	**tjue på sju** [çʉə po ˈʃʉ]
Viertel vor zwölf	**kvart på tolv** [kʋaʈ po ˈtol]
Wann?	**Når?** [nor]
Vor/in zehn Minuten.	**For ti minutter siden/om ti minutter** [fɔr ti ˈminʉ́tər si:dən/um ti ˈminʉ́tər]
Gegen Mittag.	**Ved middagstider.** [ʋe mídagsti:dər]
Seit wann?	**Siden når?** [si:dən ˈnor]
Seit gestern.	**Siden i går.** [si:dən ˈi go:r]

Viertel nach neun
kvart over ni
[kʋaʈ o:ʋər ˈni]

DIE ZEIT – TIDEN

Tag und Nacht – Dag og natt

die Mitternacht
midnatt
[midnat]

die Morgendämmerung
morgengry -et n
[morgəngry]

der Sonnenaufgang
soloppgang -en m
[su:lupgaŋ]

der Morgen
morgen -en m
[morgən]

der Mittag
middag -en m
[mida:g]

der Nachmittag
ettermiddag -en m
[etərmida:g]

der Sonnenuntergang
solnedgang -en m
[su:lnegaŋ]

die Abenddämmerung
skumring -en m
[skumriŋ]

der Abend
kveld -en m
[kʋel]

der Frühling
vår -en m
[ʋo:r]

der Sommer
sommer -en m
[somər]

der Herbst
høst -en m
[høst]

der Winter
vinter -en m
[ʋíntər]

heute	**i dag** [i ˈda:g]
morgen	**i morgen** [i ˈmorgən]
übermorgen	**i overmorgen** [i ˈo:ʋərmorgən]
gestern	**i går** [i ˈgo:r]
vorgestern	**i forgårs** [i ˈfɔrgo:ʃ]
Welches Datum haben wir heute?	**Hvilken dato er det i dag?** [ʋilkən dá:tu æ:r de i ˈda:g]
der 9. September 2023	**den 9. september 2023** [den níənə septémbər ˈtu:tʉ:sənoçʉətré]
der Feiertag	**helligdag** -en m [hɛlida:g]

DIE ZEIT – TIDEN

Der Kalender – Kalenderen

der Sonntag
søndag -en m
[sønda:g]

der Montag
mandag -en m
[mánda:g]

der Dienstag
tirsdag -en m
[tíʃda:g]

der Mittwoch
onsdag -en m
[únsda:g]

der Donnerstag
torsdag -en m
[tú:ʃda:g]

der Freitag
fredag -en m
[fré:da:g]

der Samstag
lørdag -en m
[lǿ:rda:g]

SUN MON TUE WED THU FRI SAT
1 2 3 4 5
6 7 8 9 10 11 12
13 14 15 16 17 18 19
20 21 22 23 24 25 26
27 28 29 30 31

der Wochentag
ukedag -en m
[ʉ:kəda:g]

die Woche
uke uka f
[ʉ:kə]

der Tag
dag -en m
[da:g]

das Wochenende
helg -a f
[helg]

das Datum
dato -en m
[dátu]

das Jahr
år -et n
[o:r]

der Monat
måned -en m
[mo:nə]

der Januar	**januar** [janʉá:r]
der Februar	**februar** [febrʉá:r]
der März	**mars** [maʃ]
der April	**april** [aprí:l]
der Mai	**mai** [mai]
der Juni	**juni** [jʉ́:ni]

der Juli	**juli** [jʉ́:li]
der August	**august** [æʉgʉ́st]
der September	**september** [septémbər]
der Oktober	**oktober** [uktú:bər]
der November	**november** [nuυémbər]
der Dezember	**desember** [desémbər]

MAßE – MÅL

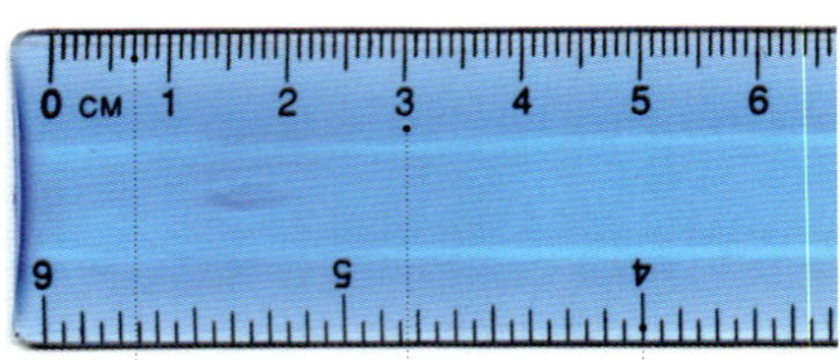

der/das Millimeter
millimeter -en m
[milimetər]

der/das Zentimeter
centimeter -en m
[sentimetər]

der Zoll
tomme -n m
[tɔmə]

der/das Liter
liter -en m
[lí:tər]

der/das Milliliter
milliliter -en m
[milili:tər]

die Unze
unse -n m
[ʉnsə]

das Pint
pint -en m
[paɪnt]

der Kilometer
kilometer -en m
[çilume:tər]

die Meile
den **engelske mila** f
[eŋəlskə mi:la]

das Yard
yard -en m
[ja:ɖ]

der Acre/Morgen
acre -n m
[ǽikər]

der/das Kubikmeter
kubikkmeter -en m
[kʉbíkme:tər]

der Fuß	**fot** -en m [fu:t]
der/das Meter	**meter** -en m [mé:tər]
der/das Quadratmeter	**kvadratmeter** -en m [kʋadrá:tme:tər]
der Quadratfuß	**kvadratfot** -en m [kʋadrá:tfu:t]
der/das Hektar	**hektar** -en m [héktar]
die Tasse	**kopp** -en m [kop]
der Esslöffel	**spiseskje** -en m [spi:səʃe]
der Teelöffel	**teskje** -en m [té:ʃe]

DAS GEWICHT – VEKTA

5,5t

die Tonne
tonn -et n
[ton]

Max 5kg d=25
NOT LEGAL FOR TRADE

das Kilogramm
kilogram -met n
[çi:lugram]

das Gramm
gram -met n
[gram]

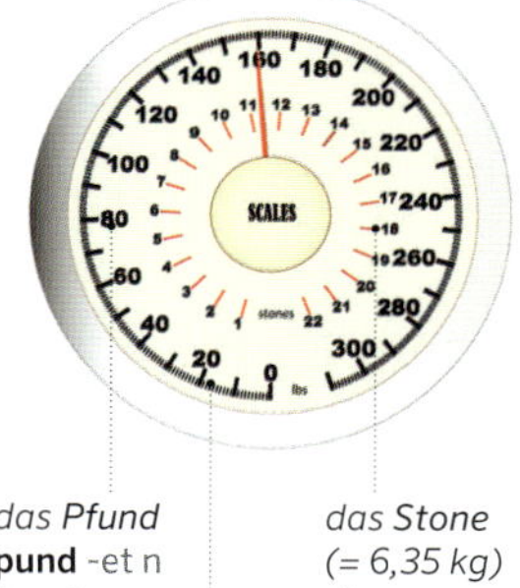

das Pfund
pund -et n
[pʉn]

die Unze
unse -n m
[ʉnsə]

das Stone (= 6,35 kg)
stone (= 6,35 kg) -et n
[stoun]

DIE WÄHRUNG – VALUTAN

der Dollar
dollar -en m
[dólar]

das Pfund
pund -et n
[pʉn]

der Euro
euro -en m
[ǽʉro]

der Yen
yen -en m
[je:n]

die Rupie	**rupi** -en m [rʉ́:pi]
der Dinar	**dinar** -en m [diná:r]
der Franc	**franc** -en m [fraŋ]
der Schweizer Franken	den **sveitsiske francen** m [svæɪtsiskə fraŋən]
die Krone	**krone** krina f [kru:nə]

der Rand	**rand** -en m [ræ:nd]
der Peso	**peso** -en m [pé:su]
der Real	**real** -en m [reál]
der Yuan	**yuan** -en m [juán]
die Lira	**lira** -en m [lí:ra]
der Rubel	**rubel** -en m [rʉ́:bəl]

IN NORWEGEN

I NORGE

GERICHTE – MATRETTER

kjøttkake i brun saus -kaka f
[ˈçøtka:kə i brʉ:n ˌsæʉs]
Frikadelle in brauner Soße

fårikål -en m
[ˈfo:riˌko:l]
Lamm-in-Kohl

lammelår -et n
[ˈlamәlo:r]
die Lammkeule

smalahove -t n
[ˈsma:lahoʊә]
der gegarte Lammskopf (traditionelles Gericht aus Westnorwegen)

pinnekjøtt -et n
[ˈpinәçøt]
Festtagsessen aus Lammrippen

elgkjøtt -et n
[ˈæ:ljçøt]
das Elchfleisch

Finnbiff reinsdyrgryte -gryta f
[ˈfinbif ˈræɪnsdy:rˌgry:tә]
der Rentier-Eintopf

ribbe ribba f
[ˈrib:ә]
der Krustenbraten (aus der Rippe; traditionelles Weihnachtsessen)

kotelett -en m
[kɔt(ә)ˈlɛt]
das Kotelett

hvalkjøtt -et **n**
[ˈʋaːlçøt]
das Walfleisch

gravlaks -en **m**
[ˈgraːʋlaks]
der Graved Lachs (Lachs mariniert in Salz, Zucker und Dill)

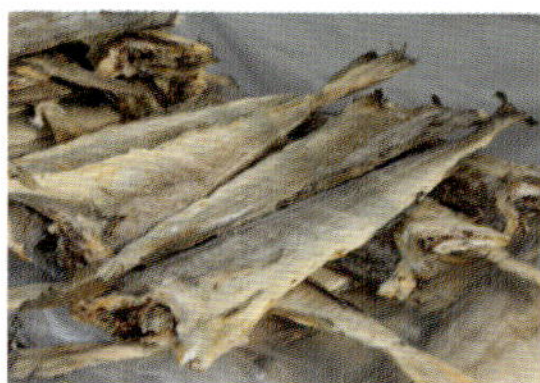

tørrfisk -en **m**
[ˈtørfisk]
der Stockfisch (meist Kabeljau)

fiskekake -kaka **f**
[ˈfiskəˌkaːkə]
der Fischkuchen

fiskeboller i hvit saus -bollene **m**
[ˈfiskəˌbɔlər i ʋiːt ˌsæʉs]
Fischbällchen in weißer Soße

lutefisk -en **m**
[ˈluːtəfisk]
Gericht aus eingeweichtem Stockfisch

skillingsbolle -n **m**
[ˈʃiliŋsbɔlə]
die Zimtschnecke

pannekake -kaka **f**
[ˈpanəˌkaːkə]
der Pfannkuchen

vaffel -en **m**
[ˈʋafː(ə)l]
die Waffel

GERICHTE – MATRETTER

trollkrem -en **m**
[ˈtrɔlkre:m]
Dessert aus Eiweiß und Preißelbeeren

krumkake -kaka **f**
[ˈkrumka:kə]
süße Waffelhörnchen

brunost -en **m**
[ˈbrʉ:nust]
der Braunkäse (süßlich, mit Karamellaroma)

risgrøt -en **m**
[ˈri:sgrøt]
der Milchreis (traditionell an Heiligabend gegessen)

julekake -kaka **f**
[ˈjʉ:ləka:kə]
Weihnachtsgebäck aus Hefeteig, Rosinen, Mandeln und weihnachtlichen Gewürzen

kransekake -kaka **f**
[ˈkransəka:kə]
der Kranzkuchen (Kuchen aus gebackenen Marzipanringen)

GETRÄNKE – DRIKKEVARER

akevitt -en **m**
[akəˈʋit]
der Aquavit (Kümmelschnaps)

gløgg -en **m**
[gløg]
der Glögg (skandinavischer Glühwein)

fjellbekk -en **m**
[ˈfjɛlbɛk]
Cocktail mit Aquavit, Wodka und Zitrusfrüchten

FEIERTAGE – HELLIGDAGER

sider -en m
[ˈsi:dər]
der Cidre (Apfelschaumwein)

julaften m
[ˈjʉ:laftən]
der Heiligabend

nyttår -et n
[nytˈor]
das Neujahr

17. mai (grunnlovsdag) den m
[sytənə ˈmai (ˈgrunlovsda:g)]
der Verfassungstag (Nationalfeiertag am 17. Mai)

sankt hans aften m
[sankt hans aftən]
der Johannistag (Fest der Sommersonnwende am 24. Juni)

TRADITIONELLE KLEIDUNG – TRADISJONELLE KLÆR

strikkejakke -jakka f
[ˈstrik:əˌjak:ə]
der Norwegerpullover

bunad -en m
[ˈbu:nad]
die Nationaltracht (Männer)

nasjonaldrakt -a f
[naʃuˈna:ldrakt]
die Nationaltracht (Frauen)

sølje f/m
[søljə]
die (Filigran-)Brosche (für die norwegische Tracht)

MYTHOLOGIE UND GESCHICHTE – MYTOLOGI OG HISTORIE

samedrakt -a f
[ˈsaːmədrakt]
die Samentracht
Nationaltracht des Samenvolkes

stjernelue -lua f
[ˈstjænəlʉə]
der Sternenhut
traditionelle Mütze der Sami

rune runa f
[ˈruːnə]
die Rune

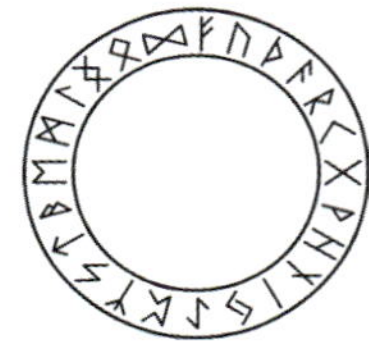

futhark -en m
[ˈfuːtark]
das Runenalphabet

troll -et n
[trɔl]
der Troll
(menschenähnliches Wesen in der nordischen Folklore und ein typisches Souvenir)

trollhus -et n
[ˈtrɔlhuːs]
das Trollhaus
(Türme aus Steinen; der Legende nach verstecken sich darunter die Trolle)

runestein -en m
[ˈruːnəstæin]
der Runenstein

Valhall
[ʋalˈhal]
Walhall
(Ort, an den gefallene Krieger nach ihrem Tod gelangen)

dverg -en m
[dʋærg]
der Zwerg
(Fabelwesen nordischer Legenden wie der Edda)

skald -en m
[skald]
der Skalde
(mittelalterlicher Dichter von Sagen wie der Snorra-Edda)

Odin
[ˈudi:n]
Odin
(Hauptgott der nordischen Götterwelt)

Tor
[to:r]
Thor
(Sohn Odins, Beschützer der Menschenwelt Midgard)

Mjølner
[ˈmjølnər]
Thors Hammer

viking -en **m**
[ˈʋikiŋ]
der Wikinger

vikinghjelm -en **m**
[ˈʋikiŋjælm]
der Wikingerhelm
(entgegen vieler Darstellungen hatte dieser keine Hörner)

sverd -et **n**
[sʋeɖ]
das Schwert

skjold -en **m**
[ʃo:l]
das Schild

Yggdrasil
[ˈʉgdrasi:l]
der Weltenbaum
(verkörpert den Kosmos in der nordischen Mythologie)

SEHENSWÜRDIGKEITEN – SEVERDIGHETER

holmgang -en m
[ˈhɔlmgaŋ]
der Holmgang
(eine Art Duell der Wikinger; nachgespielt bei historischen Festivals)

langskip -et n
[ˈlaŋʃip]
das Langschiff
(Militärschiff der Wikinger)

Prekestolen m
[ˈpreːkəˌstoːlən]
Prekestolen
(Felsplattform am Lysefjord)

Atlanterhavsveien m
[atˌlantər ˈhaːvsʋajən]
die Atlantikstraße Hutten
(sehenswerte Straße an der Westküste)

Trollveggen m
[ˈtrɔlˌʋɛgːən]
Trollveggen
(höchste senkrechte Felswand in Europa)

Hardangervidda f
[ˈhardaŋərˌʋidːa]
die Hardangervidda
(mit einer Fläche von ca. 8.000 km² Nordeuropas größtes Hochgebirgsplateau)

Bryggen n
[ˈbrygːən]
das Hanseviertel
(in Bergen)

Geirangerfjord -en m
[ˈgairaŋːərˌfjuːr]
Geirangerfjord
(UNESCO-Naturerbe)

Oslo opera -n m
[uslu ˈoːpəra]
die Osloer Oper

stavkirke -kirka **f**
[ˈstaːʋˌçirkə]
die Stabkirche (eine aus Holz gebaute Kirche)

Trolltunga f
[ˈtrɔltuŋa]
berühmter Felsvorsprung am Sørfjord

Vikingskipshuset n
[ˈʋikiŋʃipshʉsə]
das Wikingerschiffhaus (Museum in Oslo, berühmt für das Oseberg-Schiff)

Oslo rådhus -et **n**
[uslu ˈroːdhuːs]
das Rathaus in Oslo (Wahrzeichen Oslos)

Flåmsbana
[ˈfloːmsbana]
touristische Bahnstrecke ins Dorf Flåm

Trollstigen m
[ˈtrɔlstiːgən]
berühmte Straße mit vielen Haarnadelkurven

Nidarosdomen m
[ˈnidarusˌdomən]
der Nidarosdom (Nationalheiligtum und wichtige Kirche in Trondheim)

Svartisen m
[ˈsʋartiːs(ə)n]
zweitgrößter Gletscher Norwegens in Nordland

Saltstraumen tidevannsstrøm -strømmen **m**
[ˈsaltstræʉmən ˈtiːdəʋansˌstrøːm]
Gezeitenstrom Saltstraumen in Bodø, stärkster der Welt

SEHENSWÜRDIGKEITEN – SEVERDIGHETER

Torghatten m
[ˈtorgˌhat:ən]
der Torghatten
(Berg mit einem durchgehenden Loch in der Mitte)

Svalbard
[ˈsʋa:lba:rd]
Spitzbergen
(Inselgruppe hoch im Norden)

Nordkapp -en m
[ˈnu:rkap]
das Nordkap

Lofoten
[ˈlu:fu:tən]
die Lofoten Pl.
(Inselgruppe in Nordnorwegen)

Å (i Lofoten)
[o: (i ˈlu:fu:tən)]
kleines Fischerdorf am Rande der Moskenes auf den Lofoten
(Å = kleiner Fluss)

AKTIVITÄTEN – AKTIVITETER

kiting -a f
[ˈkaitiŋ]
das Kiten

hundespanntur -en m
[ˈhʉndəspanˌtʉr]
Hundeschlittentour
(früher traditionelles Transportmittel, heute auch Touristenattraktion)

hvalsafari -en m
[ˈʋa:lsafa:ri]
die Walbeobachtung
(beliebte Touristenattraktion)

Hurtigruten m
[ˈhʉrtiˌrʉ:tən]
die Hurtigruten
(ursprünglich Postschiffe, heute beliebte touristische Kreuzfahrten entlang der Westküste)

hytte hytta **f**
[ˈhytə]
das Ferienhaus (traditionell aus Holz und meist weit draußen in der Natur)

brevandring -a **f**
[ˈbreːʋandriŋ]
die Gletscherwanderung

skiskyting -a **f**
[ˈʃiːʃyːtiŋ]
der Biathlon

midnattsol -a **f**
[ˈmidnatˌsuːl]
die Mitternachtssonne (Phänomen im Sommer, bei dem die Sonne nie ganz unter geht)

fuglefjell -et **n**
[ˈfʉgleˌfjɛl]
der Vogelberg (Felsformation, oft auf einer Insel, auf denen eine große Anzahl Seevögel nisten)

NORWEGISCHE NATUR – NORSK NATUR

polarnatt -a **f**
[poˈlaːrnat]
die Polarnacht (Zeitraum im Winter bei dem die Sonne nicht zu sehen ist)

mørketid -a **f**
[ˈmørkəˌtiːd]
die Zeit der Dunkelheit (anderer Name für die Polarnacht)

nordlys -et **n**
[ˈnuːrlyːs]
die Nordlichter Pl.

polarsirkel -en **m**
[poˈlaːrsirkəl]
der Polarkreis

NORWEGISCHE NATUR – NORSK NATUR

fjell -et n
[fjɛl]
der Berg
(hier der Galdhøpiggen im Jotunheimen-Gebirge; mit 2.467 m der höchste Berg)

Allemannsretten m
[ˈaləmansˌrɛtən]
das Jedermannsrecht
(traditionelles Recht zur Nutzung der Natur, z.B. das Camping in freier Natur)

øy -a f
[øj]
die Insel
(Norwegen hat mehr als 239.000 große und kleine Inseln)

holme -n m
[ˈhɔlmə]
die kleine Inseln Pl.
(entspricht den schwedischen Schären)

fjord -en m
[fjuːr]
der Fjord
(Norwegen hat 1.700 Fjorde; hier der Geiranger-Fjord)

isbre -n m
[ˈiːsbreː]
der Gletscher
(Norwegen hat 1.600 Gletscher; hier der Briksdal-Gletscher)

dal -en m
[dal]
das Tal

myr -a f
[myːr]
das Moor

foss -en m
[fɔs]
der Wasserfall

TIERE IN DER NORWEGISCHEN NATUR – DYR I DEN NORSKE NATUREN

multe multa f
[ˈmultə]
die Moltebeere

krekling -en m
[ˈkrɛkliŋ]
die Schwarze Krähenbeere

lundefugl -en m
[ˈlunəˌfuːl]
der Papageientaucher

fjellrev -en m
[ˈfjɛlreːʋ]
der Polarfuchs

mår -en m
[moːr]
der Marder

bever -en m
[ˈbeːʋər]
der Bieber

elg -en m
[æːlj]
der Elch

hjort -en m
[juʈ]
der Hirsch

moskusokse -n m
[ˈmoskysˌoksə]
der Moschusochse

DIE WICHTIGSTEN SÄTZE – DE VIKTIGSTE SETNINGENE

DIE VERBEN – VERBENE

INDEX – INDEKS

DIE WICHTIGSTEN SÄTZE – VIKTIGE SETNINGER

Mit diesen nützlichen Wörtern und Sätzen drücken Sie sich in den wichtigsten und häufigsten Situationen mit Sicherheit aus.

IM GESPRÄCH – I EN SAMTALE

BEGRÜSSEN UND VERABSCHIEDEN – HEI OG HADE

Guten Tag!	God dag! [guda:g]
Guten Abend!	God kveld! [gokvɛl]
Hallo!	Hei! [hæi]
Auf Wiedersehen!	På gjensyn! [po ˈjensy:n]
Tschüss!	Hade! [hadə]

HÖFLICHKEIT – HØFLIGHET

bitte	vær så snill [ʋæ:ʃo snil]
danke	takk [tak]
bitte schön	vær så god [ʋæʃəgu]
Ja, bitte.	Ja takk. [ja tak]
Nein, danke.	Nei takk. [næi tak]
Keine Ursache!	Ingen årsak! [iŋən ˈo:ʃa:k]
Entschuldigung!	Unnskyld! [ʉnʃyl]
Entschuldigen Sie, …	Unnskyld, … [ʉnʃyl …]
Das tut mir leid.	Beklager. [bəklá:gər]
Wie geht's?	Hvordan står det til? [ʋuɖan ˈsto:r də til]
Danke, gut. Und Ihnen/dir?	Takk, bare bra. Og med deg? [tak ba:rə ˈbra o me dæi]

KOMMUNIKATION – KOMMUNIKASJON

Wie bitte?	Hva sa du? [ʋa ˈsa dʉ]
Ich verstehe.	Jeg forstår. [jæi fɔʃtó:r]
Ich verstehe nicht.	Jeg forstår ikke. [jæi fɔʃtó:r ikə]
Könnten Sie das bitte wiederholen?	Kan du gjenta det? [kan dʉ jénta de]
Könnten Sie bitte langsamer sprechen?	Kan du snakke saktere? [kan dʉ snakə ˈsaktere]
Könnten Sie das bitte aufschreiben?	Kan du skrive det opp? [kan dʉ ˈskri:ʋə de up]
Was bedeutet …?	Hva betyr …? [ʋa bətý:r ˈ…]

SICH VORSTELLEN – PRESENTERE SEG

Wie heißt du?	Hva heter du? [ʋa ˈhetər dʉ]
Wie heißen Sie?	Hva heter du? [ʋa ˈhetər dʉ]
Ich heiße …	Jeg heter … [jæi hetər ˈ…]
Woher kommen Sie?	Hvor kommer du fra? [ʋur kɔ́mər dʉ fra]
Woher kommst du?	Hvor kommer du fra? [ʋur kɔ́mər dʉ fra]
Ich komme aus …	Jeg kommer fra … [jæi kɔmər fra ˈ…]
Das ist mein Mann.	Dette er mannen min. [detə æ:r ˈmanən mi:n]
Das ist meine Frau.	Dette er kona mi. [detə æ:r ˈku:na mi]
Das ist mein Partner.	Dette er partneren min. [detə æ:r ˈpaʈneren mi:n]

Das ist meine Partnerin.	Dette er partneren min. [detə æ:r ˈpaʈneren mi:n]
Das ist mein Sohn.	Dette er sønnen min. [detə æ:r ˈsønən mi:n]
Das ist meine Tochter.	Dette er datteren min. [detə æ:r ˈdaterən mi:n]
Hier ist meine E-Mail-Adresse.	Her er e-postadressen min. [hæ:r æ:r ˈepostadresən mi:n]
Hier ist meine Telefonnummer.	Her er telefonnummeret mitt. [hæ:r æ:r telefú:numəre mit]

BEIM TELEFONIEREN – PÅ TELEFON

Ich hätte gern eine SIM-Karte, bitte.	Kan jeg få et SIM-kort? [kan jæi fo et ˈsimkɔʈ]
Mein Akku ist leer.	Batteriet er tomt. [baterίe æ:r ˈtumt]
Hier spricht ...	Det er ... [de æ:r ˈ...]
Mit wem spreche ich bitte?	Hvem snakker jeg med? [ʋem ˈsnakər jæi me]
Kann ich bitte Herrn/Frau ... sprechen?	Kan jeg få snakke med ...? [kan jæi fo ˈsnakə me...]
Tut mir leid, er/sie ist nicht da.	Beklager, han/hun er ikke her. [bəklá:gər han/hʉn æ:r ikə ˈhæ:r]
Kann er/sie Sie zurückrufen?	Kan han/hun ringe deg tilbake? [kan han/hʉn riŋə dæi tilbá:kə]

UNTERWEGS – UT PÅ TUR

TOILETTE UND BAD – TOALETT OG BAD

Wo ist bitte die Toilette?	Unnskyld, hvor er toalettet? [ʉnʃyl ʋur æ:r tualétə]
Damen	Damer [da:mər]
Herren	Herrer [hærər]
die Damentoilette	Dametoalettet [da:metualétə]
die Herrentoilette	Herretoalettet [hæretualétə]

BAHN – TOG

Wann fährt der nächste Zug ab?	Når går neste tog? [nor go:r nestə ˈto:g]
Wo muss ich umsteigen?	Hvor må jeg bytte tog? [ʋur mo jæi bytə ˈto:g]
Von welchem Gleis fährt der Zug nach ...?	Hvilket spor kjører toget til ... fra? [ʋilkət ˈspu:r çø:rər to:gə til ˈ... fra]
Ist dieser Platz noch frei?	Er denne plassen ledig? [æ:r denə ˈplasən le:di]
Hält dieser Zug in ...?	Stopper dette toget i/på ...? [stɔpər detə to:gə i/po ˈ...]

BUS – BUSS

Welche Linie fährt nach ...?	Hvilken linje går til ...? [ʋilkən ˈliŋjə go:r til ...]
Welche Linie fährt zum Bahnhof?	Hvilken linje går til jernbanestasjonen? [ʋilkən ˈliŋjə go:r til jærnəbanstaʃú:nən]
Wann fährt der nächste Bus nach ...?	Når går neste buss til ...? [nor go:r nestə bʉs til ˈ...]

Wo muss ich aussteigen?	Hvor må jeg gå av? [ʋur mo jæi go ˈaːʋ]
Wie viele Haltestellen sind es?	Hvor mange stopp er det? [ʋur maŋə stɔp ˈæːr de]
Fährt dieser Bus nach …?	Går denne bussen til …? [goːr denə bʉsən til ˈ…]

AUTO – BIL

der Führerschein	Førerkortet [føːrərkuʈə]
Entschuldigen Sie bitte, wie komme ich nach …?	Unnskyld, hvordan kommer jeg til …? [ʉnʃyl ʋuɖan kɔmər jæi til ˈ…]
Entschuldigen Sie bitte, wo ist …?	Unnskyld, hvor er …? [ʉnʃyl ʋur æːr ˈ…]
Wie weit ist es?	Hvor langt er det? [ʋur laŋt ˈæːr de]

BEIM ARZT – LEGEBESØK

Ich bin krankenversichert.	Jeg har sykeforsikring. [jæi haːr ˈsyːkefɔʃíkriŋ]
Ich möchte von einer Ärztin behandelt werden, bitte.	Jeg vil bli behandlet av en kvinnelig lege. [jæi vil bli bəhándlət aːʋ eːn ˈkʋinəli ˈleːgə]
Es tut hier weh.	Det gjør vondt her. [de jøːr ʋunt ˈhæːr]
Ich bin ohnmächtig geworden.	Jeg besvimte. [jæi bəsʋíːmtə]
Ich habe mich erbrochen.	Jeg kastet opp. [jæi kastət ˈup]
Ich habe Herzbeschwerden.	Jeg har hjerteproblemer. [jæi haːr ˈjɛʈəprubléːmər]
Ich habe Atembeschwerden.	Jeg har pusteproblemer. [jæi haːr ˈpʉstəprubléːmər]
Ich habe Zahnschmerzen.	Jeg har tannverk. [jæi haːr ˈtanʋɛrk]
Ich habe eine Füllung verloren.	Jeg har mistet en fylling. [jæi haːr mistət eːn ˈfyliŋ]
Ich bin allergisch gegen Antibiotika.	Jeg er allergisk mot antibiotika. [jæi æːr alǽrgisk muːt antibiúːtiːka]
Ich bin allergisch gegen Bienen.	Jeg er allergisk mot bier. [jæi æːr alǽrgisk muːt ˈbiər]
Ich bin allergisch gegen Pollen.	Jeg er allergisk mot pollen. [jæi æːr alǽrgisk muːt ˈpolən]
Ich bin Diabetiker/Diabetikerin.	Jeg er diabetiker. [jæi æːr diabéːtikər]
Ist es ansteckend?	Er det smittsomt? [æːr de ˈsmitsɔmt]
Ich brauche ein Rezept für …	Jeg trenger en resept på … [jæi treŋər eːn ˈresept po …]
Ich nehme Medikamente gegen …	Jeg tar medisin mot … [jæi taːr medisíːn muːt ˈ…]

DIE VERBEN – VERBENE

Wenn es darum geht, eigene Sätze zu bilden, hilft Ihnen unsere ausführliche Verbliste, wo Sie auch abstrakte Verben, die sich nicht abbilden lassen, nachschlagen und übersetzen können.

A

abbeißen	bite av [bi:tə a:ʋ]
abbiegen	svinge [sʋiŋə]
abbringen	få fra [fo fra]
abfahren	kjøre [çø:rə]
abfärben	farge av [fargə a:ʋ]
abfinden	avfinne [a:ʋfinə]
abfragen	spørre [spørə]
abführen	føre bort [fø:rə buʈ]
abfüllen	fylle [fylə]
abgeben	levere [leʋé:rə]
abgewöhnen	avvenne [a:ʋʋenə]
abgrenzen	avgrense [a:ʋgrensə]
abhaken	krysse av [krysə a:ʋ]
abhalten	avholde [a:ʋhɔlə]
abhärten	herde [herdə]
abhauen	stikke av [stikə a:ʋ]
abheben	ta av [ta a:ʋ]
abholen	hente [hentə]
abklären	oppklare [upkla:rə]
abklingen	avta [á:ʋta]
abkochen	koke [ku:kə]
abkühlen	avkjøle [a:ʋçølə]
abkürzen	forkorte [fɔrkɔ́ʈə]
abladen	lesse av [lesə a:ʋ]
ablaufen	utløpe [ʉ:tlø:pə]
ablecken	slikke av [ʃlikə a:ʋ]
ablegen	legge fra seg [legə fra sæi]
ablehnen	avvise [a:ʋʋi:sə]
ablenken	distrahere [distrahé:rə]
abmagern	avmagre [a:ʋma:grə]
abmalen	avbilde [a:ʋbilə]
abmelden	avmelde [a:ʋmelə]
abmessen	måle [mo:lə]
abnehmen	ta av [ta a:ʋ]
abnutzen	slite [ʃli:tə]
abonnieren	abonnere [abuné:rə]
abprallen	sprette tilbake [spretə tilbá:kə]
abputzen	rengjøre [re:njø:rə]
abraten	fraråde [fraro:də]
abräumen	rydde av [rydə a:ʋ]
abreagieren	avreagere [a:ʋreage:rə]
abrechnen	gjøre opp [jø:rə up]
abregen	roe (seg) ned [ruə (sæi) ne]
abreisen	reise [ræisə]
abreißen	rive av [riʋə a:ʋ]
abrunden	avrunde [a:ʋrʉnə]
abrutschen	skli [skli:]
absagen	avlyse [a:ʋly:sə]
abschaffen	avskaffe [a:ʋskafə]
abschalten	slå av [ʃlo a:ʋ]
abschätzen	vurdere [ʋʉɖé:rə]

abschauen	etterligne [etəliŋnə]
abschicken	sende [senə]
abschleppen	slepe (vekk) [ʃleːpə (ʋek)]
abschließen	låse [loːsə]
abschminken	fjerne sminke [fjɛːɳə smiŋkə]
abschneiden	skjære (av) [ʃæːrə (aːʋ)]
abschreiben	kopiere [kupiéːrə]
abschwächen	svekke [sʋekə]
abschweifen	komme bort fra [kɔmə ˈbuʈ fra]
abschwellen	avta [áːʋta]
absehen	avstå (fra) [áːʋsto (fra)]
absenden	sende [senə]
absetzen	ta av [ta aːʋ]
absichern	sikre [sikrə]
absinken	synke [syŋkə]
abspeichern	lagre [laːgrə]
abspielen	finne sted [finə ste]
abspringen	hoppe av [hopə aːʋ]
abspülen	vaske opp [ʋaske up]
abstammen	avstamme [aːʋstamə]
abstehen	stå ut [sto ʉːt]
abstellen	sette (fra seg) [setə (ˈfra sæi)]
absterben	dø [døː]
abstimmen	stemme [stemə]
abstoßen	støte [støːtə]
abstreiten	bestride [bəstríːdə]
abstumpfen	avstumpe [aːʋstʉmpə]
abstürzen	krasje [kræʃə]
abstützen	støtte [støtə]
absuchen	avsøke [aːʋsøːkə]
abtreiben	ta abort [ta abúʈ]
abtrocknen	tørke (av) [tørkə (aːʋ)]
abtropfen	dryppe [drypə]
abverlangen	avkreve [aːʋkreːʋə]
abwägen	avveie [aːʋʋæiə]
abwarten	avvente [aːʋʋentə]
abwaschen	vaske opp [ʋaske up]
abwechseln	bytte (på) [bytə (po)]
abwehren	avverge [aːʋʋergə]
abweichen	avvike [aːʋʋiːkə]
abweisen	avvise [aːʋʋiːsə]
abwerten	devaluere [deʋalʉeːrə]
abwischen	tørke av [tørkə aːʋ]
abzahlen	avbetale [aːʋbetaːlə]
abziehen	trekke fra [trekə fra]
achten	respektere [respektéːrə]
ächzen	stønne [stønə]
addieren	addere [adéːrə]
adoptieren	adoptere [aduptéːrə]
adressieren	adressere [adreséːrə]
agieren	agere [agéːrə]
ähneln	ligne [liŋnə]
ahnen	ane [aːnə]
aktivieren	aktivere [aktiʋéːrə]
aktualisieren	oppdatere [updatéːrə]
akzeptieren	akseptere [akseptéːrə]
alarmieren	alarmere [alarméːrə]

amputieren	amputere	[amputé:rə]
amüsieren	more	[murə]
analysieren	analysere	[analysé:rə]
anbauen	dyrke	[dyrkə]
anbeten	tilbe	[tílbe]
anbiedern	innynde seg	[innyndə sæi]
anbieten	tilby	[tílby]
anblicken	se på	[se po]
anbrüllen	skrike til	[skri:kə til]
andauern	vare	[ʋa:rə]
ändern	endre	[endrə]
andeuten	antyde	[anty:də]
androhen	true med	[trʉə me]
aneignen	lære (seg)	[lærə (sæi)]
anekeln	vekke avsky	[ʋekə a:ʋʃy]
anerkennen	anerkjenne	[anærçenə]
anfangen	begynne	[bəjýnə]
anfassen	ta på	[ta po]
anfertigen	lage	[la:gə]
anfeuern	heie på	[hæiə po]
anflehen	bønnfalle	[bønfálə]
anfordern	bestille	[bəstílə]
anfreunden	bli venner	[bli ˈʋenər]
anfühlen	føles	[fø:ləs]
anführen	lede	[le:də]
angeben	angi	[anji:]
angehören	tilhøre	[tilhø:rə]
angeln	fiske	[fiskə]
angewöhnen	venne (seg) til	[ʋenə (sæi) til]
angleichen	tilpasse	[tilpasə]
angreifen	angripe	[angri:pə]
ängstigen	skremme	[skremə]
angucken	se på	[se po]
anhaben	ha på (seg)	[ha po (sæi)]
anhalten	stoppe	[stɔpə]
anhängen	legge ved	[legə ʋe]
anhimmeln	forgude	[fɔrgʉ́də]
anhören	høre på	[hø:rə po]
anklagen	anklage	[ankla:gə]
ankleben	klebe fast	[kle:bə fast]
anklicken	klikke på	[klikə po]
anklopfen	banke på	[baŋkə po]
anknüpfen	knytte til	[knytə til]
ankommen	komme (frem)	[kɔmə (frem)]
ankreuzen	krysse av	[krysə a:ʋ]
ankündigen	annonsere	[anɔnsé:rə]
anlächeln	smile til	[smi:lə til]
anlachen	smile til	[smi:lə til]
anlehnen	lene (seg) mot	[le:nə (sæi) mu:t]
anleiten	instruere	[instrʉé:rə]
anlocken	lokke til seg	[lɔkə til sæi]
anlügen	lyve for	[ly:ʋə fɔr]
anmachen	slå på	[ʃlo po]
anmaßen	ta seg til rette	[ta sæi til ˈrætə]
anmelden	melde seg inn	[melə sæi in]
anmerken	bemerke	[bəmέrkə]

annähern	nærme seg	[næ:rmə sæi]
annehmen	anta	[ánta]
annullieren	annullere	[anʉlé:rə]
anordnen	arrangere	[araŋʃé:rə]
anpacken	ta fatt i	[ta ˈfat i]
anpassen	tilpasse	[tilpasə]
anpflanzen	plante	[plantə]
anprobieren	prøve	[prø:ʋə]
anreden	tiltale	[tilta:lə]
anrufen	ringe til	[riŋə til]
ansagen	annonsere	[anɔnsé:rə]
ansammeln	samle	[samlə]
anschalten	slå på	[ʃlo po]
anschauen	se på	[se po]
anschieben	dytte	[dytə]
anschleichen	snike seg innpå	[sni:kə sæi ˈinpo]
anschließen	slutte seg til	[ʃlʉtə sæi ˈtil]
anschmiegen	smyge seg inntil	[smy:gə sæi ˈintil]
anschnallen	feste	[festə]
anschnauzen	skjelle ut	[ʃelə ʉ:t]
anschreien	skrive til	[skri:ʋə til]
anschuldigen	beskylde	[bəʃýlə]
anschweigen	tie	[tiə]
anschwellen	hovne (opp)	[hɔʋnə (up)]
anschwindeln	lyve	[ly:ʋə]
ansehen	se på	[se po]
anspannen	spenne	[spénə]
anspi1elen	henspille på	[hɛnspilə po]
anspitzen	spisse	[spisə]
anspornen	motivere	[mutiʋé:rə]
ansprechen	snakke til	[snakə til]
anspringen	starte	[sta:ʈə]
anspucken	spytte på	[spytə po]
anstarren	stirre på	[stirə po]
anstecken	smitte	[smitə]
anstehen	stå i kø	[sto i ˈkø]
ansteigen	stige	[sti:gə]
anstellen	stille seg i kø	[stilə sæi i ˈkø]
anstimmen	stemme i	[stemə i]
anstoßen	dytte til	[dytə til]
anstrahlen	bestråle	[bəstró:lə]
anstreben	strebe etter	[stre:bə etər]
anstreichen	male	[ma:lə]
anstrengen	anstrenge	[anstreŋə]
antreffen	treffe	[trefə]
antreiben	anspore	[anspu:rə]
antreten	begynne	[bəjýnə]
antun	gjøre mot	[jø:rə mu:t]
antworten	svare	[sʋa:rə]
anvertrauen	betro	[bətrú]
anweisen	instruere	[instrʉé:rə]
anwenden	bruke	[brʉ:kə]
anwidern	by imot	[by imu:t]
anzeigen	vise	[ʋi:sə]
anziehen	ta på (seg)	[ta po (sæi)]

anzünden	tenne på [tenə po]
anzweifeln	tvile på [tʋi:lə po]
applaudieren	applaudere [aplæʉdé:rə]
arbeiten	arbeide [arbæidə]
ärgern	irritere [irité:rə]
atmen	puste [pʉstə]
aufarbeiten	bearbeide [beárbæidə]
aufatmen	puste ut [pʉstə ʉ:t]
aufbauen	bygge opp [bygə up]
aufbewahren	oppbevare [upbəʋa:rə]
aufblasen	blåse opp [blo:sə up]
aufbleiben	være oppe [ʋæ:rə upə]
aufbrauchen	bruke opp [brʉ:kə up]
aufbrausen	bruse (opp) [brʉ:sə (up)]
aufbrechen	bryte opp [bry:tə up]
aufbringen	oppdrive [updri:ʋə]
aufdecken	avdekke [a:ʋdekə]
aufdrängen	påtvinge [po:tʋiŋə]
aufdrehen	skru (på) [skrʉ (po)]
aufeinanderfolgen	følge etter hverandre [følə ˈetər ʋərandrə]
aufessen	spise opp [spi:sə up]
auffallen	skille seg ut [ʃilə sæi ʉ:t]
auffangen	fange opp [faŋə up]
auffassen	oppfatte [upfatə]
auffordern	oppfordre [upfordrə]
aufführen	oppføre [upfø:rə]
aufgeben	gi opp [ji up]
aufgreifen	ta (opp) [ta (up)]
aufhaben	ha åpent [ha o:pənt]
aufhalten	stoppe [stɔpə]
aufhängen	henge opp [heŋə up]
aufheben	plukke opp [plukə up]
aufhetzen	provosere [pruʋusé:rə]
aufholen	innhente [inhəntə]
aufhören	slutte [ʃlʉtə]
aufkleben	klistre på [klistrə po]
aufladen	laste (på) [lastə (po)]
auflassen	la stå åpen [la sto ˈo:pən]
auflauern	lure (på) [lʉ:rə (po)]
aufleben	live opp [li:ʋə up]
auflehnen	gjøre opprør [jø:rə uprø:r]
auflockern	løsne [løsnə]
auflösen	oppløse [upløːsə]
aufmachen	åpne [o:pnə]
aufmuntern	oppmuntre [upmʉntrə]
aufnehmen	ta opp [ta up]
aufpassen	passe på [pasə po]
aufplatzen	sprekke [sprekə]
aufpumpen	pumpe opp [pumpə up]
aufraffen	ta seg sammen [ta sæi ˈsamən]
aufräumen	rydde [rydə]
aufrechterhalten	opprettholde [uprethɔlə]
aufregen	hisse (seg) opp [hisə (sæi) up]
aufrunden	avrunde oppover [a:ʋrʉnə upoʋər]
aufsammeln	samle opp [samlə up]
aufschieben	utsette [u:tsetə]

aufschließen	låse opp	[lo:sə up]
aufschreiben	skrive opp	[skri:ʋə up]
aufspringen	springe ut	[spriŋə ʉ:t]
aufstacheln	egge	[egə]
aufstehen	stå opp	[sto up]
aufstellen	stille opp	[stílə up]
aufstützen	støtte (seg)	[støtə (sæi)]
aufsuchen	oppsøke	[upsø:kə]
auftauchen	dukke opp	[dʉkə up]
aufteilen	dele (opp)	[de:lə (up)]
auftragen	påføre	[po:fø:rə]
auftreiben	oppdrive	[updri:ʋə]
auftreten	hende	[henə]
aufwachen	våkne	[ʋo:knə]
aufwachsen	vokse opp	[ʋoksə up]
aufwärmen	varme opp	[ʋarme up]
aufwecken	vekke	[ʋekə]
aufweichen	bløte (opp)	[blø:tə (up)]
aufweisen	vise (til)	[ʋi:sə (til)]
aufwischen	tørke opp	[tørkə up]
aufwühlen	opprøre	[uprø:rə]
aufzählen	ramse opp	[ramsə up]
aufzeichnen	registrere	[registré:rə]
aufzeigen	vise (til)	[ʋi:sə (til)]
aufzwingen	påtvinge	[po:tʋiŋə]
ausarbeiten	utarbeide	[ʉ:tarbæidə]
ausatmen	puste ut	[pʉstə ʉ:t]
ausbessern	utbedre	[ʉ:tbe:drə]
ausbleiben	utebli	[ʉ:təbli]
ausbrechen	bryte ut	[bry:tə ʉ:t]
ausbreiten	utbre	[ʉ:tbre]
ausdehnen	ekspandere	[ekspandé:rə]
ausdenken	tenke ut	[teŋkə ʉ:t]
auseinanderbre-chen	falle fra hverandre	[falə ˈfra ʋərandrə]
ausfallen	bli avlyst	[bli a:ʋly:st]
ausfragen	spørre ut	[spørə ʉ:t]
ausfüllen	fylle ut	[fylə ʉ:t]
ausgeben	bruke (penger)	[bru:kə (peŋər)]
ausgehen	gå ut	[go ʉ:t]
ausgleichen	kompensere	[kumpensé:rə]
aushaben	være ferdig	[ʋæ:rə fæ:ɖi]
aushalten	holde ut	[hɔlə ʉ:t]
aushelfen	hjelpe til	[jelpə til]
auskennen	være kjent	[ʋæ:rə çent]
auskommen	komme overens	[kɔmə o:ʋəréns]
auslachen	le av	[le a:ʋ]
auslaufen	lekke	[lekə]
ausleeren	tømme	[tømə]
ausleihen	låne bort	[lo:nə buʈ]
ausloggen	logge ut	[logə ʉ:t]
auslösen	utløse	[ʉ:tlø:sə]
ausmachen	slå av	[ʃlo a:ʋ]
ausmalen	utmale	[ʉ:tma:lə]
ausmessen	måle	[mo:lə]
ausnutzen	utnytte	[ʉ:tnytə]
auspacken	pakke ut	[pakə ʉ:t]

ausplaudern	plapre ut med [plaprə ˈʉ:t me]
auspressen	presse [presə]
ausprobieren	prøve [prø:ʋə]
ausrasten	bli rasende [bli ra:sənə]
ausrauben	rane [ra:nə]
ausrechnen	regne ut [reŋə ʉ:t]
ausreden	snakke noen fra noe [snakə nuen ˈfra nuə]
ausreichen	være nok [ʋæ:rə nok]
ausreisen	reise ut [ræisə ʉ:t]
ausrichten	formidle noe til noen [fɔrmídlə nuə til nuen]
ausruhen	hvile (seg) [ʋi:lə (sæi)]
ausrutschen	skli [skli]
ausschalten	slå av [ʃlo a:ʋ]
ausscheiden	gå av [go a:ʋ]
ausschimpfen	skjelle ut [ʃelə ʉ:t]
ausschlafen	sove ut [so:ʋə ʉ:t]
ausschließen	utelukke [ʉ:təlʉkə]
ausschneiden	klippe ut [klipə ʉ:t]
aussehen	se ut [se ʉ:t]
äußern	ytre [ytrə]
aussetzen	utsette [ʉ:tsetə]
aussprechen	uttale [ʉ:tta:lə]
ausstehen	utstå [ʉ:tsto]
aussteigen	gå av [go a:ʋ]
aussterben	dø ut [dø ʉ:t]
ausstrecken	strekke ut [strekə ʉ:t]
aussuchen	velge (ut) [ʋelgə (ʉ:t)]
austauschen	bytte (ut) [bytə (ʉ:t)]
austeilen	fordele [fɔɖé:lə]
austoben	slippe seg løs [ʃlipə sæi ˈlø:s]
austreten	tre av [tre a:ʋ]
austricksen	lure [lʉ:rə]
austrinken	drikke opp [drikə up]
ausüben	utøve [ʉ:tø:ʋə]
auswählen	velge [ʋelgə]
auswandern	utvandre [ʉ:tʋandrə]
auswaschen	vaske (ut) [ʋaskə (ʉ:t)]
auswechseln	bytte (ut) [bytə (ʉ:t)]
ausweichen	vike [ʋi:kə]
auswerten	analysere [analysé:rə]
auswirken	ha innvirkning på [ha ˈinʋirkniŋ po]
auszählen	telle (opp) [telə (up)]
auszeichnen	utmerke [ʉ:tmɛrkə]
ausziehen	ta av [ta a:ʋ]

B

babysitten	passe barn [pasə ba:ɳ]
backen	bake [ba:kə]
baden	bade [ba:də]
baggern	grave [gra:ʋə]
basteln	lage [la:gə]
bauen	bygge [bygə]
beabsichtigen	akte [aktə]
beachten	være oppmerksom på [ʋæ:rə upmέrksom po]
beängstigen	skremme [skremə]
beanspruchen	oppta [upta]
beantragen	søke om [sø:kə um]
beantworten	svare [sʋa:rə]
bearbeiten	behandle [bəhándlə]
beatmen	gi kunstig åndedrett til [ji kʉnsti ˈondedret til]
beaufsichtigen	passe på [pasə po]
beauftragen	gi i oppdrag [ji i updra:g]
bedanken	takke [takə]
bedauern	beklage [bəklá:gə]
bedecken	dekke (over) [dekə (o:ʋər)]
bedenken	tenke på [teŋkə po]
bedeuten	bety [bətý]
bedienen	betjene [bətjé:nə]
bedrängen	presse [presə]
bedrohen	true [trʉə]
bedrücken	trykke (på) [trykə (po)]
beeilen	skynde seg [ʃynə sæi]
beeindrucken	imponere [impuné:rə]
beeinflussen	påvirke [po:ʋirkə]
beeinträchtigen	påvirke negativt [po:ʋirkə ne:gatiʋt]
beenden	avslutte [a:ʋʃlʉtə]
beerdigen	begrave [bəgrá:ʋə]
befassen	befatte [bəfátə]
befehlen	befale [bəfá:lə]
befestigen	feste [festə]
befeuchten	fukte [fʉktə]
befinden	være [ʋæ:rə]
befolgen	følge [følgə]
befragen	utspørre [ʉ:tspørə]
befreien	befri [bəfrí]
befriedigen	tilfredsstille [tilfrédsstilə]
befruchten	befrukte [bəfrʉ́ktə]
befürchten	frykte [fryktə]
befürworten	gå inn for [go in fɔr]
begegnen	møte [mø:tə]
begehen	begå [bəgó]
begehren	begjære [bəjǽ:rə]
begeistern	begeistre [bəgǽistrə]
beginnen	begynne [bəjýnə]
begleiten	følge [følgə]
beglückwünschen	gratulere [gratʉlé:rə]
begraben	begrave [bəgrá:ʋə]
begreifen	begripe [bəgrí:pə]
begrenzen	begrense [bəgrénsə]
begründen	begrunne [bəgrʉ́nə]
begrüßen	hilse velkommen [hilsə ʋelkɔ́mən]

begünstigen	favorisere [favuriséːrə]
begutachten	vurdere [vʉɖéːrə]
behalten	beholde [bəhɔ́lə]
behandeln	behandle [bəhándlə]
beharren	insistere [insistéːrə]
behaupten	påstå [poːsto]
beheben	oppheve [uphéːʋə]
behelfen	klare seg med [klaːrə sæi me]
beherrschen	beherske [bəhɛ́ʃkə]
beherzigen	legge seg på hjertet [legə sæi po ˈjɛrte]
behindern	hindre [hindrə]
behüten	beskytte [bəʃýtə]
beibehalten	beholde [bəhɔ́lə]
beibringen	lære (bort) [læːrə (buʈ)]
beichten	bekjenne [bəçénə]
beifügen	legge ved [legə ʋe]
beinhalten	inneholde [inəhɔlə]
beipflichten	samtykke [samtykə]
beirren	forvirre [fɔrʋírə]
beißen	bite [biːtə]
beistehen	bistå [biːsto]
beitragen	bidra [biːdra]
beitreten	melde seg inn [melə sæi ˈin]
bejahen	si ja [si ja]
bejubeln	juble [jʉːblə]
bekämpfen	bekjempe [bəçémpə]
bekehren	omvende [umʋenə]
bekennen	bekjenne [bəçénə]

beklagen	klage [klaːgə]
bekleckern	søle (på) [søːlə (po)]
bekommen	få [fo]
bekräftigen	bekrefte [bəkréftə]
beladen	laste [lastə]
belasten	belaste [bəlástə]
belästigen	plage [plaːgə]
belauschen	avlytte [aːʋlytə]
beleidigen	fornærme [fɔɳǽrmə]
bellen	gjø [jø]
belohnen	belønne [bəlǿnə]
belügen	lyve for [lyːʋə fɔr]
bemerken	merke [mɛrkə]
bemitleiden	synes synd på [syːnes ˈsyn po]
bemühen	anstrenge seg [anstreŋə sæi]
benachrichtigen	informere [infɔrméːrə]
benehmen	oppføre seg [upføːrə sæi]
beneiden	misunne [misʉ́nə]
benennen	benevne [bənéʋnə]
benoten	gi karakter [ji karaktér]
benötigen	trenge [treŋə]
beobachten	observere [ubserʋéːrə]
beraten	gi råd [ji roːd]
berechnen	beregne [bəréŋnə]
bereden	snakke om [snakə um]
bereiten	tilberede [tilbəreːdə]
bereithalten	ha klar [ha klaːr]
bereitmachen	gjøre klar [jøːrə klaːr]

bereuen	angre [aŋrə]
berichten	rapportere [rapuʈé:rə]
berichtigen	rette [retə]
berücksichtigen	ta hensyn til [ta ˈhensy:n til]
beruhigen	roe ned [ruə ne]
berühren	berøre [bərø:rə]
beschädigen	skade [ska:də]
beschaffen	skaffe [skafə]
beschäftigen	beskjeftige [bəʃéftigə]
bescheinigen	attestere [atesté:rə]
beschenken	forære [fɔrǽ:rə]
beschimpfen	skjelle ut [ʃelə ʉ:t]
beschleunigen	påskynde [poʃynə]
beschließen	beslutte [bəʃlʉtə]
beschmutzen	skitne til [ʃitnə til]
beschränken	begrense [bəgrénsə]
beschreiben	beskrive [bəskrí:ʋə]
beschuldigen	beskylde [bəʃýlə]
beschützen	beskytte [bəʃýtə]
beschweren	klage [kla:gə]
beseitigen	fjerne [fjɛ:ɳə]
besetzen	besette [bəsétə]
besichtigen	se på [se po]
besiegen	vinne (over) [ʋinə (o:ʋər)]
besitzen	eie [æiə]
besorgen	besørge [bəsørgə]
besprechen	drøfte [drøftə]
bestätigen	bekrefte [bəkréftə]
bestatten	bisette [bi:setə]
bestaunen	beundre [bəʉ́ndrə]
bestehen	bestå [bəstó]
bestellen	bestille [bəstílə]
bestimmen	bestemme [bəstémə]
bestrafen	straffe [strafə]
bestreiten	bestride [bəstrí:də]
besuchen	besøke [bəsǿ:kə]
betätigen	betjene [bətjé:nə]
betäuben	bedøve [bədǿ:ʋə]
beteiligen	delta [dé:lta]
beten	be [be]
beteuern	bedyre [bədý:rə]
betonen	legge vekt på [legə ˈʋekt po]
betören	bedåre [bədó:rə]
betrachten	betrakte [bətráktə]
betreuen	passe (på) [pase (po)]
betrügen	bedra [bədrá]
betteln	tigge [tigə]
beugen	bøye [bœyə]
beunruhigen	uroe [ʉ:ruə]
beurteilen	bedømme [bədǿmə]
bevorzugen	foretrekke [fɔrətrekə]
bewachen	bevokte [bəʋóktə]

bewaffnen	bevæpne [bəʋǽ:pnə]
bewältigen	makte [maktə]
bewegen	bevege [bəʋé:gə]
beweisen	bevise [bəʋí:sə]
bewerben	søke [sø:kə]
bewerten	vurdere [ʋʉɖé:rə]
bewirken	forårsake [fɔroʃa:kə]
bewohnen	bo i [bu i]
bewundern	beundre [bəʉ́ndrə]
bezahlen	betale [bətá:lə]
bezeichnen	betegne [bətéŋnə]
bezweifeln	tvile på [tʋi:lə po]
biegen	bøye [bœyə]
bieten	by [by]
bilden	danne [danə]
bitten	be [be]
blamieren	dumme seg ut [dumə sæi ʉ:t]
blasen	blåse [blo:sə]
bleiben	forbli [fɔrblí]
blenden	blende [blenə]
blinken	blinke [bliŋkə]
blinzeln	blunke [bluŋkə]
blitzen	lyne [ly:nə]
blockieren	blokkere [bloké:rə]
blühen	blomstre [blomstrə]
bluten	blø [blø]
bohren	bore [bu:rə]
boxen	bokse [boksə]
boykottieren	boikottere [bɔykoté:rə]
braten	steke [ste:kə]
brauchen	trenge [treŋə]
brechen	bryte [bry:tə]
bremsen	bremse [bremsə]
brennen	brenne [brenə]
bringen	bringe [briŋə]
bröckeln	smuldre [smʉldrə]
brüllen	brøle [brø:lə]
brummen	brumme [brumə]
brüten	ruge [rʉ:gə]
buchen	bestille [bəstílə]
buchstabieren	stave [sta:ʋə]
bücken	bøye seg [bœyə sæi]
bügeln	stryke [stry:kə]
bummeln	rusle [rʉʃlə]
bürsten	børste [bøʃtə]

C

campen	campe [kæmpə]
charakterisieren	karakterisere [karakterisé:rə]
chatten	chatte [tʃætə]

D

dableiben	bli værende [bli ʋæ:rənə]
danebenbenehmen	oppføre seg dårlig [upfø:rə sæi ˈdo:ɭi]
danken	takke [takə]
darstellen	presentere [presenté:rə]
dastehen	stå der [sto dær]
dauern	vare [ʋa:rə]
decken	dekke [dekə]
dehnen	strekke (seg) [strekə (sæi)]
dementieren	dementere [dementé:rə]
demonstrieren	demonstrere [demunstré:rə]
demütigen	ydmyke [y:dmy:kə]
denken	tenke [teŋkə]
deprimieren	deprimere [deprimé:rə]
desinfizieren	desinfisere [desinfisé:rə]
deuten	tyde [ty:də]
dienen	tjene [tje:nə]
diskriminieren	diskriminere [diskriminé:rə]
diskutieren	diskutere [diskuté:rə]
disqualifizieren	diskvalifisere [diskʋalifisé:rə]
distanzieren	distansere [distansé:rə]
dividieren	dividere [diʋidé:rə]

donnern	tordne [turdnə]
dosieren	dosere [dusé:rə]
downloaden	laste ned [lastə ne]
dramatisieren	dramatisere [dramatisé:rə]
dranbleiben	vente [ʋentə]
drängeln	skubbe [skʉbə]
drängen	trenge (seg) [treŋə (sæi)]
drankommen	få sin tur [fo si:n ˈtʉ:r]
drehen	snu [snʉ]
drohen	true [trʉə]
drucken	skrive ut [skri:ʋə ʉ:t]
drücken	trykke [trykə]
ducken	dukke [dʉkə]
duften	dufte [dʉftə]
dulden	tolerere [toleré:rə]
durchdenken	tenke gjennom [teŋkə jenum]
durcheinander-bringen	rote til [ru:tə til]
durchführen	utføre [ʉ:tfø:rə]
durchsagen	annonsere [anɔnsé:rə]
durchschauen	gjennomskue [jenumskʉ:ə]
durchsetzen	hevde (seg) [heʋdə (sæi)]
durchsickern	sive gjennom [si:ʋə jenum]
durchstöbern	rote gjennom [ru:tə jenum]
durchstreichen	stryke over [stry:kə o:ʋər]
durchwühlen	pløye gjennom [plœyə jenum]
durchziehen	gjennomføre [jenumfø:rə]
dürfen	få lov til [fo ˈlo:ʋ til]
duschen	dusje [dʉʃə]
duzen	si ‚du‘ til [si ˈdʉ til]

E

ebnen	jevne [jeʋnə]
ehren	ære [æ:rə]
eignen	egne (seg) [eŋnə (sæi)]
eilen	skynde (seg) [ʃynə (sæi)]
einatmen	puste inn [pʉstə ˈin]
einbilden	innbille seg [inbilə sæi]
einbrechen	bryte inn [bry:tə ˈin]
einchecken	sjekke inn [ʃekə ˈin]
eincremen	ta på krem [ta po ˈkre:m]
eindringen	trenge inn [treŋə ˈin]
eindrücken	trykke inn [trykə ˈin]
einengen	innsnevre [insneʋrə]
einfädeln	træ [træ]
einfahren	kjøre inn [çø:rə ˈin]
einfallen	komme på [kɔmə ˈpo]
einfangen	fange [faŋə]
einfügen	sette inn [setə ˈin]
einfühlen	føle med [fø:lə ˈme]
einführen	innføre [infø:rə]
eingeben	oppgi [upji]
eingestehen	tilstå [tilsto]
eingreifen	gripe inn [gri:pə ˈin]
eingrenzen	begrense [bəgrénsə]
einholen	innhente [inhəntə]
einigen	bli enig [bli ˈe:ni]
einkaufen	kjøpe (inn) [çø:pə (in)]
einkleben	lime inn [li:mə ˈin]
einklemmen	klemme (inn) [klemə (in)]
einladen	invitere [inʋité:rə]
einleben	finne seg til rette [finə sæi til ˈretə]
einlenken	gi etter [ji ˈetər]
einleuchten	være innlysende [ʋæ:rə ˈinly:sənə]
einliefern	innlevere [inleʋe:rə]
einloggen	logge inn [logə ˈin]
einlösen	innløse [inlø:sə]
einmischen	blande seg inn [blanə sæi ˈin]
einordnen	innordne [inordnə]
einpacken	pakke inn [pakə ˈin]
einparken	parkere [parké:rə]
einpflanzen	plante [plantə]
einplanen	planlegge [pla:nlegə]
einprägen	innprente [inprentə]
einräumen	innrømme [inrømə]
einreden	overbevise [o:ʋərbəʋi:sə]
einreiben	gni inn [gni ˈin]
einreisen	reise inn [ræisə ˈin]
einrosten	ruste fast [rʉstə fast]
einschalten	slå på [ʃlo po]
einschätzen	vurdere [ʋʉɖé:rə]
einschenken	skjenke [ʃeŋkə]
einschlafen	sovne [souʋnə]

einschließen	låse inn [losə ˈin]
einschränken	innskrenke [inskreŋkə]
einschreiten	gripe inn [gri:pə ˈin]
einschüchtern	skremme [skremə]
einschulen	melde inn på skolen [melə in po ˈskulən]
einsehen	få innsyn [fo ˈinsy:n]
einsetzen	sette inn [setə ˈin]
einsperren	sperre inne [sperə ˈinə]
einspringen	hoppe inn [hopə ˈin]
einstecken	putte (inn) i [putə (in) i]
einsteigen	gå på [go po]
einstellen	ansette [ansetə]
einstürzen	rase sammen [ra:sə samən]
eintauchen	dykke ned i [dykə ˈne: i]
einteilen	dele (inn) [de:lə (ˈin)]
eintragen	føre inn [fø:rə ˈin]
eintreffen	ankomme [ankɔmə]
eintreten	gå inn [go ˈin]
einwandern	innvandre [inʋandrə]
einwechseln	bytte inn [bytə ˈin]
einweichen	legge i bløt [legə i ˈblø:t]
einweihen	innvie [inʋiə]
einweisen	instruere [instrʉé:rə]
einwenden	innvende [inʋenə]
einwilligen	samtykke [samtykə]
einzahlen	innbetale [inbəta:lə]
eitern	være betent [ʋæ:rə bətent]
ekeln	vekke avsky [ʋekə a:ʋʃy]
empfangen	motta [mu:ta]
empfehlen	anbefale [anbəfa:lə]
empfinden	føle [fø:lə]
enden	slutte [ʃlʉtə]
entdecken	oppdage [upda:gə]
entfachen	blusse opp [blʉsə up]
entfallen	bortfalle [buʈfalə]
entfernen	fjerne [fjɛ:ɳə]
entführen	bortføre [buʈfø:rə]
entgegenbringen	vise [ʋi:sə]
entgegnen	svare [sʋa:rə]
entgleisen	spore av [spu:rə a:ʋ]
enthalten	inneholde [inəhɔlə]
entkommen	slippe unna [ʃlipə ʉna]
entlanggehen	gå langs [go laŋs]
entlassen	si opp [si up]
entlasten	avlaste [a:ʋlastə]
entlaufen	rømme [rømə]
entscheiden	bestemme [bəstémə]
entschließen	beslutte [bəʃlʉtə]
entschuldigen	unnskylde [ʉnʃylə]
entsetzen	forferde [fɔrfɛ́:rdə]
entsorgen	kaste (avfall) [kastə (a:ʋfal)]
entspannen	slappe av [ʃlapə a:ʋ]
entsprechen	tilsvare [tilsʋa:rə]
entstehen	oppstå [upsto]

entstellen	vansire [ʋansi:rə]
enttäuschen	skuffe [skʉfə]
entwaffnen	avvæpne [a:ʋʋæ:pnə]
entweichen	slippe ut [ʃlipə ʉ:t]
entwerfen	lage utkast til [la:gə ˈʉ:tkast til]
entwickeln	utvikle [ʉ:tʋiklə]
erben	arve [arʋə]
erbrechen	kaste opp [kastə up]
ereignen	skje [ʃe]
erfahren	erfare [ɛrfá:rə]
erfinden	finne opp [finə up]
erforschen	utforske [ʉ:tfɔʃkə]
erfrieren	fryse i hjel [fry:sə ije:l]
erfrischen	forfriske [fɔrfrískə]
erfüllen	oppfylle [upfylə]
ergänzen	utfylle [ʉ:tfylə]
ergeben	overgi (seg) [o:ʋərji (sæi)]
erhalten	motta [mu:ta]
erhoffen	håpe på [ho:pə po]
erhöhen	øke [ø:kə]
erholen	komme seg [kɔmə sæi]
erinnern	huske [hʉskə]
erkälten	bli forkjølet [bli fɔrçǿ:lət]
erkennen	kjenne igjen [çenə ijən]
erklären	forklare [fɔrklá:rə]
erkundigen	forhøre seg [fɔrhǿ:rə sæi]
erlauben	tillate [tila:tə]
erläutern	forklare [fɔrklá:rə]
erleben	oppleve [uple:ʋə]
erledigen	utføre [ʉ:tfø:rə]
erleichtern	lette [letə]
erlösen	befri [bəfrí]
ermahnen	formane [fɔrmá:ne]
ermitteln	finne ut [fine ʉ:t]
ermöglichen	muliggjøre [mʉ:lijø:rə]
ermorden	myrde [myrdə]
ermuntern	oppmuntre [upmʉntrə]
ermutigen	motivere [mutiʋé:rə]
ernähren	ernære [æɳǽ:rə]
ernennen	utnevne [ʉ:tneʋnə]
erneuern	fornye [fɔrný:ə]
ernten	høste [høstə]
eröffnen	åpne [o:pnə]
erpressen	utpresse [ʉ:tpresə]
erregen	hisse opp [hisə up]
erreichen	nå [no]
erscheinen	vise seg [ʋi:se sæi]
erschrecken	skremme [skremə]
erschüttern	ryste [rystə]
erschweren	vanskeliggjøre [ʋanskelijø:rə]
ersetzen	erstatte [ɛʃtátə]
erstaunen	forbause [fɔrbǽusə]

ersticken	kveles [kʋe:les]
ertappen	ta (på fersk gjerning) [ta (po fɛʃk ˈjæɳiŋ)]
ertragen	tåle [to:lə]
ertrinken	drukne [druknə]
erwähnen	nevne [neʋnə]
erwarten	forvente [fɔrʋéntə]
erwidern	svare [sʋa:rə]
erwürgen	kvele [kʋe:lə]
erzählen	fortelle [fɔrtélə]
erzeugen	produsere [prudʉsé:rə]
erziehen	oppdra [úpdra]
erzwingen	tvinge [tʋiŋə]
essen	spise [spi:sə]
existieren	eksistere [eksisté:rə]
explodieren	eksplodere [ekspludé:rə]

F

fahren	kjøre [çø:rə]
fallen	falle [falə]
fälschen	forfalske [fɔrfálskə]
falten	brette [bretə]
fangen	ta i mot [ta imu:t]
färben	farge [fargə]
fassen	ta [ta]
fasten	faste [fastə]
faszinieren	fascinere [fasiné:rə]
faulen	råtne [rotnə]
faulenzen	late seg [la:tə sæi]
fechten	fekte [fektə]
fegen	feie [fæiə]
fehlen	mangle [maŋlə]
feiern	feire [fæirə]
feilen	file [fi:lə]
fernsehen	se på TV [se po ˈte:ʋə]
fernsteuern	fjernstyre [fjɛɳsty:rə]
fertigmachen	gjøre ferdig [jø:rə ˈfærdi]
fesseln	binde [binə]
festhalten	holde fast [hɔlə fast]
festnehmen	arrestere [aresté:rə]
feststehen	være sikkert [ʋæ:rə sikəʈ]
feststellen	fastslå [fástʃlo]
filmen	filme [filmə]
filtern	filtrere [filtré:rə]
finanzieren	finansiere [finansié:rə]
finden	finne [finə]

flehen	trygle [tryglə]
flicken	bøte [bø:tə]
fliegen	fly [fly]
fliehen	flykte [flyktə]
fließen	flyte [fly:tə]
flimmern	flimre [flimrə]
flirten	flørte [flø:ʈə]
fluchen	banne [banə]
flüchten	flykte [flyktə]
flüstern	hviske [ʋiskə]
föhnen	føne [fø:nə]
folgen	følge [følə]
folgern	avlede [aʋle:də]
foltern	torturere [tuʈʉré:rə]
fordern	kreve [kreʋə]
fördern	fremme [fremə]
formulieren	formulere [fɔrmʉlé:rə]
forschen	forske [fɔʃkə]
fortbilden	videreutdanne [ʋidəreʉ:tdanə]
fortfahren	fortsette [fɔʈsetə]
fortsetzen	fortsette [fɔʈsetə]
fotografieren	fotografere [futugrafé:rə]
fragen	spørre [spørə]
frankieren	frankere [fraŋké:rə]
freigeben	frigi [fri:ji]
freihaben	ha fri [ha fri]
freilassen	slippe fri [ʃlipə fri]
freisprechen	frifinne [fri:finə]
fremdgehen	være utro [ʋæ:rə ʉ:tru]
fressen	spise [spi:sə]
freuen	glede [gle:də]
frieren	fryse [fry:sə]
frühstücken	spise frokost [spi:sə frúkust]
frustrieren	frustrere [frʉstré:rə]
fühlen	føle [fø:lə]
führen	føre [fø:rə]
füllen	fylle [fylə]
funktionieren	fungere [fʉŋgé:rə]
fürchten	frykte [fryktə]

G

gähnen	gjespe [jespə]
garantieren	garantere [garanté:rə]
geben	gi [ji]
gefährden	utsette for fare [ʉ:tsetə fɔr ˈfa:rə]
gefallen	behage [bəhá:gə]
gehen	gå [go]
gehorchen	adlyde [a:dly:də]
gehören	tilhøre [tilhø:rə]
gelangen	nå fram til [no ˈfram til]
gelingen	lykkes [lykes]
gelten	gjelde [jelə]
genehmigen	godkjenne [guçenə]
genesen	bli frisk [bli frisk]
genieren	sjenere [ʃené:rə]
genießen	nyte [ny:tə]
genügen	være nok [ʋæ:rə nok]
geschehen	skje [ʃe]
gestatten	tillate [tila:tə]
gestehen	tilstå [tílsto]
gestikulieren	gestikulere [gestikʉlé:rə]
gewinnen	vinne [ʋinə]
gewittern	tordne [turdnə]
gewöhnen	venne seg til [ʋenə sæi til]
gießen	vanne [ʋanə]
glänzen	glinse [glinsə]
glätten	glatte [glatə]
glauben	tro [tru]
gleichen	ligne [liŋnə]
gleiten	gli [gli]
gliedern	inndele [inde:lə]
glitzern	glitre [glitrə]
glühen	gløde [glø:də]
gönnen	unne [ʉnə]
graben	grave [gra:ʋə]
gratulieren	gratulere [gratʉlé:rə]
greifen	gripe [gri:pə]
grenzen	grense (opp) til [grensə (up) til]
grillen	grille [grilə]
grinsen	glise [gli:sə]
grübeln	gruble [grʉblə]
gründen	grunnlegge [grʉnlegə]
grunzen	grynte [gryntə]
gruseln	bli redd [bli red]
grüßen	hilse [hilsə]
gucken	se [se]
gurgeln	gurgle [gʉrglə]
gutmachen	gjøre godt [jø:rə got]

H

haaren	røyte [rœytə]
haben	ha [ha]
hacken	hakke [hakə]
hadern	rase [ra:sə]
hageln	hagle [haglə]
häkeln	hekle [heklə]
halbieren	halvere [halʋé:rə]
halten	holde [hɔ́lə]
hämmern	hamre [hamrə]
handeln	handle [handlə]
handhaben	håndtere [honté:rə]
hängen	henge [heŋə]
harmonieren	harmonere [harmuné:rə]
hassen	hate [ha:tə]
hauen	slå [ʃlo]
heben	heve [he:ʋə]
hecheln	pese [pe:sə]
heften	feste [festə]
hegen	pleie [plæiə]
heilen	helbrede [helbré:də]
heimfahren	kjøre hjem [çø:rə jem]
heimzahlen	gjengjelde [jenjelə]
heiraten	gifte seg [jiftə sæi]
heißen	hete [he:tə]
heizen	fyre [fy:rə]
helfen	hjelpe [jelpə]
herausfordern	utfordre [ʉ:tfɔrdrə]
herrschen	herske [herskə]
hervorrufen	kalle fram [kalə fram]
hetzen	hetse [hetsə]
heucheln	hykle [hyklə]
heulen	hyle [hy:lə]
hinken	hinke [hiŋkə]
hinrichten	henrette [henretə]
hinterfragen	stille spørsmål ved [stilə ˈspøʃmo:l ʋe]
hinweisen	henvise [henʋi:sə]
hinzufügen	tilføye [tilfœyə]
hobeln	høvle [høʋlə]
hocken	sitte på huk [sitə po ˈhʉ:k]
hoffen	håpe [ho:pə]
holen	hente [hentə]
hören	høre [hø:rə]
humpeln	halte [haltə]
hungern	sulte [sʉltə]
hupen	tute [tʉ:tə]
hüpfen	hoppe [hopə]
husten	hoste [hustə]
hüten	passe (på) [pase (po)]
hypnotisieren	hypnotisere [hypnutisé:rə]

I

identifizieren	identifisere [identifisé:rə]
ignorieren	ignorere [ignuré:rə]
impfen	vaksinere [ʋaksiné:rə]
infizieren	infisere [infisé:rə]
informieren	informere [infɔrmé:rə]
innehaben	inneha [inəha]
inspirieren	inspisere [inspisé:rə]
installieren	installere [instalé:rə]
integrieren	integrere [integré:rə]
interessieren	interessere [interesé:rə]
interpretieren	interpretere [interpreté:rə]
interviewen	intervjue [intərʋjʉ:ə]
investieren	investere [inʋesté:rə]
irreführen	mislede [misle:də]
irren	ta feil [ta fæil]
irritieren	forvirre [fɔrʋírə]
isolieren	isolere [isulé:rə]

J

jagen	jage [ja:gə]
jammern	jamre [jamrə]
joggen	jogge [jogə]
jubeln	juble [jʉ:blə]
jucken	klø [klø]

K

kämmen	kjemme [çemə]
kämpfen	kjempe [çempə]
kapitulieren	kapitulere [kapitʉlé:rə]
kaputtgehen	bli ødelagt [bli ø:delakt]
kassieren	innkassere [inkasé:rə]
kauen	tygge [tygə]
kauern	sitte på huk [sitə po ˈhʉ:k]
kaufen	kjøpe [çø:pə]
kehren	koste [kustə]
kehrtmachen	snu [snʉ]
kennen	kjenne [çenə]
kennzeichnen	kjennetegne [çenəteŋnə]
keuchen	puste tungt [pʉstə tuŋt]
kichern	fnise [fni:sə]
kidnappen	kidnappe [kidnapə]
kitzeln	kile [çi:lə]
klaffen	gape [ga:pə]
klagen	klage [kla:gə]
klammern	klamre [klamrə]
klappen	klaffe [klafə]
klappern	klapre [klaprə]
klären	avklare [a:ʋkla:rə]
klargehen	ordne seg [ɔrdnə sæi]
klarkommen	klare seg [kla:rə sæi]
klatschen	klappe [klapə]
kleben	klistre [klistrə]
kleckern	søle [sø:lə]
klettern	klatre [klatrə]
klicken	klikke [klikə]
klingeln	ringe (på) [riŋə (po)]
klingen	lyde [ly:də]
klopfen	banke (på) [baŋkə (po)]
knabbern	knaske [knaskə]
knacken	knekke [knekə]
knallen	smelle [smelə]
kneifen	knipe [kni:pə]
kneten	kna [kna]
knicken	brette [bretə]
knien	knele [kne:lə]
knirschen	knase [kna:sə]
knistern	knistre [knistrə]
knittern	knitre [knitrə]
knöpfen	kneppe [knepə]
knurren	knurre [knʉrə]
kochen	lage mat [la:gə ma:t]
kombinieren	kombinere [kumbiné:rə]
kommen	komme [kɔmə]
kommentieren	kommentere [kumenté:rə]
können	kunne [kʉnə]
konstruieren	konstruere [kunstrʉé:rə]
konsumieren	konsumere [kunsʉmé:rə]
kontrollieren	kontrollere [kuntrulé:rə]
konzentrieren	konsentrere [kunsentré:rə]
kooperieren	samarbeide [samarbæidə]
koordinieren	koordinere [kuordiné:rə]
kopieren	kopiere [kupié:rə]

korrigieren	korrigere [kurigé:rə]
kosten	koste [kɔstə]
krabbeln	krabbe [krabə]
krankmelden	sykmelde [sy:kmelə]
kratzen	klø [klø]
kraulen	klappe [klapə]
kräuseln	kruse [krʉ:sə]
kreisen	kretse [kretsə]
kreuzen	krysse [krysə]
kribbeln	krible [kriblə]
kriechen	krype [kry:pə]
kriegen	få [fo]
kritisieren	kritisere [kritisé:rə]
krümeln	smuldre [smʉldrə]
krümmen	krumme [krumə]
kühlen	kjøle [çø:lə]
kümmern	ta seg av [ta sæi a:ʋ]
kündigen	si opp [si up]
kürzen	forkorte [fɔrkɔ́ʈə]
kuscheln	kose [ku:sə]
küssen	kysse [çysə]

L

lächeln	smile [smi:lə]
lachen	le [le]
laden	laste [lastə]
lagern	lagre [la:grə]
lähmen	lamme [lamə]
lahmlegen	blokkere [blɔkerə]
landen	lande [lanə]
langweilen	kjede [çe:də]
lassen	la [la]
lästern	snakke stygt om [snakə ˈstykt um]
lauern	lure [lʉ:rə]
laufen	springe [spriŋə]
läuten	ringe (på) [riŋə (po)]
leben	leve [le:ʋə]
lecken	lekke [lekə]
leeren	tømme [tømə]
legen	legge [legə]
lehnen	lene [le:nə]
lehren	undervise [ʉnərʋi:sə]
leiden	lide [li:də]
leihen	låne [lo:nə]
leisten	yte [y:tə]
leiten	lede [le:də]
lenken	styre [sty:rə]
lernen	lære [læ:rə]
lesen	lese [le:sə]
leugnen	bestride [bəstrí:də]
lieben	elske [elskə]

liebkosen	kjærtegne [çærteŋnə]
liefern	levere [levé:rə]
liegen	ligge [ligə]
lispeln	lespe [lespə]
loben	rose [ru:sə]
locken	lokke [lokə]
lockern	løsne [løsnə]
löffeln	spise med skje [spi:sə me 'ʃe]
lohnen	lønne seg [løne sæi]
löschen	slette [ʃletə]
lösen	løse [lø:se]
losfahren	kjøre vekk [çø:rə vek]
loswerden	bli kvitt [bli kvit]
lüften	lufte [lʉftə]
lügen	lyve [ly:və]
lutschen	suge på [sʉ:gə po]

M

machen	gjøre [jø:rə]
mahnen	mane [ma:nə]
mailen	sende e-post [senə é:post]
malen	male [ma:lə]
manipulieren	manipulere [manipʉlé:rə]
markieren	markere [marké:rə]
massieren	massere [masé:rə]
meditieren	meditere [medité:rə]
meiden	unngå [ʉngo]
meinen	mene [me:nə]
meistern	mestre [mestrə]
melden	melde [melə]
merken	merke [mɛrkə]
messen	måle [mo:lə]
miauen	mjaue [mjæuə]
mieten	leie [læiə]
mindern	redusere [redʉsé:rə]
mischen	blande [blanə]
missachten	overse [o:vərse]
missbilligen	misbillige [misbilijə]
missbrauchen	misbruke [misbrʉ:kə]
missen	unnvære [ʉnvæ:rə]
missfallen	mislike [misli:kə]
missglücken	mislykkes [mislykəs]

misshandeln	mishandle [mishandlə]
misslingen	mislykkes [mislykəs]
misstrauen	ha mistillit til [ha ˈmistilit til]
missverstehen	misforstå [misfɔʃto]
mitbekommen	få med seg [fo ˈme sæi]
mitfahren	sitte på [sitə ˈpo]
mitfühlen	føle med [fø:lə me]
mitmachen	delta [de:lta]
mitteilen	meddele [me:de:lə]
mixen	mikse [miksə]
mögen	like [li:kə]
morden	myrde [myrdə]
motivieren	motivere [mutivé:rə]
multiplizieren	multiplisere [mʉltiplisé:rə]
murmeln	mumle [mumlə]
müssen	måtte [motə]
mutmaßen	formode [fɔrmú:de]

N

nachahmen	etterape [etəra:pə]
nachdenken	tenke etter [teŋkə etər]
nachgeben	gi etter [ji etər]
nachholen	ta igjen [ta ijen]
nachkommen	komme etter [kɔmə etər]
nachtragen	bære nag [bæ:rə na:g]
nagen	gnage [gna:gə]
nahekommen	komme nær [kɔmə næ:r]
nahen	nærme seg [nærmə sæi]
nähen	sy [sy]
nähern	nærme seg [nærmə sæi]
nahestehen	stå nær [sto ˈnæ:r]
naschen	spise godteri [spi:sə gotərí:]
necken	erte [ɛʈə]
nehmen	ta [ta]
neiden	misunne [misʉ́nə]
neigen	helle [helə]
nennen	kalle [kalə]
nerven	irritere [irité:rə]
nicken	nikke [nikə]
niederknien	knele ned [kne:lə ˈne:]
niederlassen	slå seg ned [ʃlo sæi ˈne:]
nieseln	yre [y:rə]
niesen	nyse [ny:sə]
nörgeln	klage [kla:gə]
nummerieren	nummerere [numeré:rə]
nuscheln	snakke utydelig [snakə ʉ:tý:dəli]

O

öffnen	åpne [o:pnə]
ölen	olje [oljə]
operieren	operere [uperé:rə]
opfern	ofre [ɔfrə]
ordnen	ordne [ɔrdnə]
organisieren	organisere [organisé:rə]
orientieren	orientere [orienté:rə]

P

packen	pakke [pakə]
paddeln	padle [padlə]
parken	parkere [parké:rə]
passen	passe [pasə]
passieren	hende [henə]
petzen	sladre [ʃladrə]
pfeffern	pepre [peprə]
pfeifen	plystre [plystrə]
pflanzen	plante [plantə]
pflegen	pleie [plæiə]
pflücken	plukke [plukə]
picknicken	ha piknik [ha piknik]
piepen	pipe [pi:pə]
piepsen	kvitre [kʋitrə]
plagen	plage [pla:gə]
planen	planlegge [pla:nlegə]
planschen	plaske [plaskə]
plappern	skravle [skraʋlə]
platzen	sprekke [sprekə]
platzieren	plassere [plasé:rə]
plaudern	pludre [plʉdrə]
pleitegehen	gå konkurs [go kuŋkʉ́ʃ]
pokern	spille poker [spilə pu:kər]
posieren	posere [pusé:rə]
prägen	prege [pre:gə]
prahlen	skryte [skry:tə]

prallen	støte mot	[stø:tə mu:t]
präsentieren	presentere	[presenté:rə]
pressen	presse	[presə]
probieren	prøve	[prø:ʋə]
protestieren	protestere	[prutesté:rə]
provozieren	provosere	[pruʋusé:rə]
prüfen	sjekke	[ʃekə]
prügeln	sloss	[ʃlos]
pupsen	prompe	[prumpə]
pusten	blåse	[blo:sə]
putzen	vaske	[ʋaskə]

Q

quaken	kvekke	[kʋekə]
quälen	pine	[pi:nə]
qualmen	dampe	[dampə]
quengeln	mase	[ma:sə]
quieken	hvine	[ʋi:nə]
quietschen	knirke	[knirkə]

R

rächen	hevne [heʋnə]
radeln	sykle [syklə]
rascheln	rasle [raʃlə]
rasen	rase [ra:sə]
rasieren	barbere [barbé:rə]
rasseln	skrangle [skraŋglə]
raten	gjette [jetə]
rätseln	gruble [grʉblə]
rattern	klapre [klaprə]
rauben	rane [ra:nə]
rauchen	røyke [rœykə]
rauschen	suse [sʉ:sə]
räuspern	kremte [kremtə]
rausschmeißen	kaste ut [kastə ʉ:t]
reagieren	reagere [reagé:rə]
realisieren	realisere [realisé:rə]
rebellieren	rebellere [rebelé:rə]
rechnen	regne [reŋnə]
rechtfertigen	rettferdiggjøre [retfédijø:rə]
recyceln	resirkulere [resirkʉlé:rə]
reden	snakke [snakə]
regeln	ordne [ɔrdnə]
regen	røre seg [rø:rə sæi]
regieren	regjere [rejé:rə]
registrieren	registrere [registré:rə]
regnen	regne [reŋnə]
reiben	gni [gni]
reichen	rekke [rekə]
reimen	rime [ri:mə]
reinigen	rengjøre [re:njø:rə]
reinlegen	lure [lʉ:rə]
reisen	reise [ræisə]
reißen	rive [ri:ʋə]
reiten	ri [ri]
reizen	pirre [pirə]
rekeln	ligge og dra seg [ligə o ˈdra sæi]
rennen	springe [spriŋə]
renovieren	pusse opp [pusə up]
reparieren	reparere [reparé:rə]
reservieren	reservere [reserʋé:rə]
respektieren	respektere [respekté:rə]
retten	redde [redə]
revanchieren	revansjere [reʋaŋʃé:rə]
richtigstellen	rette opp [retə up]
riechen	lukte [luktə]
riskieren	risikere [risiké:rə]
rollen	rulle [rʉlə]

röntgen	ta røntgenbilde [ta røntgənbildə]
rosten	ruste [rʉstə]
rubbeln	gni [gni]
rückerstatten	refundere [refʉndé:rə]
rudern	ro [ru]
rufen	rope [ru:pə]
ruhen	hvile [ʋi:lə]
rühren	røre [rø:rə]
ruinieren	ruinere [rʉiné:rə]
rutschen	skli [skli]
rütteln	riste [ristə]

S

sagen	si [si]
sägen	sage [sa:gə]
salzen	salte [saltə]
sammeln	samle [samlə]
säubern	rengjøre [re:njø:rə]
saugen	suge [sʉ:gə]
schaden	skade [ska:də]
schaffen	greie [græiə]
schälen	skrelle [skrelə]
schalten	gire [j:irə]
schämen	skamme seg [skamə sæi]
schätzen	anslå [anʃlo]
schauen	se [se]
schaufeln	skuffe [skʉfə]
schaukeln	huske [hʉskə]
schäumen	skumme [skʉmə]
scheinen	synes [sy:nes]
scheitern	mislykkes [mislykəs]
schenken	gi [ji]
scherzen	spøke [spø:kə]
scheuchen	skremme bort [skremə buʈ]
scheuen	sky [ʃy]
schicken	sende [senə]
schieben	skyve [ʃy:ʋə]
schiefgehen	skjære seg [ʃæ:rə sæi]
schielen	skjele [ʃe:lə]
schießen	skyte [ʃy:tə]
schildern	skildre [ʃildrə]

schimmeln	mugne	[mʉgnə]
schimpfen	kjefte	[çeftə]
schlafen	sove	[so:ʋə]
schlagen	slå	[ʃlo]
schlecken	slikke	[ʃlikə]
schleichen	snike	[sni:kə]
schleppen	dra	[dra]
schließen	lukke	[lukə]
schluchzen	hulke	[hʉlkə]
schlucken	svelge	[sʋelgə]
schlüpfen	smutte	[smʉtə]
schmarotzen	snylte	[snyltə]
schmatzen	smatte	[smatə]
schmecken	smake	[sma:kə]
schmeißen	kaste	[kastə]
schmelzen	smelte	[smeltə]
schmerzen	gjøre vondt	[jø:rə ʋunt]
schminken	sminke	[smiŋkə]
schmollen	furte	[fʉʈə]
schmücken	pynte	[pyntə]
schmunzeln	småle	[smo:le]
schnarchen	snorke	[snorkə]
schnauben	pruste	[prʉstə]
schnaufen	pese	[pe:sə]
schneiden	skjære	[ʃæ:rə]
schneien	snø	[snø]
schnurren	male	[ma:lə]
schocken	støte	[ʃtøtə]
schockieren	sjokkere	[ʃoké:rə]
schonen	skåne	[sko:nə]
schrauben	skru	[skrʉ]
schreiben	skrive	[skri:ʋə]
schreien	skrike	[skri:kə]
schubsen	dytte	[dytə]
schummeln	jukse	[juksə]
schütteln	riste	[ristə]
schütten	helle	[helə]
schützen	beskytte	[bəʃýtə]
schwächen	svekke	[sʋekə]
schwanken	svinge	[sʋiŋə]
schwänzen	skulke	[skʉlkə]
schwärmen	sverme	[sʋɛrmə]
schwarzfahren	kjøre uten billett	[çø:rə ʉ:tən bilét]
schweben	sveve	[sʋe:ʋə]
schweigen	tie	[tiə]
schwerfallen	være vanskelig	[ʋæ:rə ˈʋanskəli]
schwimmen	svømme	[sʋømə]
schwindeln	svindle	[sʋindlə]
schwingen	svinge	[sʋiŋə]
schwirren	svirre	[sʋirə]
schwitzen	svette	[sʋetə]
schwören	sverge	[sʋergə]
segeln	seile	[sæilə]
sehen	se	[se]
sehnen	lengte	[leŋtə]
sein	være	[ʋæ:rə]
senden	sende	[senə]
senken	senke	[seŋkə]

servieren	servere [sɛrʋé:rə]
setzen	sette [setə]
seufzen	sukke [sʉkə]
sichergehen	være sikker [ʋæ:rə sikər]
sichern	sikre [sikrə]
sicherstellen	garantere [garanté:rə]
siegen	seire [sæirə]
siezen	bruke „De"-tiltale [brʉ:kə ˈdi tiltalə]
simsen	tekste [tekstə]
singen	synge [syŋə]
sinken	synke [syŋkə]
sitzen	sitte [sitə]
skaten	skate [skæi:tə]
sollen	skulle [skʉlə]
sonnen	sole seg [su:lə sæi]
sorgen	sørge (for) [sørgə (fɔr)]
sortieren	sortere [surté:rə]
sparen	spare [spa:rə]
spaßen	spøke [spø:kə]
spazieren	spasere [spasé:rə]
speichern	lagre [la:grə]
speisen	spise [spi:sə]
spekulieren	spekulere [spekʉlé:rə]
spenden	gi [ji]
sperren	sperre [sperə]
spiegeln	speile [spæilə]
spielen	spille [spilə]
spinnen	spinne [spinə]
spitzen	spisse [spisə]
spotten	spotte [spotə]
sprechen	snakke [snakə]
spreizen	spre [spre]
sprengen	sprenge [spreŋə]
sprießen	spire [spi:rə]
springen	hoppe [hopə]
spritzen	sprute [sprʉ:tə]
sprudeln	sprudle [sprʉdlə]
sprühen	spraye [spræiə]
spucken	spytte [spytə]
spuken	spøke [spø:kə]
spülen	vaske opp [ʋaske up]
spüren	føle [fø:lə]
stammen	stamme [stamə]
stapeln	stable [stablə]
stärken	styrke [styrkə]
starren	stirre [stirə]
starten	starte [sta:ʈə]
stattfinden	finne sted [finə ˈste]
staunen	undre (seg) [ʉndrə (sæi)]
stechen	stikke [stikə]
stecken	stikke [stikə]
stehen	stå [sto]
stehlen	stjele [stje:lə]
steigen	stige [sti:gə]
steigern	øke [ø:kə]
stellen	stille [stilə]

sterben	dø [dø]
steuern	styre [sty:rə]
stieren	glo [glu]
stillen	amme [amə]
stillhalten	være rolig [ʋæ:rə ru:li]
stillliegen	ligge rolig [ligə ru:li]
stimmen	stemme [stemə]
stinken	stinke [stiŋkə]
stöbern	gjennomsøke [jenumsøke]
stocken	stivne [stiʋnə]
stöhnen	stønne [stønə]
stolpern	snuble [snʉblə]
stoppen	stoppe [stɔpə]
stören	forstyrre [fɔʃtýrə]
stoßen	støte [stø:tə]
stottern	stamme [stamə]
strafen	straffe [strafə]
straffen	stramme [stramə]
strahlen	stråle [stro:lə]
strampeln	sparke [sparkə]
strapazieren	anstrenge [anstreŋə]
sträuben	stritte [stritə]
streben	streve [stre:ʋə]
strecken	strekke [strekə]
streicheln	klappe [klapə]
streichen	stryke [stry:kə]
streifen	streife [stræifə]
streiken	streike [stræikə]
streiten	krangle [kraŋlə]
streuen	strø [strø]
stricken	strikke [strikə]
studieren	studere [stʉdé:rə]
stürmen	storme [stormə]
stürzen	styrte [styʈə]
stutzen	stusse [stʉsə]
stützen	støtte [støtə]
subtrahieren	subtrahere [sʉbtrahé:rə]
suchen	søke [sø:kə]
summen	summe [sʉmə]
sündigen	synde [syndə]
surfen	surfe [sørfə]
süßen	søte [sø:tə]

T

tadeln	irettesette [irétesetə]
tanken	fylle bensin [fylə bensí:n]
tanzen	danse [dansə]
tapezieren	tapetsere [tapetsé:rə]
tappen	stolpre [stɔlprə]
tarnen	kamuflere [kamʉflé:rə]
tasten	føle [fø:lə]
tauchen	dykke [dykə]
tauen	tine [ti:nə]
taufen	døpe [dø:pə]
taugen	duge [dʉ:gə]
taumeln	rave [ra:ʋə]
tauschen	bytte [bytə]
täuschen	narre [narə]
teilen	dele [de:lə]
teilnehmen	delta [dé:lta]
telefonieren	ringe [riŋə]
testen	teste [testə]
ticken	tikke [tikə]
tippen	tippe [tipə]
toben	rase [ra:sə]
tolerieren	tolerere [toleré:rə]
töten	drepe [dre:pə]
totfahren	kjøre i hjel [çø:rə ije:l]
totschießen	skyte og drepe [ʃy:tə o ˈdre:pə]
totschlagen	slå i hjel [ʃlo ije:l]
tragen	bære [bæ:rə]
trainieren	trene [tre:nə]
trampeln	trampe [trampə]
tränen	fylles av tårer [fyləs a:ʋ ˈto:rər]
transportieren	transportere [transpuʈé:rə]
trauen	stole på [stu:lə ˈpo]
trauern	sørge (over) [sørgə (o:ʋər)]
träumen	drømme [drømə]
treffen	treffe [trefə]
trennen	skille [ʃilə]
treten	tråkke [trɔkə]
trinken	drikke [drikə]
trocknen	tørke [tørkə]
trödeln	somle [sumlə]
trommeln	tromme [trumə]
tröpfeln	dryppe [drypə]
tropfen	dryppe [drypə]
trösten	trøste [trøstə]
trotzen	trosse [trosə]
trügen	bedra [bədrá]
tun	gjøre [jø:rə]
turnen	turne [tʉ:ɳə]
tyrannisieren	tyrannisere [tyranisé:rə]

U

üben	øve [øːʋə]
überanstrengen	overanstrenge [oːʋəranstreŋə]
überarbeiten	revidere [reʋidéːrə]
überblicken	ha overblikk over [ha ˈoːʋərblik oːʋər]
überbringen	overbringe [oːʋərbriŋə]
überbrücken	overkomme [oːʋərkɔmə]
überdenken	tenke over [teŋkə óːʋər]
übereinstimmen	stemme overens [stemə oːʋəréns]
überfahren	kjøre over [çøːrə óːʋər]
überfallen	overfalle [oːʋərfalə]
überfordern	forlange for mye [fɔrláŋgə for mýə]
übergeben	kaste opp [kastə up]
überholen	kjøre forbi [çøːrə fɔrbí]
überhören	overhøre [oːʋərhøːrə]
überlappen	overlappe [oːʋərlapə]
überlassen	overlate [oːʋərlaːtə]
überleben	overleve [oːʋərleːʋə]
überlegen	overveie [oːʋərʋæiə]
überlisten	overliste [oːʋərlistə]
übernachten	overnatte [oːʋərnatə]
übernehmen	overta [oːʋərta]
überprüfen	kontrollere [kuntruléːrə]
überqueren	krysse [krysə]
überraschen	overraske [oːʋəraskə]
überreden	overtale [oːʋərtaːlə]
überreichen	overreke [oːʋərekə]
überschatten	overskygge [oːʋərʃygə]
überschätzen	overvurdere [oːʋərʋʉɖéːrə]
überschlagen	snurre rundt [snʉrə rʉnt]
überschnappen	gå fra forstanden [go fra fɔʃtánən]
überschneiden	overlappe [oːʋərlapə]
überschütten	overøse [oːʋərøːse]
überschwemmen	oversvømme [oːʋərsʋømə]
übersehen	overse [oːʋərse]
übersetzen	oversette [oːʋərsetə]
überspielen	spille over [spile oːʋər]
übersteigen	overstige [oːʋərstiːgə]
überstrapazieren	slite ut [ʃliːtə ʉːt]
überstürzen	forhaste seg [fɔrhástə sæi]
übertragen	overføre [oːʋərføːrə]
übertreffen	overgå [oːʋərgo]
übertreiben	overdrive [oːʋərdriːʋe]
überwachen	overvåke [oːʋərʋoːkə]
überwältigen	overvelde [oːʋərʋeldə]
überweisen	overføre [oːʋərføːrə]
überwiegen	overveie [oːʋərʋæiə]
überwinden	overvinne [oːʋərʋine]
überzeugen	overbevise [oːʋərbəʋiːsə]
überziehen	overtrekke [oːʋərtrekə]
umarmen	omfavne [umfaʋnə]
umbauen	bygge om [bygə um]
umbenennen	gi nytt navn [ji nyt naʋn]

umblättern	bla om [bla um]
umbringen	drepe [dre:pə]
umdrehen	snu [snʉ]
umfallen	velte [ʋeltə]
umfassen	omfatte [umfatə]
umgehen	omgå [umgo]
umhängen	ta på [ta po]
umkehren	snu [snʉ]
umkippen	velte [ʋeltə]
umklammern	omklamre [umklamrə]
umkommen	dø [dø]
umleiten	omdirigere [umdirige:rə]
umräumen	flytte om på [flytə ˈum po]
umreißen	skissere [ʃisé:rə]
umrühren	røre [rø:rə]
umschalten	skifte (om) [ʃiftə (um)]
umsehen	se seg rundt [se sæi ˈrʉnt]
umsetzen	realisere [realisé:rə]
umsteigen	bytte [bytə]
umstimmen	få på andre tanker [fo po andrə ˈtaŋkər]
umstürzen	omstyrte [umstyʈə]
umtauschen	bytte [bytə]
umwerfen	velte [ʋeltə]
umziehen	flytte [flytə]
unterbrechen	avbryte [a:ʋbry:tə]
unterdrücken	undertrykke [ʉnərtrykə]
untergehen	gå under [go ʉ́nər]
unterhalten	underholde [ʉnərhɔ́lə]
unterlassen	unnlate [ʉnla:tə]
unternehmen	foreta seg [fo:rəta sæi]
unterrichten	undervise [ʉnərʋi:sə]
untersagen	forby [fɔrbý]
unterschätzen	undervurdere [ʉnərʋʉɖé:rə]
unterscheiden	skjelne [ʃelnə]
unterschreiben	skrive under [skri:ʋə ˈʉnər]
unterstellen	insinuere [insinʉé:rə]
unterstreichen	understreke [ʉnərstre:kə]
unterstützen	støtte [støtə]
untersuchen	undersøke [ʉnəʃø:kə]
untertauchen	dukke under [dʉkə ˈʉnər]
unterteilen	dele inn [de:lə in]
urteilen	dømme [dømə]

V	
verabreden	avtale å møtes [aːʋtaːlə o ˈmøːtes]
verabschieden	ta avskjed [ta ˈaːʋʃeːd]
verachten	forakte [fɔráktə]
verallgemeinern	generalisere [generalisé:rə]
verändern	forandre [fɔrándrə]
verängstigen	skremme [skremə]
verantworten	ta ansvar for [ta ˈansʋaːr fɔr]
verarbeiten	bearbeide [bearbæidə]
verärgern	forarge [fɔrárgə]
verarzten	ta hånd om [ta ˈhɔn um]
verbergen	skjule [ʃʉːlə]
verbessern	forbedre [fɔrbéːdrə]
verbeugen	bukke [bukə]
verbiegen	bøye [bœyə]
verbieten	forby [fɔrbý]
verbinden	forbinde [fɔrbínə]
verbleiben	forbli [fɔrblí]
verbluten	forblø [fɔrblǿ]
verbrauchen	forbruke [fɔrbrʉ́ːkə]
verbreiten	utbre [ʉːtbre]
verbrennen	forbrenne [fɔrbrénə]
verbringen	tilbringe [tilbriŋə]
verdächtigen	mistenke [misteŋkə]
verdanken	være skyldig [ʋæːrə ˈʃyldi]
verdauen	fordøye [fɔɖœ́yə]
verdecken	dekke over [dekə oːʋər]
verderben	forderve [fɔɖérʋə]
verdeutlichen	gjøre tydelig [jøːrə ˈtyːdeli]
verdienen	tjene [tjeːnə]
verdoppeln	fordoble [fɔɖóblə]
verdrängen	fortrenge [fɔʈréŋə]
verdursten	tørste i hjel [tøʃtə ijeːl]
verehren	beundre [bəʉ́ndrə]
vereinbaren	avtale [aːʋtaːlə]
vereinen	forene [fɔréːnə]
vereinfachen	forenkle [fɔrénklə]
vereinheitlichen	standardisere [standaɖiséːrə]
vereinigen	forene [fɔréːnə]
verfallen	forfalle [fɔrfálə]
verfälschen	forfalske [fɔrfálskə]
verfassen	forfatte [fɔrfátə]
verfaulen	råtne [rotnə]
verfehlen	forfeile [fɔrfǽilə]
verfeinern	forfine [fɔrfíːnə]
verfluchen	forbanne [fɔrbánə]
verfolgen	forfølge [fɔrfǿlə]
verfügen	forføye [fɔrfœ́yə]
verführen	forføre [fɔrfǿːrə]
vergehen	forgå [fɔrgó]
vergelten	hevne [heʋnə]
vergessen	glemme [glemə]
vergeuden	sløse [ʃløːsə]
vergewaltigen	voldta [ʋolta]
vergewissern	forvisse seg [fɔrʋísə sæi]
vergiften	forgifte [fɔrjíftə]

vergleichen	sammenligne [samənlíŋnə]
vergnügen	ha det moro [ha de ˈmuru]
vergraben	grave ned [gra:ʋə ne:]
vergrößern	forstørre [fɔrstǿrə]
verhaften	arrestere [aresté:rə]
verhalten	oppføre seg [upfø:rə sæi]
verhandeln	forhandle [fɔrhándlə]
verhängen	idømme [idømə]
verharmlosen	bagatellisere [bagatelisé:rə]
verharren	bli værende [bli ʋæ:rənə]
verheilen	helbredes [helbré:dəs]
verheimlichen	holde hemmelig [hɔlə ˈhɛməli]
verherrlichen	forherlige [fɔrhɛ́ɭigə]
verhexen	forhekse [fɔrhéksə]
verhindern	forhindre [fɔrhíndrə]
verhören	forhøre [fɔrhǿ:rə]
verhüllen	tilhylle [tilhylə]
verhungern	sulte i hjel [sʉltə ije:l]
verhüten	bruke prevensjon [brʉ:kə preʋaŋʃú:n]
verirren	gå seg vill [go sæi ˈʋil]
verjagen	jage bort [jagə buʈ]
verkaufen	selge [seljə]
verklagen	saksøke [sa:ksø:kə]
verkleiden	kle seg ut [kle sæi ˈʉ:t]
verkleinern	forminske [fɔrmínskə]
verknoten	knyte sammen [kny:tə ˈsamən]
verknüpfen	binde sammen [binə ˈsamən]
verkommen	forkomme [fo:rəkɔ́mə]
verkörpern	personifisere [persunifisé:rə]
verkraften	makte [maktə]
verkrampfen	anspenne [anspenə]
verkümmern	visne bort [ʋisnə buʈ]
verkürzen	forkorte [fɔrkɔ́ʈə]
verlangen	forlange [fɔrláŋə]
verlängern	forlenge [fɔrléŋə]
verlangsamen	senke farten [seŋkə fáʈən]
verlassen	forlate [fɔrlá:tə]
verlaufen	gå seg bort [go sæi buʈ]
verleihen	gi [ji]
verlernen	glemme [glemə]
verletzen	såre [so:rə]
verleugnen	fornekte [fɔrnéktə]
verleumden	baktale [ba:kta:lə]
verlieben	forelske seg [fɔrélskə sæi]
verlieren	tape [ta:pə]
verloben	forlove seg [fɔrló:ʋə sæi]
vermehren	formere seg [fɔrmé:rə sæi]
vermeiden	unngå [ʉngo]
vermieten	leie ut [læiə ˈʉ:t]
vermischen	blande [blanə]
vermissen	savne [saʋnə]
vermitteln	formidle [fɔrmídlə]
vermuten	formode [fɔrmú:de]

vernachlässigen	forsømme [fɔʃǿmə]
vernehmen	forhøre [fɔrhǿ:rə]
verneigen	bukke [bukə]
verneinen	si nei [si næi]
vernichten	tilintetgjøre [tilíntetjø:rə]
veröffentlichen	publisere [pʉblisé:rə]
verordnen	forordne [fɔrɔ́rdnə]
verpacken	pakke [pakə]
verpassen	gå glipp av [go ˈglip a:ʋ]
verpflichten	forplikte [fɔrplíktə]
verprügeln	banke [baŋkə]
verraten	forråde [fɔró:də]
verrechnen	forregne [fɔréŋnə]
verreisen	reise bort [ræisə buʈ]
verrenken	vri [ʋri]
verriegeln	stenge [steŋə]
verringern	redusere [redʉsé:rə]
versagen	svikte [sʋiktə]
versammeln	forsamle [fɔʃámlə]
versäumen	forsømme [fɔʃǿmə]
verschenken	gi bort [ji ˈbuʈ]
verschicken	sende [senə]
verschieben	forskyve [fɔʃý:ʋə]
verschimmeln	mugne [mʉgnə]
verschlafen	forsove seg [fɔʃó:ʋə sæi]
verschlechtern	forverre [fɔrʋǽrə]
verschließen	lukke [lukə]
verschlimmern	forverre [fɔrʋǽrə]
verschlucken	sette i halsen [setə i ˈhalsən]
verschmutzen	tilsmusse [tilsmʉsə]
verschonen	skåne [sko:nə]
verschönern	forskjønne [fɔʃǿnə]
verschütten	helle ut [helə ʉ:t]
verschweigen	fortie [fɔʈíə]
verschwenden	sløse [ʃlø:sə]
verschwimmen	bli uskarp [bli ˈʉ:skarp]
verschwinden	forsvinne [fɔʃʋínə]
verschwören	sammensverge [samənsʋergə]
versenden	sende [senə]
versetzen	forflytte [fɔrflýtə]
verseuchen	forurense [fɔrʉrensə]
versichern	forsikre [fɔʃíkrə]
versickern	sive (ned) [si:ʋə (ˈne)]
versinken	synke (ned) [syŋkə (ˈne)]
versöhnen	forsone seg [fɔʃú:nə sæi]
versorgen	forsørge [fɔʃǿrgə]
verspäten	forsinke [fɔʃíŋkə]
versperren	sperre [sperə]
verspotten	spotte [spotə]
versprechen	love [lo:ʋə]
verspüren	merke [mɛrkə]
verständigen	underrette [ʉnəretə]
verstärken	styrke [styrkə]
verstauben	forstøve [fɔʃtǿ:ʋə]
verstauchen	forstue [fɔʃtʉ́ə]
verstecken	gjemme [jemə]
verstehen	forstå [fɔʃtó]

versteigern	auksjonere	[æukʃu:né:rə]
verstellen	justere	[jʉsté:rə]
verstopfen	tilstoppe	[tilʃtópə]
verstoßen	forstøte	[fɔʃtǿ:tə]
verstreichen	utløpe	[ʉ:tlø:pə]
verstummen	forstumme	[fɔʃtʉ́mə]
versuchen	forsøke	[fɔʃǿ:kə]
versüßen	formilde	[fɔrmídle]
vertagen	utsette	[u:tsetə]
vertauschen	forbytte	[fɔrbýtə]
verteidigen	forsvare	[fɔʃʋá:rə]
verteilen	fordele	[fɔɖé:lə]
vertiefen	fordype	[fɔɖý:pə]
vertragen	tåle	[to:lə]
vertrauen	stole på	[stu:lə po]
vertreiben	fordrive	[fɔɖrí:ʋə]
vertreten	vikariere	[ʋikarié:rə]
vertrocknen	tørke inn	[tørkə in]
vertrödeln	kaste bort	[kastə buʈ]
vertrösten	utsette	[ʉ:tsetə]
vertuschen	dysse ned	[dysə ne:]
verübeln	ta i verste mening	[ta i ˈʋɛʃtə me:niŋ]
verüben	utøve	[ʉ:tøʋə]
verunglücken	forulykke	[fɔrʉ́:lykə]
verunsichern	gjøre usikker	[jø:rə ʉ:sikər]
verunstalten	skamfere	[skamfé:rə]
verursachen	forårsake	[fɔrorsa:kə]
verurteilen	dømme	[dømə]

verwechseln	forveksle	[fɔrʋékʃlə]
verweigern	nekte	[nektə]
verwelken	visne	[ʋisnə]
verwenden	bruke	[brʉ:kə]
verwirklichen	realisere	[realisé:rə]
verwirren	forvirre	[fɔrʋírə]
verwischen	gni utover	[gni ʉ:tóʋər]
verwöhnen	skjemme bort	[ʃemə buʈ]
verwunden	såre	[so:rə]
verzaubern	fortrylle	[fɔrtrýlə]
verzehren	fortære	[fɔrtǽ:rə]
verzeichnen	fortegne	[fɔʈéŋnə]
verzeihen	tilgi	[tílji]
verzerren	forvrenge	[fɔrʋréŋə]
verzichten	gi avkall på	[ji a:ʋkal po]
verzieren	dekorere	[dekuré:rə]
verzögern	forsinke	[fɔʃíŋkə]
verzweifeln	fortvile	[fɔrtʋí:lə]
voraussagen	forutsi	[fɔrʉ́:tsi]
vorbeifahren	kjøre forbi	[çø:rə fɔrbí]
vorbereiten	forberede	[fɔrbəré:də]
vorbeugen	forebygge	[fo:rəbygə]
vordrängeln	trenge seg fram	[treŋə sæi ˈfram]
vorenthalten	holde tilbake	[hɔlə tilbá:kə]
vorfallen	skje	[ʃe]
vorfinden	finne	[finə]
vorgeben	late som	[la:tə som]

vorhaben	ha til hensikt [ha til ˈhensikt]
vorhersehen	forutse [fɔrʉ́:tse]
vorkommen	skje [ʃe]
vorlesen	lese opp [le:sə up]
vormachen	vise [ʋi:sə]
vornehmen	akte [aktə]
vorschlagen	foreslå [fo:rəʃlo]
vorschreiben	foreskrive [fo:rəskri:ʋə]
vorsorgen	sørge for [sørgə fɔr]
vorstellen	forestille [fo:rəstilə]
vortäuschen	simulere [simʉlé:rə]
vortragen	foredra [fo:rədra]
vorübergehen	gå over [go ˈo:ʋər]
vorweisen	forevise [fo:rəʋi:sə]
vorwerfen	bebreide [bəbrǽidə]
vorzeigen	vise fram [ʋi:sə fram]
vorziehen	foretrekke [fo:rətrekə]

W

wachsen	vokse [ʋoksə]
wackeln	vakle [ʋaklə]
wagen	våge [ʋo:gə]
wählen	velge [ʋelgə]
wahrnehmen	merke [mɛrkə]
wandern	vandre [ʋandrə]
warnen	advare [adʋa:rə]
warten	vente [ʋentə]
waschen	vaske [ʋaskə]
wechseln	veksle [ʋekʃlə]
wecken	vekke [ʋekə]
wegfahren	kjøre bort [çø:rə ˈbuʈ]
wegfallen	bortfalle [buʈfalə]
weggehen	gå [go]
weglassen	utelate [ʉ:təla:tə]
wegnehmen	ta fra [ta fra]
wegrennen	springe bort [spriŋə buʈ]
wegschicken	sende bort [senə buʈ]
wegschmeißen	kaste bort [kastə buʈ]
wehren	forsvare [fɔʃʋá:rə]
weigern	nekte [nektə]
weinen	gråte [gro:tə]
welken	visne [ʋisnə]
wellen	bølge [bølgə]

wenden	vende [ʋenə]
werden	bli [bli]
werfen	kaste [kastə]
wetten	vedde [ʋedə]
wickeln	skifte (bleie) [ʃiftə (blæiə)]
widerlegen	motbevise [mu:tbəʋi:sə]
widersetzen	motsette seg [mu:tsetə sæi]
widerspiegeln	gjenspeile [jenspæilə]
widerstehen	motstå [mu:tsto]
widmen	vie [ʋiə]
wiedergeben	gjengi [jenji]
wiederholen	gjenta [jenta]
wiederkehren	komme tilbake [kɔmə tilbá:kə]
wiederkommen	komme igjen [kɔmə ijén]
wiedersehen	se igjen [se ijen]
wiegen	veie [ʋæiə]
wiehern	vrinske [ʋrinskə]
wimmeln	vrimle [ʋrimlə]
wimmern	klynke [klyŋkə]
winden	sno [snu]
winken	vinke [ʋiŋkə]
winseln	pipe [pi:pə]
wippen	vippe [ʋipə]
wirken	virke [ʋirkə]
wischen	tørke [tørkə]
wispern	hviske [ʋiskə]
wissen	vite [ʋi:tə]
wohnen	bo [bu]
wollen	ville [ʋilə]
wundern	undre [ʉndrə]
wünschen	ønske [ønskə]
würdigen	verdsette [ʋerdsetə]
würfeln	kaste [kastə]
würgen	kvele [kʋe:lə]
würzen	krydre [krydrə]

Z

zahlen	betale [bətá:lə]
zählen	telle [telə]
zähmen	temme [temə]
zanken	trette [tretə]
zappeln	sprelle [sprelə]
zaubern	trylle [trylə]
zeichnen	tegne [teŋnə]
zeigen	vise [ʋi:sə]
zelten	telte [teltə]
zerbrechen	gå i stykker [go i stýkər]
zerdrücken	klemme flat [klemə fla:t]
zerfallen	falle fra hverandre [falə ˈfra ʋərandrə]
zerkleinern	skjære i småbiter [ʃæ:rə i ˈsmo:bi:tər]
zerknüllen	krølle (sammen) [krølə (samən)]
zerkratzen	ripe opp [ri:pə up]
zerkrümeln	smule opp [smʉ:lə up]
zerreißen	rive i stykker [ri:ʋə i stýkər]
zerren	trekke [trekə]
zerschlagen	slå i stykker [ʃlo i stýkər]
zerspringen	briste [bristə]
zerstören	ødelegge [ø:dəlegə]
zertreten	trampe i stykker [trampə i stýkər]
zertrümmern	smadre [smadrə]
ziehen	trekke [trekə]
zielen	sikte [siktə]
zieren	pryde [pry:də]
zischen	hvisle [ʋislə]
zittern	skjelve [ʃelʋə]
zögern	nøle [nø:lə]
zoomen	zoome [su:mə]
zubeißen	bite [bi:tə]
zubereiten	tilberede [tilbəre:də]
zubinden	snøre [snø:rə]
zublinzeln	blunke til [bluŋkə til]
zucken	rykke [rykə]
zücken	trekke [trekə]
zudecken	dekke til [dekə til]
zudrehen	skru igjen [skru ijén]
zufriedengeben	være fornøyd [ʋæ:rə fɔɳǿyd]
zufriedenlassen	la være i fred [la ʋæ:rə i ˈfre:d]
zufügen	tilføye [tilfœyə]
zugeben	tilstå [tílsto]
zugreifen	forsyne seg [fɔʃý:nə sæi]
zugucken	se på [se po]
zuhören	høre på [hø:rə po]
zujubeln	juble (mot) [jʉ:blə (mu:t)]
zuknöpfen	kneppe igjen [knepə ijén]
zulächeln	smile til [smi:lə ˈtil]

zulassen	tillate [tila:tə]
zumachen	lukke igjen [lʉkə ijén]
zumuten	forlange [fɔrláŋə]
zünden	tenne [tenə]
zunehmen	øke [ø:kə]
zunichtemachen	tilintetgjøre [tiliíntetjø:rə]
zunicken	nikke til [nikə til]
zuordnen	tilordne [tilordnə]
zupacken	ta fatt i [ta ˈfat i]
zupfen	nappe [napə]
zurechtfinden	finne seg til rette [finə sæi til ˈretə]
zurücknehmen	ta tilbake [ta tilbá:kə]
zurufen	rope til [ru:pə til]
zusagen	si ja [si ja]
zusammenhängen	henge sammen [heŋə samən]
zusammenprallen	kollidere [kolidé:rə]
zusammen-schreiben	skrive i ett ord [skri:ʋə i ˈet u:r]
zuschicken	sende til [senə ˈtil]
zuschlagen	slå til [ʃlo ˈtil]
zuschließen	låse [lo:sə]
zuschrauben	skru til [skrʉ ˈtil]
zusehen	se på [se po]
zusichern	love [lo:ʋə]
zuspielen	passe [pasə]
zuspitzen	tilspisse seg [tilspisə sæi]
zustimmen	samtykke [samtykə]
zustoßen	tilstøte [tilstø:tə]
zutrauen	tiltro [tiltru]
zutreffen	stemme [stemə]
zuvorkommen	komme i forkjøpet [kɔmə i ˈfɔrçø:pə]
zuwenden	vende (seg) mot [ʋenə (sæi) mu:t]
zuziehen	trekke til [trekə ˈtil]
zwängen	klemme [klemə]
zweifeln	tvile [tʋi:lə]
zwicken	klype [kly:pə]
zwingen	tvinge [tʋiŋə]
zwinkern	blunke [bluŋkə]

INDEX DEUTSCH – INDEKS TYSK

INDEX NORWEGISCH – INDEKS NORSK

INDEX DEUTSCH – INDEKS TYSK

C

D

E

F

G

H

I

J

L

T

U

V

W

INDEX NORWEGISCH – INDEKS NORSK

I

L

M

N

U

V

W

X

Y

Z

Ø

Å

IN NORWEGEN – I NORGE

BILDNACHWEIS

* – © Fotolia.com

14 */CsabaPeterdi, 16 */AlexanderRaths, 16 */JeanetteDietl, 16 */Forgiss, 16 */paulmz, 16 */fotodesign-jegg.de, 16 */mimagephotos, 16 */SydaProductions, 16 */iko, 16 */JeanetteDietl, 16 */drubig-photo, 16 */oocoskun, 17 */damato, 17 */vbaleha, 17 */Rido, 17 */LjupcoSmokovski, 17 */JeanetteDietl, 17 */JaninaDierks, 17 */ValuaVitaly, 17 */Rido, 17 */AndresRodriguez, 17 */SydaProductions, 17 */ValuaVitaly, 18 */DmitryLobanov, 18 */SamuelBorges, 18 */DenisNata, 18 */PavelLosevsky, 18 */GabrielBlaj, 18 */WONGSZEFEI, 18 */vgstudio, 18 */Picture-Factory, 18 */Ariwasabi, 19 */endostock, 19 */mma23, 19 */JasminMerdan, 19 */TomWang, 19 */MichaelGray, 19 */JanMika, 19 */BeTa-Artworks, 19 */michaeljung, 19 */Savannah1969, 19 */patpitchaya, 19 */Sabphoto, 19 */CelloArmstrong, 19 */eyetronic, 20 */DaniloRizzuti, 20 */RuthBlack, 20 */Smileus, 20 */chesterF, 20 iStockphoto/CatherineYeulet, 20 */DenisNata, 20 */MelindaNagy, 20 */Kaarsten, 20 */MISHELA, 20 */Eray, 20 */Unclesam, 20 */satin_111, 20 */MichaelFritzen, 21 */yanlev, 21 */BeTa-Artworks, 21 */MargitPower, 21 */BrendaCarson, 21 */AfricaStudio, 21 */PiotrMarcinski, 21 */Fotowerk, 21 */AVRORA, 21 */stockyimages, 21 */TylerOlson, 21 */ExQuisine, 21 */GlendaPowers, 21 Thinkstock/iStockphoto, 22 */ValuaVitaly, 22 */codiarts, 23 */JaimieDuplass, 23 */krimar, 23 */magann, 23 */StefanBalk, 23 */KaponiaAliaksei, 23 */koji6aca, 23 */yuriyzhuravov, 23 */yuriyzhuravov, 23 */ErmolaevAlexandr, 23 */V.R.Murralinath, 23 */badmanproduction, 23 */AntonZabielskyi, 23 */auremar, 23 */koji6aca, 24 */mimagephotos, 24 */Tiler84, 24 */velazquez, 24 */giorgiomtb, 24 */apops, 24 */dusk, 24 */KnutWiarda, 24 */stokkete, 24 */Taiga, 24 */Taiga, 24 */Taiga, 24 */Taiga, 25 */KarrambaProduction, 25 */RobertKneschke, 25 */cantorpannatto, 25 */Garrincha, 25 */Picture-Factory, 25 */bevangoldswain, 25 */WavebreakMediaMicro, 25 */Rido, 25 */MinervaStudio, 25 */cantorpannatto, 25 */Fotowerk, 25 */Fotowerk, 26 */Gelpi, 26 */stockyimages, 26 */WavebreakmediaMicro, 26 */pathdoc, 26 */Ilike, 26 */pathdoc, 26 */AndresRodriguez, 26 */Garrincha, 26 */cantorpannatto, 26 */pressmaster, 26 */vladimirfloyd, 26 */Elnur, 26 */KlausEppele, 27 */boumenjapet, 27 */VeraAnistratenko, 27 */carol_anne, 27 */AndreyArmyagov, 27 Thinkstock/NikolayK, 27 */srdjan111, 27 */ZbyszekNowak, 27 */PamelaUyttendaele, 27 */MichaelaPucher, 27 */KatrinaBrown, 28 */ghoststone, 28 */nito, 28 */zhekos, 28 */chiyacat, 28 */AlexandraKaramyshev, 28 */BEAUTYofLIFE, 28 */LuckyDragon, 29 */KarrambaProduction, 29 */BEAUTYofLIFE, 29 */Khvost, 29 */Khvost, 29 */Elnur, 29 */PopovaOlga, 29 */ArtemGorohov, 29 */Elnur, 29 */RuslanKudrin, 29 */GordanaSermek, 29 */AlexandraKaramyshev, 30 */alaterphotog, 30 */Elnur, 30 */Elnur, 30 */RuslanKudrin, 30 */AlexandraKaramyshev, 30 */AlexandraKaramyshev, 30 */OliverPreißner, 30 */RobertLehmann, 30 */AlexandraKaramyshev, 31 */mimagephotos, 31 */AlexandraKaramyshev, 31 */AlexandraKaramyshev, 31 */ludmilafoto, 31 */okinawakasawa, 31 Thinkstock/AlexandruChiriac, 31 */cedrov, 31 */Khvost, 31 */hifashion, 31 */AlexandraKaramyshev, 31 */AlexandraKaramyshev, 32 */Little_wine_fly, 32 */JiriHera, 32 */rangizzz, 32 */JiriHera, 32 */AndrewBuckin, 32 Thinkstock/DannyChan, 32 */ArtemMerzlenko, 32 */Cobalt, 32 */fotomatrix, 32 */Rozaliya, 32 */adisa, 32 */KiraNova, 32 */ShariffChe'Lah, 32 */venusangel, 32 */Unclesam, 32 */srki66, 33 */adisa, 33 */adisa, 33 */lalouetto, 33 */PRILLMediendesign, 33 */AfricaStudio, 33 */adisa, 33 */AndreyBandurenko, 33 */Nadinelle, 33 */design56, 33 */SergeyRusakov, 33 */JiriHera, 33 */gemenacom, 33 */AndrePlath, 33 */AlexanderRaths, 33 */Liaurinko, 33 */thaikrit, 33 */humbak, 34 */wiedzma, 34 */kontur-vid, 34 */Tharakorn, 34 */picsfive, 34 */pattarastock, 34 */NilsZ, 34 */picsfive, 34 */picsfive, 34 */ksena32, 34 */cristi180884, 34 */bpstocks, 34 */nito, 34 */Tarzhanova, 34 */bpstocks, 34 */terex, 34 */ibphoto, 35 */GennadiyPoznyakov, 36 */stockone, 38 */JSB, 38 */stocker1970, 38 */photo5000, 38 */TiberiusGracchus, 38 */RalfGosch, 38 */visivasnc, 38 */LasseKristensen, 38 */Speedfighter, 38 */Bokicbo, 38 */typomaniac, 38 */O.M., 38 */designsstock, 38 */Tatty, 39 */Kurhan, 39 */selensergen, 39 */BrilliantEagle, 39 */IrianaShiyan, 39 */terex, 39 */Sashkin, 39 */bcdesign, 39 */pyzata, 39 */ThomasAumann, 39 */TiberiusGracchus, 39 */IgorKovalchuk, 39 */MaksymYemelyanov, 39 */pabijan, 40 */MagdaFischer, 41 */KasiaBialasiewicz, 41 */bennnn, 41 */BertFolsom, 41 */AleksandarJocic, 41 */yevgenromanenko, 41 */AleksandrUgorenkov, 42 */IrianaShiyan, 42 */luchshen, 42 */sokrub, 42 */sokrub, 42 */okinawakasawa, 43 */pics721, 43 */Delphimages, 43 */arteferretto, 43 */KitchBain, 43 */ChrisBrignell, 44 */stock_for_free, 44 */kornienko, 45 */mrgarry, 45 */mariocigic, 45 Thinkstock/Hemera, 45 */AlexanderMorozov, 45 */DenisGladkiy, 45 */SergiiMoscaliuk, 45 */sutsaiy, 45 */sutsaiy, 45 */okinawakasawa, 45 */AlexanderMorozov, 45 */venusangel, 45 */bergamont, 45 */AlexanderMorozov, 45 */sutsaiy, 45 */manipulateur, 45 */kmiragaya, 46 */fotyma, 46 */DenisaV, 46 */jonnysek, 46 */KitchBain, 46 */pholien, 46 */AlonaDudaieva, 46 */M.R.Swadzba, 46 Thinkstock/iStockphoto, 46 */bennyartist, 46 */NikolaBilic, 46 */cretolamna, 46 */IgorSyrbu, 46 */PiotrPawinski, 47 */cretolamna, 47 */HaraldBiebel, 47 */gavran333, 47 */M.R.Swadzba, 47 */IrisArt, 47 */DianaTaliun, 47 */cretolamna, 47 */MS, 47 */nito, 47 */BombaertPatrick, 47 */scol22, 47 */cretolamna, 47 */picsfive, 48 */SunshinePics, 48 */VRD, 48 */petrsalinger, 48 */cretolamna, 48 */gavran333, 48 */UweLandgraf, 48 */nito, 48 */Schwoab, 48 */cretolamna, 48 */StefanBalk, 48 */karandaev, 48 */LuckyDragon, 48 */PhotoSG, 49 */2mmedia, 50 */AndresRodriguez, 50 */simmittorok, 50 */LiliiaRudchenko, 50 */venusangel, 50 */LjupcoSmokovski, 50 */MaksimKostenko, 50 Thinkstock/Stockbyte, 50 */Xuejunli, 50 */LjupcoSmokovski, 50 */Coprid, 50 */Yingko, 51 */poligonchik, 52 */arsdigital, 53 */adpePhoto, 53 */AfricaStudio, 53 */Tiler84, 53 */NilsZ, 53 */AfricaStudio, 53 */Coprid, 54 */magraphics.eu, 54 */sommersby, 54 */ermess, 54 */AndG, 55 */ILYAAKINSHIN, 55 */Lusoimages, 55 */HamsterMan, 55 */jlcst, 55 */Foto-Ruhrgebiet, 55 */DmytroAkulov, 55 */picsfive, 55 */ibphoto, 55 */JonathanStutz, 55 */Jackin, 55 */ganko, 55 */artmim, 55 */KlausEppele, 56 */Sashkin, 56 */Creatix, 56 */AndrejaDonko, 56 */KatrinaBrown, 56 */LjupcoSmokovski, 57 */Okea, 58 */kmit, 58 */luckylight, 58 */tuja66, 58 */tuja66, 58 */corund, 58 */tuja66, 58 */RynioProductions, 58 */mick20, 58 */DenisDryashkin, 58 */tuja66, 58 */claudio, 58 */CEPhotography, 58 */tuja66, 58 */БурдюковАндрей, 58 */vav63, 59 */RynioProductions, 59 */RynioProductions, 59 */RynioProductions, 59 */PRILLMediendesign, 59 */fefufoto, 59 */antonsov85, 60 */andersphoto, 60 */scis65, 60 */venusangel, 60 */Coprid, 60 */f9photos, 60 */tuja66, 60 */KonovalovPavel, 60 */Freer, 60 */Nik, 60 */chungking, 60 */mariuszszczygieł, 61 */auremar, 61 */AfricaStudio, 61 */ankiro, 61 */IonescuBogdan, 61 */piai, 61 */DenysRudyi, 62 */Nomad_Soul, 62 */gradt, 62 */twister025, 62 */egorovvasily, 62 */womue, 62 Thinkstock/iStockphoto, 62 Thinkstock/iStockphoto, 62 */cherezoff, 62 */by-studio, 63 */coco, 63

*/D.Ott, **63** */D.Ott, **63** */federicofoto, **63** */babsi_w, **63** */StibatStudio, **63** */Kara, **63** */JeanetteDietl, **63** */sonnefleckl, **63** */keller, **63** */miket, **63** */WoGi, **63** */M.Schuppich, **63** */MarcoBecker, **63** */kobra78, **63** */KalleKolodziej, **64** */mallivan, **64** */ZbyszekNowak, **64** */opasstudio, **64** */hsagencia, **64** */photka, **64** */photka, **64** */photka, **64** */photka, **64** */GeraldBernard, **64** */JaimieDuplass, **64** */steamroller, **64** */tompet80, **64** */schankz, **64** */keerati, **65** */hopfi23, **65** */AlexPetelin, **65** */Patryssia, **65** */D.Ott, **65** */Horticulture, **65** */KasiaBialasiewicz, **65** */mopsgrafik, **65** */B.Wylezich, **65** */fotoschab, **65** */Miredi, **65** */udra11, **65** */NinaMalyna, **65** */rupbilder, **66** */mates, **68** */unpict, **68** */Teamarbeit, **68** */ChristianJung, **68** Dreamstime/Christianjung, **68** */HLPhoto, **68** */ExQuisine, **68** */rdnzl, **68** */uckyo, **68** */ExQuisine, **68** */lefebvre_jonathan, **68** */Cornerman, **68** */MaraZemgaliete, **68** iStockphoto/Vasko, **68** */DianaTaliun, **68** Thinkstock/AlenaDvorakova, **68** Shutterstock/marcomayer, **69** */ExQuisine, **69** */ExQuisine, **69** */fotomaster, **69** */EricIsselée, **69** */boguslaw, **69** */EricIsselée, **69** */nito, **69** */IrinaKhomenko, **69** */Viktor, **69** */OranTantapakul, **69** */lightpoet, **70** */RémyMASSEGLIA, **70** */NataliaMerzlyakova, **70** Dreamstime/Witoldkr1, **70** */PicturePartners, **70** */antonioscarpi, **70** */GaetanSoupa, **70** */o.meerson, **70** */ExQuisine, **70** Dreamstime/Pipa100, **70** */lunamarina, **70** */HelleM, **70** */Dalmatin.o, **70** */WitoldKrasowski, **70** */AndreiNekrassov, **70** */Dionisvera, **70** */Dionisvera, **71** */angorius, **71** */DaniVincek, **71** */felinda, **71** */AndreyStarostin, **71** */pedrolieb, **71** */ExQuisine, **71** Dreamstime/Onepony, **71** */dulsita, **71** */GiuseppeLancia, **71** */margo555, **71** */BSANI, **71** */womue, **71** */JiriHera, **72** */ExQuisine, **72** Dreamstime/Sethislav, **72** */volff, **73** */dimakp, **73** Shutterstock/Multiart, **73** Shutterstock/KrzysztofSlusarczyk, **73** */DaddyCool, **73** */BradPict, **73** Dreamstime/Jack14, **73** */cynoclub, **73** */PicturePartners, **73** */Lsantilli, **73** */Coprid, **73** */Fotofermer, **73** */BradPict, **73** */MaraZemgaliete, **74** */DaniVincek, **74** */Natika, **74** */LuisCarlosJiménez, **74** */angorius, **74** */marrfa, **74** */Natika, **74** */fotogal, **74** */ShawnHempel, **74** */Jessmine, **74** */Daorson, **74** */JérômeRommé, **74** */gcpics, **74** */PicturePartners, **75** */valeriy555, **75** */valeriy555, **75** */BarbaraPheby, **75** */volga1971, **75** Dreamstime/Robynmac, **75** */AnnaKucherova, **76** */jeromesignoret, **76** */boguslaw, **76** */fotomatrix, **76** */Worldtravelimages, **76** */margo555, **76** */margo555, **76** */margo555, **76** */margo555, **76** */WolfgangJargstorff, **77** */valeriy555, **77** */silencefoto, **77** */valeriy555, **77** */valeriy555, **77** */silencefoto, **77** */valeriy555, **77** */photocrew, **77** */valeriy555, **77** */AnnaKucherova, **77** */valeriy555, **77** */MalyshchytsViktar, **77** */charlottelake, **77** */valeriy555, **78** */tycoon101, **78** */ZbyszekNowak, **78** */M.R.Swadzba, **78** */Schlierner, **78** */EkaterinaLin, **78** */AndreyStarostin, **79** */azureus70, **79** */azureus70, **79** */valeriy555, **79** */Dionisvera, **79** Thinkstock/anna1311, **79** */valeriy555, **79** */AndreaWilhelm, **79** */valeriy555, **79** */valeriy555, **79** */valeriy555, **79** */valeriy555, **79** */valeriy555, **79** */valeriy555, **79** */AnnaKucherova, **80** */MalyshchytsViktar, **80** */MalyshchytsViktar, **80** */MalyshchytsViktar, **80** */MalyshchytsViktar, **80** */MalyshchytsViktar, **80** */MalyshchytsViktar, **80** */MalyshchytsViktar, **80** */MalyshchytsViktar, **80** */MalyshchytsViktar, **80** */MalyshchytsViktar, **80** */Natika, **80** */MalyshchytsViktar, **80** */MalyshchytsViktar, f9photos, **80** */MalyshchytsViktar, **80** */OleksiyIlyashenko, **80** */TimUR, **80** */valeriy555, **80** */valeriy555, **80** */Natika, **80** */valeriy555, **81** Dreamstime/Skyper1975, **81** */WernerFellner, **81** */marilynbarbone, **81** */nblxer, **81** */goodween123, **82** */PopovaOlga, **82** */PopovaOlga, **82** */mates, **82** */PopovaOlga, **82** */PopovaOlga, **82** */PopovaOlga, **82** */PopovaOlga, **82** */PopovaOlga, **82** */pimponaco, **82** */Schlierner, **82** */svl861, **82** */svl861, **82** Dreamstime/Margouillat, **83** */Team5, **83** MDB/seli8, **83** */unpict, **83** */Tomboy2290, **83** */nbriam, **83** */VeraKuttelvaserova, **83** */VesnaCvorovic, **83** */Maceo, **83** */scis65, **84** Thinkstock/iStockphoto, **84** Thinkstock/iStockphoto, **84** Thinkstock/iStockphoto, **84** Thinkstock/iStockphoto, **84** Thinkstock/iStockphoto, **84** Thinkstock/iStockphoto, **84** Thinkstock/iStockphoto, **84** Thinkstock/iStockphoto, **84** */PopovaOlga, **84** Thinkstock/iStockphoto, **84** Thinkstock/iStockphoto, **84** Thinkstock/iStockphoto, **84** Thinkstock/iStockphoto, **84** Thinkstock/iStockphoto, **84** Thinkstock/iStockphoto, **84** Thinkstock/iStockphoto, **85** Dreamstime/Sergioz, **85** */AfricaStudio, **85** */OrlandoBellini, **85** */IngaNielsen, **85** */IngaNielsen, **85** */IngaNielsen, **85** */BorisRyzhkov, **86** */PopovaOlga, **86** */PopovaOlga, **86** */PopovaOlga, **86** */PopovaOlga, **86** */PopovaOlga, **86** */PopovaOlga, **86** */PopovaOlga, **86** */PopovaOlga, **86** */PopovaOlga, **86** */PopovaOlga, **86** */PopovaOlga, **86** */PopovaOlga, **86** */PopovaOlga, **86** */PopovaOlga, **86** */ElenaSchweitzer, **86** */Picturefoods.com, **87** Dreamstime/Jirkaejc, **87** Dreamstime/Glasscuter, **87** */AndrzejTokarski, **87** Dreamstime/Pryzmat, **87** */StefanoNeri, **87** */Roxana, **87** */enzo4, **87** */StefanoNeri, **87** */akulamatiau, **87** */zorandim75, **87** */marilynbarbone, **88** */pico, **88** */SergejsRahunoks, **88** Dreamstime/Givaga, **88** */Piovanello, **88** */Piovanello, **88** */the_pixel, **88** */Liaurinko, **88** */nemez210769, **88** */midosemsem, **88** */JiriHera, **88** */jurisemjonow, **88** */BradPict, **88** Dreamstime/Travelling-light, **88** Dreamstime/Synchronista, **88** */JulianWeber, **88** */IrisArt, **89** */BeTa-Artworks, **89** */SergiiMoscaliuk, **89** */DianaTaliun, **89** */DanielWiedemann, **89** Dreamstime/Nagme, **89** */lantapix, **89** */Olegich, **89** */scis65, **89** */Vidady, **89** */komar.maria, **90** */JiriHera, **90** */Nitr, **90** */Nitr, **90** */ExQuisine, **90** */Natika, **90** */IngaNielsen, **90** */Nitr, **90** */Nitr, **90** */Taffi, **90** */karandaev, **90** */unpict, **90** */baibaz, **90** */AfricaStudio, **91** */pabijan, **91** */amenic181, **91** */Viktor, **91** */blende40, **91** */Fotofermer, **91** */RobStark, **91** */gtranquillity, **91** */gtranquillity, **91** */gtranquillity, **91** */gtranquillity, **91** */gtranquillity, **91** */IngaNielsen, **92** Thinkstock/puchkovo48, **92** */neirfy, **92** */Nitr, **92** */Nitr, **92** */Nitr, **92** */Taffi, **92** */Taffi, **92** */Taffi, **92** */Taffi, **92** */karandaev, **92** */karandaev, **92** */karandaev, **93** */Hemeroskopion, **93** */Hemeroskopion, **93** */Hemeroskopion, **93** */Hemeroskopion, **93** */Hemeroskopion, **93** */Hemeroskopion, **93** */Hemeroskopion, **93** */Hemeroskopion, **93** */Hemeroskopion, **93** */Hemeroskopion, **93** */Hemeroskopion, **93** */Hemeroskopion, **93** */Hemeroskopion, **93** */Hemeroskopion, **94** */kab-vision, **94** Shutterstock/Multiart-Shutterstock.com, **94** */VolodymyrShevchuk, **94** */SergejsRahunoks, **94** */sspice, **94** */CorinnaGisseman, **94** */azureus70, **94** */PopovaOlga, **94** */baibaz, **95** */WhiteboxMedia, **95** */angorius, **95** */AndreaWilhelm, **95** Dreamstime/Margouillat, **95** */Viktor, **95** */Kesu, **95** */Peredniankina, **95** */margo555, **95** */AleksandarJocic, **96** */JiriHera, **96** */victoriap., **96** */djama, **96** */vagabondo, **96** */JiriHera, **96** */scis65, **96** */blende40, **96** */MUNCH!, **96** */AfricaStudio, **96** */arinahabich, **96** */MariusGraf, **96** */MariusGraf, **96** */MariusGraf, **96** */Liaurinko, **96** */BradPict, **96** */juniart, **97** */DmytroSukharevskyy, **97** */DmytroSukharevskyy, **97** */DmytroSukharevskyy, **97** */SergejsRahunoks, **97** */canoncam, **97** */uckyo, **97** */torsakarin, **97** */ThibaultRenard, **97** */eyewave, **97** */OrlandoBellini, **97** */BlueWren, **97** */DmytroSukharevskyy, **97** */DmytroSukharevskyy, **98** */JacekChabraszewski, **98** */IngaNielsen, **98** */dusk, **98** */RoadKing, **98** */JackJelly, **98** Dreamstime/TomislavPinter, **98** */JacekChabraszewski, **98** */ExQuisine, **98** */aktifreklam, **98** */zhekos, **98** */JessYu, **98** */illustrez-vous, **98** */AndreaWilhelm, **99** */MinervaStudio, **99** */BorisRyzhkov, **99** */Nitr, **99** */unpict, **99** */JacekChabraszewski, **99** */photocrew, **99** */Viktor, **99** */eyewave, **99** Dreamstime/Lightzoom, **99** iStockphoto/GordanaSermek, **100** */AfricaStudio, **100** */VitalyKorovin, **100** */Coprid, **100** */Schlierner, **100** */Fotofermer, **101** */ashka2000, **101** */womue, **101** */EMArt, **101** */ExQuisine, **101** */photocrew, **101** */jeehyun, **101**

*/reineg, **101** */reineg, **101** */reineg, **101** */reineg, **101** */SubbotinaAnna, **101** */rangizzz, **101** */sjhuls, **102** */Fotofermer, **104** Thinkstock/KeithLevitPhotography, **104** Thinkstock/iStockphoto, **104** Thinkstock/iStockphoto, **104** Thinkstock/iStockphoto, **104** Thinkstock/iStockphoto, **104** Thinkstock/iStockphoto, **104** Thinkstock/iStockphoto, **104** Thinkstock/iStockphoto, **104** Thinkstock/Fuse, **105** Thinkstock/Fuse, **105** Thinkstock/iStockphoto, **105** Thinkstock/iStockphoto, **105** Thinkstock/iStockphoto, **105** Thinkstock/Comstock, **105** */AlexandraGl, **106** */leremy, **106** */leremy, **106** */leremy, **106** */leremy, **106** */leremy, **106** */leremy, **106** */mrtimmi, **106** */mrtimmi, **106** */mrtimmi, **106** */mrtimmi, **106** */mrtimmi, **106** */mrtimmi, **106** */Bobo, **106** */leremy, **106** */leremy, **106** */FelixCHH, **107** Thinkstock/iStockphoto, **107** */Eisenhans, **107** Thinkstock/iStockphoto, **107** Thinkstock/iStockphoto, **107** Thinkstock/Hemera, **107** Thinkstock/Hemera, **107** Thinkstock/Hemera, **107** */BombaertPatrick, **107** */algre, **107** Thinkstock/Hemera, **107** Thinkstock/iStockphoto, **107** Thinkstock/Hemera, **108** */VladimirKramin, **108** */algre, **109** */algre, **109** */apttone, **110** Thinkstock/iStockphoto, **110** */JennyThompson, **110** */AaronAmat, **110** */overthehill, **110** */eldadcarin, **110** */MichaelSeidel, **111** Thinkstock/iStockphoto, **111** */gradt, **111** */LasseKristensen, **111** */ŽeljkoRadojko, **111** */golandr, **112** Thinkstock/iStockphoto, **112** Thinkstock/Stockbyte, **113** Thinkstock/iStockphoto, **113** Thinkstock/Hemera, **113** Thinkstock/iStockphoto, **113** Thinkstock/iStockphoto, **113** Thinkstock/iStockphoto, **113** */Bikeworldtravel, **114** */Idelfoto, **114** Thinkstock/iStockphoto, **114** Thinkstock/Hemera, **114** Thinkstock/Hemera, **114** Thinkstock/Hemera, **115** Thinkstock/iStockphoto, **115** Thinkstock/iStockphoto, **115** Thinkstock/iStockphoto, **116** Thinkstock/iStockphoto, **117** Thinkstock/Hemera, **117** Thinkstock/iStockphoto, **117** Thinkstock/iStockphoto, **117** Thinkstock/iStockphoto, **117** Thinkstock/iStockphoto, **117** Thinkstock/iStockphoto, **117** Thinkstock/iStockphoto, **117** Thinkstock/iStockphoto, **117** Thinkstock/iStockphoto, **117** Thinkstock/iStockphoto, **117** Thinkstock/iStockphoto, **117** Thinkstock/iStockphoto, **117** Thinkstock/iStockphoto, **117** Thinkstock/iStockphoto, **117** Thinkstock/Hemera, **117** Thinkstock/iStockphoto, **118** Thinkstock/iStockphoto, **118** Thinkstock/Hemera, **118** Thinkstock/Photos.com, **118** Thinkstock/iStockphoto, **118** */photo5000, **118** Thinkstock/iStockphoto, **118** Thinkstock/iStockphoto, **118** Thinkstock/Hemera, **118** Thinkstock/Hemera, **119** */Eisenhans, **119** Thinkstock/iStockphoto, **119** Thinkstock/iStockphoto, **119** Thinkstock/Stockbyte, **119** Thinkstock/Hemera, **119** Thinkstock/iStockphoto, **119** Thinkstock/JuliodelaHigueraRodrigo, **119** */DeVIce, **119** */ArtemGorohov, **119** */LukasSembera, **119** Thinkstock/iStockphoto, **119** Thinkstock/iStockphoto, **119** */Eisenhans, **119** Thinkstock/iStockphoto, **119** Thinkstock/iStockphoto, **119** */auremar, **120** */laurenthuet, **120** */NikolaiSorokin, **120** */DmitryVereshchagin, **120** */Ettore, **120** */tr3gi, **120** */12ee12, **120** Thinkstock/VladimirArndt, **121** */Fotito, **121** */mschick, **121** */BlueSkyImages, **121** */contrastwerkstatt, **121** Thinkstock/iStockphoto, **121** Thinkstock/Hemera-Technologies, **122** */Okea, **122** */MarcusLindström-iStockphoto.com, **123** */CandyBoxImages, **123** */TMAX, **123** */michaeljung, **123** */Maygutyak, **123** */SteveMann, **123** */nui7711, **123** */JörgHackemann, **124** */Sashkin, **124** */virtabo, **124** Thinkstock/iStockphoto, **124** */BenChams, **124** */BenChams, **124** */BenChams, **124** */mindscanner, **124** */swx, **124** */michaeljung, **124** */alexmillos, **124** Thinkstock/iStockphoto, **124** */Bergringfoto, **124** Thinkstock/iStockphoto, **124** */chalabala, **124** */BenBurger, **125** */Tupungato, **125** */PinkBadger, **125** */HappyAlex, **125** */monticellllo, **125** */monticellllo, **125** */monticellllo, **126** */Masyanya, **126** */DmitryVereshchagin, **126** */DmitryVereshchagin, **126** */DmitryVereshchagin, **126** */Photobankkiev, **127** */vichie81, **127** */UschiHering, **127** */skampixelle, **127** */DOCRABEMedia, **127** */NadineKlabunde, **127** */AndreasJ., **128** */Farinoza, **130** */Marco2811, **130** */phant, **130** */Crobard, **130** */A.Karnholz, **130** */ermess, **131** */sborisov, **131** */XtravaganT, **131** */Mihai-BogdanLazar, **131** */jacek_kadaj, **131** */ArTo, **131** */hansenn, **131** */MarcelSchauer, **131** Thinkstock/iStockphoto, **131** */JörgLantelme, **131** */vaitekune, **131** */apops, **131** */motivation1965, **131** */steschum, **131** Thinkstock/iStockphoto, **131** Thinkstock/iStockphoto, **131** */HaywireMedia, **132** */Scanrail, **132** */anshar73, **132** */XtravaganT, **132** Thinkstock/iStockphoto, **132** Thinkstock/iStockphoto, **132** */A_Lein, **132** Thinkstock/iStockphoto, **132** */jovannig, **132** */PatrykKosmider, **132** */Max, **132** Thinkstock/GettyImages, **132** */miket, **132** */Ciaobucarest, **132** */PaulLiu, **132** Thinkstock/iStockphoto, **132** */Adrianv.Allenstein, **133** */Pabkov, **133** Thinkstock/iStockphoto, **133** Thinkstock/iStockphoto, **133** Thinkstock/photodisc, **133** */Anchels, **133** Thinkstock/IngramPublishing, **133** */Ichbins11, **133** */MIMOHE, **133** */blas, **133** */FranzPfluegl, **133** */PetraBeerhalter, **133** */davidundderriese, **134** */contrastwerkstatt, **134** */Berni, **134** */Berni, **134** */Berni, **134** */slava296, **134** */Berni, **134** */Berni, **134** */xy, **134** */lunamarina, **134** */Berni, **135** Thinkstock/Hemera, **135** */oranhall, **135** */Kzenon, **135** Thinkstock/iStockphoto, **135** */MargoHarrison, **135** Thinkstock/iStockphoto, **135** Thinkstock/iStockphoto, **135** */JackF, **135** */AfricaStudio, **135** */Hirurg, **135** */stockyimages, **136** */qech, **136** */contrastwerkstatt, **136** Thinkstock/iStockphoto, **136** Thinkstock/iStockphoto, **136** Thinkstock/photodisc, **136** */LVDESIGN, **136** */SantiagoCornejo, **137** */eyewave, **137** */jogyx, **137** */JoopHoek, **137** */T.Michel, **137** Thinkstock/iStockphoto, **137** */dextroza, **137** Thinkstock/iStockphoto, **137** */lowtech24, **137** Thinkstock/iStockphoto, **137** Thinkstock/iStockphoto, **137** Thinkstock/Comstock, **137** */Picture-Factory, **137** Thinkstock/iStockphoto, **138** Thinkstock/iStockphoto, **138** Thinkstock/iStockphoto, **138** */zhudifeng, **138** */GinaSanders, **138** */BauerAlex, **138** */AndresRodriguez, **138** */Kzenon, **138** */AlexTihonov, **138** */AlexTihonov, **138** */ChristopheFouquin, **138** */SvenWeber, **138** */mediagram, **138** */bradleyhebdon, **138** */AfricaStudio, **138** */paulprescott, **138** */TylerOlson, **139** */shotsstudio, **139** */luanateutzi, **139** */adisa, **139** */scaliger, **139** Thinkstock/Fuse, **139** Thinkstock/AndreyBurmakin, **139** Thinkstock/DigitalVision, **139** */Pumba, **139** */lightpoet, **139** Thinkstock/Fuse, **139** Thinkstock/iStockphoto, **139** */chamillew, **139** */gemenacom, **139** */mangostock, **139** */TylerOlson, **139** */Kzenon, **140** */MinervaStudio, **140** */eyetronic, **140** */paulprescott, **140** */corepics, **140** */AlienCat, **140** */ThomasFrancois, **140** */agvisuell, **140** */MinervaStudio, **140** */contrastwerkstatt, **141** */ArtAllianz, **141** */adisa, **141** */Pumba, **141** */adisa, **141** */VitalyMaksimchuk, **141** Thinkstock/iStockphoto, **141** */amlet, **141** Thinkstock/BrandXPictures, **141** */Joshhh, **141** */karandaev, **141** */808isgreat, **141** Thinkstock/iStockphoto, **141** */AndresRodriguez, **142** */ruigsantos, **142** */Pixel&Création, **142** Thinkstock/iStockphoto, **142** */robert, **142** Thinkstock/IngramPublishing, **142** */by-studio, **142** Thinkstock/DigitalVision, **142** */viperagp, **142** */OlegDoroshin, **142** */Pixelwolf2, **142** */VL@D, **142** */rekemp, **142** */NataliaMerzlyakova, **142** */spaxiax, **142** */SunshinePics, **142** */eyewave, **143** */nicknick_ko, **143** Thinkstock/iStockphoto, **143** Thinkstock/iStockphoto, **143** */Mingis, **143** */nyul, **143** Thinkstock/iStockphoto, **143** */AfricaStudio, **143** */MinervaStudio, **143** Thinkstock/iStockphoto, **143** */fottoo, **143** */AfricaStudio, **143** Thinkstock/iStockphoto, **143** */Digitalpress, **144** Thinkstock/Hemera, **144** Thinkstock/iStockphoto, **144** */cottonfioc, **144** */goodluz, **144** */AlenAjan, **144** */ArturBogacki, **144** */leungchopan, **144** */PaulVinten, **144** Thinkstock/Jupiterimages, **144** */amarok17wolf, **144** */ScottGriessel, **144** */fxegs, **144** */terex, **145** */kameraauge, **145** */LianeM, **145** */XtravaganT, **145** */vom, **145** */dbvirago, **145** */StuartMonk, **145** */legeartispics, **145** */phant, **145** */ArTo, **145** */Sorry, **145** */bbourdages, **145** */

Furan, **145** */bluclementine, **146** */NikaNovak, **148** */GennadiyPoznyakov, **148** */sdenness, **148** */contrastwerkstatt, **148** */MonkeyBusiness, **148** */RobertKneschke, **148** */shock, **148** */MonkeyBusiness, **148** Thinkstock/iStockphoto, **148** */Cozyta, **148** Thinkstock/Comstock, **148** */tiero, **148** */contrastwerkstatt, **148** */hues, **149** */GennadiyPoznyakov, **149** */kritchanut, **150** */luminastock, **150** */robert, **150** */yeyen, **150** */auremar, **150** */JavierCastro, **150** */peshkova, **150** */GennadiyPoznyakov, **150** */Kzenon, **150** */sunabesyou, **150** */gemenacom, **150** */shock, **150** */JürgenFälchle, **150** */Nosvos, **150** */luminastock, **150** */kartos, **150** */peshkova, **151** */OlgaGalushko, **151** */AVAVA, **151** */TylerOlson, **151** */SvenBähren, **151** */alco81, **151** */paylessimages, **151** */RobertKneschke, **151** */auremar, **151** */ayutaroupapa, **151** */Aiwendyl, **151** */kmiragaya, **151** */contrastwerkstatt, **151** */TomaszTrojanowski, **152** Thinkstock/iStockphoto, **152** */AfricaStudio, **152** */Zerbor, **152** */dkimages, **152** */babimu, **152** */phloxii, **152** */AfricaStudio, **152** */VladIvantcov, **152** */VladyslavDanilin, **153** */ThorstenSchmitt, **153** Thinkstock/PhotoObjects.net, **153** */lily, **154** Thinkstock/iStockphoto, **154** */leszekglasner, **154** */MatHayward, **154** */KonstantinL, **154** */josje71, **154** */xy, **154** */Creativa, **154** */MonkeyBusiness, **154** */MonkeyBusiness, **154** */aidaricci, **155** Thinkstock/iStockphoto, **155** */MariusGraf, **155** */muro, **155** */BEAUTYofLIFE, **155** */ia_64, **155** */lu-photo, **156** */JörgLantelme, **156** */Berni, **156** */JeanetteDietl, **156** Thinkstock/BrandXPictures, **156** */RandallReed, **156** */MinervaStudio, **156** */trotzolga, **156** */johannesspreter, **156** */AfricaStudio, **156** */AlexanderRaths, **156** */contrastwerkstatt, **156** */agenturfotografin, **156** */lightpoet, **157** Thinkstock/JamesWoodson, **157** */CandyBoxImages, **157** */IgorMojzes, **157** */WavebreakmediaMicro, **157** */AfricaStudio, **157** */AndresRodriguez, **157** */xy, **157** */apops, **157** */pearl, **157** */RobertKneschke, **157** */MarkusHaack, **157** */lightpoet, **158** */MinervaStudio, **158** */WavebreakmediaMicro, **158** */goodluz, **158** */lightpoet, **158** */goodluz, **158** */Kzenon, **158** */CandyBoxImages, **158** */Fuse, **158** */goodluz, **158** */pearl, **158** */mangostock, **158** Thinkstock/iStockphoto, **158** Thinkstock/DigitalVision, **159** */contrastwerkstatt, **159** */A_Bruno, **159** */WavebreakmediaMicro, **159** */GeoMartinez, **159** */GeoMartinez, **159** */endostock, **160** */MinervaStudio, **160** */apops, **160** */bevangoldswain, **160** */AdamGregor, **160** */Kzenon, **160** */Kzenon, **160** */michaeljung, **160** */ontrastwerkstatt, **160** */TylerOlson, **160** */ValentinaR., **160** */contrastwerkstatt, **160** */IuriiSokolov, **160** */Kzenon, **160** */Picture-Factory, **160** */Rido, **160** */nyul, **161** */goodluz, **161** */Kadmy, **161** */PeterAtkins, **161** */jörnbuchheim, **161** */Kadmy, **161** */Kurhan, **161** */krizz7, **161** */Kadmy, **161** */ikonoklast_hh, **161** */MarénWischnewski, **161** */apops, **161** */goodluz, **161** */CyrilComtat, **161** Thinkstock/AndriyFomenko, **161** */manu, **161** */petert2, **162** */MonikaWisniewska, **162** Thinkstock/iStockphoto, **162** */goodluz, **162** */MinervaStudio, **162** */Kzenon, **162** */Kzenon, **162** Thinkstock/Photodisc, **162** */Kzenon, **162** */ClaudiaNagel, **162** */MinervaStudio, **162** */Kzenon, **162** */contrastwerkstatt, **162** */CandyBoxImages, **162** */Kzenon, **162** */Kzenon, **162** */Kurhan, **163** */goodluz, **163** */contrastwerkstatt, **163** */IgorMojzes, **163** */mezzotint, **163** */claudiaveja, **163** */AndreyKiselev, **163** */WavebreakmediaMicro, **163** */Elnur, **163** */diegocervo, **163** */AfricaStudio, **163** */AfricaStudio, **163** */berc, **163** */Natali_ua, **163** Thinkstock/Fuse, **163** */lightpoet, **163** */contrastwerkstatt, **166** */terex, **166** Thinkstock/iStockphoto, **166** */nikkytok, **166** */marcoprati, **166** */eyewave, **166** */AfricaStudio, **167** */AfricaStudio, **167** */DianaTaliun, **167** */Rulan, **167** */interklicks, **167** Thinkstock/iStockphoto, **167** Thinkstock/iStockphoto, **167** */Corwin, **167** */rangizzz, **167** */monstersparrow, **168** */Picture-Factory, **168** */CarlosCaetano, **168** */vda_82, **168** */vetkit, **168** */JacekFulawka, **168** */masterzphotofo, **169** */ViorelSima, **169** */Mi.Ti., **169** */BrianJackson, **169** */juniart, **169** */OksanaKuzmina, **169** */MarcinSadlowski, **170** */Gelpi, **172** */TAlex, **172** */karandaev, **173** */MaksymYemelyanov, **173** */Vitas, **173** */romantiche, **173** */rawcaptured, **173** */AVD, **173** */SergeyDashkevich, **173** Thinkstock/iStockphoto, **173** */ArturSynenko, **173** */dimakp, **173** */heigri, **173** */Lusoimages, **173** */ApartFoto, **173** */sonnefleckl, **173** */ManuelaFiebig, **173** */KlausEppele, **173** */ArturSynenko, **174** */GinaSanders, **174** */snyfer, **174** */snyfer, **174** */IuriiTimashov, **174** */IuriiTimashov, **174** */IuriiTimashov, **174** */IuriiTimashov, **174** */IuriiTimashov, **174** */IuriiTimashov, **174** */WonderfulPixel, **174** */IuriiTimashov, **174** */IuriiTimashov, **174** */IuriiTimashov, **175** */WonderfulPixel, **175** */WonderfulPixel, **175** */WonderfulPixel, **175** */WonderfulPixel, **175** */WonderfulPixel, **175** */vasabii, **175** */grgroup, **175** */Skipio, **175** */vector_master, **175** */Scanrail, **175** */Vectorhouses, **175** */Vectorhouses, **175** */Vectorhouses, **176** */MetinTolun, **176** */inal09, **176** */electriceye, **176** */DoRa, **176** */DoRa, **176** */DoRa, **176** */DoRa, **176** */DoRa, **176** */DoRa, **176** */DoRa, **176** */Palsur, **176** */marog-pixcells, **176** */Palsur, **177** */mtkang, **177** */Taffi, **177** */pizuttipics, **177** */by-studio, **177** */Scanrail, **177** */RTimages, **177** */AleksandrBryliaev, **177** */JcJgPhotography, **177** */Coprid, **177** */tanatat, **177** */Palsur, **177** */AndrewBarker, **178** */ashumskiy, **178** */Gewoldi, **178** */Vitas, **178** */singkham, **179** */Sebalos, **179** */tomispin, **179** */manaemedia, **179** */Niceregionpics, **179** */thanomphong, **179** */Lusoimages, **180** Thinkstock/AlexanderPodshivalov, **180** */wellphoto, **180** */StefanKörber, **180** */PavelLosevsky, **181** */TrudiDesign, **181** */WavebreakmediaMicro, **181** */ArtHdesign, **181** */valdistorms, **181** */cirquedesprit, **181** */AlexandraGl, **181** */SergeyNivens, **181** */imkenneth, **181** */WavebreakMediaMicro, **182** */jfv, **182** */pressmaster, **182** */jminso679, **182** */Marco2811, **182** */JohannaMühlbauer, **182** */A_Bruno, **183** */pedrosala, **183** */fotomatrix, **183** */UweBumann, **183** */robert, **183** */MilanSurkala, **183** */the_builder, **183** */reich, **184** */Scanrail, **184** */Dron, **184** */drubig-photo, **184** */mirabella, **184** */gradt, **185** */gradt, **185** Thinkstock/iStockphoto, **185** */JiSIGN, **185** */JiSIGN, **185** */JiSIGN, **185** */Rido, **185** */auremar, **186** */Elenathewise, **188** */mirpic, **188** */KB3, **188** Thinkstock/Stockbyte, **189** */lesniewski, **189** */LarioTus, **189** */MelindaNagy, **189** */kostasaletras, **189** */contrastwerkstatt, **189** */beachboyx10, **190** Thinkstock/iStockphoto, **190** */ValThoermer, **191** Thinkstock/DorlingKindersleyRF, **191** */snaptitude, **192** */PavelLosevsky, **192** */.shock, **192** */NicholasPiccillo, **192** Thinkstock/Photodisc, **192** Thinkstock/Photodisc, **192** Thinkstock/Photoobjects.net, **192** */.shock, **192** */micromonkey, **193** */kromkrathog, **193** Thinkstock/Fuse, **193** */StianIversen, **194** */TanKianKhoon, **194** */modestil, **194** */IgorSokolov, **194** */piai, **194** */WillHughes, **194** */Actionpics, **194** */Kelpfish, **194** */AfricaStudio, **194** */Brocreative, **194** */karaboux, **194** */LanceBellers, **194** */SeanGladwell, **194** */by-studio, **195** */kanate, **195** */by-studio, **195** */MichaelPettigrew, **195** Thinkstock/IngramPublishing, **196** */KatyaConstantine, **196** */NicholasPiccillo, **197** */DmitryVereshchagin, **197** */PinkBlue, **197** */PinkBlue, **197** */PinkBlue, **198** */KrisStrach, **198** */Kzenon, **198** */Kzenon, **199** */Quasarphoto, **199** */sumnersgraphicsinc, **199** */sumnersgraphicsinc, **199** */VeniaminKraskov, **199** */ApartFoto, **199** */RTimages, **200** */marsyk, **200** */Sportlibrary, **200** */agentur2728.de, **200** Thinkstock/Hemera@GettyImages, **201** Thinkstock/iStockphoto, **201** Thinkstock/iStockphoto, **201** Thinkstock/Comstock, **202** */KseniyaAbramova, **203** */ThierryRYO, **203** */KseniyaAbramova, **203** */KseniyaAbramova, **203** Thinkstock/ThomasNorthcut@GettyImages, **203** */MargoHarrison, **203** */fifranck, **203** */hosphotos, **203** */HeikeundHardy, **203** Thinkstock/iStockphoto, **203** */PackShot, **203** */auremar, **204** */LjupcoSmokovski, **204** */SS1001, **204** */VadimBukharin, **204** */DmitryDG, **205** */ftlaudgirl, **205** */U.Woell, **205** */AntonGvozdikov, **205** */

project1photography, **205** */VolkerSkibbe, **205** */MarceloDufflocq, **205** Thinkstock/iStockphoto, **205** */roblan, **205** */andreshka, **205** */stoonn, **205** */daseaford, **205** */sablin, **205** */garry_images, **206** */dell, **206** */SilvanoRebai, **206** */dell, **206** */victorzastol'skiy, **206** */mradlgruber, **206** Thinkstock/iStockphoto, **206** */©Olympixel, **206** */ValThoermer, **206** */terranova_17, **207** Thinkstock/iStockphoto, **207** Thinkstock/moodboard, **207** */GalinaBarskaya, **207** Thinkstock/Hemera, **207** */Dreef, **207** */SteeveROCHE, **207** Thinkstock/iStockphoto, **207** Thinkstock/Photodisc, **207** */corepics, **207** */Lsantilli, **208** Thinkstock/iStockphoto, **208** */NetzerJohannes, **208** */StefanSchurr, **208** */inigocia, **208** */NetzerJohannes, **208** */JanKranendonk, **208** */monster85, **208** */Avantgarde, **208** */photomag, **208** */storm, **208** */Fotoimpressionen, **208** */Marco2811, **208** */yanlev, **208** */lassedesignen, **208** */StefanSchurr, **208** */Grigorenko, **209** */lilufoto, **209** */3dmentat, **209** */maxoidos, **209** */Bergringfoto, **209** */MarinConic, **209** */DimitarMarinov, **209** */just2shutter, **209** Thinkstock/iStockphoto, **209** */Shmel, **209** */olly, **209** Thinkstock/iStockphoto, **209** Thinkstock/CameronSpencer@GettyImages, **209** */ChantalS, **209** */FelixMizioznikov, **209** Thinkstock/DigitalVision, **209** */artjazz, **210** Thinkstock/iStockphoto, **210** */okinawakasawa, **210** */VIPDesign, **210** */okinawakasawa, **210** */starush, **210** */Hetizia, **211** Thinkstock/WavebreakMedia, **211** */Lerche&Johnson, **211** */Lerche&Johnson, **211** */Lerche&Johnson, **211** */Lerche&Johnson, **211** Thinkstock/iStockphoto, **211** Thinkstock/iStockphoto, **211** */Lerche&Johnson, **211** */Wisky, **211** */nito, **211** */Kzenon, **212** */AfricaStudio, **214** Thinkstock/iStockphoto, **214** Thinkstock/DigitalVision, **214** Thinkstock/iStockphoto, **214** Thinkstock/Purestock, **214** Thinkstock/iStockphoto, **214** */AndreyBurmakin, **214** */AndreyBurmakin, **214** */NejronPhoto, **214** Thinkstock/JupiterImages©GettyImages, **215** Thinkstock/DigitalVision, **215** Thinkstock/DigitalVision, **215** Thinkstock/DigitalVision, **216** Thinkstock/iStockphoto, **216** */AfricaStudio, **216** */Kalim, **216** Thinkstock/iStockphoto, **216** */ysbrandcosijn, **217** */KlausEppele, **217** */scalaphotography, **217** */cynoclub, **217** */BrianJackson, **217** */mekcar, **217** */by-studio, **217** */HenrySchmitt, **217** */HenrySchmitt, **217** */alephcomo1, **217** */HenrySchmitt, **217** */deusexlupus, **217** */apops, **217** */MUE, **217** */MUE, **217** */MUE, **217** Thinkstock/Hemera(CagriOner), **218** */ReMuS, **218** */soerenkuhrt, **218** */Maruba, **218** */cjansuebsri, **218** Thinkstock/iStockphoto, **218** */Constantinos, **218** */ILYAAKINSHIN, **218** */dvs71, **218** */JürgenFälchle, **218** */UrosPetrovic, **218** */Distrikt3, **218** */LuckyDragonUSA, **218** */DenisIvatin, **218** */photlook, **218** */KlausEppele, **218** */venusangel, **219** Thinkstock/iStockphoto, **219** */visivasnc, **219** */sumnersgraphicsinc, **219** */ArtFamily, **219** Thinkstock/iStockphoto, **219** */ysbrandcosijn, **219** */jehafo, **220** */starman963, **220** */KirillZdorov, **220** */tobago77, **220** */SteveMann, **220** */MichaelFlippo, **220** Thinkstock/iStockphoto, **220** */MartinaBerg, **220** */st-fotograf, **220** */imagika, **220** Thinkstock/iStockphoto, **220** */WavebreakMediaMicro, **220** */jillchen, **220** */AlexanderRaths, **221** */WarrenMillar, **221** Thinkstock/Stockbyte, **221** Thinkstock/iStockphoto, **221** Thinkstock/iStockphoto, **221** Thinkstock/iStockphoto, **221** Thinkstock/iStockphoto, **221** */ksena32, **221** Thinkstock/iStockphoto, **221** */AllebaziB, **221** */BarbaraPheby, **221** Thinkstock/Hemera, **221** */womue, **221** */LiliiaRudchenko, **221** Thinkstock/iStockphoto, **221** */jogyx, **221** */MariusGraf, **222** */ReginaJersova, **222** */bittedankeschön, **222** Thinkstock/iStockphoto, **222** */franzgustincich, **222** */openlens, **222** */bruniewska, **222** */Amid, **222** Thinkstock/iStockphoto, **222** */GinoSantaMaria, **222** Thinkstock/iStockphoto, **222** */krimzoya46, **222** */sandis94, **222** */tsaplia, **222** */tigger11th, **222** */neirfy, **222** */bahrialtay, **223** */akekoksom, **224** Thinkstock/iStockphoto, **224** Thinkstock/iStockphoto, **224** */Sergiogen, **224** Thinkstock/iStockphoto, **224** */babimu, **225** */uckyo, **225** */RTimages, **225** */AfricaStudio, **225** */AfricaStudio, **225** */luiscarceller, **225** */Neyro, **225** */kornienko, **225** Thinkstock/thinstockAblestock.com@GettyImages, **225** */Mushy, **225** */maestria_diz, **225** Thinkstock/iStockphoto, **225** */U.Hardberck, **225** */AndrejaDonko, **225** */koosen, **225** Thinkstock/iStockphoto, **225** Thinkstock/Hemera@GettyImages, **226** */Printemps, **226** */AfricaStudio, **226** Thinkstock/iStockphoto, **226** */shooarts, **226** */VyacheslavPlyasenko, **226** */Artranq, **226** Thinkstock/JupiterImages©GettyImages, **226** */FirmaV, **226** */ronstik, **226** */lunamarina, **226** */iampuay, **226** */Kuzmick, **226** */marysa03, **227** Thinkstock/Fuse, **227** Thinkstock/CreatasImages, **227** Thinkstock/Fuse, **227** */Kzenon, **227** */nyul, **227** */SergeyNivens, **227** */NejronPhoto, **228** */RobertNeumann, **228** */ratana_k, **228** */MariusGraf, **228** Thinkstock/iStockphoto, **228** */Unclesam, **228** */indigolotos, **228** */BirgitReitz-Hofmann, **228** */fotomanu21, **228** */Hamik, **229** */Lichtmaler, **229** */Cmon, **229** Thinkstock/iStockphoto, **229** */DoraZett, **229** */NoName, **229** */RTimages, **229** */avtor_ep, **229** Thinkstock/Comstock, **229** */DanRace, **229** Thinkstock/DigitalVision, **229** Thinkstock/IngramPublishing, **229** Thinkstock/iStockphoto, **229** */seen, **230** Thinkstock/Zoonar, **230** */donfiore, **230** Thinkstock/iStockphoto, **230** */eldadcarin, **230** */eldadcarin, **230** */AnjaRoesnick, **230** */AnjaRoesnick, **230** */AnjaRoesnick, **230** */AfricaStudio, **230** */Foto-Ruhrgebiet, **230** Thinkstock/Zoonar, **230** */eldadcarin, **230** */STUDIO12, **231** Thinkstock/iStockphoto, **231** */sergign, **231** */schoki_01, **231** */aleciccotelli, **231** */Fyle, **231** */frankpeters, **231** */ChristerTvedt, **232** */benjaminnolte, **232** Thinkstock/iStockphoto, **232** Thinkstock/DigitalVision, **232** */AleksandarTodorovic, **233** Thinkstock/iStockphoto, **233** */f9photos, **233** Thinkstock/iStockphoto, **233** */photocrew, **233** Thinkstock/iStockphoto, **233** */AleksandarTodorovic, **233** */mikesch112, **233** */rangizzz, **233** */chulja, **233** Thinkstock/iStockphoto, **233** */pressmaster, **233** Thinkstock/iStockphoto, **233** */arnau2098, **234** */B.Wylezich, **234** */philipus, **234** */Angus, **234** */od-pictureworks, **234** */bergamont, **234** */risto0, **234** */fullimage, **234** */Coprid, **234** */f9photos, **234** */sss78, **234** */federicofoto, **235** */AfricaStudio, **235** */LjupcoSmokovski, **235** */Danicek, **235** Thinkstock/iStockphoto, **235** */AlexeyPotapov, **235** */scphoto48, **235** */tolism, **236** */babimu, **238** */CLIPAREA.com, **238** */CLIPAREA.com, **239** */CLIPAREA.com, **239** */CLIPAREA.com, **240** Thinkstock/Zoonar, **240** Thinkstock/Hemera@GettyImages, **240** Thinkstock/iStockphoto, **241** */mrgarry, **241** */turhanerbas, **242** */adimas, **243** */adimas, **244** */pixelcaos, **245** */3drenderings, **245** */3drenderings, **245** */3drenderings, **245** */3drenderings, **245** */3drenderings, **245** */3drenderings, **245** */arsdigital, **245** */pixelcaos, **246** */pixelcaos, **247** */pixelcaos, **247** */DianaTaliun, **248** */vectorus, **248** */Lsantilli, **248** */SvenBähren, **248** */TylerOlson, **248** */GordonGrand, **248** */iStockphoto, **249** */reflektastudios, **249** Thinkstock/oksun70, **249** */RobertAngermayr, **249** */silverrobert, **249** */PopovaOlga, **249** */gradt, **250** */AlexanderRaths, **250** */fhmedien_de, **250** */Creativa, **250** */ISOK°-photography, **250** */Sashkin, **250** */AfricaStudio, **251** */MonkeyBusiness, **251** */dalaprod, **251** */drubig-photo, **251** */drubig-photo, **251** */vladimirfloyd, **252** */AfricaStudio, **252** */iko, **252** */DoraZett, **252** */Creativa, **252** */GinaSanders, **252** */SubbotinaAnna, **252** */drubig-photo, **252** */OcskayBence, **252** */detailblick, **252** */Kurhan, **253** */Creativa, **253** */underdogstudios, **253** */DmitryLobanov, **253** */rangizzz, **253** */DanRace, **253** */Eisenhans, **253** */smikeymikey1, **254** Thinkstock/iStockphoto, **254** */GuidoGrochowski, **254** */DmitryVereshchagin, **254** */HBK, **254** */treetstreet, **254** */PeterAtkins, **254** */Bandika, **254** */wckiw, **255** */ksena32, **255** */IgorMojzes, **255** */st-fotograf, **255** */Vidady, **255** */Maridav, **255** Thinkstock/iStockphoto, **255** Thinkstock/iStockphoto, **255**

*/Kondor83, **255** */Gelpi, **255** */VolkerWitt, **255** */apops, **255** */juefraphoto, **255** */Joss, **256** */CandyBoxImages, **256** */alswart, **256** */hitdelight, **256** */unclepodger, **257** */IgorZakowski, **257** */RadeLukovic, **257** */draw05, **257** */blende40, **257** */Kurhan, **257** */Jessmine, **257** */contrastwerkstatt, **257** */apops, **258** */AlexandrMitiuc, **258** Thinkstock/iStockphoto, **258** */TylerOlson, **258** */AfricaStudio, **259** */malajscy, **259** */GerhardBrée, **259** */epstock, **259** */ksl, **260** */GennadiyPoznyakov, **260** */Tobilander, **260** */malajscy, **260** */starman963, **260** */JimVallee, **261** */danutelu, **261** */spotmatikphoto, **261** */RobertKneschke, **261** */DmitryVereshchagin, **261** */itsmejust, **261** */RobertKneschke, **261** */WONGSZEFEI, **262** */AfricaStudio, **262** */AfricaStudio, **262** */contrastwerkstatt, **262** */khuntapol, **262** */Coprid, **262** */AnatolyRepin, **262** */adisa, **262** */BorysShevchuk, **262** */ManuelSchäfer, **262** */Nataraj, **263** */GordonSaunders, **263** */seen, **263** */only4denn, **263** Thinkstock/Hemera, **263** */Coprid, **263** */blondina93, **263** */by-studio, **263** */JiriHera, **263** */JohannaGoodyear, **263** */Nazzu, **263** */Tharakorn, **263** */Tarzhanova, **263** */terex, **264** */TatjanaBalzer, **264** */TylerOlson, **264** */Schlierner, **264** */Kzenon, **264** */modul_a, **264** */NikkiZalewski, **264** */Khorzhevska, **264** */bertys30, **264** */Tran-Photography, **264** */ZdenkaDarula, **264** */WONGSZEFEI, **264** */pearl, **264** */Taffi, **265** */GennadiyPoznyakov, **265** */ecobo, **265** */pukall-fotografie, **265** */goodluz, **265** Thinkstock/DorlingKindersleyRF, **265** Thinkstock/iStockphoto, **265** */ArtemMerzlenko, **266** */HanvanVonno, **268** */CandyBoxImages, **268** */RomanMilert, **268** */VolkerWitt, **268** */AK-DigiArt, **268** */DarioLoPresti, **268** */benjaminnolte, **269** */MichaelSchütze, **269** */brozova, **269** */Rodja, **269** Thinkstock/iStockphoto, **269** */cristi180884, **269** */LisaF.Young, **270** Thinkstock/iStockphoto, **270** Thinkstock/Photodisc, **270** */VRD, **270** */AndreBonn, **270** */shutswis, **271** */LukasSembera, **271** Thinkstock/liquidlibrary, **271** */marog-pixcells, **271** Thinkstock/iStockphoto, **271** */koszivu, **271** */Photographee.eu, **271** Thinkstock/iStockphoto, **271** */MonkeyBusiness, **271** */Photographee.eu, **271** */GerhardSeybert, **271** */ArtemFurman, **272** */PictureArt, **272** */PavelLosevsky, **272** */davis, **272** */Arcady, **272** */playstuff, **272** */beermedia, **272** */LuckyDragonUSA, **272** */IgorKovalchuk, **273** */ChristaEder, **273** */SvetlanaGryankina, **273** */creAtive, **273** */Berry, **273** */Maygutyak, **273** */WoGi, **273** */Tobboo, **273** */jogyx, **273** */rouakcz, **273** */SilvanoRebai, **274** */Fiedels, **274** */nupsik284, **274** */BirgitReitz-Hofmann, **274** */ClaudioDivizia, **274** */GP, **274** */S.Kobold, **274** */amorfati.art, **274** */CPJPhotography, **274** */ZacariasdaMata, **274** */HughMcKean, **274** */aquapix, **274** */EricGevaert, **275** */andrewburgess, **275** Thinkstock/iStockphoto, **275** */lassedesignen, **275** */HeinzWaldukat, **275** */SergeyKamshylin, **275** */Nazzalbe, **275** */KalleKolodziej, **275** */RoyPedersen, **275** */MacX, **275** */reeel, **275** */marqs, **275** */william87, **276** */IgorKovalchuk, **278** Thinkstock/iStockphoto, **278** */Artenauta, **279** */fergregory, **280** */JürgenFälchle, **280** */peresanz, **280** */magann, **280** */vencav, **280** */virtua73, **280** */KovalenkoInna, **280** */creatifixus, **280** */cbpix, **280** */FlorentDIE, **280** */pinghan, **280** */peresanz, **280** */kevron2001, **280** */peresanz, **281** */jeremyculpdesign, **283** */AridOcean, **284** */artalis, **285** */jokatoons, **285** */ThomasRöske, **285** */jokatoons, **285** */jokatoons, **285** */jokatoons, **285** */jokatoons, **285** */jokatoons, **285** */jokatoons, **285** */jokatoons, **285** */jokatoons, **285** */jokatoons, **285** */jokatoons, **285** */jokatoons, **285** */jokatoons, **285** */jokatoons, **286** */jokatoons, **286** */jokatoons, **286** */jokatoons, **286** */jokatoons, **286** */jokatoons, **286** */jokatoons, **286** */jokatoons, **286** */jokatoons, **286** */jokatoons, **286** */jokatoons, **286** */jokatoons, **286** */jokatoons, **286** */jokatoons, **286** */jokatoons, **286** */jokatoons, **287** */jokatoons, **287** */jokatoons, **287** */ThomasRöske, **287** */jokatoons, **287** */jokatoons, **287** */Pekchar, **287** */jokatoons, **287** */jokatoons, **287** */jokatoons, **287** */jokatoons, **287** */jokatoons, **287** */jokatoons, **287** */jokatoons, **288** Thinkstock/Hemera, **288** Thinkstock/Hemera, **288** Thinkstock/Hemera, **288** Thinkstock/Hemera, **288** Thinkstock/Hemera, **288** Thinkstock/Hemera, **288** Thinkstock/Hemera, **288** Thinkstock/Hemera, **288** Thinkstock/Hemera, **288** Thinkstock/Hemera, **288** Thinkstock/Hemera, **288** Thinkstock/Hemera, **288** Thinkstock/Hemera, **288** */Route66, **288** Thinkstock/Hemera, **288** Thinkstock/Hemera, **289** Thinkstock/Hemera, **289** Thinkstock/Hemera, **289** Thinkstock/Hemera, **289** Thinkstock/Hemera, **289** Thinkstock/Hemera, **289** Thinkstock/Hemera, **289** Thinkstock/Hemera, **289** Thinkstock/iStockphoto, **289** Thinkstock/iStockphoto, **289** Thinkstock/iStockphoto, **289** Thinkstock/iStockphoto, **289** Thinkstock/iStockphoto, **289** Thinkstock/iStockphoto, **289** Thinkstock/iStockphoto, **289** Thinkstock/iStockphoto, **290** Thinkstock/iStockphoto, **290** Thinkstock/iStockphoto, **290** Thinkstock/iStockphoto, **290** Thinkstock/iStockphoto, **290** */romantiche, **290** */romantiche, **290** */romantiche, **290** */romantiche, **290** */romantiche, **290** */romantiche, **290** */romantiche, **290** */romantiche, **290** */romantiche, **290** */romantiche, **290** */romantiche, **290** */romantiche, **291** */romantiche, **291** */romantiche, **291** */romantiche, **291** */romantiche, **291** */romantiche, **291** */romantiche, **291** */romantiche, **291** */romantiche, **291** */romantiche, **291** */romantiche, **291** */romantiche, **291** */romantiche, **291** */romantiche, **291** */romantiche, **291** */romantiche, **291** */romantiche, **292** */romantiche, **292** */romantiche, **292** */romantiche, **292** */romantiche, **292** */romantiche, **292** */romantiche, **292** */romantiche, **292** */romantiche, **292** */romantiche, **292** */romantiche, **292** */romantiche, **292** */romantiche, **292** */romantiche, **292** */romantiche, **292** */romantiche, **292** */romantiche, **292** */romantiche, **293** */romantiche, **293** */romantiche, **293** */romantiche, **293** */romantiche, **293** */romantiche, **293** */romantiche, **293** */romantiche, **293** */romantiche, **293** */romantiche, **293** */romantiche, **293** */petrab., **293** */petrab., **293** */petrab., **293** */petrab., **294** */petrab., **294** */petrab., **294** */petrab., **294** */petrab., **294** */petrab., **294** */petrab., **294** */petrab., **294** */petrab., **294** */petrab., **294** */petrab., **294** */petrab., **294** */petrab., **294** */petrab., **294** */petrab., **294** */petrab., **294** */petrab., **294** */petrab., **295** */petrab., **295** */petrab., **295** */petrab., **295** */petrab., **295** */petrab., **295** */petrab., **295** */petrab., **295** */Yotama, **295** */petrab., **295** */petrab., **295** */petrab., **295** */petrab., **295** */petrab., **295** */petrab., **295** */petrab., **295** */petrab., **296** */petrab., **296** */petrab., **296** */petrab., **296** */petrab., **296** */petrab., **296** */petrab., **296** */petrab., **296** */petrab., **296** */Pekchar, **296** */megastocker, **296** Thinkstock/iStockphoto, **296** */ThomasRöske, **296** Thinkstock/iStockphoto, **296** Thinkstock/iStockphoto, **296** Thinkstock/iStockphoto, **296** Thinkstock/iStockphoto, **297** Thinkstock/iStockphoto, **297** */ThomasRöske, **297** Thinkstock/iStockphoto, **297** Thinkstock/iStockphoto, **297** Thinkstock/iStockphoto, **297** Thinkstock/iStockphoto, **297** Thinkstock/iStockphoto, **297** */jokatoons, **297** */yannikLABBE, **297** */DreamCursor, **297** */sunt, **297** Thinkstock/iStockphoto, **297** */AndreasMeyer, **297** */DomLortha, **298** */ElenaPetrova, **298** */ChristianPedant, **298** */TomasSereda, **298** Thinkstock/Fuse, **298** */Masson, **298** */Alliance, **298** */marog-pixcells, **298** */byheaven, **298** */joda, **298** */Miredi, **298** */momanuma, **298** */pictureguy32, **298** */bugphai, **299** */NathanJaskowiak, **299** */VeraKuttelvaserova, **299** */rangizzz, **299** Thinkstock/ImageSource, **299** */LeonidTit, **299** */hjschneider, **299** */tiplyashina, **299** */SergZastavkin, **299** */VeraKuttelvaserova, **299** */VeraKuttelvaserova, **299** */RyszardStelmachowicz, **299** */Hamik, **299** */rangizzz, **300** */SunnyForest, **300** Thinkstock/iStockphoto, **300** */MinervaStudio, **300** Thinkstock/iStockphoto, **300** */steffendia, **300** */FrankBirds, **300**

*/SunshinePics, **300** */ChristopheFouquin, **300** Thinkstock/iStockphoto, **300** */lassedesignen, **300** Thinkstock/iStockphoto, **300** Thinkstock/iStockphoto, **300** */Maygutyak, **300** */mariobeauregard, **300** */victorzastol'skiy, **300** */macky_ch, **301** */scattomatto74, **301** */SabineKipus, **301** */Cmon, **301** */DarioBajurin, **301** */jacare35, **301** */kohy, **302** */nni94, **302** Thinkstock/IngramPublishing, **302** */ollirg, **302** */MartinM303, **302** */mrks_v, **302** */dorisoberfrank-list, **302** Thinkstock/iStockphoto, **302** */steffus, **302** */smereka, **302** */BenBurger, **302** */kentauros, **302** */BerndS., **302** */DarioBajurin, **302** */acceleratorhams, **302** */Fyle, **302** */AlenaStalmashonak, **303** */siimsepp, **303** */siimsepp, **303** */siimsepp, **303** */siimsepp, **303** */siimsepp, **303** */TylerBoyes, **303** */siimsepp, **303** */TylerBoyes, **303** */vvoe, **303** */wlad074, **303** */TylerBoyes, **303** */iraries, **303** */EkaterinaFribus, **303** */EkaterinaFribus, **303** */marcel, **303** */siimsepp, **304** */boykung, **304** */AlexanderHoffmann, **304** */AlexanderHoffmann, **304** */AtikettaSangasaeng, **304** */byjeng, **304** */AlexanderHoffmann, **304** */AlexanderHoffmann, **304** */apttone, **304** */AlexanderHoffmann, **304** */bigjo, **304** */Rozaliya, **304** */VL@D, **304** */AlexanderHoffmann, **304** */AlexShadrin, **304** */AlexanderHoffmann, **304** */AlexanderHoffmann, **304** */Digipic, **304** */volff, **304** */AlexanderHoffmann, **304** */AlexanderHoffmann, **305** */AlexanderPotapov, **305** */Tiler84, **305** */Tiler84, **305** */Tiler84, **305** */Tiler84, **305** */lamax, **306** */vladimirkim3722, **306** */k_kron, **306** Thinkstock/iStockphoto, **306** */iko, **306** */ürgenFälchle, **306** */ondrej83, **306** */HeinzWaldukat, **306** */termis1983, **306** */Tom, **306** */mubus, **306** */veneratio, **306** */RomanPyshchyk, **306** */Picture-Factory, **306** */Omika, **306** */funnycreature, **306** */Almgren, **307** */Nik, **307** */Tonanakan, **307** */motorlka, **307** */PavloVakhrushev, **307** */MiroslawaDrozdowski, **307** */pia-pictures, **308** */Gang, **308** */AfricaStudio, **308** */felinda, **308** */sergio37_120, **308** */eyetronic, **308** */sergio37_120, **308** */VICUSCHKA, **308** */tr3gi, **308** */TimUR, **308** */alfastudiofoto, **308** */sergio37_120, **308** */lenkusa, **308** */sergio37_120, **308** */Friedberg, **308** */AfricaStudio, **308** */Roxana, **309** */anankkml, **309** */DanielStrauch, **309** */StefanKörber, **309** */hansklein, **309** */juiceteam2013, **309** */audioscience, **309** */keller, **309** */flucas, **309** */ijacky, **309** */Tomashko, **309** */SergheiVelusceac, **309** */AndreaWilhelm, **309** */tab62, **309** */Ichbins11, **309** */StudioBarcelona, **309** */volkerr, **310** */Farinoza, **310** */EricIsselée, **310** */jagodka, **310** */AzaliyaElyaVatel, **310** */EricIsselée, **310** */UrosPetrovic, **310** */KatrinaBrown, **310** */eastmanphoto, **310** */nn-fotografie, **310** */cynoclub, **310** */biglama, **310** */EricIsselée, **310** */grafikplusfoto, **311** Thinkstock/iStockphoto, **311** */EricIsselée, **311** */JackF, **311** */EricIsselée, **311** */EricIsselée, **311** */AaronAmat, **311** */EricIsselée, **311** */EricIsselée, **311** */anekoho, **311** */ChristianMusat, **311** */EricIsselée, **311** */EricIsselée, **311** */ChristianMusat, **311** */ILYAAKINSHIN, **311** */EricIsselée, **311** */EricIsselée, **312** */EricIsselée, **312** */StarJumper, **312** */EricIsselée, **312** */Anatolii, **312** */VeraKuttelvaserova, **312** */EricIsselée, **312** */Coprid, **312** */EricIsselée, **312** */JackF, **312** */nexusseven, **312** */EwaStudio, **312** */cynoclub, **312** */anankkml, **312** */tiero, **312** */Taalvi, **312** */EricIsselée, **313** */AlexanderPotapov, **313** */EricIsselée, **313** */EricIsselée, **313** */EricIsselée, **313** Thinkstock/iStockphoto, **313** Thinkstock/iStockphoto, **313** */MikePrice, **313** */RomanSamokhin, **313** */EricIsselée, **313** */EricIsselée, **313** Thinkstock/iStockphoto, **313** */maz12, **313** */EricIsselée, **313** */Smileus, **313** */XK, **313** */anankkml, **314** */EricIsselée, **314** */SteveByland, **314** */EricIsselée, **314** */EricIsselée, **314** */EricIsselée, **314** */EricIsselée, **314** */EricIsselée, **314** */fotomaster, **314** */jakgree, **314** */Farinoza, **314** */Farinoza, **314** Thinkstock/iStockphoto, **314** */EricIsselée, **315** */UryadnikovSergey, **315** */phant, **315** */EricIsselée, **315** */EricIsselée, **315** */ILYAAKINSHIN, **315** */JanisSmits, **315** */AaronAmat, **315** */ILYAAKINSHIN, **315** */EricIsselée, **315** */fotomaster, **315** */RomanSamokhin, **315** */shishiga, **315** */NicoletteWollentin, **315** */sval7, **315** */EricIsselée, **315** */EricIsselée, **316** */eastmanphoto, **316** */eastmanphoto, **316** */Smileus, **316** */DanielNimmervoll, **316** */kurapy, **316** */EricIsselée, **316** */jagodka, **316** */RichardCarey, **316** */Anatolii, **316** */antpkr, **316** Thinkstock/iStockphoto, **316** */EricIsselée, **316** */eastmanphoto, **317** */Irochka, **317** */GiuseppePorzani, **317** */eyeblink, **317** */manuart, **317** */EricIsselée, **317** */lunamarina, **317** */pistol7, **317** */RichardCarey, **317** */WitoldKrasowski, **317** Thinkstock/Hemera, **317** Thinkstock/iStockphoto, **317** */Coprid, **317** */tongdang, **318** */OliverKlimek, **318** */ValeriyKirsanov, **318** */defun, **318** */Alekss, **318** */JPS, **318** */Gewoldi, **318** */HenrikLarsson, **318** */vnlit, **318** */KlausEppele, **318** */xiaoliangge, **318** */VRD, **318** */Alekss, **318** */MarcoUliana, **318** */morelia1983, **318** */ZbyszekNowak, **318** */npps48, **319** Thinkstock/iStockphoto, **319** */defun, **319** */CosminManci, **319** Thinkstock/Hemear, **319** */fancyfocus, **319** */gertrudda, **319** */xjbxjhxm, **319** Thinkstock/iStockphoto, **319** */defun, **319** */emer, **319** */chungking, **319** */Coprid, **319** Thinkstock/iStockphoto, **319** */eastmanphoto, **319** */CarolaSchubbel, **319** */natara, **320** */tescha555, **322** */DDRockstar, **322** */DenysPrykhodov, **322** */DenysPrykhodov, **322** */DenysPrykhodov, **322** */DenysPrykhodov, **322** */DenysPrykhodov, **322** */DenysPrykhodov, **322** */AfricaStudio, **322** */AfricaStudio, **322** */AfricaStudio, **322** */DB, **325** */robert, **326** */magann, **326** */magann, **326** */magann, **326** */magann, **326** */magann, **326** */magann, **326** */magann, **326** */magann, **326** */magann, **326** */magann, **326** */magann, **326** */magann, **326** */magann, **327** */magann, **327** */magann, **327** */magann, **327** */magann, **327** */magann, **327** */magann, **327** */magann, **327** */magann, **327** */magann, **327** */magann, **327** */magann, **327** */vvoe, **327** */LuckyDragon, **328** */tomreichner, **328** */Marco2811, **328** */merydolla, **328** */in-foto-backgrounds, **328** */Reicher, **328** */ARochau, **328** */Yahyaldiz, **328** */motorradcbr, **328** */Beboy, **328** */DmytroSmaglov, **328** */AntonGvozdikov, **328** */sborisov, **328** */NetzerJohannes, **329** Stockphoto/Juffin, **330** */Juulijs, **330** */m.u.ozmen, **330** */lucato, **330** */www.strubhamburg.de, **330** */guynamedjames, **330** */JörgHackemann, **330** */MaxWo, **331** */Al, **331** */hayo, **331** */ufotopixl10, **331** */vectoricon, **331** */vectoricon, **331** */vectoricon, **331** */vectoriconEnglisch

BILDNACHWEIS

In Norwegen

U1 Adobe Stock/Dmitry Naumov, **334** Shutterstock/Tamara Lopes, **334** Getty Images/ALLEKO, **334** Shutterstock/margouillat photo, **334** Shutterstock/Jon Naustdalslid, **334** Shutterstock/BearFotos, **334** Shutterstock/Mironov Vladimir, **334** Shutterstock/Fanfo, **334** Shutterstock/AntiD, **334** Shutterstock/klaikungwon, **335** Shutterstock/Nanisimova, **335** Shutterstock/BBA Photography, **335** Shutterstock/ChiccoDodiFC, **335** Getty Images/Ana Iacob, **335** Shutterstock/BearFotos, **335** Shutterstock/Chatham172, **335** Shutterstock/Mariyana M, **335** Getty Images/Jack Robert Photography, **335** Shutterstock/Sokor Space, **336** Shutterstock/olepeshkina, **336** Shutterstock/knelson20, **336** Getty Images/PicturePartners, **336** Getty Images/Koline Bjonnes Pedersen, **336** Shutterstock/MShev, **336** Shutterstock/V. Belov, **336** Shutterstock/AlexBuess, **336** Getty Images/Ekaterina Smirnova, **336** Shutterstock/bogdanhoda, **337** Shutterstock/Brent Hofacker, **337** Shutterstock/GenOMart, **337** Shutterstock/Patryk Kosmider, **337** Shutterstock/Russell Tur, **337** Shutterstock/sofie Frydenlund, **337** Adobe Stock/Dmitry Naumov, **337** Shutterstock/Morten Normann Almeland, **337** Shutterstock/Frederik Tellerup, **337** Shutterstock/Amada Ekeli, **338** Shutterstock/dreakrawi, **338** Shutterstock/Erika J Mitchell, **338** Shutterstock/MMACASSIR, **338** Shutterstock/OlgaBegak, **338** Shutterstock/Vladislav T. Jirousek, **338** Shutterstock/DimaSid, **338** Shutterstock/OneWithNaturePhotos, **338** Shutterstock/drumdredd777, **338** Shutterstock/Sammy33, **338** Getty Images/ZU_09, **339** Shutterstock/Drakuliren, **339** Shutterstock/Gabrielle photographs, **339** Shutterstock/Bukhta Yurii, **339** Shutterstock/Fotokvadrat, **339** Shutterstock/Marta Kobiela, **339** Shutterstock/shimonfoto, **339** Shutterstock/Konoplin Dmitriy, **339** Shutterstock/Hatteviden, **340** Shutterstock/Chelnokov Vladimir, **340** Shutterstock/Danny Smythe, **340** Getty Images/Pe3check, **340** Getty Images/Lukas Bischoff, **340** Getty Images/Jazzanna, **340** Getty Images/Caroline Brundle Bugge, **340** Getty Images/Elena-studio, **340** Getty Images/Ladiras, **340** Getty Images/Dag Sundberg, **341** Getty Images/RPB-Media, **341** Getty Images/Wei Hao Ho, **341** Shutterstock/paparazzza, **341** Getty Images/fotoVoyager, **341** Shutterstock/Mikhail Varentsov, **341** Shutterstock/saiko3p, **341** Shutterstock/Dirk Daniel Mann, **341** Getty Images/RelaxFoto.de, **341** Shutterstock/Andrei Armiagov, **342** Shutterstock/Ica, **342** Getty Images/Gabrielle Therin-Weise, **342** Getty Images/DieterMeyrl, **342** Getty Images/cookelma, **342** Shutterstock/RuslanKphoto, **342** Shutterstock/spacedrone808, **342** Shutterstock/BlueOrange Studio, **342** Shutterstock/Alessandro De Maddalena, **342** Shutterstock/Jens Otte, **343** Getty Images/Roberto Moiola / Sysaworld, **343** Getty Images/Keith Lance, **343** Shutterstock/Carlos Charlez, **343** Getty Images/Pedal-Power-Photos, **343** Getty Images/Roland_Lundgren, **343** Shutterstock/Mykhailo Brodskyi, **343** Getty Images/CristianDXB, **343** Getty Images/Roberto Moiola / Sysaworld, **343** Shutterstock/May_Lana, **344** Shutterstock/marianneborcla, **344** Shutterstock/Max Topchii, **344** Getty Images/Everste, **344** Shutterstock/IamArt1st, **344** Shutterstock/Sergey_Bogomyako, **344** Shutterstock/Morten Normann Almeland, **344** Adobe Stock/stein, **344** Getty Images/© Marco Bottigelli, **344** Getty Images/AlexanderNikiforov, **345** Getty Images/Ole-Gunnar Rasmussen, **345** Shutterstock/Grigorii Pisotsckii, **345** Getty Images/Frank Fichtmüller, **345** Shutterstock/JoannaPerchaluk, **345** Getty Images/SeppFriedhuber, **345** Adobe Stock/larry peeler/EyeEm, **345** Shutterstock/Kjersti Joergensen, **345** Shutterstock/Ondrej Prosicky, **345** Getty Images/Karine Patry

Frisch Weiterlernen mit den PONS Bildwörterbüchern:

ISBN 978-3-12-516241-9

ISBN 978-3-12-516233-4

ISBN 978-3-12-516234-1

ISBN 978-3-12-516229-7

ISBN 978-3-12-516230-3

ISBN 978-3-12-516354-6

ISBN 978-3-12-516232-7

ISBN 978-3-12-516277-8

ISBN 978-3-12-516276-1

ISBN 978-3-12-516273-0

ISBN 978-3-12-516242-6

ISBN 978-3-12-516243-3

ISBN 978-3-12-516245-7

ISBN 978-3-12-516231-0

ISBN 978-3-12-516246-4

Weitere Sprachen:

Bulgarisch
Chinesisch
Dänisch
Griechisch
Kroatisch
Kurdisch

Norwegisch
Portugiesisch
Rumänisch
Schwedisch
Serbisch
Thai

Tigrinisch
Tschechisch
Ukrainisch
Ungarisch
Urdu

PONS

Bildwörterbuch Norwegisch-Deutsch

Bearbeitet von: A.C.T. Fachübersetzungen GmbH, Anette Dralle

1. Auflage 2023 (1,01 - 2023)

www.pons.com

Projektleitung: Christiane Mackenzie
Innenlayout: Petra Michel, Essen
Satz: Satzkasten, Stuttgart
Umschlagfotos: Adobe Stock/Dmitry Naumov
Logoentwurf: Erwin Poell, Heidelberg
Logoüberarbeitung: Sabine Redlin, Ludwigsburg
Druck und Bindung: Publikum d.o.o.

ISBN: 978-3-12-516365-2

DIE NORWEGISCHE AUSSPRACHE

Phonetik	Beispiel Norwegisch	Beispiel Deutsch
[a]	salg	T**a**nte
[b]	**b**aker	**B**utter
[d]	**d**anser	ba**d**en
[ɖ]	gar**d**in	Bor**d**
[é]	lev**e**re	K**e**gel
[ə]	kusin**e**	Fall**e**
[f]	**f**ru	**F**rau, El**f**e
[g]	**g**utt	**g**ut, Ol**g**a
[h]	**h**år	**H**aar
[iː]	str**i**pe	M**i**ete
[æɪ]	**seg**, **jeg**	S**a**fe
[j]	**j**ift	**j**eder
[k]	smu**k**	**K**ontakt
[l]	**l**iten	**L**ampe
[m]	ar**m**	Ar**m**
[n]	s**n**elle	k**n**app
[ŋ]	o**n**kel	O**n**kel, Achtu**ng**
[ɳ]	bar**n**	**Gn**occi
[uː]	m**o**r	Br**u**der
[ʊ]	to**a**stbrød	d**u**mm, **u**nd
[p]	kre**p**	**P**apier
[r]	**r**ive	**R**atte
[s]	**s**alt	Nu**ß**, Mai**s**

Phonetik	Beispiel Norwegisch	Beispiel Deutsch
[ʃ]	**skj**egg	**Sch**ach
[t]	s**t**olt	**T**umor
[ʈ]	ko**rt**	T-shi**rt**
[ʉ]	h**u**d	*zwischen* H**u**f *und* h**ü**ten
[ɵ]	gr**ø**n	*zwischen* B**oh**ne *und* S**öh**ne
[ʋ]	**v**art	*wie das englische* **w** *in* **w**ind
[y]	st**y**gg	St**ü**ck
[oː]	gr**å**te, h**å**r	S**oh**n
[ɔ]	v**o**tt	t**o**ll
[ɛ]	selvbev**i**sst	k**e**ss
[e]	v**e**nnlig	Tel**e**fon
[æ]	h**e**rr	*zwischen* **a** *und* **ä** *wie engl.* c**a**t
[øː]	b**ø**k	sch**ö**n
[œ]	**ø**ye	H**ö**lle
[ʔ]	Knacklaut	
[ː]	Längenzeichen	
[ˈ]	Betonungszeichen	
[ˌ]	Nebenbetonung	

Bildwörterbuch

NORWEGISCH

Noch nie war Norwegisch so anschaulich!

- **Alle Wörter, die Sie brauchen:** 16.000 Begriffe und Redewendungen in zwei Sprachen aus den wichtigsten Lebensbereichen.
- **Neu:** Jetzt zusätzlich mit zahlreichen landestypischen Begriffen.
- **Richtig aussprechen:** Mit Lautschrift für jedes norwegische Wort.
- **Gesehen und einfach gemerkt:** Durch Bilder bleibt der Wortschatz besser haften.
- **Leicht gefunden:** Im zweisprachigen Register schnell das richtige Wort nachschlagen.

Erste Grundkenntnisse (A1) bis fortgeschrittene Sprachkenntnisse (B2)

www.pons.de

9 783125 163652
[D] 12,95 €
ISBN: 978-3-12-516365-2